DE L'ÉTABLISSEMENT

DE LA

TROISIÈME RÉPUBLIQUE

PAR

E. LITTRÉ

SÉNATEUR, MEMBRE DE L'INSTITUT

PARIS

AUX BUREAUX DE LA *PHILOSOPHIE POSITIVE*

16, RUE DE SEINE, 16

1880

DE L'ÉTABLISSEMENT

DE LA

TROISIÈME RÉPUBLIQUE

PARIS. — IMPRIMERIE ÉMILE MARTINET, RUE MIGNON, 2.

PRÉFACE

Les articles qui composent ce volume ont été écrits sous l'inspiration de la doctrine positive sociologique, au fur et à mesure des événements qui, commencés à Bordeaux en février 1871 dans l'Assemblée nationale, ont eu leur cours jusqu'aujourd'hui, où M. Grévy préside paisiblement aux destinées de la république. C'est un cycle achevé, comprenant, comme un grand drame, un nœud à résoudre entre le régime monarchique et républicain, les diverses péripéties ou les hauts et les bas de ces deux régimes, et enfin le dénouement qui fait des vainqueurs et des vaincus. Seulement, à la différence des pièces qui se jouent sur le théâtre, on sait ici ce qui vient après le dénouement, et l'on ne conserve aucun doute sur la prolongation du succès qu'il a procuré.

Ces événements ainsi déroulés enseignent d'une manière éclatante quel avantage, en un certain concours de circonstances, les obstacles semés sur la route et qu'il faut lever un à un assurent au parti qui ne s'emporte pas contre eux ni ne s'en laisse décourager. Si, semblable à la sibylle annonçant à

Enée que la première voie de salut lui viendra du côté où il s'y attend le moins, c'est-à-dire d'une ville grecque, *Via prima salutis Qua minime reris graia pandetur ab urbe*, quelque pronostiqueur avait prédit que le grand agent du salut républicain serait la composition monarchique de l'Assemblée nationale, il aurait trouvé bien peu de gens disposés à le croire. Pourtant il eût témoigné quelque sagacité divinatrice. Évidemment une monarchie homogène eût fait courir les plus grands risques aux espérances républicaines ; mais une monarchie double permettait une stratégie et des manœuvres qui compenseraient la supériorité numérique des coalisés. Seulement, il fallait savoir se tenir coi quand les deux armées monarchiques étaient réunies et prendre l'offensive quand elles s'étaient séparées. Ainsi les obstacles monarchiques accoutumaient à la discipline les républicains ; la discipline qui n'est pas moins la force des partis que celle des armées.

Je ne me détournerai pas de mon chemin pour considérer ce qui serait advenu, si tout d'abord la majorité eût été républicaine. Ces hypothèses sont parfois utiles comme exercice sociologique ; et, à ce titre, je pense qu'elles doivent être conservées dans la spéculation. Mais il ne faut se faire aucune illusion sur leur portée. L'histoire est si complexe et renferme une si grosse part de contingent, que l'esprit humain est incapable d'y remplir les vides qu'il y ferait par supposition. Ainsi, pour prendre un exemple concret, imaginons que c'est Bonaparte et non Kleber qui a été assassiné en Égypte par un fanatique. Cela supprimera évidemment le consulat et l'empire, mais ne nous dit aucunement ce qui résultera de l'élimination de l'un de ces personnages et de la conservation de l'autre. S'il est licite de se donner autant de thèmes de ce genre qu'on voudra et d'y songer, il est interdit d'y voir autre chose qu'une conception rationnelle qui n'autorise qu'elle-même. Laissons donc là où elle doit rester la chimère d'une majorité républicaine dans l'assemblée élue au mois de février 1871.

Au premier abord on put croire tout désespéré pour la république. Une majorité monarchique énorme vint à Bordeaux ; et il sembla qu'un monarque n'eût qu'à se baisser pour prendre la couronne. La république, il est vrai, occupait la place ; toutefois, née dans un jour d'émeute, elle n'était en possession que d'un titre provisoire qu'aucun vote légal n'avait encore sanctionné. On pouvait l'écarter comme un simple accident, et se débarrasser de cette intruse, dont les attaches étaient sans solidité et dont le suffrage universel, à l'instant même, tenait bien peu de compte. Mais il fallait se décider sur-le-champ, se charger loyalement des plus rudes et plus tristes besognes, et prendre toutes les responsabilités de l'incertain relèvement de la France.

A ce point de vue qui est celui de la restauration monarchique, rien n'était plus pressé que de faire un roi ; mais rien non plus n'était plus pressé que de faire la paix et de se procurer de l'argent. Entre ces deux urgences, l'Assemblée nationale se décida pour les affaires et ajourna la politique. Elle crut qu'il n'y avait pas péril en la demeure, et que, restant toujours en possession de la majorité, elle reprendrait, avec plus de sécurité et en des circonstances qui n'auraient pas empiré les espérances monarchiques, la restauration du régime qu'elle jugeait le plus approprié à la France. Elle se persuada que chaque chose a son temps, que la précédence devait être accordée aux dures exigences de l'ennemi victorieux, et que ce serait un coup de partie pour la monarchie de recevoir des mains de la majorité un territoire libéré. Et notez que le péril ne venait pas seulement de l'Allemand ; de sourdes menaces grondaient dans les grandes villes. On s'y montrait peu disposé à reconnaître l'autorité du suffrage universel. Pourtant Lyon entendit raison ; mais Paris fut sourd aux réclamations de la patrie agonisante, et à côté du coup que l'ennemi avait porté, il porta le sien d'une main immiséricordieuse. Le roi passa sur le second plan ; et M. Thiers vint sur le premier, avec ses décisives mesures de politique intérieure et extérieure.

Sans retard tout se conforma à la ferme direction du chef habile qui procura notre sortie de l'abîme. Les choses marchèrent à souhait. Une paix cruelle, mais enfin la paix, fut conclue. L'ordre fut rétabli, et les prétentions anarchiques des grandes villes furent réprimées. Le crédit renaquit; l'excessive rançon fut, contre toute espérance, acquittée, grâce à des emprunts colossaux; et l'on put admirer la puissance salutaire des justes mesures appliquées en un juste moment.

Cependant du temps s'était écoulé. Le parti républicain était sorti de la première stupeur où l'avai jeté sa grande défaite devant le suffrage universel; il se reconnaissait peu à peu dans l'imbroglio commun, et commençait à être en état de se mesurer dans l'Assemblée nationale avec les monarchistes. Des élections partielles l'avaient renforcé notablement; et il aimait à se persuader que, dans le verdict qui l'avait mis si bas et avait mis si haut les monarchistes, les circonstances avaient plus fait que les volontés. Il jugea que le temps opérait en sa faveur; car il restait en possession de la forme républicaine, tandis que les trois monarchies demeuraient toujours à la porte de ce provisoire qui semblait si précaire et qui pourtant résistait plus qu'on n'eût imaginé.

Toutefois ceux-là seuls qui avaient pouvoir de l'écarter, c'est-à-dire les monarchistes, devaient se lasser de se sentir si près de la solution sans y mettre la main. Là était le grand péril, contre lequel les républicains, dans leur position en cela passive, étaient désarmés. En effet, à un moment donné, les deux groupes prépondérants s'entendirent, obtinrent le désistement des d'Orléans et offrirent la couronne à M. le comte de Chambord. Ce prince n'en voulut pas. Surmontée du drapeau tricolore, et entourée des institutions que la révolution avait rendues nécessaires à la France moderne, elle lui sembla indigne de lui et inassociable avec la légitimité! L'exemple de son grand aïeul le huguenot Henri IV ne cadrait pas à sa position. Faire des sacrifices de conscience protestante pour la messe, c'est, dans l'opinion catholique, rentrer dans le devoir ; là, point de difficulté ; mais c'est sortir du devoir que de rien concéder qu'elle ne sanctionne pas. De la sorte, l'habile politique des coalisés monarchiques échoua, et ce revers amoindrit notablement la somme d'abord si grande de leurs chances.

Pour cette déconvenue solennelle, ils ne rompirent pas leur alliance. Seulement, le but en fut changé. A un personnage royal effectif qui se refusa, on substitua un personnage fictif, un être abstrait qu'on décora du nom d'ordre moral. Cette formule à deux mots se trouva grosse de difficultés. L'ordre, en tout temps le premier bien des sociétés, était, au moment, de la plus impérieuse urgence; jamais il n'avait reçu des assauts plus furieux, ni entendu des menaces plus retentissantes ; jamais il n'avait été violé avec plus de ruines et de sang ; il fut résolument défendu et infligea à son ennemi le désordre une rude défaite. Mais à quoi répondait le second mot de la formule ? A la restauration d'une des trois

monarchies selon les monarchistes, à la suprématie
de l'Église catholique selon les cléricaux, à la réaction plus ou moins effective contre les modernes
institutions selon tous. C'était, par une autre porte
et non moins dangereuse la réintroduction du
désordre. Le désordre par l'extrême droite ne valait
pas mieux que le désordre par l'extrême gauche.
Ainsi acculé, l'ordre moral se cantonna dans le provisoire, sorte de haute tour d'où, comme dans le
conte de Barbe-Bleue, il espérait voir venir les cavaliers libérateurs et restaurateurs.

Mais le provisoire n'était pas un bon terrain pour
s'y tenir. Il glissa sous les pieds des monarchistes,
et le définitif eut raison de son adversaire, non sans
des débats souvent émouvants, vu qu'ils étaient périlleux. De la sorte, même après la mise hors de
cause de M. de Chambord, le parti républicain se
trouva de nouveau soumis aux procédés de la prudence, de la modération et de la conciliation. Sa
propre nature, car il est d'origine révolutionnaire,
l'y disposait peu ; mais il réfréna sa propre nature.
On est toujours digne de louange alors qu'on s'impose des limites et qu'on se donne des garde-fous.
Ici la chose était d'autant plus méritoire qu'il avait
toute son aile gauche formée de révolutionnaires et
de socialistes qui ne lui épargnaient pas les plus véhémentes objurgations. Sans lui savoir aucun gré d'être
républicain, ils lui en voulaient de n'être pas comme
eux dans leur *credo*, autant au moins qu'aux vrais ad-

versaires ; c'est là le caractère de l'intransigeance. Ses ennemis, à elle, sont ceux qui sont le plus près d'elle.

La sagesse des républicains fut récompensée ; et, des mains mêmes des monarchistes impuissants et lassés, ils reçurent une constitution républicaine, très acceptable pour le présent, perfectible pour l'avenir ; car, outre qu'elle consacrait tous les grands principes des sociétés modernes, elle était pourvue des organes essentiels, à savoir, une présidence, une chambre des députés et un sénat. S'ils avaient été pénétrés d'un machiavélisme profond, et si un parti pouvait agir mystérieusement comme agit un seul homme, ils auraient imprimé à la constitution qu'ils élaboraient pour la France un caractère démocratique et socialiste, comptant bien que cette œuvre tournerait à mal et livrerait le pays au désarroi anarchique qui jusque-là présent n'a jamais manqué aux tentatives radicales (1). Mais point, ils se laissèrent, avec candeur et loyauté, guider par leurs propres lumières et réglèrent au moins mal qu'ils surent la

---

(1) C'est ainsi qu'avec des intentions tout opposées un socialiste souhaitait pour la France non l'établissement de la république, mais la restauration en M. le comte de Chambord. « Notre but, dit-il, étant la destruction de l'État, nous ne devons pas désirer la république, qui donnerait à l'État cette base solide qu'elle a en Suisse et aux États-Unis. La forme de gouvernement la plus avantageuse pour nous est celle que nous pourrons le plus facilement détruire, c'est-à-dire la restauration de la légitimité. Nous soute-

future république; s'ils avaient fait la monarchie, ils l'eussent voulue parlementaire; faisant la république, ils la voulurent parlementaire aussi. Cela sauvé, tout était sauvé en fait de libertés nécessaires et de facultés de développement.

Là-dessus, les révolutionnaires et les socialistes poussèrent des cris de fureur. « Beau résultat et bien digne d'être célébré. Sans ces obstacles, nous aurions eu la république démocratique et sociale, c'est-à-dire le peuple gouvernant lui-même dans les comices ou les clubs, ce qui est tout un, l'abolition de la présidence et du sénat, l'attaque au capital, l'écrasement de la bourgeoisie, le triomphe du collectivisme, du communisme, et l'égalité entre tous les hommes. » Si le programme avait pu devenir exécutoire, même en un bref intervalle, il aurait eu pour conséquences une anarchie intestine et des désastres extérieurs, et n'eût pas tardé à aller où sont allées, si je puis me servir du langage de notre vieux poète Villon, les neiges d'antan. Je n'en veux pour témoin que le triomphe de la Commune à

---

nous, appuyé sur les résultats de la science sociologique, que l'État républicain conservateur qui va s'établir en France sur les ruines du radicalisme, étant le dernier progrès de l'État, consacre, au grand détriment du prolétariat européen, l'alliance indissoluble de tous les éléments de la bourgeoisie. Au contraire, le retour à un régime d'un autre âge perpétuerait les divisions de la bourgeoisie et les luttes intestines, rouvrant ainsi à notre profit l'ère des révolutions. » (*Revue des deux mondes*, 1er février 1880, p. 582.)

Paris, en mars 1871; elle succomba sous l'étreinte victorieuse de la France provinciale. Ce fut le dehors. Quant au dedans, incapable de s'élever à aucune concorde de doctrines, elle saisit la torche des barbares et mit le feu aux quatre coins de la grande ville.

Dans la comparaison souvent invoquée et toujours réelle entre le corps social et le corps animal, le développement historique est la santé, les révolutions sont la maladie. De même que chaque constitution individuelle a sa menace pathologique, de même chaque constitution nationale a la sienne. La nôtre est devenue fiévreusement impatiente du temps. De là les graves accidents qui nous ont frappés et les dangereux symptômes qui persistent. La république est le régime qui permet le plus au temps de garder sa juste prépondérance.

DE L'ÉTABLISSEMENT
DE LA
TROISIÈME RÉPUBLIQUE

CHAPITRE PREMIER

FIN DU RÈGNE DE NAPOLÉON III

ET DE L'EMPIRE

Dix ans tantôt passés (j'écris ces lignes en 1880), le trône impérial était encore debout. Plusieurs désiraient sa chute, mais par quelque événement intérieur qui en changeât la nature. Tout à coup, en un ciel qui semblait serein, l'orage éclate à l'extérieur; et, à la grande honte et à la non moins grande douleur de la France, il suffit d'un mois aux Allemands pour prendre toute notre armée de ligne, pour investir Paris et pour se faire forts d'une paix qui nous arrache les chères provinces d'Alsace et de Lorraine.

Qui l'eût dit aux jours qui fondèrent la fortune de Louis-Bonaparte? Alors tout succédait selon ses désirs les plus démesurés, tout était force et splendeur, prospérité et puissance. Par un concours merveilleux de circonstances qu'on eût dit arrangé par une main propice, le dehors conspirait avec le dedans pour faire l'inattendu empereur qui prit le nom de

Napoléon III. Il ne manqua point, par de vains scrupules d'honnêteté, au destin qui l'appelait. Un serment, jouet qu'on donne aux hommes, selon le Lacédémonien Lysandre, comme des osselets aux enfants, ne l'arrêta pas ; il mûrit avec patience et habileté son plan de conspiration et de guet-apens, et l'exécuta de point en point, sans qu'aucune de ses ficelles cassât.

Le dedans lui fut préparé à souhait par la révolution de février 1848. Ceux qui la déchaînèrent ne savaient ce qu'ils faisaient, et c'est, si c'en est une, leur seule excuse. Louis-Bonaparte avait été impuissant devant la monarchie de Louis-Philippe; les tentatives de Strasbourg et de Boulogne échouèrent misérablement; mais, en un tour de main, la commotion de Paris fit la place vide, et rendit force et réalité à des espérances qui ne semblaient plus que des rêves. A peine la république démocratique et sociale se fut-elle montrée entre les pavés des barricades, que la fortune publique s'écroula ; la province se troubla profondément ; l'échauffourée du 15 mai dispersa pour un moment l'Assemblée nationale et fut à son tour dispersée à l'Hôtel de Ville, où elle s'était cantonnée ; les sanglantes journées de juin éclatèrent ; et un profond malaise, réclamant l'ordre et la sécurité, pénétra les esprits. C'est en ces dispositions que l'Assemblée nationale remit l'élection du président de la République au suffrage universel. C'était briser les digues qui contenaient le torrent. L'entraînement populaire fut immense, irrésistible. Plus de cinq millions de voix appelèrent au pouvoir le neveu de l'empereur Napoléon Ier ; et dès lors la famille des Bonaparte redevenait la famille impériale.

D'une autre façon, mais d'une façon non moins

favorable, le dehors se prêtait à la réapparition des Bonaparte sur la scène du monde. Il se trouva qu'au moment de la chute des d'Orléans, l'Europe était en proie à une fièvre révolutionnaire; et c'est ce qui explique comment cette chute eut un si long retentissement. La France était le foyer. L'Italie s'ébranla tout entière, espérant une immédiate délivrance. L'Allemagne s'agita d'un bout à l'autre, moitié par tendances révolutionnaires, moitié par aspirations vers une unité germanique quelconque. L'Angleterre ne fut pas touchée, ni les petits Etats, ni l'Espagne contenue alors par la main de fer de Narvaez. Mais la crise se montra incapable d'aboutir à autre chose qu'au désordre et à l'anarchie. Aussitôt et rapidement, les populations, rentrant en elles-mêmes, prêtèrent aux pouvoirs publics et connus l'appui nécessaire pour écarter des entreprises novatrices qui ne fondaient rien et compromettaient tout.

Bien venu fut donc auprès des gouvernements continentaux qui se rasseyaient de toute part, Louis-Bonaparte, avec son coup d'Etat compresseur d'une révolution, puis avec son empire qui s'ajustait sans peine dans l'ensemble monarchique. Même son alliance avec l'Angleterre contre la Russie, son succès de Sébastopol et le traité de Paris, lui donnèrent pendant quelques années un rôle d'Agamemnon dans les affaires européennes.

Pendant toute cette grandeur, la république fut gisante à ses pieds sans force et sans vertu. Puis, tout à coup, grâce à une infatuation inqualifiable, la fortune change; des défaites inouïes emportent la dynastie impériale; la France à sa suite est précipitée dans l'abîme. Du moins, la légende impériale, qui avait été le marchepied de Louis-Bonaparte, demeure ensevelie dans le désastre, et place est faite à la république. En attendant qu'elle se montre, le champ est ouvert à des débats contradictoires. Les articles qui suivent ont pour objet de déblayer les ruines impériales, et tout d'abord d'examiner en quelle mesure l'empereur Napoléon Ier, qui fut vaincu par l'Angleterre dans son duel politique, et par le continent dans son duel militaire, fut un grand prince et un grand capitaine.

DU GÉNIE MILITAIRE

DE

L'EMPEREUR NAPOLÉON Ier

(1er article : *Histoire de la campagne de 1815*, par le lieutenant-colonel CHARRAS, 4e édition ; *Histoire de la guerre de 1813 en Allemagne*, par le même. — 2e article : *Centième anniversaire de la naissance de Napoléon Ier*.)

[Ces deux articles ont paru dans la revue de la *Philosophie positive*, l'un en mai-juin 1868, l'autre en septembre-octobre 1869. Je les ai remaniés pour éviter les répétitions. Ils sont destinés à contester dans une certaine mesure le génie militaire de Napoléon ; dans une certaine mesure, dis-je, car ce serait être aveuglément injuste que de le trop rabaisser de ce côté-là, en invoquant les immenses désastres auxquels ce capitaine a présidé en 1812, en 1813, en 1814 et en 1815. Mais, justement, ces grands désastres, dans l'histoire d'un homme qui, empereur, disposait de tout, plan, moment et ressources, témoignent qu'en son génie militaire existait une lacune, un défaut de premier ordre, qui, masqué par certaines circonstances, lui permettait de porter des coups décisifs à ses adversaires, et qui, laissé en liberté dans d'autres circonstances, le rabaissait au niveau des médiocres généraux (1). Il me semble que je

---

(1) Ce n'est pas moi qui ai la responsabilité de cette expression. Un officier russe s'en est servi dans le récit qu'il a fait de la seconde moitié de la campagne de 1813, y comparant Napoléon aux médiocrités qui commandaient, dans la guerre de Sept ans, les armées de l'impératrice Marie-Thérèse.

donnerai à mon idée sa portée et ses restrictions en comparant Napoléon à Annibal. Ce sont deux noms fameux ; mettons-les en parallèle. Nous voyons Napoléon foudroyant dans ses campagnes d'Italie, d'Autriche et d'Allemagne ; de même Annibal est foudroyant quand, descendant des Alpes, il défait dans quatre grandes batailles les armées romaines. Puis tout s'arrête, ou, pour mieux dire, tout est fini. Pourquoi ? parce qu'on lui oppose une tactique dont il ne sait pas triompher ; son génie, propre à une rapide attaque, est inhabile à un autre genre de guerre. Puis, comme Napoléon, il commet les énormes fautes. Son frère Magon lui amène une grande armée ; la jonction des deux généraux carthaginois menace d'être décisive ; les Romains le savent, Annibal devrait le savoir. Eh bien, non ; il laisse un des consuls romains se dérober devant lui, et aller avec l'élite de ses troupes porter à son collègue un secours qui amène la destruction de l'armée de Magon. Plus tard, quand Annibal est rappelé en Afrique pour défendre Carthage, au lieu de retourner contre son adversaire la tactique de temporisation et de chicane, il va au-devant des désirs de Scipion et livre la bataille de Zama. Ces procédés, ces succès, ces revers ne sont pas sans analogie avec les procédés, les succès, les revers de Napoléon.]

Si le centième anniversaire de la naissance de l'empereur Napoléon Ier s'était passé dans les Tuileries et au sein d'une famille, je n'y aurais pas pris un texte, laissant aux sentiments privés les égards qu'ils méritent. Si de ce centième anniversaire on n'avait pas voulu faire une fête nationale, il ne me serait pas revenu en mémoire que ce chef national a fait prendre Paris deux fois, ce qui n'était jamais arrivé, ni à roi de France, ni à république française. Si Napoléon Ier n'avait été que notre empereur, sans être en même temps l'oppresseur du continent, je ne me sentirais pas blessé comme Européen dans les sentiments de confraternité nationale qu'il fau cultiver dans l'âme de chacun de nous.

Quand ces pages paraîtront, le bruit des réjouissances officielles aura cessé, les illuminations et les artifices seront éteints (1) ; et les foules, attirées par

---

(1) Le numéro de la *Revue* ne parut qu'après l'anniversaire.

le spectacle des fêtes, si elles ont ressenti quelque émotion au souvenir des victoires et des défaites du premier empire, seront revenues à leurs pensées quotidiennes. Je me réjouis de cette circonstance fortuite. Je n'aurais pas voulu qu'on me supposât l'outrecuidance de croire qu'une voix aussi isolée que la mienne, prétendit empêcher quoi que ce soit. Mais, quand tout est accompli, il convient à la voix, même la plus isolée, d'élever une protestation. Au reste la protestation contre le premier empire, qui ne trouva au début que les opposants imbus de dix-huitième siècle ou de république, protestation interrompue sous la Restauration par un sentiment national égaré, a gagné de nos jours une intensité qui s'accroît d'autant plus que l'on connaît davantage l'homme et ses actes.

C'est en qualité d'Européen, non de Français, que je prends la parole. Nous tous appartenant au mouvement réformateur qui tend à substituer la science à la théologie, à élever les mœurs du travail au-dessus des mœurs du privilége, et à substituer les aristocraties ouvertes aux aristocraties fermées, nous avons nécessairement deux patries, celle qui nous a donné le jour et à laquelle nous attachent les premiers liens et notre plus puissant amour, et celle qui nous ouvre les perspectives d'une politique plus éminente et d'une action plus décisive. Et, remarquons-le bien, l'intérêt de l'une ne contrarie pas l'intérêt de l'autre ; loin de là, ils se confondent et se prêtent un mutuel appui.

L'inspiration du centième anniversaire animait l'empereur Napoléon III, quand il prononça son discours du camp de Châlons : « Soldats, a-t-il dit, je suis bien aise de voir que vous n'avez pas oublié la grande cause pour laquelle nous avons combattu il y a dix ans (à Solferino). Conservez toujours dans votre cœur le souvenir des combats de vos pères et de ceux auxquels vous avez assisté ; car l'histoire de nos guerres, c'est l'histoire des progrès de la civilisation. Vous maintiendrez ainsi l'esprit militaire, nécessaire à un grand peuple ; c'est le triomphe des nobles passions sur les passions vulgaires ; c'est la fidélité au drapeau, le dévouement à la patrie. Continuez comme par le passé, et vous serez toujours les dignes fils de la grande nation. »

La grande nation ! c'est la flatterie dont se servait Napoléon Ier pour masquer le système de conquête et d'oppression auquel il faisait servir le bras de la France. Je vais, je le sais, choquer tous les préjugés français ; mais, à mon avis, jamais la France ne fut moins grande que dans les années qui s'écoulèrent de 1806 à 1814. Elle semblait avoir oublié tout ce qui avait fait naguère encore son glorieux enthousiasme, et donner l'exemple de la plus triste versatilité. L'énorme puissance que les triomphes de sa république lui avaient remise, elle ne l'employait qu'à des guerres injustes, à des conquêtes odieuses, à des spoliations iniques, à des érections de trônes ridicules ; toutes les hautes parties de la civilisation languissaient ; et elle n'avait pour elle que le sanglant éclat de triomphes stériles ; car ils allaient à l'encontre du développement libéral qui devient de plus en plus l'âme de l'Europe. Même ce sanglant éclat lui fut ravi : des défaites encore plus grandes que les victoires lui furent infligées ; et il fut évident que les nations, avec une juste cause, étaient capables, à leur tour, de battre celui qui les avait battues. P. L. Courier a dit le mot, en s'adressant aux étrangers, dont on nous faisait peur sous la Restauration : « Ah ! si nous n'eussions jamais eu de grand homme à notre tête... jamais nos femmes n'eussent entendu battre vos tambours. »

Que l'histoire de nos guerres soit l'histoire de la civilisation, à ce compte nul n'aurait été plus civilisateur que Napoléon Ier ; car nul, en un si bref intervalle, n'a tant promené la guerre du nord au midi. L'Espagne, le Portugal, l'Italie, l'Allemagne, l'Autriche, la Russie, l'ont vu inonder leurs campagnes de ses bataillons. Ce qui germait sous leurs pas, ce n'était certes point la civilisation, c'était l'oppression militaire, l'anéantissement de toute liberté, l'insolence rapace chez les vainqueurs, et d'irréconciliables ressentiments chez le vaincu. Dans ces conflits aussi affreux que rétrogrades, la cause de la civilisation passa tout entière du côté de ceux qui défendaient les indépendances nationales, qui voulaient la paix pour issue, et qui, en vue de consacrer leur drapeau, relevaient quelques-unes des doctrines libérales du dix-huitième siècle et de la révolution.

C'est tout confondre que d'attribuer dans l'ère présente à la guerre le rôle qu'elle joua jadis dans l'antiquité. Considérez ces deux types essentiels, la Grèce et Rome, et vous verrez que, indépendamment des impulsions qu'elles avaient, de leur chef, vers les armes, il leur était impossible de garder la paix. Alors il fallait vaincre ou être vaincu, conquérir ou être conquis. La Perse débordait sur la Grèce, les Gaulois et les Germains débordaient sur l'Italie, si la Grèce et Rome n'avaient pas pris la supériorité militaire. Dans cet inévitable conflit, il fut manifestement meilleur à la civilisation que le triomphe se rangeât du côté de ceux qui, possédant les lettres, les arts et les sciences, tenaient en leurs mains ce qui la conservait ou la promouvait. Mais, dans la constitution internationale de l'Europe, quelle place peut-il y avoir pour un pareil rôle? Le dépôt de la haute industrie et des hautes connaissances n'est plus le privilège exclusif de la Grèce ou de Rome ; il vit chez toutes les nations civilisées, qui, justement par cette communauté essentielle, tendent à se rapprocher et à s'unir. On peut encore parler en Europe de guerres révolutionnaires, ou contre-révolutionnaires, ou conquérantes ; mais on ne peut plus parler de guerres civilisatrices.

Bossuet, dans l'*Oraison funèbre du prince de Condé*, dit : « Puisque, pour notre malheur, ce qu'il y a de plus fatal à la vie humaine, c'est-à-dire l'art militaire, est en même temps ce qu'elle a de plus ingénieux et de plus habile, considérons d'abord par cet endroit le grand génie de notre prince. » Au contraire, P. L. Courier, dans sa spirituelle boutade intitulée *Conversation chez la comtesse d'Albany*, loin d'avouer que là soit ce qu'il y a de plus ingénieux et de plus habile, ne veut pas même reconnaître qu'il existe un génie militaire, et c'est justement de ce même Condé qu'il se sert pour sa thèse : « Un jeune prince, à dix-huit ans, arrive de la cour en poste, donne une bataille, la gagne, et le voilà grand capitaine pour toute sa vie, et le plus grand capitaine du monde. — Qui donc? demanda la comtesse ; qui a fait ce que vous dites là? — Le grand Condé. — Oh! celui-là, c'était un génie. — Sans doute, dit-il ; et Gaston de Foix? L'histoire est pleine de pareils exemples. Mais ces choses-là ne se voient point dans les autres arts. Un prince, quelque génie qu'il ait reçu du ciel, ne fait pas tout botté, en descendant de cheval, le *Stabat* de Pergolèse, ou la *Sainte Famille* de Raphaël. »

Cette *Conversation* fut écrite au commencement de l'année 1812; et, à ce moment, Courier, révolté de ce qu'on nommait la gloire impériale, n'était pas d'humeur à flatter les guerriers et les conquérants. Mais, s'il faut rendre justice au sentiment qui le pousse, il ne faut pas accepter le jugement que ce sentiment lui inspire. Evidemment, quand une armée est formée et qu'elle est pourvue de tout l'appareil en relation avec l'état correspondant de l'industrie, il n'est point indifférent d'en user de telle ou telle manière. Cet emploi comporte tous les degrés de l'habileté, jusqu'au génie lui-même. Une armée est une force; et, comme toutes les forces, ce n'est que par la tête qui la dirige qu'elle produit ses plus puissants effets.

Tout en récusant le dire de Courier, je ne veux pas laisser à la phrase monarchique et aristocratique de Bossuet sa pleine signification. Non, l'art militaire n'est pas ce que la vie a de plus ingénieux et de plus habile. Car, d'une part, il est tout entier subordonné, dans ses engins, à la science et à l'industrie; et, d'autre part, il n'est qu'une portion de l'art politique, portion d'autant plus importante, j'en conviens, qu'on remonte davantage dans l'antiquité et aux époques où la guerre mettait incessamment en question l'existence même des cités et finissait entre les mains de la Grèce et de Rome par faire triompher la civilisation sur la barbarie. Cette portion, qui a décru, décroîtra encore ; car, de plus en plus, le travail et la guerre soutiennent des rapports inverses.

L'histoire de la liaison qui est entre la constitution militaire et la constitution sociale est digne d'attention ; et, pour sortir de ses rudiments, l'art militaire a besoin d'un certain degré de civilisation. Aussi n'apparut-il d'abord avec ses vrais caractères que dans la Grèce. Il est incontestable que l'Egypte, l'Assyrie, la Judée, la Médie et la Perse avaient eu de grandes guerres ; mais elles n'avaient jamais dépassé cette période où les masses militaires agissent surtout par leur poids et leur impétuosité. Des armées très nombreuses, animées de l'esprit guerrier et de la soif du butin, et poussées hardiment par un chef, sont toujours redoutables, surtout contre de petites agglomérations, et quand ces petites agglomérations ne savent pas calculer froidement les moyens de dissoudre les multitudes effrayantes. Ce fut en Grèce que le patriotisme, l'amour de la liberté, la poésie, la philosophie, le savoir firent trouver tout cela ; et l'on vit aussitôt combien le vieil Orient était arriéré, quand il alla briser contre Athènes et contre Sparte sa gloire et sa suprématie.

Carthage même, qui disputa l'empire du monde à Rome, était encore, quant à l'habileté militaire, dans les conditions des États asiatiques ; et il fallut qu'un officier grec vînt lui apprendre à user de sa cavalerie, de son terrain, de ses éléphants, pour qu'elle battît la petite armée romaine qui la désolait, et qu'elle prît Régulus. A la vérité, elle ne tarda pas à s'instruire dans ce métier qu'elle faisait si médiocrement ; et Annibal montra quels élèves pouvaient se former dans cette cité, qui, évidemment, aurait, comme Rome, adopté la civilisation grecque, si elle eût triomphé dans ce duel mémorable entre l'Afrique et l'Italie.

Ce fut à Rome qu'échut véritablement l'héritage militaire de la Grèce. Si l'on observe qu'entre les groupes d'hommes où la civilisation avait pris le plus fortement racine, l'Orient, la Grèce, l'Italie, l'Afrique, et en présence d'un Occident encore tout barbare, il n'y avait aucun lien qui pût établir quelque harmonie ou équilibre, et qu'il fallait être absolument ou conquis ou conquérant, on reconnaîtra que Rome a, de fait, rempli l'office historique de donner une consistance indissoluble aux éléments politiques qui résumaient le monde ancien, et qui devaient enfanter le monde moderne. Ce qu'il y eut d'ambition effrénée, de patriotisme féroce, de sang versé, est l'effet des conditions douloureuses que la nature de l'homme a imposées au développement de l'homme.

Avec son caractère moitié barbare et moitié romain, le moyen âge offre une rétrogradation militaire. L'Occident voit ces multitudes désordonnées et impétueuses que l'Orient avait vues; seulement ici ce sont des chevaliers bardés de fer et portés par de puissants chevaux, que suivent des vassaux à pied. Tant qu'on fut en pleine féodalité, on ne sentit pas le besoin de sortir d'un pareil état, et c'est alors que la chevalerie française obtint un si brillant renom, victorieuse à Bouvines, et redoutée sur tous les champs de bataille. Quand d'autres temps arrivèrent et que les Occidentaux marchèrent à des innovations dont ils n'apercevaient pas le but, mais dont ils ressentaient l'impulsion, l'ancienne organisation militaire devint aussi surannée que l'était celle des rois de Médie et de Perse. Des princes éminents, les Édouard et les Henri d'Angleterre en eurent le sentiment, et, profitant du terrain, des armes de jet et de l'infanterie, ils infligèrent aux Français ces terribles désastres de Crécy, de Poitiers et d'Azincourt, où de très petites armées défirent d'énormes cohues de chevaliers et de *pietaille* (je me sers du mot dédaigneux de nos barons français pour leurs fantassins).

C'est vers cette époque que les Occidentaux firent, de la poudre à canon, vieille invention de l'Orient, une application définitive à la guerre. Il y eut un temps mixte où les deux armements se combinèrent ; mais enfin, à mesure que l'industrie devint plus habile, les nouvelles armes se perfectionnèrent ; et, quand elles eurent suffisamment relégué entre les vieilleries la lance du chevalier, l'arbalète et la hache d'armes, l'art militaire moderne et les généraux modernes commencèrent. Plusieurs, soit dans la lutte entre Charles-Quint et François Ier, soit dans le conflit religieux que suscita la réforme, se firent un grand nom ; mais ils furent les précurseurs et les précepteurs de ceux de l'âge suivant, entre lesquels je citerai, par privilège, Gustave-Adolphe et Turenne. Enfin, le dix-huitième siècle est tout rempli par la grande figure de Frédéric II, qui nous amène jusqu'à notre époque, aux militaires de la révolution et à Napoléon.

D'ordinaire, les grands militaires qui ont rempli les annales de leurs hauts faits, portent cette marque d'avoir réussi dans les opérations qu'il leur était échu d'exécuter ; les revers, quand ils en avaient éprouvé, n'ont été que partiels ou provisoires, servant seulement à mieux mettre en lumière les ressources de leur esprit et leur supériorité effective. Cela dit, j'entre dans l'histoire militaire de Napoléon pour rechercher comment il se fait que Napoléon ait deux phases si opposées, l'une de succès, l'autre de revers, et pour considérer si les succès sont dus au génie et les revers à la fatalité, comme on l'a dit tant de fois en obéissant tantôt à une aveugle admiration, tantôt au deuil de la patrie. C'est une étude de psychologie historique, bornée à une seule faculté, la faculté militaire, chez un homme dont les moindres mouvements sont connus. Il en résultera que ce qui fit, pour Napoléon, la fatalité, c'est que sa capacité militaire, très éminente en certaines circonstances données, était très bornée pour le reste, et que, lorsque les circonstances où elle se déployait avec une formidable puissance manquèrent, elle tomba au-dessous de l'habileté de ses adversaires. A ce potentat, pour l'arrêter dans sa marche vers la ruine, il aurait fallu cet œil intérieur à l'aide duquel on se juge, on s'apprécie soi-même ; mais il ne l'eut jamais ; aussi tenta-t-il incessamment ce que les nouvelles circonstances rendaient impraticable ; et sa fortune s'écroula de chute en chute jusqu'à l'île d'Elbe et à Sainte-Hélène. Quand on le voit si limité dans le champ même où sa force intellectuelle est la plus grande, on comprend comment il a si peu connu ce que devait être la politique au commencement du dix-neuvième siècle et après la révolution française. Cela jette un jour psychologique sur tant et de si énormes contresens. Ces contresens ne changent pas l'ordre du développement social, qui dépend de conditions bien supérieures, mais ils le troublent ; et l'on est, longtemps après encore, occupé à les reconnaître, à les combattre, à les éliminer.

On m'objectera que je n'ai aucune compétence pour traiter des questions militaires. Cette objection, on peut le croire, je me la suis faite. Mais je me suis répondu qu'un historien, ayant par devers lui l'événement qui est en soi un si grand préjugé, le plan des généraux et le récit de l'une et de l'autre partie, est en état d'acquérir une idée claire et juste des causes du résultat final. Ce n'est plus qu'une affaire de critique historique.

J'embrasserai un bien plus grand espace que n'a fait le lieutenant-colonel Charras ; pourtant c'est à lui que je dois d'avoir exécuté cette étude avec une sécurité que je n'aurais pas eue sans cet appui. Là, pour une action circonscrite, pour un terrible drame militaire de quatre jours, j'ai trouvé une discussion précise, lumineuse, conduite avec toutes les pièces probantes, et constamment éclairée par les ordres de Napoléon, de Wellington, de Blücher, et par les rapports de leurs lieutenants. Avec ce modèle, on apprend vite à examiner critiquement une opération militaire. Et puis, mais ceci est personnel, ce n'est pas sans de profonds ressouvenirs que j'ai tenu et feuilleté son livre. M. Charras et moi, avons été collaborateurs au *National*, il y a bien des années. Lui est mort ; et moi, je tiens encore la plume ; mais la vieillesse, qui commence à la faire trembler en ma main, me laisse l'intime satisfaction de me retrouver semblable à moi-même et à mes amis.

Dans la carrière qui devait être finalement si funeste à l'Europe par ses succès, à lui et à la France par ses désastres, Napoléon entre par le commandement de l'armée qui défendait les débouchés des Alpes contre les Piémontais et les Autrichiens. Nul besoin n'était qu'elle passât d'une défensive suffisante à l'offensive : la république avait protégé son sol et son principe contre les rois ; ce qu'il lui fallait, pour elle et pour les autres, c'était la paix et non des conquêtes. Mais Napoléon, remarquez-le, car ce trait va se rencontrer dans toutes les phases de sa vie militaire, change la défensive en offensive, pénètre dans le Piémont, envahit les possessions autrichiennes, et étonne amis et ennemis par ses exploits rapides et décisifs. Ce qui est combiné profondément est exécuté activement; la combinaison et l'exécution sont dignes l'une de l'autre. L'inépuisable Autriche répare incessamment ses armées incessamment défaites, mais enfin elle se lasse, elle succombe, et il n'y aurait rien à retrancher dans cette grande page militaire, si la vilaine affaire de Venise ne venait montrer le nouveau héros sous un jour honteux dans le présent, inquiétant pour l'avenir.

La république française n'a pu garder les conquêtes en Italie; la coalition de l'Angleterre, de l'Autriche et de la Russie les lui enlève, mais ne réussit pas à entamer son territoire; les victoires de Masséna en Suisse, de Brune en Hollande, délivrent la France de tout péril. C'est alors que Napoléon, revenant d'Égypte, s'empara par un coup d'État de l'autorité souveraine; et aussitôt, transformant la défense en offensive, il franchit les Alpes et frappa le coup de foudre de Marengo. De nouveau, la France déborde hors de ses frontières et devient menaçante pour l'Europe.

Lui, cependant, va camper sur les bords de l'Océan, où il combine une invasion de l'Angleterre. L'Autriche croit l'occasion favorable pour mettre un frein à la prépondérance croissante de la France; mais ses militaires n'étaient pas de force à se mesurer avec le rapide guerrier qui leur semblait si loin et qui tout à coup fut si près d'eux. La capitulation d'Ulm et la défaite d'Austerlitz montrèrent que ses adversaires n'avaient pas encore trouvé le moyen ni de le déjouer, ni de le vaincre. Il mit son pied victorieux sur l'Allemagne, et entrevit de nouvelles victoires.

Elles ne devaient pas manquer. Ni l'orgueil, ni le patriotisme de l'armée prussienne ne purent supporter la situation faite par l'étranger à l'Allemagne ; les troupes prussiennes s'ébranlèrent et elles vinrent chercher Iéna. M. de Ségur appelle prophétiques les cartes militaires sur lesquelles Napoléon combina ses opérations. En effet, il dicta de Paris, avec infaillibilité, tous les mouvements de son armée jusqu'à Berlin, le jour fixe de son entrée dans cette capitale, et la nomination du gouverneur qu'il lui destinait. Tout s'accomplit de point en point ; la Prusse tomba inanimée sous le coup qui lui fut porté, et le joug de l'Allemagne s'appesantit.

Il ne restait plus qu'à frapper la Russie, alliée tardive de l'Autriche et de la Prusse. Napoléon n'hésita pas à la poursuivre en Pologne. La victoire balança à Eylau ; mais elle se décida à Friedland ; et, encore que leur adversaire fût bien loin de chez lui et de ses ressources, les Russes ne purent résister au poids d'armes jusque-là invincibles et d'un nom qui devenait une terreur.

Dans cette suite de succès si grands, si continus, si décisifs, qui mirent l'une après l'autre hors de combat l'Autriche, la Prusse et la Russie, rien n'est fortuit : le regard du capitaine détermine le point où le coup doit être porté ; sa pensée calcule les moyens ; sa volonté les exécute avec autant de rapidité que de sûreté. Mais on remarquera que toutes ces opérations sont des offensives ; et des offensives pourraient être singulièrement dérangées si l'adversaire y opposait une habile défensive, une défensive qui traînerait la guerre en longueur. Mais telle n'était pas alors la disposition des ennemis avec qui la lutte était engagée. C'étaient des armées pleines d'esprit militaire et d'orgueil, aussi désireuses du champ-clos que Napoléon lui-même ; seulement, leurs généraux ne pouvaient soutenir la comparaison avec lui ni pour les calculs, ni pour la décision, ni pour la rapidité. Enfin, les troupes qu'il menait étaient singulièrement redoutables, aguerries, encore pleines des souvenirs et des ardeurs de la république ; on pouvait tout leur demander : impétueuses à l'attaque, solides à la résistance, invincibles à la fatigue. Dans cet ensemble tout concourait : l'excellence des troupes, le genre de génie du chef, le mode offensif de la guerre, et la décision en un seul jour et sur un seul champ de bataille.

Les années 1807 et 1808 ont mis le comble à la grandeur militaire de Napoléon et à sa puissance. Il règne sur la France que la révolution avait agrandie de la Belgique et de la rive gauche du Rhin, sur l'Italie entière, directement ou indirectement, sur la Suisse dont il est le médiateur, sur la Confédération germanique dont il est le protecteur, sur la Hollande dont un de ses frères est roi et que bientôt il va incorporer, sur la Pologne qu'il a remise au roi de Saxe ; enfin il étend la main même sur le Portugal, occupé par une armée sous les ordres de Junot. Seule, l'Angleterre lui tient tête ; et, pendant qu'il domine le continent, elle s'empare des mers. Il est bien évident qu'il ne sait pas faire la guerre contre elle ; mais ceci est un autre côté, le côté maritime, des opérations de Napoléon ; je m'écarterais de mon sujet en en parlant ; et il me suffit d'observer que, bien que chassée du continent, l'Angleterre en avait les sympathies (sauf l'Espagne, où l'on admirait la France et son empereur), et qu'à la première occasion ces sympathies se feraient jour et deviendraient de redoutables auxiliaires.

Napoléon ne se donna pas longtemps le repos relatif d'une situation où il ne guerroyait que contre l'Angleterre. Au point de victoire et de puissance où il était, que faire ? Évidemment, le même dilemme qui s'était posé avant la rupture de la paix d'Amiens se posait encore avant la rupture de ce que j'appellerai la paix de Tilsitt, pour dénommer la tranquillité rendue un moment au continent : il fallait ou devenir modéré, prudent, juste, éclairé, en un mot de son temps et de son siècle ; ou bien pousser à bout l'œuvre et entreprendre définitivement la conquête de l'Europe. Celui que la France n'avait pas satisfait, ne se contenta pas d'y avoir ajouté sa prépondérance en Allemagne sous un nom ou sous un autre ; et, dans cette voie désormais fatale et déplorable de violence militaire, une détestable pensée intervint : ce fut, à l'égard de l'Espagne, la pensée d'une trahison renouvelée des brigandeaux italiens du seizième siècle.

D'après M. de Ségur, dans les colloques qui eurent lieu à Vitepsk, en Russie, durant la campagne de 1812, le comte Daru, détournant l'empereur de pousser jusqu'à Smolensk et à Moscou, lui dit que la guerre était un jeu qu'il jouait bien, où il gagnait toujours, et qu'on pouvait en conclure qu'il la faisait avec plaisir. En 1812, il y avait déjà quatre ans qu'il jouait mal ce jeu en Espagne, et qu'il avait cessé d'y gagner.

L'Espagne avait perdu ses derniers vaisseaux à Trafalgar en combattant pour nous; un corps espagnol était en Allemagne et nous servait comme allié. En cet état, il était bien dur de lui déclarer la guerre; mais encore cela eût-il mieux valu que ce qui fut fait. Je n'ai point à raconter les événements de Bayonne et cette mise en scène de la fable où La Fontaine peint le chat accordant les deux plaideurs en les croquant l'un et l'autre. Seulement, je veux noter la différence des temps : si le roi Louis-Philippe, profitant de ses relations avec la reine Isabelle, de la légion étrangère qu'il lui fournissait, et de la confiance qu'elle avait en lui, l'eût attirée à Bayonne, internée à Valençay et remplacée sur le trône d'Espagne par le duc d'Aumale ou le duc de Montpensier, je ne doute pas que les ministres, M. le duc de Broglie, M. Guizot, auraient donné leur démission plutôt que d'attacher leur nom à une pareille infamie. Eh bien! en 1808, il n'y eut pas une démission. Non pas que les hommes de ce temps-ci soient autres que les hommes de ce temps-là; ce qui vaut mieux, c'est la liberté, la publicité, la discussion et le frein qu'elles imposent.

A cet acte étrange en France et dans le dix-neuvième siècle, l'Espagne répondit par un soulèvement universel dont le résultat immédiat, tant Napoléon avait été militairement imprévoyant! fut la prise de deux armées françaises. Celle de Dupont, lancée jusque dans le midi de l'Espagne, harcelée dans sa marche en avant, harcelée dans sa retraite, mit bas les armes; celle de Junot, coupée de France par l'insurrection espagnole, et vaincue en bataille rangée par les Anglais, capitula. A ces nouvelles, Napoléon rappelle en toute hâte ses troupes d'Allemagne ; le major-général Berthier, en transmettant l'ordre à leurs commandants, disait, dans une lettre que j'ai tenue, que *d'assez grands malheurs* étaient survenus en Espagne. J'étais alors à Angoulême, bien enfant, et j'ai vu passer toute cette avalanche d'hommes, Français d'abord, puis Italiens, Suisses, Allemands, Polonais. L'opinion commune était que l'Espagne ne pourrait jamais résister à de telles troupes si nombreuses ; mon père lui-même, bien qu'ennemi du régime impérial, la partageait ; et il me souvient de paroles qu'il me semble que j'entends, et qu'à ce moment-là je ne comprenais guère, lui, exprimant cette opinion à un chirurgien espagnol prisonnier qu'il avait à sa table, et l'Espagnol répondant : « Nous avons mis six cents ans à chasser les Maures. »

Avec sa rapidité foudroyante, Napoléon accourut à la tête de son armée, traversa le nord de la Péninsule, dispersa l'armée espagnole, enleva Madrid, puis, cela fait avec un grand fracas, quitta l'Espagne et n'y reparut plus. J'accorderai, si l'on veut, qu'il n'ait pu y reparaître en 1809, occupé qu'il fut par la guerre d'Autriche ; mais il passa tout 1810 et 1811 dans son palais. Pourquoi cette inaction chez un homme si actif, qui l'année d'avant s'était précipité en Espagne, qui s'était élancé sur Vienne et sur le Danube, et qui allait, en 1812, entreprendre la lointaine expédition de Russie ? La raison en est manifeste : l'Espagne lui offrait un genre de guerre pour lequel il n'avait aucune aptitude. On l'a vu : ce qu'il savait faire avec une singulière supériorité, c'était de combiner une hardie et rapide offensive, et de frapper l'adversaire d'un coup irrémédiable; et cela, il venait de l'exécuter victorieusement à Ratisbonne et à Wagram ; mais, pour opérer ainsi, il fallait que cet adversaire ne se dérobât pas à l'offensive. Or, l'Espagne n'offrait ni Wagram, ni Iéna, ni Austerlitz à son envahisseur : partout l'insurrection, des bandes qui harcèlent l'ennemi, des troupes qui, vaincues, se rallient, des sièges qui ne finissent pas, puis, à côté, une armée anglaise solide, capable de porter les plus rudes coups, mais en même temps habile à refuser les conflits où elle n'a pas mis de son côté les chances. Que Napoléon ait été impuissant à mener, de son cabinet, une pareille guerre, le fait le prouve ; pendant les années de 1810 et de 1811, où il fut en paix avec le reste de l'Europe, il employa vainement les immenses forces de son empire, ses soldats si vaillants, ses maréchaux si renommés à lutter contre les citadins et les paysans de l'Espagne, contre l'armée régulière anglaise, sans laquelle ils auraient peu valu peut-être, mais qui leur donna une grande efficacité de résistance.

Presque dans le même moment où Napoléon se jetait sur Madrid, un officier anglais débarquait en Portugal avec un corps de troupes. Tandis que l'objet de Napoléon était de s'assujettir l'Espagne, l'objet de cet officier était de la défendre, et d'expulser *the french robber*, comme dit Byron. Dans cette lutte qui a duré six ans, lequel a le mieux approprié les moyens aux circonstances? Qu'est devenu l'offensive entre les mains de celui qui en avait pris le rôle? Et que n'a pas fait la défensive entre les mains de celui qui en était chargé? Partout et toujours la défensive fut supérieure à l'offensive. Cette défensive, Napoléon aurait été incapable de la concevoir et de l'exécuter s'il avait été à la place de Wellington (et il s'y trouva bientôt lors de ses revers), et il fut incapable de la briser et de la vaincre.

Nous venons de voir Napoléon, avec toutes les forces de son empire, avec des troupes dont le renom militaire était incomparable, avec des généraux dignes de ces troupes, guerroyant sans succès pendant deux ans, du fond de son palais, contre les armées tumultuaires de l'Espagne et les soldats de l'Angleterre. Tout à coup il se lasse de cette stérile occupation, et, tournant le dos à la Péninsule, il se lance dans l'extrême nord. Je n'examinerai point si ce fut sagesse, tandis qu'on était enfoncé vers le Tage et vers le Guadalquivir, d'aller s'enfoncer vers le Borysthène et la Moscowa ; je prends les faits tels qu'ils sont, et je le suis dans sa nouvelle entreprise. Celle-là, il ne la confie pas à ses lieutenants, il s'en charge lui-même. L'armée française borde le Niémen ; l'armée russe est de l'autre côté, commandée par Barclay de Tolly. La partie commence ; de quelle façon les deux adversaires vont-ils la jouer? Rien de plus simple que d'en exposer et faire comprendre le nœud. L'armée française était notablement supérieure en nombre, pleine d'impétuosité, et conduite par un général qui savait avec les masses frapper les plus terribles coups ; tout lui faisait donc désirer une rencontre où se déciderait le sort de la guerre. Au contraire, l'armée russe était inférieure en nombre, la seule ressource de la patrie, de sorte que, mutilée dans quelque Waterloo, il ne serait plus resté à son empereur de défense contre le vainqueur. Cette situation commanda la stratégie des deux généraux : Napoléon chercha une bataille,

Barclay l'évita. Dans ce duel redoutable, l'habile officier sera celui qui mènera son plan à réussite. Si, par ses manœuvres, Napoléon force Barclay à recevoir le combat qu'il évite, il sera supérieur à son adversaire ; si au contraire par ses manœuvres Barclay échappe constamment à cette bataille tant poursuivie, c'est lui qui sera supérieur. Eh bien ! trois fois, à Vilna, à Vitepsk, à Smolensk, Barclay échappa à l'immense et rapide armée que Napoléon lançait sur lui ; son adversaire déjoué s'était enfoncé dans la Russie, avait perdu hommes et chevaux, et l'armée russe, toujours intacte, lui présentait ses baïonnettes, incessamment prête à l'offensive dès que, pour une retraite que chaque pas en avant rendait plus périlleuse, Napoléon reprendrait le chemin si imprudemment parcouru. Donc, partout dans cette campagne, Barclay fut supérieur à Napoléon.

On sait que dans ce plan la bataille de la Moskowa est un simple accident, provoqué par l'orgueil russe, qui se lassa de cette longue et sage retraite et exigea la démission de Barclay et la nomination de Kutusof. Celui-ci choisit son terrain, éleva des ouvrages de campagne et attendit l'ennemi. C'était une faute; mais à cette distance le coup porté par Napoléon fut faible, il n'obtint qu'un champ de bataille; l'armée russe se remit en retraite, conservant son organisation et restant disponible pour la future et prochaine offensive. Les pertes furent énormes des deux côtés, plus du côté des Russes, mais avec cette différence décisive que, pour eux, elles allaient être réparées et au delà par les recrues qui affluaient, tandis qu'elles étaient irréparables pour l'armée française, si éloignée de sa base d'opération.

C'était une singulière hallucination que celle qui conduisait Napoléon à Moscou, et qui, comme toutes les hallucinations, n'agissait que sur lui, chacun parmi ses entours s'alarmant de ce long voyage. En effet, il était clair que, dès qu'il serait à Moscou, il serait vaincu ; car les Russes n'auraient plus qu'à refuser de négocier pour le forcer de quitter cette ville où il ne pouvait rester, et de faire retraite jusqu'à ses cantonnements en Pologne. Cette retraite était une défaite ; non-seulement la campagne se trouvait manquée, mais encore elle se terminait par une longue marche rétrograde où l'on reculait devant les Russes qui poursuivaient. Etabli dans le Kremlin, il écrivit pour traiter ; l'empereur Alexandre ne répondit même pas. Les Russes venaient de brûler leur capitale entre les mains de l'envahisseur ; ce n'était certainement pas pour la racheter par un traité de paix. Leur ennemi s'était lui-même livré; mais ce que, dans leurs rêves les plus enivrants, ils n'auraient jamais pu imaginer, c'est que cet ennemi prolongerait son séjour dans la ville incendiée, et qu'entré à Moscou le 14 septembre, il n'en sortirait que le 19 octobre. Par cet inconcevable délai de cinq semaines, il mit la retraite, qui était de quarante journées de marche, en plein hiver moscovite. On sait ce qui en advint : l'armée, accablée par le froid, manquant de vivres et d'habits, harcelée par les troupes russes auxquelles elle prêta constamment le flanc, périt tout entière; il n'y a pas dans l'histoire des armées appartenant aux puissantes nations de la civilisation, exemple d'un désastre pareil. Un militaire de haut caractère, un Alexandre, un César, un Frédéric II, s'il eût commis la lourde faute d'aller à Moscou, se voyant vaincu par le seul fait de cette faute, n'eût plus songé qu'au salut des braves gens qui l'avaient suivi si loin, et, laissant les flammes consumer la grande ville, il se fût hâté de prévenir l'hiver et de mettre son armée en sûreté. Mais l'obstination qui se mutine follement contre les choses et les réalités retint Napoléon à Moscou, jusqu'au moment où il ne put plus y demeurer. Cette particularité psychologique, nous la verrons reparaître à Leipsik et à Waterloo.

Ainsi Napoléon ne sut faire la guerre ni contre une nation insurgée qui se dérobait aux combinaisons stratégiques, ni contre un général qui, de parti pris, manœuvra pour le harasser et l'épuiser sans se compromettre; car la défaite fut, non dans le désastre final qui fut produit par le dépit de l'impuissance et dont l'énormité absorba toute l'attention, mais dans cette marche de cent cinquante lieues où Barclay, conservant l'armée russe, usa l'armée française et ses moyens d'agression. On va voir que Napoléon ne sut pas davantage faire la guerre quand, attaqué à son tour, il lui fallut se défendre contre les ennemis qu'il avait soulevés.

Ici je m'interromps à propos de la nouvelle armée qu'il forma en 1813, et j'examine comment il usa des troupes qu'il avait reçues de la république. On a dit que, sous le premier empire, la force de l'armée française avait été due à l'habile et vigoureuse organisation imprimée par l'empereur. Rien n'est plus faux ni mieux démenti par les faits. Quand le général Bonaparte prit le commandement de l'armée des Alpes, il n'en changea en rien ni la composition ni la discipline, et c'est avec elle qu'il fit la belle campagne d'Italie. De même, l'armée qu'il emmena en Egypte ne lui devait absolument rien comme organisation. Il ne fut pas non plus le créateur des éléments de l'armée qui gagna la bataille de Marengo, c'était une armée d'origine purement républicaine et où rien d'impérial n'était mélangé.

Il n'en est pas de même de l'armée du camp de Boulogne. Celle-là était mi-partie républicaine et mi-partie impériale, et elle fut capable de porter les rudes coups d'Austerlitz, d'Iéna et de Friedland. A dater de ce moment, c'est bien la main impériale qui façonne les armées, et l'empreinte de Napoléon y est mise, mais leur efficacité décroît rapidement. Celles qui guerroyèrent pendant six ans en Espagne, furent généralement inférieures aux Anglais en rase campagne, et aux Espagnols dans la guerre de guerillas. L'armée de Wagram, malgré la victoire, témoigna d'une décroissance attestée, au moment de ce terrible drame, par les acteurs. Que dire de l'armée de Moscou? que son général ne lui donna jamais lieu, dans sa course aventureuse, de montrer ce qu'elle valait, et qu'il la perdit sans profit et sans gloire dans une longue retraite que seul ce contempteur insensé des hommes et des choses pouvait mettre en plein hiver. Je n'ajouterai rien sur les armées, inutilement vaillantes, de 1814 et de 1815, composées à la hâte et qui ne furent, par l'entêtement du chef, que des armées de défaite.

Le désastre de Moscou est accompli, et nous voici en 1813. Dans un langage qu'il enflait pour effrayer, Napoléon avait dit qu'il allait reparaître en Allemagne avec huit cent mille hommes, il y reparut avec trois cent mille. Pour les réunir il fit des prodiges d'organisation et d'activité ; mais ces prodiges n'empêchèrent pas que cette armée ne fût nouvelle, sans cohésion, pleine de conscrits trop jeunes, avec une cavalerie insuffisante, sans autre mobile de guerre que la volonté de l'empereur. De plus, elle n'avait point de réserve derrière elle ; perdue, il ne restait rien par quoi la France pût la remplacer ; c'était, littéralement, le denier de la veuve ; il fallait la ménager comme la suprême ressource ; elle ne pouvait servir qu'à appuyer des négociations et à faire une paix honorable. Quel contraste chez les alliés ! Une armée où les soldats aguerris abondent, une puissante cavalerie, l'impulsion d'un patriotisme enthousiaste, l'ardeur de volontaires, non de conscrits, l'appui moral de l'Europe entière, et les inépuisables réserves que préparait une population soulevée. Napoléon ne vit rien de tout cela ; et, avec son armée débile contre une armée forte, il tenta à Lützen et à Bautzen ce qu'il avait tenté à Austerlitz et à Iéna. Lui demeurait le même ; le reste était changé.

Jusque-là neutre, l'Autriche n'avait pas encore pris parti ; mais elle avait poussé activement ses armements pour influer sur la paix si Napoléon se décidait à traiter, pour se joindre contre lui aux alliés s'il se refusait à tout accommodement. Napoléon s'y refusa ; l'Autriche entra dans la coalition. La disproportion des forces, qui devint très grande, conseillait de renoncer à la guerre offensive. Napoléon n'entendit pas ce conseil. Mais des revers partiels, multipliés, mal compensés par la victoire de Dresde, lui firent sentir le danger qu'il courait ; du moins j'ai entendu conter, il y a plus de quarante ans, par des gens bien informés, qu'à ce moment il conçut le dessein de se retirer sur le Rhin, et qu'il dicta les ordres nécessaires pour ce mouvement ; il annonça sa résolution au général Sébastiani qui entrait chez lui, et qui s'écria que cette nouvelle le soulageait d'un grand poids, que l'armée fondait, et qu'un désastre était à craindre. Bientôt après, tout changea, l'obstination impériale prévalut, et la bataille de Leipsick fut livrée. Cette bataille est de deux jours : le 16 octobre, le combat, très sanglant, très opiniâtre, demeura indécis ; le 17 on se reposa, et dans ce repos l'armée alliée reçut de grands renforts, l'armée française n'en reçut aucun et fut détruite le 18. Le même mobile qui avait fait perdre le mois fatal de Moscou, fit perdre la fatale journée du 17 ; le désastre fut d'autant plus grand que Napoléon combattit ayant deux rivières à dos, faute militairement si grande qu'elle serait inconcevable chez le moindre général moins aveuglément obstiné ; l'armée vaincue ne put faire retraite ; trente ou quarante mille hommes furent pris dans Leipsik, beaucoup se noyèrent dans l'Elster ou la Pleiss ; et Napoléon ne ramena sur le Rhin qu'un débris de ces trois cent mille hommes que six mois auparavant il avait lancés sur l'Allemagne en envahisseurs.

La situation réciproque de Napoléon et des alliés, qui fait si bien prévoir l'issue de la campagne de 1813, s'applique encore avec plus de vérité à la campagne de 1814, où l'ardeur des peuples n'est pas moindre, où les forces alliés sont accrues, où les forces françaises sont diminuées. La transformation de la défensive, que la nature de la situation imposait, en offensive par un génie qui ne connaissait que ce genre de guerre, punie en 1813 par la défaite, le fut encore plus vite en 1814 : la campagne de 1813 avait duré six mois, la campagne de 1814 en dura deux. C'est l'habitude, du moins en France, de vanter beaucoup cette bien courte campagne. Soit, l'armée y fut certainement admirable ; formée, de la fin d'octobre à la fin de janvier, avec des débris de l'armée d'Allemagne (peu, car ce qui avait échappé au fer et au feu fut dévoré par le typhus), avec des dépôts de l'intérieur, avec des soldats de l'armée de l'Espagne (je les ai vus passer en charrettes de réquisition; c'étaient les chemins de fer du temps); avec la conscription anticipée, avec quelques gardes nationales, elle seconda héroïquement et sans faiblir un seul moment les plus hardies et les plus rapides évolutions de son chef. Lui, prompt et décisif comme aux beaux jours de sa carrière militaire, porta ses coups tantôt sur les Russes, tantôt sur les Prussiens, tantôt sur les Autrichiens, étonna plus d'une fois ses ennemis, et réjouit Paris de la pompe de prisonniers défilant dans ses rues. Mais à quoi tout cela pouvait-il aboutir ! C'étaient de brillantes passes d'armes, et pas autre chose. Du moment qu'un plan défensif n'avait pas été fortement combiné, et qu'on y substituait un plan purement offensif, il était inévitable qu'en un temps assez court les grandes armées de l'Europe, appuyées par de fortes réserves, qui elles-mêmes avaient derrière elles les populations, l'emportassent sur la petite armée française, que ne soutenaient aucunes réserves préparées. Offensivement, tout était inutile ; défensivement, c'eût été autre chose ; et, quand, avec les documents du temps, on compare les parties belligérantes, on ne doute guère qu'un Turenne, je le nomme parce qu'il était à la fois hardi et prudent, capable de ténacité et d'impétuosité, aurait défendu Paris assez pour faire désirer aux alliés un traité de paix.

La durée des campagnes de Napoléon va toujours s'abrégeant; redoutable et parlante démonstration de l'irrationalité du système offensif là où la défensive la plus froidement combinée, la plus obstinée à disputer le temps et le lieu, la plus ménagère des ressources et des hommes, avait seule chance de réussir. La campagne de 1815 dura six jours : du 14 au 18 juin tout fut terminé. Ce qui entourait Napoléon lui avait représenté les évidents avantages de la défensive : l'accroissement continu des forces à mesure que l'on se fortifie et que l'on s'arme, la diminution des forces ennemies à mesure qu'elles s'éloignent de leur base, qu'elles masquent des places fortes, qu'elles sont harcelées sur leurs derrières, la difficulté à une coalition de s'entendre longtemps pour continuer une guerre qui serait disputée. Rien de tout cela n'altéra sa résolution ; et, en effet, on lui demandait de faire ce qu'il n'avait jamais fait. Il recommença donc, comme si rien n'était changé, sa stratégie, et alla attaquer l'ennemi sur le territoire ennemi.

Dans le récit tant controversé de la campagne de 1815, il faut un guide, nul ne vaut M. Charras. En militaire instruit, il a parcouru le terrain, reconnu les positions, mesuré les distances. Cela fait, il a consulté les pièces, les ordres, les lettres, les narrations ; il les a indiquées à leur date précise, et souvent à leur heure ; car plus d'une fois, en des mouvements si rapides, l'heure est de suprême importance ; il a contrôlé ces documents l'un par l'autre, et n'en a usé qu'après en avoir apprécié la valeur.

Dans l'histoire, les pièces authentiques sont l'équivalent des faits dans les sciences naturelles. M. Charras a été pleinement fidèle à cette règle ; aussi, son livre à la main, est-il possible de donner très brièvement une idée tout à fait nette de ces terribles événements.

Quand Napoléon massa son armée sur la frontière de Belgique, prêt à ouvrir la campagne, cette armée était forte de 128 000 hommes ; celle du duc de Wellington l'était de 95 000 ; et celle de Blücher, de 124 000. Le simple rapprochement de ces chiffres montre que, si l'armée française se heurtait sur un champ de bataille contre les deux armées réunies, elle succomberait sous la supériorité du nombre. Aussi la conception de Napoléon fut de manœuvrer tellement qu'il les combattît l'une après l'autre et fût chaque fois leur égal en nombre et leur supérieur en habileté ; et on devrait la louer, si, comme il a déjà été dit ici, tout système offensif n'avait été, de soi, impraticable dans l'état de la France isolée et de l'Europe coalisée.

Ce qui rendait possible sa conception, c'est que les forces ennemies avaient deux généraux indépendants et deux cantonnements différents. L'opération réussit d'abord, sinon pleinement, du moins suffisamment. Le 14 juin la Belgique fut envahie, et le 16 l'armée prussienne était battue à Fleurus. Mais différentes circonstances empêchèrent que cette défaite ne mît pour longtemps les Prussiens hors de cause ; la principale fut que Wellington, accourant en toute hâte au secours de son collègue, livra à Ney la sanglante bataille des Quatre-Bras. S'il eût tardé et que le corps de Ney fût demeuré disponible, il est probable que l'échec des Prussiens aurait été singulièrement grave.

Le 17, Napoléon, sur la fin de la journée, mettant à exécution la seconde partie de son plan, se porta de sa personne sur Wellington qui se retirait du côté de Bruxelles, et dirigea Grouchy sur Blücher, qui se retirait du côté de Namur. Tout semblait succéder ; et cependant, dans le fait, tout était compromis et le danger devenait suprême. Il faut en effet passer de l'autre côté et voir ce qui y était advenu. Dans cette même journée du 17, Wellington occupait la position de Mont-Saint-Jean, en avant de Waterloo, position qu'il avait reconnue soigneusement depuis plusieurs semaines, résolu à recevoir la bataille, si Blücher lui assurait le concours de deux corps prussiens, comme il le lui avait fait demander dans la matinée. La réponse de son allié lui arriva le même jour, ainsi conçue : « J'irai vous rejoindre non-seulement avec deux corps, mais avec mon armée tout entière ; et, si l'ennemi ne nous attaque pas le 18, nous l'attaquerons ensemble le 19 » (*Campagne de* 1815, p. 238). Ainsi les généraux alliés avaient concerté la réunion de leurs forces sur un point choisi par Wellington, et mis de leur côté toutes les chances de victoire.

Le seul jour où l'armée prussienne, non encore remise de sa défaite de Fleurus, n'était pas disponible, était le 17 ; ce fut donc aussi, de toute nécessité, le seul jour où Napoléon pouvait trouver Wellington isolé, et obtenir sur lui un avantage semblable à celui qu'il avait obtenu sur les Prussiens. Passé cet unique jour, il allait se heurter contre des masses énormes ; et rien, l'événement comme le raisonnement le prouve, rien n'était capable de sauver l'armée qu'il commandait. La bataille de Waterloo devait donc être livrée le 17 ; ce jour-là, Blücher n'y pouvait pas paraître. Il est difficile de décider si Napoléon perdit inutilement le temps et est responsable de ce retard gros d'un désastre, ou si les circonstances plus fortes que lui l'imposèrent; mais ce qui est apparent, c'est combien étroit fut l'intervalle que lui laissa son irrationnelle offensive. Il n'eut que pendant vingt-quatre heures l'opportunité d'échapper à son destin; ces vingt-quatre heures perdues, tout fut perdu.

L'imprévu, qui joue un si grand rôle dans les affaires humaines et surtout dans les affaires de guerre, trompa en partie l'attente de Wellington et la prévision de Blücher. L'armée prussienne n'eut, sur le champ de bataille de Waterloo, son avant-garde qu'à une heure, son premier corps qu'à quatre heures de l'après-midi, et le gros de ses forces qu'à sept heures et demie du soir. Donc, pour combattre Wellington isolé, il aurait fallu que l'affaire eût été finie avant quatre heures. C'est le même raisonnement que pour la journée du 17. Commencée à la pointe du jour, la bataille de Waterloo aurait pu être terminée avant les Prussiens ; mais, commencée à onze heures et demie, le retard des Prussiens ne servit de rien à Napoléon.

Considérons la bataille en elle-même, et nous y verrons le même esprit qui inspira les mortels retards de la retraite de Russie, et qui ne fut pas moins funeste à notre armée de 1815. Car il faut par des chiffres se faire une idée du désastre : l'armée comptait, le matin du 18 juin, 72 000 hommes; et le 26, une situation sommaire qui est dans Charras, p. 450, porte le chiffre des hommes ralliés à 29 000. Ainsi 33 000 hommes étaient tués, blessés, pris ou dispersés. Quant à la responsabilité propre de l'empereur, le nœud en gît dans l'arrivée, en trois fois, de l'armée prussienne, permettant à chaque fois de reconsidérer la position et de se décider suivant les occurrences. Il était une heure, la bataille était engagée depuis midi environ, quand on aperçut de l'infanterie prussienne qui marchait contre notre aile droite. Pour ne laisser aucun doute sur l'immense gravité de cet incident, le hasard voulut qu'on prît un hussard prussien porteur d'une lettre de Blücher à Wellington, et annonçant l'approche d'un corps de trente mille hommes.

A une aussi certaine nouvelle il ne restait à opposer qu'une seule détermination, celle d'interrompre la bataille et de battre en retraite. A ce moment la retraite était sans péril, le gros des Prussiens était encore loin, Wellington ne serait pas descendu de ses positions, dont la force entrait dans son plan quand il accepta la bataille. A la vérité, la campagne offensive était manquée, mais la campagne défensive restait toujours ouverte, et l'armée était sauvée. Ce salut, Napoléon le sacrifia à l'impatience de reconnaître qu'il fallait changer tous ses plans ; il détacha des troupes pour arrêter l'avant-garde prussienne, et continua affaibli de dix mille hommes.

Tel fut le premier avertissement. Le second fut donné trois heures plus tard, quand, à quatre heures et demie, apparut le corps tout entier de Bülow. S'il avait été sage de battre en retraite au premier avertissement, au second il était urgent de s'y résoudre. Cette manœuvre était devenue difficile, non impossible ; tout était encore intact ; et l'armée aurait exécuté non sans regrets, mais avec une ferme obéissance, ce que son chef lui aurait commandé. Son chef lui commanda de continuer une lutte qui, de moment en moment, était plus inégale et plus désespérée.

Le troisième et solennel avertissement fut à huit

heures ; alors une nouvelle masse de Prussiens vint prendre l'armée en flanc et à revers. Napoléon n'avait plus une seule réserve, sauf quelques mille hommes de garde impériale ; le péril était immense ; mais peut-être qu'en employant ce corps d'élite à la défensive, on aurait pu prévenir les derniers malheurs ; non ; on l'employa à une attaque sur les Anglais, qui échoua. Le résultat, quel Français le voudrait raconter ?

Ainsi, deux fois certainement, et une fois douteusement, il a pu, non pas gagner la bataille, mais sauver l'armée ; et il ne l'a pas fait. En cela rien n'est imputable à Grouchy. Celui qui étudiera la campagne de 1815, trouvera semblablement que la même misérable disposition d'esprit a produit l'effroyable catastrophe de Leipsick. Plusieurs semaines avant cette journée, il était évident, même pour Napoléon, qu'il n'y avait plus de salut que dans une retraite sur le Rhin. Il marcha pourtant non sur le Rhin, mais sur l'Elster, et là, dans un conflit qui dura deux jours, avec vingt-quatre heures d'intermission, ayant échoué dans son attaque du premier jour, il ne profita pas de l'intervalle pour soustraire son armée à une lutte désormais sans espoir.

On a dit, pour le grandir ou pour l'excuser, que c'était César risquant sur une barque toute sa fortune (Ségur, *Histoire de Napoléon*, IX, 14). Jamais comparaison ne fut plus malheureuse pour celui qu'on veut relever. Quand César se jette dans une barque sur une mer irritée pour aller chercher des secours qui tardent, il n'expose que sa personne et sauve son armée. Quand Napoléon risque tout à Moscou, à Leipsick, à Waterloo, il sacrifie son armée et ne sauve que son orgueil.

On a accusé Grouchy de n'avoir pas paru sur le champ de bataille. Mais ce reproche ne peut se soutenir. M. Charras (p. 666) rapporte les dispositions de marche que Blücher prit le 18 *à la pointe du jour*, pour acheminer son armée sur Waterloo ; et cependant, à part une faible avant-garde, il n'y arriva qu'à quatre heures du soir par un premier corps et à sept heures et demie par un second. Or Grouchy, qui n'avait, notons-le expressément, aucun ordre de Napoléon pour prendre part à la bataille du 18, qui ne put y songer qu'à *midi passé*, quand il entendit les éclats du canon, qui était à la même distance de Waterloo que Blücher, serait certainement arrivé bien après le général prussien, qui exécutait un plan arrêté d'avance, et qui organisait son mouvement plusieurs heures avant lui. Cela réfute tous les raisonnements hypothétiques.

M. Charras dit : « Que Napoléon ait été un capitaine expérimenté, un capitaine de premier ordre, un capitaine de génie, cela n'est pas en question ; mais nous croyons, et bien d'autres croient avec nous, que déjà, avant la campagne de Belgique, son génie avait baissé, était devenu au moins fort inégal ; que, dans cette campagne même, il n'eut plus que des éclairs ; et que son caractère, comme son activité, fut en continuelle défaillance » (p. 614). Je ne cite point ce passage pour y contredire, et le génie militaire de Napoléon est incontestable. Mais, dans le génie même, il est plusieurs degrés, et la marque de celui de Napoléon est de conduire supérieurement l'attaque, sans savoir également conduire la défense et de n'être, par conséquent, qu'un demi grand capitaine.

M. Charras a fait entre Napoléon et Wellington un

parallèle succinct qu'il vaut la peine de citer : « La différence était grande entre le général anglais et Napoléon; mais elle l'était beaucoup moins que celui-ci ne se l'imaginait, et que, longtemps, on ne l'a cru dans notre pays abusé par des mensonges. L'un avait le génie de la guerre à la plus haute puissance; mais la politique insensée de l'empereur altérait, troublait les conceptions merveilleuses du stratége; et l'énergie, l'activité physique faisaient souvent défaut aux nécessités dévorantes, aux durs labeurs de la guerre. L'autre n'était qu'un général de talent, mais d'un talent si complet, enté sur de si fortes qualités, qu'il atteignait presque au génie. Doué d'un bon sens extrême, politique profond, religieux observateur des lois de son pays, excellent appréciateur des hommes, instruit à fond de tout ce qui constitue la science et le métier des armes, faisant parfois des fautes, mais sachant ne pas s'y obstiner après les avoir reconnues, soigneux du bien-être de ses soldats, ménager de leur sang, dur au désordre, impitoyable aux déprédateurs, habile à concevoir et à exécuter, prudent ou hardi, temporiseur ou actif suivant la circonstance, inébranlable dans la mauvaise fortune, rebelle aux enivrements du succès, âme de fer dans un corps de fer, Wellington, avec une petite armée, avait fait de grandes choses; et cette armée était son ouvrage. Il devait rester et il restera une des grandes figures militaires de ce siècle. Né en 1769, il avait quarante-six ans, l'âge de Napoléon » (p. 86).

Malgré ma profonde déférence pour M. Charras, je ne puis ici me ranger à son avis, et la différence me paraît être en faveur non de Napoléon, mais de Wellington. Je n'aurais aucune satisfaction à repasser, même brièvement, la carrière du général anglais, ni à rappeler que, par exemple, le triomphe de Vittoria sur les Français n'a rien à envier, en hardiesse, en combinaison et en résultat, au triomphe d'Iéna sur les Prussiens. Pour me décider, il me suffit de savoir que Wellington fut au niveau de toutes les situations militaires, tandis que Napoléon ne fut au niveau que de quelques-unes. Là il brilla ; dans les autres il s'éclipsa. Au métier de la guerre, le *talent* qui est égal à toutes les tâches l'emporte sur le *génie* qui ne sait faire qu'une moitié des choses. Les achèvements militaires ne sont pas de même nature que ceux des lettres ou des beaux-arts ; il importe peu que Corneille ait fait *Agésilas* après avoir fait le *Cid* ; mais il importe beaucoup que Napoléon, après avoir gagné Austerlitz et Iéna, ait perdu Leipsick et Waterloo. L'événement, qui est un juge douteux quand il est seul, prend une force irrésistible quand il est confirmé par la critique rigoureuse des faits ; et, si les Perses et les Grecs coalisés avaient mis par deux fois Alexandre à Naxos et à Délos, cet Alexandre-là, eût-il gagné la bataille d'Arbelles, serait beaucoup au-dessous de celui dont l'histoire a gardé le souvenir.

On vient de voir dans la caractéristique du duc de Wellington, *qu'il faisait parfois des fautes, mais qu'il savait ne pas s'y obstiner après les avoir reconnues.* Napoléon faisait parfois des fautes, qui n'en fait pas ? mais, quand il les reconnaissait,
reconnaissait souvent, son système à lui était de s'y obstiner. En voici un exemple : Les Russes, conformément à leur plan, qui était de ne point livrer de grande bataille et d'entraîner leur ennemi aussi loin que possible, lui avaient abandonné d'abord la

Pologne, puis la Lithuanie. Arrivé à Vitepsk, lui-même comprit que, devant le plan des Russes, il devait modifier le sien, qui avait été une grande bataille, une grande victoire et une paix dictée par le vainqueur. Il résolut donc de s'arrêter à Vitepsk et d'y passer l'hiver, disant : « 1813 nous verra à Moscou, 1814 à Pétersbourg; la guerre de Russie est une guerre de trois ans » ; interpellant un administrateur par ces mots remarquables : « Pour vous, Monsieur, songez à nous faire vivre ici », et s'adressant à ses officiers : « Nous ne ferons pas la folie de Charles XII (1). » Alors son étoile l'éclairait, dit M. de Ségur ; mais, étoile ou non, le fait est qu'il abandonna un plan de guerre très dangereux pour la Russie, et en suivit un qui ne fut plus dangereux que pour lui-même. 1814, disait-il, l'aurait vu à Saint-Pétersbourg ; il fit la faute militaire, et 1814 vit les Russes à Paris. Remarquez bien que, cette faute, il l'avait aperçue (tout le monde l'apercevait), et qu'il la commit cependant.

Ne nous en étonnons pas. Lui-même avait fait une maxime de la persistance dans la faute. Quand on a commis une faute, disait-il, il ne faut pas la reconnaître ; au contraire, il faut s'y entêter, la pousser à outrance ; c'est comme cela qu'on en a fait un succès. Ce que vaut la maxime, et quels succès elle rapporte, on le voit par Moscou et la retraite, par Leipsick et son désastre, par les vaines passes d'armes de 1814, par Waterloo et ses péripéties.

On peut dire que l'ère de la révolution se clôt à la rupture de la paix d'Amiens, et que là commence l'ère impériale. Dans le conflit qu'avait suscité l'au-

---

(1) SÉGUR, *Histoire de Napoléon et de la grande armée*, V, 1.

dacieuse et terrible république de 93, les peuples
européens n'avaient appuyé d'aucun élan leurs
gouvernements ; les armées seules avaient obéi et
marché; et, quelque nombreuses et quelque aguerries
que fussent ces armées, elles avaient été vaincues
par les milices révolutionnaires. Aux malheurs qui
avaient accompagné ces faits de guerre, de notables
compensations s'étaient jointes ; et, en somme, à
mesure que se dissipaient les fumées de la poudre,
les peuples acceptaient les nouvelles conditions
européennes, nos succès qui ne les effrayaient pas,
leurs revers qui ne les contristaient pas. Des traités
étaient intervenus avec plusieurs des puissances
coalisées, la Prusse par exemple et l'Espagne ; et
l'aboutissement naturel de la situation fut la paix
d'Amiens.

Æstuat infelix angusto in limite mundi celui que
je n'appellerai pas un autre Alexandre, car Alexandre
n'a pas fini deux fois captif de Darius. Au lieu de
consolider et de développer le nouvel ordre de
choses, qui était la paix et la liberté, comme malheureusement le coup d'État lui avait remis une
puissance illimitée, il obéit sans contrôle à son
esprit profondément rétrograde, qui lui inspira la
guerre et le pouvoir absolu ; inspiration la plus antipathique à la situation, la plus funeste à l'Europe,
y compris la France, la plus ruineuse à lui-même ;
l'événement l'a fait voir amplement. Aussitôt il se
mit à l'œuvre ; et son premier acte fut de rompre
le traité d'Amiens, et de s'aller poster sur les plages
de Boulogne pour menacer de là l'Angleterre.
Il y resta longtemps, attendant son succès d'un
hasard de vents, de brouillards et de réunions de
vaisseaux ; hasard qui ne vint pas.

Son impuissance de ce côté l'engagea dans une autre voie : ce fut de faire la guerre au continent, et, finalement, de vouloir, à mesure des succès, le conquérir et l'incorporer en une monarchie gigantesque. La vérité est qu'il entrait dans une route sans issue. Pour faire la guerre à l'Angleterre avec des chances de succès, il fallait avoir l'amitié, au moins la neutralité du continent; mais guerroyer contre le continent en laissant sur son flanc l'Angleterre reconnue inattaquable dans les conditions d'alors, c'était sûrement jeter tous les peuples l'un après l'autre dans les bras de cette puissance, qui, quelle que fût son ambition personnelle et son égoïsme, devenait la protectrice de l'indépendance universelle.

On se rappelle, il y a peu d'années, la lugubre impression que produisit la correspondance publiée de l'empereur Napoléon, quand on y vit tant d'ordres impitoyables et sanguinaires, tant d'exécutions individuelles ou collectives sur des gens dont tout le crime était de n'être pas satisfaits de la domination impériale. Eh bien! que par la pensée on remette tout cela en action; qu'on se représente les mille tyrannies de la soldatesque dans les passages et dans l'occupation, l'indépendance des nations foulée aux pieds, toute liberté étouffée, les rois menacés aussi bien que les peuples, et l'on aura une idée des ressentiments qui s'accumulèrent de 1808 à 1812 et qui éclatèrent avec une force irrésistible en 1813. L'empereur Napoléon à ce moment n'avait plus un seul partisan en Europe; et, chose impossible à imaginer, si elle n'était parfaitement réelle, dans ce soulèvement universel de l'opinion européenne, peuples et rois, d'ordinaire si divisés depuis la révolution française, s'entendaient et se coalisaient.

Alors apparut combien est caduque même une excessive puissance, quand elle travaille contre les honnêtes tendances des sociétés. Il suffit de l'intervalle compris entre le 1er janvier 1813 et le 30 mars 1814, pour renverser le colosse qui opprimait l'Europe. Ce fut un entraînement. L'Espagne rejeta les envahisseurs au delà des Pyrénées, l'Allemagne au delà du Rhin. La Hollande, au cri de vive Orange! se détacha de cet empire que, peu de mois auparavant, le Sénat avait misérablement déclaré indivisible; la Suisse ouvrit ses passages à la coalition; l'Italie ne regretta point les aigles impériales; même la Belgique fut heureuse (1) de la rupture d'une union qu'elle avait pu accepter avec la France républicaine, mais qui était intolérable avec la France impériale. Derrière ce vaste mouvement apparaissaient l'Angleterre et la Russie, qui recueillaient la reconnaisssance des peuples affranchis. Qui l'eût dit, hommes de 89 et de la grande révolution?

Je ne connais pas de plus grave jugement que celui qui fut ainsi prononcé par l'Europe contre Napoléon. Plaidée devant l'opinion publique, la cause fut perdue politiquement à l'unanimité; plaidée à coups de canon sur les champs de bataille, elle fut perdue militairement. Le colosse tomba,

---

(1) On le vit bien l'année suivante, dans la campagne de 1815, où les corps belges combattirent avec beaucoup d'énergie contre les troupes impériales. Lisez dans Charras les émouvants détails qu'il donne sur la rencontre ennemie d'hommes qui, peu auparavant, servaient à côté les uns des autres (*Histoire de la campagne de 1815*, 4e édition, p. 187).

l'Europe respira ; et les haines internationales s'éteignirent ou s'interrompirent, de manière à laisser entrevoir dans un temps à venir une vraie paix européenne. Quinze ans avaient été non seulement perdus, mais employés en désastres réciproques.

C'est ainsi que les guerres impériales avaient été des guerres de civilisation.

Mais peut-être que, les temps ayant marché, les passions contemporaines s'étant calmées, et les événements s'étant développés, l'issue des choses a témoigné en faveur de la politique, absolutiste et conquérante qui fut la pensée du règne de Napoléon. En aucune façon, et le verdict de condamnation prononcé alors n'a cessé d'être ratifié par l'évolution qui a suivi. Tout a concouru depuis ce repos à prouver que la politique qui entretient la paix, favorise le commerce et l'industrie, développe la liberté et ouvre l'issue à la réformation progressive des sociétés, est la seule qui soit d'accord avec nos tendances modernes telles que les a faites le progrès du savoir positif tant particulier que général.

Je viens de dire quel ouragan de haines se forma et se déchaîna contre Napoléon. Eh bien ! ces haines formidables, ou il les a ignorées, ce qui est un misérable aveuglement ; ou, s'il ne les a pas ignorées, il n'en a tenu nul compte comme de forces qui, n'étant pas sujettes à la conscription et à l'enrégimentement, n'étaient dignes d'aucune considération. Cette cécité, moitié volontaire, moitié involontaire, se liait, du moins chez Napoléon enivré d'empire, à une disposition puérile qui l'empêchait de prendre, même en présence des plus urgentes nécessités, un parti qui le contrariait. Puis, quand la force des choses avait triomphé, anéantissant sa

chétive opposition, il demeurait sans ressources; et
du plus décidé des hommes dans la prospérité, il
devenait le plus faible dans l'adversité. C'est ainsi
que, vaincu, il abandonnait son armée et accourait
à Paris demander des hommes et de l'argent. Cela,
il le fit après le désastre de Russie, après celui de
Leipsick, après celui de Waterloo.

Frédéric II, à la veille d'une journée qui pouvait
être son Waterloo, prit froidement son parti, et,
après avoir tout disposé pour mettre la victoire de
son côté, annonça en des vers célèbres qu'en cas de
défaite *il mourrait en roi*. Devant une semblable
nécessité, Napoléon a choisi la vie et la captivité.
Byron a qualifié ce choix d'*ignoblement brave* (1). Je
n'interviens pas dans cette décision; à ces moments
suprêmes chacun prend dans son cœur la règle de
sa conduite. Le voilà donc à Sainte-Hélène; et là,
soudainement, sans autre transition que d'une
haute fortune à un profond malheur, nous le voyons
devenir libéral et faire leçons de liberté aux rois,
qui en avaient, j'en conviens, besoin. Triste comédie! Ce n'était pas à Sainte-Hélène, c'était aux
Tuileries qu'il fallait compter la liberté pour
quelque chose. On sait combien ses plaintes re-
tentirent à travers les mers sur l'insolence et la
dureté de son geôlier; on sait aussi, depuis que sa
voix n'a plus été la seule entendue, qu'il avait constamment montré l'esprit de tracasserie au lieu de
la stoïque résignation qu'exigeait son infortune, et
qu'en définitive on ne lui avait guère infligé que les
précautions que commandait la crainte d'une éva-

---

(1) To die a prince, or live a slave,
    Thy choice is most ignobly brave.

sion renouvelée de l'île d'Elbe. Mais ce qu'on ne savait pas tout récemment encore, c'est que lui-même, au temps de sa souveraine puissance, avait été un geôlier bien plus ingénieux à tourmenter que ne fut jamais Hudson Lowe. Quand j'eus lu dans M. d'Haussonville les raffinements de geôle exercés par l'impérial porte-clefs contre un vieillard dont il s'était saisi, sans avoir même le droit de la guerre, je perdis toute pitié de la captivité de Sainte-Hélène, et je ne pourrais bien exprimer quel dégoût moral j'ai ressenti pour les cruelles petitesses de la toute-puissance. Hudson Lowe n'en a pas fait autant, il s'en faut ; et, si, il n'était pas empereur.

Napoléon, revenant en 1815 de l'île d'Elbe, data du golfe Juan, le 1ᵉʳ mars, une proclamation où on lisait ces lignes : « La défection du duc de Castiglione livra Lyon sans défense à nos ennemis... la trahison du duc de Raguse (1) livra la capitale. »

---

(1) Il y a eu un retour d'impartialité pour le maréchal Marmont, et les historiens se sont gardés de donner crédit aux inculpations populaires, même fortifiées du poids des proclamations de l'empereur. On a dit que sur ce retour n'avaient pas été sans influence les liaisons du maréchal, par la famille Perregaud, avec M. Laffitte, puissant parmi le parti libéral. Je ne sais ce qu'il y a de vrai là-dedans, et je crois plutôt que l'examen des faits, quand il se fit, démontra que Marmont, bien loin d'avoir livré la capitale, l'avait défendue à outrance. Mais, en tout cas, à côté de la cause indiquée du revirement, si elle est réelle, il y en eut une individuelle aussi et tout à fait certaine. Le maréchal se trouva chargé dans les journées de juillet 1830 de défendre la royauté, et il nous fusilla au nom du roi, comme quelques années plus tôt il nous aurait fusillés au nom de l'empereur. Cela excita contre lui, dans la population de Paris, une animadversion que je partageais. Aussi, quel ne fut pas mon étonnement, je dirais presque mon indignation, quand M. Arago, dans sa déposition à la Chambre des pairs, lors du procès des ministres, témoigna de son amitié pour le maréchal proscrit ! Bien des années après, je me trouvais en maison tierce, chez M. le docteur Rayer, avec M. Arago. C'était un homme qui racontait merveilleu-

Or, Augereau avait été faible, maladroit, mais il n'avait nullement trahi ; et la défense de Paris par Marmont et Mortier est, à coup sûr, un fait d'armes des plus glorieux de notre histoire, et d'autant plus glorieux, que les deux maréchaux combattirent livrés à eux-mêmes, abandonnés par le gouvernement tout entier, y compris Joseph Bonaparte. Je n'aime pas une calomnie, même impériale.

Manzoni, dans son ode célèbre sur le 5 mai, dit que Napoléon fut l'objet d'*inestinguibil odio e d'indomato amor*. La *haine inextinguible* fut chez les peuples coalisés, l'*amour indompté* fut chez le peuple français.

Quand les nations eurent subi longuement les vexations, les violences, l'oppression, l'orgueil de la domination impériale, et qu'il n'y eut plus pour elles espérance de paix, d'indépendance et de liberté, alors il se forma un terrible orage de ressentiments populaires. Elles chassèrent Napoléon de chez elles et le poursuivirent chez lui ; même en 1815, quand il fit des protestations pacifiques, elles ne les écoutèrent pas et le précipitèrent une seconde fois du

---

sement, et qu'on ne se lassait pas d'entendre. Ce jour-là, il nous raconta comment s'était faite sa liaison avec le maréchal. Le maréchal appartenait à l'Académie des sciences. Le hasard voulut que lui et M. Arago se trouvassent d'une même commission. M. Arago refusa d'en être. Le maréchal ne se méprit pas sur le motif ; alors, s'adressant à M. Arago, il lui dit : « On ne juge pas les gens sans les entendre ; voulez-vous que nous ayons une entrevue où je vous exposerai les faits ? » « Cela est juste, » dit M Arago. L'entrevue eut lieu, et il en sortit l'ami du maréchal, et convaincu que Paris, le 30 mars, avait été héroïquement défendu. Le fond de ce récit est certain ; je ne pourrais errer que sur de simples détails, pour lesquels ma mémoire ne serait pas complètement fidèle ; car bien du temps s'est écoulé, M. Arago est mort, M. Rayer est mort, et moi je suis vieux.

trône. Depuis, ces grandes inimitiés se sont nécessairement refroidies ; les peuples coalisés avaient eu la gloire des décisives victoires, et, ce qui est bien préférable, l'honneur d'avoir donné à l'Europe une paix qui fut de longue durée.

Le spectacle est tout différent du côté de la France. Elle défendit obstinément Napoléon. Le patriotisme le voulut quand le territoire fut envahi ; puis, quand l'empereur eut été renversé, son souvenir demeura vif et puissant. Je sais qu'on a attribué cette persistance des souvenirs à la polémique des libéraux, qui, pour combattre la restauration, exaltèrent l'empire. Je ne nierai pas l'action de tout ce qui fut fait alors, mais je dirai que ce fut plutôt un symptôme qu'une cause ; et j'en trouve la preuve dans le retour de l'île d'Elbe, qui fut si victorieux, à un moment où l'apothéose n'avait encore été inaugurée ni par les publicistes, ni par les chansonniers, ni par les poètes. Deux autres grandes manifestations ont suivi : c'est en 1840 l'impression produite par la rentrée des cendres de Napoléon, et en décembre 1848 la nomination, à la présidence, du prince qui est aujourd'hui empereur. J'appellerai populaires ces trois manifestations dans le sens restreint du mot ; car, bien que des actes aussi considérables soient nécessairement très complexes, ceux-ci appartiennent plus à la classe des paysans et des ouvriers qu'à celle des bourgeois.

Comment se fait-il qu'il y ait un si grand écart entre le sentiment du reste de l'Europe et celui du populaire français ? Comment se fait-il que ce populaire lui-même, dont le sang a été versé avec tant de profusion, ait gardé un attachement qui a survécu à beaucoup d'années et à beaucoup de circonstances ?

Serait-ce l'enivrement des succès militaires? Ils ont été grands sans doute; mais les revers l'ont été encore plus, et, bien que la légende populaire ait supposé d'imaginaires trahisons pour les expliquer, elle n'a pu écarter ces revers de l'histoire de son héros.

Si la figure historique de Napoléon n'était pas double, je veux dire, si, en même temps qu'il était, de par les événements, le représentant et le directeur de la révolution, il n'en avait été, de par sa nature propre, l'adversaire et le compresseur, l'attachement du populaire français pour son nom ne serait l'objet d'aucune controverse. Mais que dire, quand sous une même enveloppe sont enfermés un nom et une chose qui se contredisent? C'est une anomalie étrange et qui a troublé profondément la direction des opinions, que le grand chef de la révolution française ait été mû par des impulsions et des principes qui appartiennent bien plus au régime ancien qu'au régime nouveau.

J'ai rappelé des faits éclatants qui ont montré l'entraînement du populaire français vers Napoléon et vers ses souvenirs. Mais il faut aussi rappeler un fait antérieur encore plus éclatant, c'est l'adhésion inébranlable que ce même populaire, au milieu des plus périlleuses circonstances, donna à la grande révolution. Sans lui, elle aurait succombé comme une entreprise prématurée et éphémère; avec lui, elle s'installa puissamment. Sans doute il y eut des déchirements, et certaines provinces protestèrent contre les nouveautés; mais le gros du peuple en avait été pénétré; et ce ne fut ni hasard, ni caprice; tout un âge de liberté de penser, de science, de philosophie, de tolérance, d'humanité avait agi sur les esprits et sur les cœurs; si bien qu'au bout de cet âge le dix-huitième siècle se fit France.

Le temps n'a point travaillé à l'encontre de l'impulsion primitive; loin de là, il l'a prolongée et consacrée. Mais, si, par l'effet de la double nature de Napoléon, la situation devint si étrange que l'Europe coalisée marcha contre la France au nom des principes mêmes dont la France avait voulu faire le droit des sociétés, il est certain que cette complexité n'a point été dissipée par les péripéties qui ont suivi; car les suffrages du populaire français ont sanctionné, par indivis, et les souvenirs de l'homme qui, représentant la révolution, s'appellerait un *bleu*, dans le langage de nos provinces de l'Ouest, et de l'homme qui, avec le plus de persévérance et de force, avait combattu la révolution, ses principes politiques et sociaux, sa libre pensée et son expansion fraternelle et pacifique.

Évidemment, une situation si ambiguë n'est pas destinée à se perpétuer; et l'un des deux éléments se dégagera de l'autre. Pour reconnaître lequel ce sera, il suffit de se rappeler que ce qu'il y eut, dans la révolution, d'action immédiate ou d'action future sur les destinées sociales, a été le produit du savoir humain accumulé à la fin du dix-huitième siècle. Là est la cause, le soutien permanent et la force expansive de ce grand événement. Ai-je besoin de dire que, depuis, ce savoir s'est beaucoup agrandi et fortifié, et que, comme toujours, il prête son appui silencieux, mais indestructible, à ce qui a été fait, et ses lumières à ce qui doit se faire? Sans doute, la démocratie, qui partout entre davantage dans la gestion des choses publiques, apporte des éléments insuffisamment préparés par l'éducation; mais cela, qui rend la situation plus complexe, n'en change aucunement la solution définitive.

On a dit, dans le temps où les monarques régnaient de droit divin, que l'histoire était la leçon des rois. Aujourd'hui que les peuples ne reconnaissent plus que le droit humain, voyant dans la royauté une magistrature toujours soumise à l'autorité collective de la nation et au contrôle de l'opinion publique, il faut amender cet axiome et dire que l'histoire est la leçon des peuples. Plus l'histoire est voisine, plus cette leçon importe et est susceptible de se faire comprendre. Ainsi, pour nous, quoi de plus instructif que cet intervalle qui commence à la grande révolution et qui atteint ce temps-ci, c'est-à-dire la république, l'empire, la restauration, le règne de Louis-Philippe, la seconde république, et le second empire? Quand on songera vraiment à l'éducation populaire et à la préparation du suffrage universel, rien ne sera plus utile qu'un sommaire inspiré par la vraie histoire; résumant les énergiques tendances de la France vers une rénovation politique et sociale, en accord, d'ailleurs, avec tout le mouvement européen, inscrivant nos succès dans cette voie, nos fautes et nos malheurs dans l'autre voie, et montrant au peuple, par son plus prochain passé, ce que doit être son plus prochain avenir.

Dans les sociétés immobiles, le pouvoir personnel et absolu, quand il s'y établit, devient facilement la forme durable du gouvernement. Ainsi l'Orient, immobile depuis tant de siècles, est le pays privilégié des monarchies despotiques, sans autre contrôle que des mœurs traditionnelles qui n'ont rien de bien exigeant. Mais dans les sociétés progressives de l'Occident il en est tout autrement. Là, de moment en moment, on voit éclore quelque découverte dans les sciences, quelque application dans l'industrie, quelque production dans les lettres et les beaux-arts, quelque conception dans l'ordre philosophique et moral, qui poussent en avant les esprits et leur inspirent ces grands sentiments d'amour de l'humanité, de justice sociale, de fraternité des nations, qui sont le patrimoine de notre civilisation. C'est là ce qui meut la société; et le gouvernement n'y est pour rien; il ne découvre pas dans les sciences, il n'applique pas dans l'industrie, il ne produit pas dans les lettres et les beaux-arts, il ne conçoit pas dans l'ordre philosophique et moral. A quel titre viendrait-il donc, armé du droit divin ou d'un coup d'État qui est le droit divin de la force, placer au-dessus de tout cela un pouvoir personnel, maître de couronner ou de ne pas couronner ce qu'il ne créa en aucune façon? Rien mieux que ce tableau de la force impulsive, inhérente aux sociétés occidentales, ne montre que la royauté est uniquement une magistrature, grande sans doute, mais soumise à toutes les conditions des magistratures.

Un coup d'État, outre les violences de droit et de fait (il faut compter la journée du 4 décembre 1851 parmi nos sanglantes et inhumaines journées), a, au sentiment de la moralité moderne, cela de vulgaire et de répugnant, qu'en définitive et même en tenant compte de certains motifs sociaux qui peuvent n'y pas faire défaut, le but et le résultat en est d'adjuger à celui qui le fait, la puissance et l'argent, c'est-à-dire tout ce qui sert essentiellement à la satisfaction des désirs personnels. L'impersonnel y est petit; et c'est aujourd'hui l'impersonnel qui fait essentiellement la grandeur et la moralité de nos actes, et surtout des actes sociaux. Au reste, Napoléon III luimême a reconnu l'alliage, quand, dans son *Histoire de Jules César*, il a dépeint ainsi ceux qui viennent se mettre au service de la force s'emparant du pouvoir : « Aux époques de transition, dit-il, et c'est là l'écueil, lorsqu'il faut choisir entre un passé glorieux et un avenir inconnu, les hommes audacieux et sans scrupules se mettent seuls en avant... des gens souvent sans aveu s'emparent des passions bonnes ou mauvaises de la foule... Pour constituer son parti, César recourut quelquefois, il est vrai, à des agents peu estimables; le meilleur architecte ne peut bâtir qu'avec les matériaux qu'il a sous la main. » (II, 2, 9.) Quoi qu'en aient dit des flatteurs complaisants, il n'y a pas deux morales. La France de 1869 pense autrement du coup d'État que ne pensa la France de 1851.

Il est maintenant bien établi par l'expérience sociologique, que les formes de la liberté ont deux actions salutaires, l'une primaire, l'autre secondaire. L'action primaire est d'habituer les citoyens à l'exercice d'aptitudes et de qualités, sans lesquelles l'homme reste toujours inférieur, et, par là, impropre aux hautes destinées de la civilisation ; la secondaire est de fournir l'instrument par lequel la société intervient dans son gouvernement, refrène les pouvoirs personnels et établit la meilleure gestion de toutes les ressources matérielles et morales. C'est à ces deux titres que nous avons besoin de toute notre liberté. Si donc la présente crise (1) n'est point escamotée (et elle ne le serait que pour reparaître

---

(1) Il s'agit de ce qu'on nomma alors l'empire libéral.

bientôt), on demandera des économies, car il est impossible de prolonger l'enchaînement de déficits et d'emprunts; on demandera une éducation populaire digne d'une nation où règne le suffrage universel. L'éducation populaire, je le dis en terminant, est, parmi ces grosses questions, la plus grosse. N'est-il pas vrai que la première assise d'un grand socialisme, d'un socialisme vrai et sans utopie est l'éducation populaire? Toute plèbe qui se sent digne de ce nom doit la réclamer; et tout suffrage universel doit la mettre dans son programme.

MORALE PUBLIQUE ET SERMENT

[Depuis une haute antiquité, les hommes ont attaché à la parole donnée, au serment prêté, une valeur considérable. A mesure que les sociétés se sont civilisées, cette valeur a crû parmi ceux qui mettent l'honneur au rang de leurs privilèges; et les termes de déloyauté et de parjure ont exprimé le mépris qu'inspirait la violation de la parole et du serment. Ce qui m'avait particulièrement offensé dans l'établissement de l'empire plus encore que les violences qui l'accompagnèrent et l'absolutisme qu'il exerca, ç'avait été cet effronté démenti infligé à la morale, ignominieusement accepté par la nation. L'impression ne s'en effaça pas de mon esprit, et, au commencement de 1870 (*Revue de la Philosophie positive*, janvier-février), je donnai cours à mes sentiments, autant du moins que le permettait le régime impérial. Au reste, ce régime touchait à sa fin; dans peu de mois, il allait se précipiter lui-même sur l'épée que la Prusse tenait toute tendue, et la malheureuse France payer d'un prix inouï l'assentiment qu'elle lui avait donné. Les gens qui avaient pris violemment par le parjure le gouvernement de notre pays, ne se contentèrent pas de l'immoralité, ils y ajoutèrent l'incapacité, et tout alla s'effondrer à Sedan et à Metz.]

Il ne s'agit pas ici de discuter si le serment imposé à quiconque brigue l'honneur d'être député est légal. Là-dessus le doute paraît impossible; la constitution de 1852 fait du serment une indispensable formalité.

Je n'ai pas non plus envie de parler de cette morale publique telle qu'on la définissait sous la restauration, et contre laquelle P. L. Courier fut accusé d'avoir péché dans un de ses célèbres pamphlets. Avoir voulu empêcher que Chambord ne fût donné par souscription au jeune prince héritier de la branche aînée des Bourbons, fut déféré au tribunal comme un outrage à la morale publique; le jury, qui alors jugeait les délits de presse, condamna l'auteur, et le tribunal lui infligea deux mois de prison.

Dans le temps que Paul-Louis avait ses procès, il fallait prêter serment pour exercer le droit électoral : « Le président, dit-il, en racontant une élection de Tours, nous donna des billets sur lesquels chacun de nous devait écrire deux noms; mais il fallait jurer d'abord, nous jurâmes tous. Nous levâmes la main de la meilleure grâce du monde et en gens exercés. » En gens exercés, dit le railleur; mais le fait est que présentement ce genre d'exercice ne se fait plus d'aussi bonne grâce ni d'aussi bonne volonté. Pourquoi cela? c'est ce qu'il faut examiner.

Mon étude est purement expérimentale; je veux voir ce qu'est devenue, sous l'influence des événements politiques, la notion du serment. Pour les uns, le serment est un acte auquel la religion préside et où Dieu est invoqué comme témoin et garant; pour les autres, c'est une parole qui ne diffère de la promesse ordinaire que parce qu'elle est donnée en public et dans une occasion solennelle. Je ne doute pas que la parole échangée entre hommes honorables ne soit aussi fidèlement tenue aujourd'hui qu'elle l'était hier. Mais le serment a subi une singulière dégradation d'hier à aujourd'hui.

Beaucoup diront : à quoi bon revenir sur le passé ? dix-huit ans se sont écoulés ; de graves changements se préparent ; c'est le présent qui nous occupe. Oui, sans doute. Personne n'aime moins que moi à revenir sur le passé irrévocable, à perdre le temps en récriminations, et à oublier, en regrettant ce qui fut fait naguère, ce qu'il faut faire aujourd'hui. Aussi n'est-ce point pour récriminer, c'est pour étudier que je prends ici la parole. Les événements moraux ne laissent pas voir tout de suite leurs conséquences, et il faut du temps et de l'espace pour les apprécier. Une violation de serment au plus haut degré de la hiérarchie, est un événement moral ; voyons-le donc, cet événement, dans l'espace et dans le temps. Un de mes amis que j'ai perdu (perdre est le destin des vies qui se prolongent), M. Guérard, savant illustre de l'Académie des inscriptions, discuta un jour avec moi, au moment même de la péripétie, le coup d'État, qu'il approuvait, en vue de l'ordre, pour le maintien duquel il était particulièrement inquiet. C'est cette discussion que je reprends à longue échéance, ayant pour interlocuteur, non plus un ami regretté, mais le développement des choses.

Le deux décembre arrive, et le coup d'État s'accomplit. Je laisse de côté le sang qui alors coula dans Paris ; car, si je m'engageais dans ce souvenir, je ne garderais pas mon sang-froid, et je veux le garder dans ce qui est une étude sociologique. La constitution est changée ; les pouvoirs du prince président sont étendus et prolongés ; une réaction violente s'étend sur la France, emprisonnements, internements, transportations. Malheureusement, ces violences avaient des précédents; et, peu de temps auparavant, la république n'avait pas été plus clémente pour les vaincus de juin, transportés eux aussi et emprisonnés sans jugement par milliers; la république établie par un coup d'État d'en bas, à la différence de l'empire établi par un coup d'État d'en haut. Mais, enfin, l'ordre était assuré, l'acte de violence pouvait arguer que la république était conservée. En tout cas, il fut soumis au suffrage universel, et ratifié à une immense majorité.

A personne ne vint l'idée de s'arrêter à ce moyen terme auquel Cromwell s'était tenu, au grand profit de l'Angleterre et de lui, qui devait sembler un corollaire moral de la mise au-dessus de la loi, et dont je ne ferai pas l'hypothèse. Un an après, l'empire était proclamé. Il n'y avait plus d'équivoque; le serment prêté avait été absolument violé, et la république était détruite par celui qui avait accepté d'en être le premier magistrat. Cette fois encore, le suffrage universel sanctionna tout : violation et empire. On parut penser que le serment politique était une victime qu'il fallait sacrifier à nos révolutions. Seulement, la conscience publique demeura perplexe sur la question de savoir quelle garantie, une fois que la garantie d'une promesse solennelle pouvait ne pas lier, on avait de la fidélité des hommes politiques à leurs engagements.

Mais elle devint bien plus perplexe, et une confusion inextricable s'éleva quand le même pouvoir, qui venait de violer son serment, exigea qu'un serment lui fût prêté. Fut-ce une espèce de droit divin qui, se déliant lui-même des règles, s'imagina pouvoir en disposer pour lier les autres ? Fut-ce une vieille superstition qui se réveilla pour un acte longtemps consacré? Quoi qu'il en soit, le serment fut prêté par ceux à qui on le demanda; mais il resta sur la conscience publique; et, quand, la parole revenant à l'opposition et la France témoignant son mécontentement et son impatience d'un régime non contrôlé, le serment fut dédaigneusement traité, l'opinion ne marqua ni colère ni surprise. Le même homme qui s'offenserait grièvement si l'on doutait de sa parole, ne s'offense aucunement que l'on doute de son serment politique.

Cette étrange situation évoqua aussitôt les insermentés. A cette vue, on s'écria avec beaucoup de force et beaucoup de sens, que rien n'importait moins que de réveiller la querelle entre le serment violé et le serment imposé; qu'il fallait le prêter, entrer dans le Corps législatif, et, là, conquérir quelqu'une de ces garanties qui nous manquent et qui sont plus précieuses qu'une lutte sans issue pratique. Cela est sensé et habile, j'en conviens; mais, comme je suis persuadé que le moindre accroissement en probité, en justice, en humanité, qui s'incorpore dans l'opinion publique, n'a pas moins de valeur que ce qu'on gagne en politique, et comme la fausse position du serment me contriste, je comprends qu'une tentative ait été faite pour mettre les choses dans leur vérité, c'est-à-dire abolir le serment. Ce ne pouvait être qu'une protestation; mais, en de pareilles matières, une haute et ferme protestation porte un grand coup. Au lieu de cela, il sembla que les insermentés cherchaient non une simple protestation, mais un acte effectif de résistance. Comme, en ce moment, la population ne veut pas, et avec toute raison, d'une journée, ils perdirent la partie; et le serment politique resta avec sa blessure, ni rétabli moralement, ni aboli effectivement.

Pendant que tout cela s'agitait, les discussions publiques ont été très véhémentes. La véhémence n'est point un mal, loin de là ; pourtant l'effet de ces discussions, sans modifier en rien le vote général de Paris, si profondément hostile au pouvoir personnel, n'a pas été favorable sur l'opinion. On peut, de fait, y trouver deux défauts principaux : l'un relatif aux choses, l'autre relatif aux personnes.

Le défaut relatif aux choses est l'incohérence des doctrines. Je n'ai pas ici l'intention de l'étaler, ni d'aviver cette plaie ; je me contenterai de mettre sous les yeux de qui me lit un enseignement tiré des faits actuels et de notre histoire la plus contemporaine. Voyez l'empire : de 1852 à 1869, c'est-à-dire pendant dix-sept ans, il a gouverné la France avec une autorité sans contrôle ; il nous a affublés de la Constitution de l'an VIII, vieillerie qu'on croyait restée dans la défroque de 1814 ; il a fait la guerre ; il a fait la paix ; il a levé des sommes prodigieuses d'argent, des nombres prodigieux de soldats ; il a eu à sa disposition toutes les places que l'on donne ; il a régné sur le suffrage universel à l'aide des candidatures officielles ; il a changé les conditions de douane et de commerce international ; il s'est attaqué avec une sorte de furie aux édifices et aux rues de Paris et des grandes villes. Puis, quand cela s'est fait pendant tant d'années sans contrôle, voilà que tout s'ébranle, tout se déconcerte ; et qu'est-ce qui se laisse entrevoir ? le régime parlementaire, le socialisme, la république, tout comme si un immense pouvoir n'avait pas été dépensé à effacer de l'idée des hommes le socialisme, la république et le régime parlementaire. Cet exemple éclatant d'un si grand pouvoir d'un côté, et de si peu de résultat de l'autre, mérite la plus sérieuse attention de la part des parlementaires, des républicains, des socialistes. Ainsi, en fait, l'empire, le pouvoir personnel a été (qui l'eût dit au début?) une utopie, qui n'a pu surmonter les conditions inhérentes à la société française. On ne les surmonterait pas davantage du côté parlementaire, républicain ou socialiste. La voie est obscure et embarrassée ; je le confesse. Mais, pour s'y reconnaître et pour guider l'impulsion qui anime le corps, il faut poser comme lumière et fanal quatre faits prépondérants : le savoir positif qui, laissant à chaque conscience individuelle le soin de croire ce qu'elle veut, élimine du domaine social tout théologisme ; la liberté ou *self-government* qui substitue l'intérêt général à tous les intérêts particuliers ; l'ascendant croissant du travail, qui prend la place de la guerre et du militarisme, ce qui change complètement le rapport des classes entre elles ; enfin, la paix avec les nations voisines qui courent même fortune que nous, qui nous aident, que nous aidons ; car la crise est commune.

Le défaut relatif aux personnes a été la tendance à remplacer incessamment les avancés par de plus avancés, les ardents par de plus ardents, les purs par de plus purs. Cette précipitation, en soi, est déjà fâcheuse ; elle l'est encore plus quand elle s'accompagne de défiance et de réprobation. Il s'est montré une certaine propension à témoigner plus de colère contre celui qui ne différait que par des nuances, que contre l'adversaire déclaré et l'ennemi véritable. Il faut tâcher de choisir des hommes en qui l'on ait confiance et estime ; mais, une fois choisis, il faut leur garder fidèlement cette estime et cette confiance, tant qu'ils n'ont pas failli à leurs promesses et à leur caractère, et les défendre non les attaquer. Dans la voie où l'ardent d'hier est menacé d'être distancé par le plus ardent d'aujourd'hui, il n'y a point d'arrêt; et, devant le suffrage universel, tel qu'il s'annonce, il faut des arrêts sûrs et sérieux à chaque phase du mouvement politique et social.

Les hommes jeunes, arrivés depuis peu à la vie publique, ont tout droit de protester contre la violence du 2 décembre. Mais ce même droit appartient-il à ceux qui firent le coup de mai et le coup de juin 1848? *Quis tulerit Gracchos de seditione querentes?* Sans doute les auteurs de ces actes voulaient arracher la république à la réaction qui s'en emparait; et les grands motifs révolutionnaires et socialistes n'ont pas manqué. Mais croit-on que les beaux prétextes aient fait défaut au 2 décembre, et ne nous a-t-on pas rebattu que l'ordre et la société périssaient sous l'anarchie sans cette intervention salutaire? Chacun juge les motifs suivant le parti auquel il appartient. Pourtant une différence reste, et elle est grande : ceux qui firent les coups de mai et de juin n'avaient pas prêté de serment.

Dans l'opposition énergique et puissante qui s'élève contre le pouvoir personnel, il faut compter comme impulsion le poids de l'excessive dépense. Le vice profond impliqué dans tout pouvoir sans contrôle, ne pouvait pas prendre une forme plus visible et plus tangible. Certes, quelque mauvais que l'on suppose le gouvernement républicain, s'il n'avait point été intercepté par le coup d'État, il n'eût point en quinze ans augmenté la dette de plusieurs milliards. De même, en remontant au premier empire, que l'on mette à la charge du Directoire tous les défauts qu'on voudra, jamais il n'eût infligé à la France la honte d'être l'instrument de la dévastation de l'Europe ; jamais il ne lui eût coûté la vie d'un million de ses enfants ; jamais il n'eût provoqué des désastres tels que ceux de Russie et de Leipsick ; jamais il n'eût fait prendre Paris deux fois en dix mois. Pourquoi cela? et comment d'obscurs citoyens et de médiocres gouvernants auraient-ils échappé aux extrêmes fautes et aux irréparables malheurs? Par une condition bien simple, c'est qu'ils étaient contrôlés.

ÉTUDE

SUR LA

CRISE DE GUERRE DE 1870 ET 1871

[Les événements que je désigne par ce nom ont eu une importance considérable, surtout pour la France, mais aussi pour l'Europe entière. En un clin d'œil (comment exprimer autrement cette campagne qui, commencée le 3 août, était finie le 1er septembre?), un grand pays fut précipité dans l'abîme. Un moment on put croire qu'il n'en sortirait pas. Il en sortit cependant, et il essaye en ce moment même de réparer ses ruines et de reprendre des forces. Cette étude, la crise de 1870-1871, comprend trois articles qui n'avaient été aucunement destinés à faire corps, qui parurent à des temps différents, mais qui pourtant se sont prêtés sans peine à se ranger l'un après l'autre. Le premier considère le préambule de ce terrible drame, c'est-à-dire l'état de désorganisation politique et militaire où le régime impérial avait réduit la France, et l'habileté prévoyante avec laquelle la Prusse avait préparé ses armes et ses opérations. Le second considère une des péripéties, la capitulation de Metz. Le troisième se rapporte à la situation que ces événements ont faite à l'Europe, au socialisme et à la France]

I

LA PRUSSE ET LA FRANCE DEVANT L'HISTOIRE, ESSAIS SUR LES CAUSES DE LA GUERRE, Paris, 1874 (1).

Le livre est à sa quatrième édition. L'auteur n'y a pas mis son nom ; je ne le connais pas. Ses opinions sont monarchiques ; il est hostile à la république et aux républicains. Ce n'est pas sans de notables restrictions qu'il plaide pour l'empire ; mais enfin c'est un plaidoyer, au moins pour toute la période qui embrasse les origines du conflit avec la Prusse et son explosion. Il aime la France et la justifie de la responsabilité que les Allemands constamment et Napoléon III après la défaite lui ont imputée dans la déclaration de guerre. Il sait très bien l'allemand, et est fort au courant des divers écrits publiés en cette langue. Ceci établi, je vais essayer de rendre compte de ce livre et de l'apprécier, en faisant abstraction de mes opinions sur la république, la monarchie et l'empire, ainsi que de mes sentiments de Français à l'égard de l'Allemagne, comme s'il s'agissait d'un document sur quelqu'une des guerres qui ont marqué l'antiquité ou le moyen âge.

Suivant moi, on pose mal la question, et c'est ce que fait l'auteur du livre, en disant : Qui a voulu la guerre ? On arrive sans peine à montrer que, depuis Sadowa, l'Allemagne se préparait à un conflit avec la France ; mais, quelque considérable que soit l'amas de preuves de son mauvais vouloir, il est un point que nulle démonstration n'atteindra et qui

(1) L'article sur cet ouvrage a paru dans la *Revue de la Philosophie positive*, janvier-février 1875.

restera toujours enveloppé d'un doute insoluble, à savoir : Si l'empereur Napoléon III n'avait pas pris l'initiative de la déclaration de guerre, le roi Guillaume l'aurait-il prise? On aura beau l'affirmer, rien ne peut en donner la certitude.

Au contraire, la certitude est complète, si l'on pose la question autrement : Au moment où la guerre a éclaté, l'Allemagne était-elle prête? Oui, elle l'était. La France était-elle prête? Non, elle ne l'était pas. C'est à ces deux réponses que se mesure la responsabilité de l'empereur Napoléon III à l'égard du peuple français, du roi Guillaume à l'égard du peuple allemand.

Quant à la responsabilité devant l'histoire, il appartiendra à nos descendants d'en prononcer la sentence. Nous, nous n'avons pas qualité pour cela. La victoire a été pour les Allemands et les enivre; la défaite a été pour les Français et les accable. Voilà le présent, qui est seul soumis à notre juridiction. C'est cette juridiction que prétend exercer l'auteur du livre. Il s'efforce de démontrer et, je crois, démontre que, depuis Sadowa, la Prusse a réitéré les provocations. Seule, la déclaration de guerre *in extremis* reste dans le dossier du gouvernement impérial; l'auteur essaye bien de l'en ôter; mais il ne peut.

Maintenant voyons le livre; car il contient des documents intéressants sur les sentiments et les dispositions des deux peuples allemand et français, depuis la grande paix de 1815, à l'égard l'un de l'autre.

Au début de son livre, l'auteur s'occupe des relations primordiales entre Allemands et Français après la mort de Charlemagne et lorsque ses petits-

enfants commencèrent à se partager son empire. Il
peut paraître bien singulier de remonter si haut à
propos de la guerre de 1870 ; pourtant rien n'est
plus naturel dans la situation et plus justifié. L'histoire et l'érudition, entre les mains des Allemands,
ne sont pas restées des témoins impartiaux de ce
long passé qui a mis en contact et souvent en conflit
deux populations limitrophes ; elles sont devenues,
avec une assez grande généralité pour servir de caractéristique à une époque, des engins d'hostilité,
d'empiétement, de conquête, chargés de soutenir
les prétentions de l'Allemagne aux dépens de qui il
appartiendrait (1).

« Il est comique dit l'auteur, (p. 2), d'observer
outre-Rhin l'espèce d'indignation qui s'empare des
écoliers d'un patriotisme trop précoce, ou des patriotes d'un âge mûr, mais d'un caractère plus déraisonnable encore, lorsqu'un Français a le malheur
de laisser entrevoir en leur présence qu'il considère,
lui aussi, Charlemagne comme un souverain national. » Oui, sans doute, Charlemagne appartient à
ce côté-ci du Rhin ; de l'autre côté, il ne se montre
qu'en ennemi, et, finalement, en conquérant.

Mais il était Germain. Incontestablement. Néanmoins entendons-nous : il descendait de ces Francs
qui, depuis longtemps établis dans la Gaule, en
avaient pris, avec la religion, le gouvernement. Autant vaudrait dire que les princes issus de Guillaume

---

(1) Ce n'est pas seulement l'érudition qui a été employée à cet
office : les sciences naturelles aussi s'y sont prêtées N'a-t on pas vu
tout à l'heure un naturaliste d'outre-Rhin, homme d'ailleurs d'un
éminent savoir, couronner sa théorie du transformisme en posant
comme le dernier mot de la sélection, de la concurrence vitale et
du développement humain, l'homme anglais et..... l'homme allemand?

le Conquérant, et qui, à ce titre, régnaient sur les Anglo-Saxons, étaient néanmoins des princes français. La conquête les avait naturalisés sur le sol de l'Angleterre, comme elle avait naturalisé les Francs sur le sol de la Gaule.

Des érudits allemands ont regretté que la grande invasion barbare qui renversa l'empire romain n'eût pas germanisé tout l'Occident. Cela était, on doit le croire, en opposition avec la nature des choses, puisque ce fut le contraire qui s'effectua. L'élément germain fut absorbé par l'élément latin en Gaule, en Italie, en Espagne, comme les langues en témoignent, et c'est à peine si les limites entre Germains et Gallo-Romains furent changées de ce qu'elles étaient sous la domination de Rome.

En effet, quand les Mérovingiens et les Carlovingiens, fixés en Gaule, en furent les rois, ils reprirent de toute nécessité le rôle du gouvernement impérial, et défendirent âprement la rive gauche du Rhin contre les passages de Germains, qui se renouvelaient sans cesse. Cette situation était aussi dangereuse pour les Francs qu'elle l'avait été pour les Romains, jusqu'à ce qu'enfin Charlemagne, par une guerre longue et acharnée, conquit la Germanie, la christianisa de force, et l'incorpora définitivement à l'héritage de Rome. Ce fut un immense service rendu à la commune civilisation, et rendu par un Franc dont les aïeux avaient depuis longtemps oublié la terre germanique et qui était à la tête de la Gaule, de l'Italie et d'une portion de l'Espagne.

En revendiquant Charlemagne, qu'est-ce donc que l'érudition allemande prétend revendiquer? Elle veut s'assurer des droits à la possession des pays situés sur la rive gauche du Rhin, qui, lors du partage entre les héritiers de Charlemagne et lors des démembrements subséquents, n'échurent pas aux souverains de la Gaule. A ce moment, dans la réalité, il n'y avait ni Allemands ni Français; il y avait, de ce côté-ci, des Gallo-Romains gouvernés par des Francs, et, de l'autre, des Germains conquis par ces mêmes Francs. Les nations modernes n'existaient pas encore; mais elles étaient proches; et, quand elles apparurent, ce fut à la guerre et à la politique de leur assurer des frontières. Le travail dura plusieurs siècles. On le croyait terminé depuis 1815 entre l'Allemagne et la France. Nos désastres ont permis aux Allemands de détruire une œuvre qui contribuait à l'équilibre européen et qui avait la consécration suprême de l'assentiment des populations.

Ainsi laissons en paix la période où les deux nations, sortant des limbes de l'empire barbare, commencèrent à vivre de leur vie propre et moderne, et venons plus près de nos temps. Le grief le plus immédiatement invoqué pour s'approprier l'Alsace et la Lorraine a été qu'il fallait une frontière défensive à l'Allemagne, toujours attaquée et envahie, contre la France, toujours attaquante et envahissante. L'auteur du livre fait facilement justice de pareilles allégations, prétendues historiques. Et en effet, quoi de plus faux! Je ne remonterai pas au delà du seizième siècle, ce serait inutile; car, durant toute la période féodale, les deux nations ont eu peu de conflits, sauf à Bouvines, sous Philippe-Auguste; elles firent ensemble les croisades, et les empereurs d'Allemagne sont absorbés par leurs démêlés avec la papauté; plus tard, la France est engagée dans sa guerre de Cent ans contre les Anglais, et n'a ni le temps ni le pouvoir de se mêler des affaires d'Allemagne. Soit donc le seizième notre point de départ. Eh bien! dans ce siècle, l'Allemagne, conduite par les princes de la maison d'Autriche, ne cesse de menacer et d'envahir la France. C'est à grand'peine que les rois François Ier et Henri II se défendent contre l'énorme puissance de Charles-Quint et sauvent l'indépendance de leur pays. Plus d'une fois, dans ce conflit, il sembla que la monarchie française allait s'abîmer. Et quels ravages dans nos provinces du nord, de l'est et même du midi! A côté de ce qui se fit alors, les dévastations ordonnées par Louis XIV et par Louvois dans le Palatinat, sans rien perdre de leur barbarie, perdent de leur gravité.

Au dix-septième siècle commence la revanche contre une prépondérance menaçante, contre de perpétuelles agressions et de cruels ravages. Richelieu et Mazarin en furent les instruments. Et encore, en travaillant dans l'intérêt de la France à la diminution de la maison d'Autriche, ils travaillèrent aussi au bien de l'Allemagne, ou du moins d'une partie de l'Allemagne ; car ils avaient pour alliés les princes protestants de ce pays, ainsi que la Suède ; et ce long conflit se termina par une paix équitable qui fut longtemps le droit public de l'Europe.

Louis XIV, désertant la politique de son père et de son grand-père, et faisant la guerre aux petits et aux protestants au lieu de les protéger, fut plus agressif. Il devint à son tour une espèce de Charles-Quint, qui, alarmant l'Europe, suscita contre lui une formidable coalition. Il succomba, et, dans la paix qui suivit, l'Allemagne reçut toutes les satisfactions que la situation comportait. Ainsi le vieux compte se trouva réglé.

Le dix-huitième siècle ne fit rien pour le rouvrir, soit que Louis XV guerroyât ayant pour allié Frédéric II de Prusse, soit qu'il joignît ses armes à celles de Marie-Thérèse d'Autriche. Vint la révolution française. Sans doute, les souverains de la Prusse et de l'Autriche se sentirent irrités par de tels mouvements populaires ; mais au déplaisir qu'ils éprouvèrent, se joignirent, plus puissantes encore, des vues d'agrandissement ; car le partage de la Pologne avait mis en appétit de démembrement les deux grandes puissances. La révolution se défendit mieux qu'on n'avait pensé, et à son tour, devenant conquérante, elle incorpora la rive gauche du Rhin. Dans le moment même, des voix s'élevèrent contre cette conquête. On a dit, pour la justifier, qu'elle compensait seulement l'agrandissement obtenu par la Prusse, l'Autriche et la Russie au démembrement de la Pologne ; mais, même avec cette idée de compensation, je pense que la révolution eut tort. En tout cas, rien ne peut être allégué en faveur de l'envahissement permanent de l'Allemagne par Napoléon Ier. J'ai une profonde aversion pour l'Allemagne contemporaine, mais je n'en ai pas une moindre pour *le Corse aux cheveux plats*, et nos défaites ne m'empêcheront jamais de déclarer que les ressentiments de l'Allemagne furent justes et que son insurrection fut vaillante.

Napoléon, qui avait entraîné la France dans de folles conquêtes, l'entraîna dans ses revers, et la paix de 1815 régla d'une façon acceptable les intérêts et l'équilibre européens. Mais n'oublions pas que le point de départ de ces vingt-cinq ans de collisions et de calamités est dans l'invasion de la

France par l'Allemagne que commandaient la Prusse et l'Autriche.

Encore une fois le compte parut réglé. Mais l'Allemagne ne l'entendait pas ainsi. Dès 1815, elle avait réclamé l'Alsace et la Lorraine non seulement contre le droit des anciens traités, mais contre la volonté des habitants; volonté si bien connue, qu'un fougueux patriote allemand demanda que Strasbourg fût rasée en punition de sa trahison envers la patrie allemande, ne laissant debout que le Munster. Depuis la conquête de l'Alsace et de la Lorraine, je ne dis pas la revendication, l'Allemagne n'ayant rien à revendiquer, devint, de l'autre côté du Rhin, une idée permanente qui se réveillait avec un paroxysme d'acuité dans toutes les crises européennes. Elle reparut en 1840, quand Louis-Philippe fut menacé d'une rupture. Mais ce qui nous parut étrange, inconcevable, monstrueux, à nous autres Français, c'est l'explosion qu'elle fit parmi les démocrates allemands de 1848, eux qui ne devaient leur venue sur la scène politique qu'à la France et à sa révolution. « Dès le 31 mars 1848, dit l'auteur du livre (p. 285), à l'époque même où M. de Lamartine inondait les archives de la diplomatie européenne de ses propositions lyriques et enthousiastes de fraternité, pendant la première séance du *Vorparlament*, le député Welcker, esprit beaucoup plus pratique et infiniment moins cosmopolite, parlait, sans exciter aucun mouvement ni même aucune contradiction, de la nécessité de délivrer l'Alsace et la Lorraine, détenues captives par la France ; et l'orateur qui lui succédait à la tribune ne différait avec lui que sur les moyens et le moment d'opérer cette délivrance. »

Après Sadowa l'explosion du sentiment de conquête devint plus formidable que jamais. Les armes de la Prusse s'étaient montrées d'une supériorité écrasante, soit par le nombre des hommes, soit par la qualité de l'armement, soit par l'habileté stratégique. La proie était sous la main. L'opinion allemande espérait bien qu'on ne laisserait pas échapper un moment unique où toutes les chances étaient d'un seul côté. Un de mes amis, qui voyageait alors en Allemagne, exprimant en deux localités fort éloignées l'une de l'autre combien le papier monnaie alors usité était peu commode, reçut dans les deux lieux une réponse identique, comme si on se fût donné le mot : « Nous irons refaire notre monnaie dans la France qui est riche. » Le fait est petit, mais il est caractéristique, témoignant de ce qui se pensait, de ce qui se voulait partout en Allemagne. On se savait fort, on savait la France faible ; et l'on attendait avec impatience le conflit. En cette situation si tendue, le comble de l'habileté fut de se faire déclarer la guerre, et, ce qui est prodigieux, on y réussit.

Maintenant est-il vrai que le compte réglé par les traités de 1815 ait été, non moins que par l'Allemagne, rouvert par la France, qui n'aurait cessé de réclamer l'incorporation de la rive gauche du Rhin? Le grand état-major général des armées allemandes l'affirme ; je cite d'après l'auteur du livre (p. 191) : « La pensée de reconquérir le Rhin vivait dans le cœur de la nation tout entière, entretenue qu'elle était par ses historiens et ses poètes ; l'accomplissement de ce vœu semblait seulement une question de temps. » Est-ce vrai? Voyons les faits.

La restauration, longtemps occupée à refaire des

finances, une armée et tout ce qu'avaient détruit les désastres impériaux, ne manifesta point de désirs de conquête. Les partis non plus ; ils étaient occupés de tout autres visées. Il n'en fut pas de même sous Louis-Philippe. Le roi, dès le début de son règne (et il persévéra invariablement dans sa politique), voulut la paix, ce qui excluait sans retour une agression sur le Rhin. Mais les partis, du moins dans les premiers temps, se firent de la guerre une arme d'opposition ; et ils sommèrent le gouvernement et la révolution de juillet de rendre à la France ce qu'on appelait ses frontières naturelles. Il n'advint rien de ces sommations ; le roi resta ferme et assura l'indépendance de la Belgique; le pays demeura pacifique, et elles s'affaiblirent graduellement, jusqu'à ne plus laisser guère de traces.

On le vit bien à la révolution de 1848, qui aurait lâché la bride aux inspirations conquérantes si elles avaient été populaires, comme elles la lâchèrent, on vient de le voir, en Allemagne où elles fermentaient incessamment. Le cri de la démocratie triomphante fut un cri de paix et de fraternité internationale, dont l'Allemagne ne fut pas exceptée. Dans le désarroi où la révolution de février avait jeté l'Europe monarchique, Italie révoltée, Autriche bouleversée, Berlin dressant des barricades, Bade en insurrection et en armes, il y avait, qu'on me passe la crudité de l'expression, *de bons coups à faire;* et le *Times* félicitait le gouvernement provisoire de n'en avoir tenté aucun. C'était là le *moment psychologique*, pour nous servir du langage d'outre-Rhin. Quelque triste que soit notre présent, je ne regrette pas cet esprit de générosité et de fraternité.

Sans doute la restauration de l'empire renouvela

vaguement les idées de guerre et de conquête qui s'attachaient spontanément au nom de Napoléon. L'empereur les découragea lui-même en disant : « L'empire c'est la paix ! » A la vérité, il ne tarda pas à se démentir ; mais il tourna d'abord ses armes contre la Russie, puis contre l'Autriche et finalement contre le Mexique. Tout cela ne réveilla rien contre l'Allemagne ni contre la rive gauche du Rhin ; et ce que dit l'auteur du livre est parfaitement vrai : « A part un certain nombre d'exceptions inévitables et un arriéré insignifiant d'anciennes illusions patriotiques qui tendaient à disparaître de jour en jour, la nation française n'entretenait d'hostilité envers personne, et plus d'une fois même elle avait donné des marques coûteuses d'amitié à de plus faibles qu'elle (p. 216). »

Un article du *Journal des Débats* du 12 octobre 1864, que j'emprunte au livre, page 327, résume exactement la disposition de l'esprit public parmi nous à l'égard de la rive gauche du Rhin : « Nous croyons la France suffisamment défendue par la frontière artificielle si admirablement conçue et exécutée par Louis XIV et Vauban, et si heureusement réparée et complétée par Louis-Philippe. Nous n'oublions pas que la France, protégée par cette frontière, résista victorieusement aux coalitions de l'Europe en 1792 et en 1794 ; et nous avons la confiance que, s'il se formait d'autres coalitions contre elle, la France triompherait encore, pourvu que ses armées fussent commandées par des généraux vaillants et habiles, comme elle en a toujours à son service. »

Pauvre *Journal des Débats*, assez naïf pour croire que l'empire vieillissant laissait à ses armées et à ses généraux la force de défendre l'ancienne frontière de la France !

« Depuis cinquante ans, en résumé, dit l'auteur du livre, page 169, à part certains excès à discuter, en Amérique ou en Asie, ni l'Europe ni surtout l'Allemagne n'a eu à se plaindre de nos prétendues passions militaires. » Cela est absolument vrai jusqu'au règne de Louis-Philippe et à la république de 1848 inclusivement ; mais, à partir du règne de Napoléon III, une grande restriction doit être apportée ; cet aperçu, exact à l'égard de l'Allemagne, ne l'est pas à l'égard de l'Europe. Voyez en effet : l'empereur rouvre l'ère des grandes guerres, qui, depuis 1815, n'y avaient plus éclaté ; longue interruption qui avait inspiré à quelques-uns l'espérance prématurée de la paix européenne. Je me rappelle avec quel serrement de cœur je vis la déclaration de guerre à la Russie. Non moins vive fut mon appréhension à l'explosion de la guerre contre l'Autriche, quelque puissant que fût l'intérêt que je portais à l'Italie. Une fois le démon déchaîné, il ne fut plus possible de l'arrêter ; l'Autriche fut frappée par la Prusse, et bientôt la France le fut par l'Allemagne.

En 1859, au moment où les armes de Napoléon III, alliées à celles du Piémont, jetaient les fondements du royaume italien ; au moment où l'on s'arrêta aux confins de la Vénétie qui demeura entre les mains de l'Autriche, il fut question, à la chambre des seigneurs, en Prusse, de cette possession. « Là, dit l'auteur du livre (p. 305), le docteur Stahl affirma, et sa motion fut adoptée à l'unanimité, que l'Allemagne avait le droit et le devoir de conserver sa domination, si loin qu'elle s'étendît, et de ne point abandonner un pouce de terrain. Or, la possession de l'Italie avait été, pendant de longs siècles, une affaire d'honneur pour l'Allemagne ! » Mais, dira-t-on, ce furent les seigneurs, les *hobereaux*, le parti aristocratique qui fit une déclaration aussi cyniquement égoïste. Eh bien, détrompez-vous, les démocrates n'avaient pas été moins ardents que les seigneurs à conserver à l'Allemagne un pied dans l'Italie : en 1848, au parlement révolutionnaire de Francfort, il fut déclaré que la Vénétie devait rester allemande ; car alors l'Autriche était dans l'Allemagne.

Je ne connais rien qui établisse mieux la différence de caractère entre le peuple français et le peuple allemand. Dans les moments d'expansion démocratique, le peuple français devient impersonnel et se livre à ses élans de fraternité. Au contraire, le peuple allemand, dans les mêmes moments, devient personnel et veille avant tout à maintenir sous sa domination ce qui ne lui appartient pas, comme ce qui lui appartient, dût-il garder sans merci le pied sur la gorge du frère ou du voisin.

Au point de maturité des ambitions prussiennes, quand attaquer l'Autriche devint un objet exclusif, il fallut avant tout s'assurer que l'empereur Napoléon III ne troublerait pas cette opération. D'abord on dut obtenir de lui qu'il permît à l'Italie de s'allier à la Prusse contre l'Autriche ; sans cette permission, rien ne se faisait ; il la donna. Il fallait aussi qu'il ne mît pas sur notre frontière d'Allemagne un corps d'observation ; quelque délabrée que fût notre armée après l'expédition déplorable du Mexique, elle suffisait amplement à immobiliser une notable partie des forces de la Prusse ; et c'est peut-être la seule fois qu'en présence de graves événements une puissance limitrophe ne prit aucune précaution militaire. Enfin, quand le coup de Sadowa eut été porté, il était nécessaire d'empêcher que, par un brusque revirement, Napoléon III ne vînt au secours de l'Autriche (il le pouvait) et n'arrêtât le vainqueur. Ces trois concessions, si difficiles en apparence, furent gagnées ; et il n'en coûta à la Prusse que des conversations, des pourparlers et de vagues propositions de dédommagement, au bruit desquelles notre triste César s'endormit paisiblement dans ses Tuileries.

Il se réveilla en sursaut (et qui ne se serait réveillé?) à la vue de la formidable puissance qu'il venait de laisser se faire. C'est alors que le maréchal Niel fut chargé de mettre l'armée française sur un pied équivalent. Le maréchal Niel mourut, son œuvre n'aboutit pas, l'armée resta telle quelle, et César se rendormit.

Nous approchons de la crise. Tant que l'agression contre l'Autriche était en perspective ou en opération, la Prusse fut obséquieuse, accommodante et prête à accorder, si on l'exigeait, des dédommagements. On n'exigea rien, et elle sortit de ses difficultés sans engagements précis, sans rien que des projets informes, qui, même en cas de besoin, purent être divulgués au grand détriment de l'ancien interlocuteur, devenu adversaire.

A peine en eut-on fini avec l'Autriche que le ton changea. La Prusse se montra difficultueuse, exigeante, intraitable. On le vit bien à l'affaire du Luxembourg, qui s'éleva bientôt après. Rien n'était plus naturel que de laisser au gouvernement impérial cette très insuffisante compensation de l'énorme accroissement de puissance qu'on venait d'obtenir, surtout

si l'on tenait à lui témoigner quelque bon vouloir
et quelque reconnaissance de tout ce qu'il avait
laissé faire. Loin de là; la Prusse s'opposa violemment, arrogamment, à cette incorporation ; la guerre
parut menaçante ; et il ne fallut rien de moins qu'un
arbitrage de l'Europe pour la prévenir.

M. le comte Daru, pendant son court ministère,
fit, par l'intermédiaire de l'Angleterre, des propositions d'un commencement de désarmement au gouvernement prussien, et il insista. Ses instances
furent péremptoirement repoussées. Ici viennent
très à propos de graves remarques de l'auteur du
livre (p. 223) sur la force militaire toujours croissante de la Prusse : « Le fait est qu'on cherchait
d'une manière générale à devenir le plus fort possible, parce qu'on sentait vaguement et très clairement tout ensemble, qu'être très fort est un avantage qui mène à tous les autres, et que la force est
comme l'amorce de la fortune. Quelle prépondérance ne devait pas espérer en effet un peuple qui
resterait seul tout entier en armes, au milieu de
l'Europe en train de désarmer et ne se lassant pas
de soupirer après le fantôme de la paix universelle !
Un pareil triomphe ne demandait, pour être sûrement obtenu, qu'un peu de persévérance et énormément de discipline. Une certaine hypocrisie était
nécessaire aussi; car il importait d'endormir tout
d'abord ceux qu'on se proposait de perdre. »

Tels furent deux épisodes qui occupèrent l'intervalle entre les extrêmes complaisances de la Prusse
avant Sadowa et la dernière catastrophe. Egalement
décidée à refuser au gouvernement impérial la
moindre satisfaction, et en même temps à ne diminuer en quoi que ce fût ses formidables préparatifs,

elle attendait, elle espérait, elle cherchait les occasions. Au reste, ceux qui voudront apprécier impartialement, comme je fais, la conduite de la Prusse à l'égard de la France n'ont qu'à se référer à celle qu'elle tint à l'égard de l'Autriche, quand elle fut déterminée à lui déclarer la guerre. Même résolution d'entamer une querelle, même recherche des occasions, et mêmes précautions : dans le premier cas, en s'assurant la connivence du gouvernement français, sans avoir eu, en échange, rien à donner que de vaines paroles ; dans le second, en se ménageant la Russie, à qui l'on concéda la rescision du traité de Paris ; rescision qui eut lieu à peu près au moment où notre capitale succombait.

Donc, la Prusse ourdit avec Prim, qui alors gouvernait l'Espagne, la candidature d'un prince allemand au trône espagnol. Rien ne pouvait être plus désagréable au gouvernement impérial ; aussi la repoussa-t-il énergiquement. Il avait raison. Je ne veux point ici examiner s'il s'y prit avec toute la prudence nécessaire en une aussi délicate et dangereuse aventure, je ne m'occupe que des faits. Tout le monde sait qu'au fort de l'anxiété publique, un télégramme arriva, qui annonçait que le père du candidat au trône espagnol retirait la candidature de son fils ; tout le monde sait encore que l'on crut à la paix, et que telle fut, entre autres, l'opinion de plusieurs des ministres français ; tout le monde sait que, le matin, l'empereur autorisa M. Nigra à télégraphier au gouvernement italien que la paix ne serait pas troublée ; tout le monde sait enfin que, le soir de ce jour, l'avis changea en haut lieu, et que la partie la plus étroite et la plus intime du bonapartisme décida l'empereur à la guerre, au lieu de négo-

.cier sur cette dernière donnée à l'aide d'un arbitrage européen, qui lui était offert, comme pour le Luxembourg, au dernier moment.

L'auteur du livre rapporte ces mots (p. 571) : « Jamais nous ne vous ferons la guerre, disait M. de Bismarck au colonel Stoffel ; il faudra que vous veniez nous tirer des coups de fusil chez nous à bout portant. » Il se réservait, en souriant intérieurement, de nous forcer, dit l'auteur, à ces premiers coups de fusil.

Nous y força-t-il ? Cela est bientôt dit. Quoi qu'il en soit, voici comment notre auteur entend que nous fûmes forcés à la guerre : « La France n'a tiré l'épée contre la Prusse que poussée à bout par cette dernière et devant une nouvelle provocation qui ne laissait plus à une nation militaire et encore jalouse de sa dignité d'autre alternative qu'une satisfaction immédiate ou la guerre (p. vii). » Et ailleurs (p. 594) : « De la part d'un ministère qui croyait avoir en mains la force nécessaire pour se faire respecter, c'eût été une lâcheté que de ne point trahir le ressentiment d'une offense aussi froidement infligée. Il nous en a coûté notre puissance, il nous en coûtera probablement notre existence nationale ; mais il nous en eût coûté notre honneur d'agir autrement Si nous ne devons plus recouvrer le droit des peuples libres à se sentir offensés, du moins aurons-nous pour la dernière fois fait un noble et légitime usage de ce droit sacré et de notre confiance dans la justice de notre cause. »

L'auteur du livre enveloppe ici dans une confusion voulue et singulièrement injuste le rôle de la France, celui du gouvernement impérial et le point d'honneur. Dégageons-les.

Et d'abord on met mal à propos la France en participation de la politique décousue de son gouvernement. La France aimait la paix, et ne songeait pas à la guerre. A la différence de l'Allemagne qui nous gardait une haine invétérée, la France n'avait aucune haine pour l'Allemagne. La guerre n'étonna point l'Allemagne qui s'y attendait; mais elle étonna grandement la France qui ne s'y attendait pas. Sans doute, quand la déclaration fut partie du trône impérial, il fallut se battre et le patriotisme s'éveilla. Mais jusque-là tout était paisible et immobile; situation morale qui exigeait, comme le reste, qu'on négociât jusqu'à la dernière extrémité; car on passait, sans préparation, d'un calme profond où ne fermentait aucune passion nationale à la lutte contre une passion nationale aussi ancienne que déterminée.

Le gouvernement impérial comprit autrement son office, et j'en abandonne le jugement à l'auteur du livre : « L'épée fut enfin tirée du fourreau, et le fut par malheur avec une vivacité trop française. Nous ne songerons pas à dissimuler que cette vivacité était on ne peut plus fâcheuse. Mais le tort en retombe uniquement et retombe d'un poids écrasant sur notre ministre de la guerre, non sur notre politique nationale (p. 649). » Je ne veux aucunement diminuer la responsabilité du ministre de la guerre; mais je ne veux pas non plus la laisser à lui seul (1).

---

(1) L'auteur du livre (p. 601), ne s'est pas refusé cette remarque : « L'antique et incorrigible avocat israélite qui devait encore ajouter à nos désastres le ridicule de s'intituler ministre de la guerre dans le pays de Vauban et de Napoléon Ier..... » A mon tour, je ne me refuserai pas la contre-partie de sa remarque. M. Crémieux aura été aussi mauvais ministre de la guerre qu'on voudra; mais le fait est que lui et ses collègues, sans soldats de ligne, sans officiers, sans cadres, sans armes, ont prolongé la résistance pendant quatre

Quoi ! Lorsque l'état-major prussien, tous nos militaires qui avaient visité l'Allemagne, et un simple député, M. Thiers, savaient que nous n'étions pas prêts, les collègues de M. le maréchal Lebœuf n'en savaient rien ! L'empereur était absolu (1), il s'était fait tel le 2 décembre, et rien n'avait pu le dépouiller de ce caractère; nommant tous les sénateurs, nommant la plus grande majorité des députés par la candidature officielle. Il était absolu, dis-je, et un prince absolu est tenu d'avoir, en sa surveillance générale, une vue de tout.

Reste le point d'honneur. Selon l'auteur, il exigeait que la France fût précipitée dans la guerre par son gouvernement coûte que coûte, à tout hasard et dût-elle y périr. Non, ce n'est pas là le point d'honneur d'un chef d'État. Son honneur à lui, c'est de combiner, de prévoir, et de ne lancer dans les hasards le pays qui lui est confié, que quand il a soustrait à la fortune tout ce qui peut lui être soustrait. L'empereur Napoléon III, quelque provoqué qu'il ait été, avait pour devoir étroit de demeurer impassible. Ce qu'un prince ne doit perdre en aucune circonstance, c'est l'instinct de cette grandeur nationale dont il est la personnification, et l'ambi-

---

mois, tandis que les héritiers impériaux de Vauban et de Napoléon Ier ne l'ont fait durer, avec deux cent cinquante mille hommes de ligne bien organisés, qu'un mois, du 3 août au 1er septembre ! Après de pareils exploits de maréchaux et de généraux, il faut être indulgent pour l'incorrigible avocat israélite et ses collègues.

(1) M. Villemain, secrétaire de l'Académie française, présentant, comme c'est l'usage, un nouvel académicien au chef de l'État, adressa touchant l'Institut quelques réclamations à l'empereur, qui répondit qu'il n'y pouvait rien. — Mais, sire, vous êtes absolu. — Je ne le suis pas, répliqua l'empereur. — Dans la forme, il n'était pas absolu; mais qu'est la forme ? Un pouvoir conquis par la force reste toujours un pouvoir de la force.

tion d'agir toujours et partout au mieux des intérêts de son peuple, quoi qu'il en puisse coûter à ses sentiments personnels.

Mais, dira-t-on, l'empereur Napoléon III se croyait prêt. — Alors ne parlons plus du point d'honneur ; parlons de l'incroyable impéritie qui fit prendre à un souverain régnant depuis dix-huit ans un état de flagrante infériorité militaire pour un état d'égalité.

L'auteur du livre insiste en toute rencontre pour mettre en relief l'astuce et la malveillance de la Prusse, en l'opposant aux bonnes intentions et à la confiance de l'empereur Napoléon III. Ce qu'il y a de fondé dans ces assertions peut être ramené à ceci, qui est incontestable : la Prusse, tant qu'elle a eu besoin de la neutralité bienveillante du gouvernement impérial, fut amicale, prévenante, flatteuse ; mais, sitôt que le dangereux détroit de la guerre autrichienne fut franchi, elle devint intraitable et provoquante (1). On qualifiera comme on voudra une pareille conduite dont l'Allemagne triomphe et s'applaudit ; mais nul ne pourra manquer de dire avec l'auteur qu'en tout ceci l'empereur Napoléon III a joué « un rôle de dupe peut-être sans exemple dans l'histoire (p. 362) ».

Dans la vie privée, il vaut mieux être dupé, bien qu'il faille faire ce qu'on peut pour éviter une pareille déconvenue, que dupeur, surtout s'il ne s'agit des intérêts que de celui qui traite. La responsabilité s'aggrave dans le cas où le dupé est un fondé de pouvoir. Mais que dire si ce dupé est le fondé de pouvoir d'une grande nation ? Que dire enfin si ce fondé s'est emparé des pouvoirs par le parjure, un

---

(1) Jamais ne fut plus vrai qu'en cette évolution le proverbe italien : *passato il pericolo, gabbato il santo.*

complot, la violence, un massacre dans Paris, des proscriptions dans les provinces? Louis XV, triste roi, pouvait arguer que c'était non sa volonté, mais sa naissance qui lui avait imposé une fonction qu'il n'était pas capable d'exercer. Mais le médiocre Bonaparte qui crut assez en son ambition pour demander à un coup de main nocturne le gouvernement de trente-huit millions d'hommes, qu'a-t-il à alléguer, lui qui laisse démembrée, désorganisée, obérée, cette nation qu'il prit intacte, forte et florissante?

Le mal qui nous travaille et dont l'empire restauré fut le plus désastreux sans être l'unique symptôme, est cet esprit de révolution violente qui, tantôt par en haut et tantôt par en bas, porte atteinte aux institutions établies. Il aurait appartenu à un prince qui n'était point auteur de la révolution de février et qui venait de recevoir cinq millions de suffrages, de rompre, si son âme avait égalé son ambition, ce funeste enchaînement. Mais non; il y ajouta un chaînon de plus, et le plus indigne de tous; car il le signala par un de ces manquements à la foi promise, à la parole donnée qui déshonorent un homme dans la vie privée; et, par une ironie moralement malfaisante, il demanda un serment le lendemain du jour où il venait de violer le sien.

Moralement malfaisante! Écoutez ce que dit l'auteur, comme s'il avait eu ce mot sous les yeux pour le paraphraser: « Une responsabilité à laquelle la cour impériale ne saurait échapper, c'est l'encouragement perpétuellement accordé par elle pendant dix-huit ans à toutes les frivolités malsaines, à toutes les turpitudes plus ou moins spirituelles que peut produire du soir au matin une capitale, capable peut-être aussi de l'excès du bien, mais coutumière à coup sûr de l'excès du mal, en matière de direction intellectuelle. Ce qui nous paraît bien autrement coupable encore que les batailles perdues de Metz et de Sedan, c'est d'avoir jeté la France comme en pâture à la bohême parisienne, et de ne pas avoir compris que le devoir le plus sacré d'une monarchie, comme la condition première de tout développement démocratique régulier, c'est d'accaparer, pour ainsi dire, la haute tutelle des mœurs, le soin de rétablir le respect sous toutes les formes, le contrôle incessant des idées mises en circulation, en un mot, de diriger en la réglant l'émancipation lente, mais sûre, de l'intelligence publique. Nous ne lui pardonnerons jamais d'avoir créé une école toujours ouverte d'affolement mutuel et d'insanité mentale, dont la contagion, d'abord limitée à un coin social, n'a fait pendant vingt ans que s'étendre chaque jour de tolérance en tolérance, et qui devait aboutir fatalement à la dissolution complète de la société française (p. 11). »

Et notez, ces paroles ne sont pas d'un adversaire implacable de l'empire ; car il ajoute aussitôt : « Nous ne craignons pas de le dire, même pendant cette période funeste (à l'intérieur), les rapports du cabinet des Tuileries avec l'Europe n'ont pas cessé, par une contradiction fort heureuse, d'être d'une loyauté désintéressée et parfois chevaleresque, d'une bienveillance sincère qui dépassait tout à fait les limites d'une courtoisie banale, en même temps malheureusement que celles d'une prudence nécessaire (p. 12). » Il y a beaucoup de vrai dans ce tableau ; pourtant, tout n'y est pas vrai, car il y eut des ojets contre la Belgique. Mais surtout ce libéralisme à l'extérieur, cette bienveillance sincère et ce défaut de prudence, le tout assaisonné de grandes guerres, formaient quelque chose de décousu qui inquiétait l'Europe et livrait la France.

Tout est étrange dans cet étrange empire. On pouvait croire qu'il lui restait du moins quelque vigueur guerrière. Le premier empire, tout vaincu qu'il était par la coalition, se montra terrible dans ses derniers combats et inspira jusqu'à la fin la crainte à ses ennemis malgré leur nombre. Mais le second empire ne se contenta pas de faire battre ses armées; il les fit prendre. Deux cent cinquante mille hommes prisonniers avec leurs fusils, leurs canons, leurs drapeaux! La capture de deux cent cinquante mille hommes braves, disciplinés et pourvus de tout leur armement est un fait sans exemple dans les annales des armées modernes. Sans doute l'ennemi, supérieur en nombre, profita rapidement, habilement des fautes commises; mais ce n'est qu'une moitié de l'explication ; l'autre moitié reste à la charge de l'empereur et de ses généraux.

M. de Bismarck vient de dire devant l'Allemagne et devant l'Europe, que l'Alsace et la Lorraine, conquises dans l'intérêt de l'empire, seraient gouvernées dans l'intérêt de l'empire (1), quelque oppression qu'il en dût résulter pour les deux provinces. Une

---

(1) J'ai parlé plus haut de mon aversion pour l'Allemagne contemporaine. Ce qui l'inspire, ce n'est pas notre défaite ; cela appartient aux hasards de la guerre; c'est l'égoïsme cynique dans l'iniquité nationale. En ces dures paroles pour l'Alsace et la Lorraine, M. de Bismarck vient de se faire le franc truchement de l'opinion allemande ; et encore faut-il noter à la charge de cette opinion, que quelques indices ont montré le ministre comme moins ennemi qu'elle de toute modération dans la victoire.

telle déclaration est la confirmation de ce que l'auteur du livre écrivait longtemps avant de l'avoir entendue : « Ne tenir compte que de ses passions et de son égoïsme, sans avoir souci de l'opinion publique et de sa propre conscience, c'était déchaîner la violence à perpétuité dans le monde, et manquer par conséquent à la première des obligations de tout peuple civilisé. La race allemande, de 1815 à 1870, n'a pourtant jamais fait autre chose, la plume ou le fusil à la main (p. 242). »

Non autre, du reste, est le traitement infligé aux Polonais, victimes de la ruse et de la violence employées par l'Allemagne contre leur malheureux pays. Aussi la haine vit dans leur cœur ; et, le jour où ces Slaves iront se joindre à leurs parents les Russes, ce ne sont pas des regrets et des lamentations, comme il y en a présentement en Alsace et en Lorraine, qui salueront l'expulsion des Allemands; ce seront des cris de joie et de vengeance.

L'auteur du livre, déplorant la rupture entre la nation allemande et la nation française (et, quoi qu'en pense en sa sécurité l'Allemagne victorieuse, on doit la déplorer), dit (p. VIII) : « Une fatale et interminable querelle de races qui ne se dénouera probablement à présent que par la réduction des Hohenzollern à la portion congrue, ou, plus vraisemblablement encore, par la destruction totale de notre pays... » Et non moins pessimiste dans un passage que j'ai cité plus haut, il exprime « qu'il nous en coûtera probablement notre existence nationale ». Je conviens, sans hésiter, avec l'auteur que notre situation est dangereuse. Depuis quatre ans, nous avons beaucoup remonté du fond de l'abîme où Napoléon III nous a précipités ; mais il nous reste encore bien des degrés à gravir ; et à chacun de ces degrés nous attendent de menaçants hasards. Toutefois qui dit périlleux ne dit pas désespéré.

De grande puissance que nous étions, nous sommes devenus puissance secondaire. Les grandes puissances sont l'Allemagne, la Russie et l'Angleterre. Notre rang secondaire, il faut l'accepter ; et notre sagesse sera de nous y renfermer.

Cette sagesse consiste à ne rien provoquer en Europe, et à attendre que l'Europe, par une circonstance quelconque, sorte de l'équilibre instable où elle est provisoirement placée. Alors, si nous avons su dans l'intervalle (plus l'intervalle sera long, plus il nous sera favorable) réparer nos forces, nous fournirons, soit pour la paix, soit pour la guerre, à qui le recherchera, un appoint qui ne sera pas à dédaigner.

Cet appoint, il importe de le constituer hâtivement. Et, pour se hâter, il ne faudrait pas perdre son temps à renverser M. Thiers, à délibérer, sans pouvoir en sortir, sur le septennat personnel ou impersonnel et sur les lois constitutionnelles, à remplacer M. de Broglie par M. de Fourtou, M. de Fourtou par M. de Chabaud-La-Tour, et à clore cette singulière besogne de plus d'un an et demi par un ajournement et un repos de quatre mois. Heureusement, la nation travaille ; et, quand on lui donnera un gouvernement définitif, ce gouvernement la trouvera toute prête à marcher avec lui (1).

Trois objets essentiels doivent être présents inces-

---

(1) Depuis lors, ce que je demandais a été fait, et la république est constituée.

samment à notre esprit : refaire nos finances, refaire notre armée, refaire notre éducation publique. Avec de bonnes finances, une bonne armée et une bonne éducation, on peut traverser bien des périls.

II

LES VAINCUS DE METZ (1).

Il semblera peut-être hors de propos que la *Revue de la Philosophie positive* s'occupe de la catastrophe de Metz, événement particulier chez une nation particulière. Ce n'est pas cependant parce que l'auteur a écrit dans cette revue, et lui-même ne m'a pas demandé en m'adressant son livre que j'en parlasse ; mais c'est parce qu'il est possible d'y rattacher des considérations de morale politique qui ont à la fois leur généralité et leur application.

Avant d'y arriver, j'ai nécessairement à traverser des événements militaires et à les apprécier. Mais, me dira-t-on aussitôt, quelle est votre compétence, et quel droit avez-vous de porter un jugement? Ma compétence est nulle; mais un homme de sens, habitué aux études historiques, ayant devant lui les récits des deux adversaires et le résultat, est en état, du fond de son cabinet, d'apprécier les opérations militaires, en tant que partie d'échec bien ou mal jouée.

A ce point de vue, j'ai à examiner, avec le livre de M. J..., la conduite de M. le maréchal Bazaine en

---

(1) Par E. J..., ancien élève de l'École polytechnique. Paris, 1871. Mon article sur ce livre parut dans la *Revue de la Philosophie positive*, novembre-décembre 1871, par conséquent avant le jugement du maréchal Bazaine.

trois circonstances capitales, d'abord quand il fut coupé en avant de Verdun et qu'il perdit ses communications avec le reste de la France ; puis pendant que le maréchal de Mac-Mahon entreprenait la périlleuse marche sur Sedan ; enfin, durant le blocus de Metz et au fur et à mesure des progrès de la famine. Ce sont là les trois phases du grand drame auquel a présidé M. le maréchal Bazaine. A chacune de ces trois péripéties, l'avenir qui nous était réservé pouvait être changé : non coupé, M. le maréchal Bazaine gardait à la France une nombreuse armée ; agissant pour coopérer avec M. le maréchal Mac-Mahon, il diminuait les périls de son collègue ; troublant le blocus, il diminuait les périls de la France.

M. J... est un jeune officier qui est entré en campagne avec la déclaration de guerre et qui a été blessé et pris à Metz. Et, afin qu'on fasse aussitôt connaissance avec l'auteur et son livre, voici une page où, tout en se demandant si arracher le commandement au général en chef n'eût pas créé pour la malheureuse armée quelque chance de salut ou de lutte désespérée, il accepte avec une mâle douleur les rigueurs de la discipline militaire : « Par une froide journée de décembre (M. J... était alors prisonnier en Allemagne), nous nous étions réunis en secret pour lire un journal français dont la vue irritait nos geôliers, et nous nous posions tristement, au coin d'un maigre poêle, cette question terrible, ce problème effrayant (les causes de la capitulation de Mez). L'un de nous nous fit comprendre la solidarité de la chaîne à laquelle se liait notre destinée, par la lecture de quelques lignes d'un livre que nous avons souvent relu depuis : *L'armée est aveugle et muette. Elle frappe devant elle du lieu où on la met.*

Elle ne veut rien, et agit par ressort. C'est une grande chose que l'on meut et qui tue; mais c'est aussi une chose qui souffre. (ALFRED DE VIGNY, *Servitude et grandeur militaires*.) Nous comprîmes alors la puissance fatale et irrésistible de ces deux choses qu'on appelle la discipline et l'esprit militaires, choses excellentes cependant en des mains habiles et honnêtes. Nous comprîmes alors, plus que jamais, la grandeur du sacrifice de l'homme qui abdique sa volonté pour l'obéissance sans restriction. La rougeur au front, nous repassions dans notre mémoire le mépris qui, depuis quelques années, accueillait notre abnégation, et dans les journaux, et sur les théâtres, et dans notre propre famille. Nous baissions la tête sous le poids de si lourdes réflexions, trouvant, dans l'excès de notre malheur, une sorte de joie amère dans l'accomplissement tout entier de notre pénible devoir, espérant que peut-être un jour la nation, revenant à des idées plus morales, se repentirait de ses railleries bouffonnes, et se sentirait de l'estime et du respect pour l'homme qui sait tout souffrir sans murmurer, et qui accepte jusqu'au bout le sacrifice sous toutes les formes.

» Dans une telle situation, l'impuissance de l'individu est flagrante pour réagir contre les choses qu'il déteste. L'obéissance n'a pas de limites; elle devait être complète, elle le fut. Ce qui avait été notre force aux jours relativement heureux de la lutte, devint, par la fatalité, la source de notre honte. Ce qu'il faut accuser, ce n'est pas l'institution, qui est la plus parfaite expression de l'organisation, but de toute société civilisée, mais l'infamie des hommes qui l'ont confisquée, comptant y trouver leur profit. Si les hommes qui ont manié cet instrument docile avaient été d'honnêtes citoyens, notre sacrifice, qui reste obscur et insignifiant, aurait pu devenir éclatant et victorieux dans une certaine mesure. Comme l'a dit Alfred de Vigny, la carrière du soldat est une vie d'abnégation. Depuis longtemps, ce rôle nous était familier; nous n'aurions jamais cherché à en éviter les épreuves. Loin de les fuir, nous les avons au contraire réclamées avec une instance qui explique l'absence calculée du maréchal Bazaine au milieu des tentes. Nous savions tous que nous étions la seule puissance organisée de la nation, la force vive du pays, l'espoir de la patrie dans ces jours funestes, et nous étions résignés, dès les premiers jours, à prendre la plus dure partie du fardeau. C'est même grâce au maintien de cet esprit que le système de l'inertie parvint à gagner du temps, jusqu'au moment où il n'était plus possible de reculer (p 238). »

Ce sont les paroles d'un brave et loyal militaire. Je ne dissimulerai pas (et on l'entrevoit dans le morceau rapporté ci-dessus), que M. J... incrimine autant les arrière-pensées que les actes de M. le maréchal Bazaine. Pour moi, ici, laissant de côté les arrière-pensées que je n'ai aucune prétention de deviner, je m'occupe uniquement des actes militaires. Ai-je besoin de dire que je ne m'en occupe pas pour refaire l'histoire, ni représenter ce qui serait advenu si les mesures prises avaient été autres? Ce sont des suppositions auxquelles toute réalité manque, et de pures complaisances du vaincu à l'égard de lui-même. Mais la France, qui était pleine de force et de vigueur, et capable, si elle avait été préparée et conduite, de soutenir les luttes les plus dures, fut en quelques jours renversée et vaincue de manière à ne pouvoir s'en relever. En quelques jours, notez-le bien. L'histoire a un véritable intérêt à savoir comment cela s'est fait. La ruine devint irrémédiable, je ne dirai pas par la défaite, mais par la perte intégrale des deux seules armées que nous eussions. Voyons donc par quels actes ces deux armées ont été perdues.

Après les trois grands revers du début de la campagne, l'armée, vaincue mais non coupée (vous verrez tout à l'heure quelle immense différence il y a entre vaincu et coupé), se retira sur Metz, et M. le maréchal Bazaine en eut le commandement. Elle était dès lors assez réorganisée pour livrer des batailles, témoin Borny et Gravelotte. Les Allemands, qui disposaient de forces très supérieures, conçurent le projet décisif, non pas de défaire l'armée française, mais de la cerner. Que M. le maréchal Bazaine ait soupçonné le dessein de ses adversaires ou ne l'ait pas soupçonné, peu importe ; le soin le plus urgent était de mettre son armée en sûreté, je veux dire de conserver les communications avec la France. Une armée coupée n'était plus bonne à rien, ne pouvant se concerter avec les autres corps, destinée à tomber finalement entre les mains de l'ennemi, et ne servant plus désormais qu'à occuper momentanément une certaine partie de ses forces. Le général en chef devait donc, à tout prix, entamer opportunément sa retraite, au prix d'une bataille, au prix même d'une défaite ; car des débris d'armée auraient encore servi à la défense. On dira ce que l'on voudra sur les retards des mouvements ; le fait est qu'on s'attarda, quand la plus urgente rapidité était commandée ; la retraite sur Verdun fut coupée ; et là s'accomplit le premier acte de la ruine de la France.

M. le maréchal Bazaine a écrit qu'il avait gagné la

bataille de Borny. Soit; certes, les Allemands auraient acheté à un bien plus haut prix encore le succès de leur mouvement stratégique. Quand à Paris, après le premier fracas des batailles de Borny et de Gravelotte, on sut que l'armée était coupée de Verdun et cernée dans Metz, tous ceux qui suivaient avec anxiété les événements comprirent que cette victoire était pire que la plus sanglante des défaites, puisqu'elle menait droit à une capitulation. Et en effet, quoi qu'on dise de Borny, celui-là a la victoire qui réussit dans l'accomplissement d'un plan décisif. Les généraux allemands voulaient cerner l'armée du maréchal Bazaine; ils la cernèrent. Qu'importe ce qu'on fit ou ne fit pas à Borny, et quelle triste hâblerie de parler de victoire, quand on se laisse couper et enfermer?

Dans cette menaçante situation, le gouvernement eut à prendre un parti. Des deux armées qu'il avait tout à l'heure, il ne lui en restait plus qu'une, la moins nombreuse et la moins solide, celle du maréchal de Mac-Mahon. Il se trouva à son tour devant la même alternative où le maréchal Bazaine s'était trouvé peu de jours auparavant : sauver l'armée par une retraite fermement résolue et bien conduite, ou hasarder de la perdre et avec elle de tout perdre par un aventureux coup de main, dans l'espoir d'un grand succès qui procurerait la jonction des deux armées, jonction négligée à Borny et à Gravelotte. Quand le projet fut mis en discussion, je sais que quelques-uns de ceux qui furent consultés opinèrent pour qu'on abandonnât l'armée de Metz à son sort, et pour que l'on conservât intacte l'armée de Châlons. Il est palpable que cette résolution, quelque douloureuse qu'elle fût, était la seule militairement valable. C'était, notons-le bien, l'unique force organisée qui restât, environ cent mille hommes, un matériel considérable, des officiers, des cadres, tout ce qui manqua quand, sur la Loire, on s'efforça, à la hâte, sans soldats, sans canons, sans fusils, de refaire une armée. Quelles furent les intentions qui dictèrent l'ordre de la marche sur Sedan? Je ne les recherche pas; ici je recherche seulement les actes; et cet acte est, après la faute qui permit aux Allemands de couper notre armée en avant de Verdun, la plus grande faute militaire de cette guerre.

L'expédition du maréchal de Mac-Mahon était trop hasardeuse pour que le gouvernement ne mît pas tout en œuvre, à l'effet d'en diminuer les périls, c'est-à-dire de procurer au maréchal une diversion du côté de son collègue enfermé dans Metz. Des hommes déterminés furent choisis pour porter au maréchal Bazaine l'annonce de la marche de l'armée de Châlons; le gouvernement, je le sais positivement, eut la conviction que certains de ces agents avaient pénétré dans Metz et remis la dépêche. Là plane encore un mystère : le gouvernement s'est-il trompé dans sa conviction? De quel côté est la vérité, chez ceux qui soutiennent que la dépêche a pénétré dans la ville bloquée, ou ceux qui soutiennent qu'elle n'y pénétra pas? Je n'ai, bien entendu, rien à dire sur tout cela, qui est purement un point de fait à établir judiciairement par témoignage (1). Mais ce qui n'est sujet à aucun débat, judiciaire ou autre, c'est que, du côté de Metz, l'af-

---

(1) Dans le procès, le maréchal Bazaine soutint qu'il n'avait reçu aucun message, et, d'autre part, un des messagers affirma non moins résolument qu'il avait communiqué sa dépêche au maréchal.

faire du 26 août ne fut qu'une simple démonstration, que celle du 31, plus sérieuse, n'aboutit à rien de décisif, et que le maréchal Bazaine ne fut d'aucun secours à son collègue. Il aurait été justifié si, faisant un suprême effort, il avait perdu une grande bataille. Or, ni l'affaire du 26 août, ni celle du 31 août ne furent une grande bataille ni un effort suprême.

Maintenant septembre est arrivé ; l'armée de Sedan est vaincue et prisonnière ; l'armée de Metz est étroitement bloquée. Cette armée, tous les témoignages l'affirment, était complètement remise de l'indiscipline des débuts de la campagne; les combats de Borny et de Gravelotte, vigoureusement soutenus, lui avaient donné beaucoup de solidité ; et elle était animée d'un grand courage, organisée, désireuse de bien faire et suffisamment pourvue d'artillerie. Dans cette situation matérielle et morale, elle était capable d'un puissant effort, le sentait et le voulait. Mais, cernée comme elle était, grâce aux fautes de ceux qui avaient eu la conduite de la guerre, il était possible que la seule issue fût une capitulation. Toutefois, pour qu'il demeurât certain qu'une telle issue était inévitable, il aurait fallu que l'armée, livrant une grande bataille pour forcer le blocus, la perdît ; alors il eût été évident que les lignes allemandes n'étaient pas forçables, et l'on eût avec résignation laissé venir la famine et la capitulation ; mais, puisque cette preuve décisive n'a pas été donnée, la critique militaire est en droit de dire qu'on a fait ce qui a échoué, et qu'on n'a pas tenté ce qui seul était à faire.

On peut voir dans le livre de M. J... et, du reste, dans tous les récits, que le temps du blocus, c'est-à-dire septembre et les deux tiers d'octobre se passèrent en affaires très fréquentes, mais petites, et qui pouvaient fatiguer l'ennemi, mais qui ne lui causaient aucun embarras sérieux. L'armée sentait qu'elle devait à elle-même et à la France de teindre, à profusion, de son sang les environs de Metz ; elle avait horreur de la honte de défiler entière devant l'ennemi, et elle aurait payé du quart, de la moitié de son effectif, l'honneur de ne se rendre que sanglante, mutilée, les armes brisées, les drapeaux déchirés, les canons démontés. Une grande bataille lui eût procuré cet honneur ou le succès ; les petites batailles la livrèrent à l'ennemi affamée et prisonnière.

Des manquements si lourds et si décisifs répondaient à l'entrée en campagne ; et l'entrée en campagne elle-même répondit à la déclaration de guerre et aux préparatifs. Certes Louis XV et ses ministres, tant décriés dans notre histoire, furent des héros et des génies, comparés à l'empereur et aux ministres de l'empereur (1).

---

(1) En 1867, j'écrivais : « Je suppose, ce que supposent les vagues alarmes du public, que le gouvernement français, se repentant d'avoir laissé faire en 1866 l'unité de l'Allemagne qu'il put empêcher, tente de la défaire par la guerre. Pour une œuvre pareille, il faut des alliés ; et il n'y a de disponibles pour la France que l'Angleterre, l'Italie et l'Autriche. Qui ne sait que l'Angleterre, irritée contre qui troublera la paix, restera neutre et gardera ses hommes et ses trésors pour de tout autres emplois que de vaines et sanglantes entreprises ? On voit bien ce que l'Italie aurait à perdre dans un pareil conflit, on ne voit pas ce qu'elle aurait à y gagner, d'autant plus facilement neutre qu'on vient de la blesser et de l'apaiser mal en ce qu'elle a de plus vif, la question de Rome. Quant à l'Autriche, il faut distinguer : il est fort possible que l'Autriche, si la Prusse prenait le rôle agressif, et, en menaçant la France, la menaçât, elle aussi, très sérieusement, devînt une très utile alliée ; mais, si c'est le gouvernement français qui est l'agres-

Je quitte ici M. J... et son livre, et je me rejette à vingt ans en arrière, au 2 décembre 1851 ; car c'est là, quand je me suis occupé des *Vaincus de Metz*, que je voulais venir. Au jour même de cet événement, je fus contristé autant au moins que je l'ai été par nos défaites et par une paix désastreuse. Je l'ai dit alors et le redis aujourd'hui : ce que nous perdîmes en ce jour est d'un prix qu'un moraliste ne peut évaluer trop haut ; nous perdîmes notre foi en la probité.

Il se trouva un homme qui, sans contrainte et de son plein gré, jura solennellement en face de son pays et de l'Europe qu'il gouvernerait loyalement et fidèlement la république ; et ce même homme, sans remettre son mandat, se servit de ce qui lui avait été confié pour violer impunément son serment et s'emparer, avec son vicieux entourage, du pouvoir et des satisfactions que le pouvoir donne. Cette grossière improbité alla s'asseoir triomphante sur le trône.

Un si haut exemple fut suivi. Comment ne l'aurait-il pas été ? En vain l'empire installé demanda-t-il qu'on respectât la probité qu'il n'avait pas respectée. On le laissa dire ; et beaucoup, non pas tous (car le fond honnête de la nation résista à cette rude épreuve d'immoralité), furent tentés et se mirent à l'aise

---

seur, le sentiment allemand, si fort dans les provinces allemandes de l'empire, ne laissera pas la liberté d'action au cabinet autrichien. Ainsi, dans l'aventure d'une agression contre l'Allemagne, on ne pourrait compter sur personne ; et ce serait refaire, aux bords de Rhin et sur une incalculable échelle, la faute du Mexique, si chèrement payée en hommes, en argent, en influence, et close si tristement (la *Philosophie positive*, t. I, p. 323). » Si un homme aussi isolé que je l'étais a pu voir si clairement l'avenir, comment des ministres, des généraux, des députés, des sénateurs s'y sont-ils trompés ?

avec les devoirs. Un devoir n'est pas plus qu'un serment ; et la violation du devoir, sans rapporter un sceptre, a pu rapporter de quoi contenter des appétits qui se crurent aussi autorisés que l'appétit impérial.

L'histoire, rigide exécutrice des lois de l'évolution sociale, abandonne tout le reste de son domaine à l'intervention de conditions inférieures qui ne représentent plus pour nous ni justice, ni rétribution. Mais, cette fois-ci, elle n'ont point été aveugles comme d'habitude et ont satisfait au désir des justes châtiments : elles ont brisé un trône improbement acquis et livré celui qu'elles en firent descendre aux amertumes de l'ambition trompée et aux regrets de la grandeur perdue.

L'intronisation des Bonaparte, tandis qu'elle portait une grave atteinte à la probité en France, ne troublait pas moins profondément en Europe les éléments de paix qui luttaient contre les éléments de guerre. Ils s'élevèrent à l'empire par le guet-apens du 2 décembre ; ceci est imputable à l'homme ; mais ils furent élevés à la présidence par le vote du 10 décembre ; ceci est imputable au suffrage universel, particulièrement aux paysans et aux ouvriers infatués des souvenirs de guerre du premier Napoléon. L'empire c'est la paix, fut-il dit à Bordeaux, pour capter le commerce, la banque, l'industrie ; mais le démenti ne se fit pas attendre. Tout, dans ce nom, menaçait la fragile constitution de la sécurité commune, aussi bien le souvenir de l'extension illimitée des conquêtes que celui de la défaite et du châtiment. Le démon de la guerre et des aventures était lâché, et il ne devait plus s'arrêter que sur les bords de la Seine et de la Loire, après des désastres sans exemple dans l'histoire, pas même dans celle du premier empire. A cet égard Bonaparte troisième a surpassé Bonaparte premier.

M. J..., en m'envoyant son livre, m'écrivit que sans doute je ne serais pas d'accord avec lui sur une certaine note qu'il m'indiqua. Voici cette note : Après y avoir sévèrement blâmé, au nom des événements actuels, les attaques contre l'armée et l'esprit militaire qui avaient cours sous l'empire parmi les libéraux et les républicains, ainsi que les propositions de désarmement et les perspectives d'une fraternelle union entre les peuples européens, il ajoute (p. 296) : « Tout cela est faux, absolument faux ; en république, comme en monarchie, une nation est constamment menacée, dans ses intérêts, dans son développement, par les nations voisines, dont le tempérament et quelquefois la race sont essentiellement différents ; et toutes, elles ont entre elles un antagonisme perpétuel. On verra sans cesse surgir une question qui rompra l'équilibre ; si ce n'est pas une question dynastique, ce sera surtout et toujours une question économique, une question d'existence. Proudhon a démontré clairement comment la guerre est chose humaine, comment elle tient aux bases mêmes d'une société organisée. Le progrès (mot dont on a tant abusé) ne consiste pas à supprimer la guerre, mais à la transformer, à la rendre moins terrible aux États qui la subissent, à la rendre plus connexe avec les questions vitales. Les guerres seront moins meurtrières, plus logiques, plus rares ; mais ce n'est pas à notre génération à le nier : notre siècle est essentiellement un siècle de luttes ; le devoir des penseurs consiste à les étudier dans leurs relations avec les problèmes économiques, avec le développement intellectuel, avec les mœurs, et non pas à prêcher des billevesées. Le christianisme n'a pas réussi à changer notre race sous ce rapport ; que peuvent faire alors les efforts isolés de quelques hommes de cabinet ?... Il n'est pas une race humaine chez laquelle la guerre ne soit considérée comme un fait normal continuel. C'est un mal, c'est possible, mais c'est un fait fatal. »

Je ne suis pas en effet de l'avis de M. J... ; pourtant j'ai une notable distinction à introduire. A moi comme à lui il apparaît que le siècle présent est un siècle de luttes; la dernière guerre n'a pas épuisé les chances de conflits; au contraire elle les a augmentées en intensité. Cela posé, je pense comme M. J... qu'il faut nous réorganiser militairement avec une détermination inflexible, ne reculer devant aucun sacrifice, ni matériel, ni moral, et entretenir dans tous les cœurs un sérieux amour de la patrie. Dans notre reconstitution, n'oublions jamais ce que c'est qu'être vaincu et envahi (1).

Maintenant, et c'est la seconde question impliquée

---

(1) En lisant l'histoire de France, on est frappé des nombreuses défaites qui la signalent. Contre les Anglais, aux XIVe et XVe siècles, nous ne cessons de perdre des batailles; au XVIe, notre infériorité est continue en regard des Espagnols; au XVIIe, une coalition brise la puissance de Louis XIV ; plus tard, c'est encore une coalition qui vient à bout de l'empire de Napoléon Ier ; enfin l'Allemagne, à elle seule, écrase celui de Napoléon III. A la vue de tant de désastres, on s'étonne vraiment que la France n'y ait pas péri, et l'on est tenté de croire que la race gauloise, qui n'a fait que changer de nom en devenant française, est impropre, toute vaillante qu'elle est, aux grandes et savantes opérations militaires. Toutefois, cette opinion trouve sa contradiction dans d'autres faits historiques : les succès de Charles V, ceux de Henri IV, de Richelieu et de Mazarin, ceux de Louis XVI et de la Convention. En comparant ces deux séries opposées, on comprendra ce qu'ont été dans notre pays les guerres faites avec réflexion, sagesse et habileté.

dans la note de M. J..., quel sera l'avenir de notre espèce? Doit-elle toujours guerroyer entre elle? Ou bien de grands groupes de peuples finiront-ils par se pacifier? Là-dessus on n'a, bien entendu, que des inductions; mais je crois que les inductions essentielles indiquent une pacification progressive. Ces inductions essentielles sont au nombre de deux, la raison publique et les intérêts internationaux. Leur croissance est continue et toujours dans le même sens, et de plus en plus crée des difficultés à la guerre. La raison sans les intérêts, les intérêts sans la raison seraient impuissants; réunis, ils agissent lentement, mais sûrement vers un même résultat. Les grandes perspectives sociales, quand elles ont pour origine la contemplation de la marche du savoir positif et de l'histoire humaine, inspirent aux philosophes des espérances qui dépassent la durée de bien des générations, et qui pourtant ne sont pas des vanités.

Notre présent est loin de cet avenir. Après cinquante-cinq ans d'interruption, après, ce semblait, une véritable prescription, reparaît sur la scène de l'Europe l'affreux droit de conquête, le plus grand méfait que des peuples de même civilisation puissent aujourd'hui commettre les uns contre les autres. M. J..., dans son livre (p. 51), rapporte que, lors de l'armistice, les jeunes filles d'une école, en Allemagne, ont chanté un chœur commençant par ces mots: « O que tu dois être contente, Strasbourg, d'être enfin redevenue allemande! » On peut aller vérifier sur les lieux combien, en effet, et Strasbourg et l'Alsace entière, et la Lorraine, sa voisine, sont contentes d'avoir été annexées par la force, contre leur volonté déterminée, à l'empire allemand!

En France, si, après la victoire, un pareil méfait avait été commis, et il eût été difficile à commettre, d'innombrables et hautes protestations se seraient élevées parmi tous ceux qui ont souci de l'honneur de la civilisation. La moralité politique internationale compte pour beaucoup dans l'évaluation de la moralité d'un peuple. Elle est au plus bas niveau chez le peuple allemand.

La France, ayant touché le fond de l'abîme, commence à s'en relever. Le premier signe visible en est le concours déterminé qu'elle a donné au gouvernement occupé de solder la contribution imposée par les Allemands et nos dettes de guerre. Là il n'y a point eu d'hésitation; et, quelle que fût l'incertitude des circonstances présentes, l'argent est venu abondant et courageux. C'est une preuve incontestable de vitalité; et avec la vitalité tout peut se refaire.

Après une défaite complète et la chute de l'empire, la France a-t-elle vainement et sans rien apprendre roulé dans le vide des révolutions? Pendant quatre-vingts ans elle a eu l'initiative des luttes politiques et sociales, et il n'est en Europe aucun Etat qui ne s'en soit ressenti. Aujourd'hui, malgré les circonstances les plus défavorables et en vertu de sa constitution intime, elle tente pour la troisième fois l'expérience d'une grande république au milieu de l'Europe. C'est le résultat de cette expérience qui dira ce qu'elle vaut et si elle entend continuer son histoire.

III

DE LA SITUATION QUE LES DERNIERS ÉVÉNEMENTS ONT FAITE A L'EUROPE, AU SOCIALISME ET A LA FRANCE (1).

1.
Europe.

L'équilibre européen, cette garantie insuffisante mais pourtant réelle du repos des grandes puissances et de la sûreté des petites, n'existe plus ; il n'en reste rien, et rien ne l'a remplacé. Les traités de 1815 avaient organisé un système qui, encore que défectueux, eut pourtant l'avantage de tout système sur le désordre et l'anarchie : il procura à l'Europe cinquante ans de paix, qui lui assurèrent une prospérité considérable et qui semblaient avoir créé des sentiments de concorde et de fraternité internationales. Malheureusement, ce n'était là qu'une apparence. Ces traités sont maintenant lettre morte, et la sécurité des Etats grands et petits est livrée à la décision d'événements où la force prime tout.

Après la victoire de Sadowa, la Prusse, ayant expulsé l'Autriche de la Confédération germanique, et s'étant adjoint par des traités les forces de la Bavière, du Wurtemberg et de Bade, avait formé une puissance militaire énorme, contre laquelle rien en Europe ne pouvait se mesurer ; car seule elle avait fait de tout homme un soldat, tandis que

---

(1) Cet article a paru dans la *Philosophie positive*, septembre-octobre 1871 et novembre-décembre, même année.

les autres Etats n'avaient à leur service que des conscriptions, toujours restreintes. Cependant ce colosse avait à côté de lui un Etat qui autrefois avait été une puissance militaire de premier ordre et qui semblait l'être encore. Je dis semblait, car, à l'épreuve, cette puissance ne mit en ligne qu'environ 250 000 hommes, sans un seul soldat de réserve. Toutefois, en se ménageant et en vivant sur un vieux renom, le gouvernement français pouvait contenir l'ambition allemande; mais un César en délire d'ineptie, du même coup prit l'initiative de la guerre, donna la victoire à l'Allemagne, et procura la formation de l'empire allemand et le démembrement de la France.

Il est inutile de s'arrêter à considérer ce qui aurait pu être; il faut voir ce qui est. La France a été privée de 1 700 000 habitants, l'Allemagne accrue de 1 700 000 ; le changement de proportion entre les deux est donc de plus de trois millions.

De la sorte s'est formée, au centre de l'Europe, une puissance militaire qui compte maintenant environ quarante millions d'habitants, où tout homme est soldat, et où tout est organisé de la façon la plus savante pour la guerre. Et qu'on ne dise pas que cette organisation où tout homme est soldat a un caractère essentiellement défensif. Cela serait une grave erreur, complètement réfutée par les deux guerres dont nous venons d'être témoins, la guerre contre l'Autriche et celle contre la France. Une offensive aussi rapide que redoutable a signalé les deux cas. Nous ne savons comment l'Allemagne soutiendrait une guerre défensive ; mais nous savons qu'elle est plus préparée qu'aucune autre nation aux guerres offensives.

Que l'Allemagne soit sans contrepoids, c'est ce que montre un simple coup d'œil jeté sur la carte. Je laisse de côté l'Italie et l'Espagne, séparées, actuellement du moins, de tout contact avec l'Allemagne et d'ailleurs notoirement inférieures. Quant à l'Angleterre, si l'absence d'une flotte allemande la met provisoirement à l'abri de toute attaque, la faiblesse numérique de son armée met, en retour, l'Allemagne sans crainte de ce côté; car ce n'est pas avec 40 ou 50 000 hommes qu'on peut exercer une action considérable sur les destinées de l'Europe. Restent donc uniquement l'Autriche et la Russie en face de l'Allemagne. Est-il besoin de démontrer que, isolée, l'Autriche n'est pas de force à lutter contre le colosse? Sa population est moins nombreuse; sa cohésion est bien plus faible, car elle est formée de quatre nationalités, Allemands, Hongrois, Slaves et Roumains; enfin, son organisation militaire est inférieure à celle de l'Allemagne. Certes, au moment où la lutte éclaterait, les populations austro-hongroises combattraient vaillamment pour se défendre de la domination étrangère; mais, si elles n'étaient pas secourues, il est fort à craindre que le nombre ne l'emportât. Bien que l'empire russe dépasse notablement en population l'empire allemand, cependant cet avantage ne suffit pas pour lui assurer le triomphe; des finances en mauvaise condition, un état industriel moins avancé, les longues distances à parcourir lui créent une manifeste infériorité; il lui est impossible, comme vient de le faire l'Allemagne, de mettre en trois semaines 800 000 hommes sur pied à la frontière, et de les entretenir au complet durant tout le temps de la guerre. La Russie, si elle est seule, succombera, comme, seule aussi, succombera l'Autriche. Que la Russie n'oublie pas non plus qu'elle a beaucoup d'Allemands en son sein et dans toutes les positions. Au moment donné, ces Allemands se trouveront des ennemis acharnés, instruits de toutes les choses russes, guidant partout l'ennemi, et payant par le ravage l'hospitalité reçue.

L'empire allemand, on le voit, est en chemin de s'emparer de la dictature de l'Europe. En a-t-il l'intention ?

Bien que les événements de 1866 et ceux de 1870 aient montré, dans les chefs allemands et la nation allemande, un esprit d'agrandissement et de conquête dangereux pour les voisins, cependant je m'interdis de former aucune conjecture sur ce que veulent, pour le moment, les chefs de cette nation ; mais ce que je sais et ce que je n'ai garde de taire, c'est qu'une situation est toujours plus forte que les hommes. L'Allemagne pense avoir à faire autour d'elle ce qu'elle nomme des revendications, et ce que je nomme des usurpations. Mais ne nous occupons pas des mots ; car il s'agit de force et de conquête.

Ce n'est pas d'hier que le pangermanisme a jeté son dévolu (et ce c'est pas demain qu'il y renoncera) sur trois territoires pour lesquels le sort de l'Alsace et de la Lorraine n'est pas rassurant. Ce sont, dans la monarchie austro-hongroise, l'Autriche proprement dite et le Tyrol ; dans la Confédération helvétique, la partie où l'on parle allemand ; et, sur les côtes de la mer, la Hollande. D'une façon ou d'une autre, dans un temps plus ou moins éloigné, par la faute de ceux-ci ou de ceux-là, ces territoires, incessamment convoités comme l'ont été l'Alsace et la Lorraine, risquent d'être attaqués. Même on prétend que les provinces baltiques, où l'aristocratie est allemande, pourraient être germaniquement débarrassées, bien que ce ne soit pas l'avis des Russes, du joug moscovite.

Mon intention n'est pas de poursuivre le jeu des éventualités de la conquête et de la défense, de la victoire et de la défaite ; ce jeu est trop complexe pour qu'on soit en droit d'aller au delà de quelques linéaments. Mon intention n'est pas davantage, considérant l'autre côté des choses et les moyens qu'a l'Europe pour échapper à une prépotence oppressive, de rechercher ce que tenteront la diplomatie et les alliances, et si la Russie, l'Autriche et l'Angleterre apercevront les dangers de l'équilibre rompu, ou si l'Allemagne et la Russie voudront se partager l'Europe, comme y songèrent un moment, à Tilsitt, Napoléon et Alexandre.

En attendant que l'avenir apporte ses éventualisés, il est un objet sur lequel les gouvernements commencent déjà à ouvrir les yeux, c'est leur état militaire. Or, manifestement, cet état militaire est, par rapport à celui de l'Allemagne, aussi arriéré que pourraient l'être des fusils à pierre et des navires sans cuirasse. Il leur faut donc se mettre au niveau ; et cela en toute hâte ; car le péril est à leur porte, et, s'il les prenait non préparés, quels regrets n'auraient-ils pas, eux et leurs peuples ! Chaque État, grand ou petit, neutre ou non neutre (car, dans les annexions possibles, la neutralité sera de mince garantie) doit, s'il veut compter pour quelque chose dans l'issue et dans sa propre destinée, avoir non seulement une armée qui comprenne tous les hommes en état de porter les armes, mais encore une armée qui soit mobilisable rapidement. Tel est le but que, sauf les modifications appropriées aux pays et aux habitudes, chacun doit se proposer; car, hors de là, il n'y a plus de salut pour personne. Que la Russie, que l'Autriche, que l'Italie, que l'Espagne, le Danemarck, la Suède, la Hollande, la Belgique (la Suisse seule est déjà toute prête) organisent au plus vite leur défense nationale non sur le pied d'une armée de conscription, mais sur le pied d'une armée de peuple. Et cette nécessité, l'Angleterre elle-même n'y échappera peut-être pas, malgré la mer protectrice et sa puissante marine. Si le continent succombe, elle succombera après lui, n'étant pas capable de résister aux forces navales que l'empire allemand pourra, dans cette hypothèse, réunir contre elle ; et alors, à son tour, elle saura ce que c'est que terre ravagée, villes pillées, villages incendiés et joug d'étrangers vainqueurs (1).

La paix actuelle, celle que l'Allemagne vient d'imposer à la France, a pour conséquence immédiate d'augmenter énormément l'état militaire dans l'Europe; elle tend à n'y plus laisser un individu qui ne soit pas prêt de corps et d'esprit à la guerre. Triste résultat, mais résultat inévitable ; préparation non de paix, mais de guerre.

Ce n'est pas tout. Dans la guerre que les Allemands ont faite, ils ont incendié les villages qui donnaient refuge aux troupes françaises, ils ont fusillé les hommes qui avaient un fusil sans avoir un uni-

---

(1) La *Bataille de Dorking*, fiction qui reprend pour le compte de l'Angleterre l'histoire de la France dans la dernière guerre, et qui montre l'Angleterre prise au dépourvu, envahie et vaincue par les Allemands, témoigne que plus d'un Anglais ne se fait aucune illusion sur la possibilité de dangereuses éventualités.

forme, ils ont forcé de monter sur leurs trains les notables des villes et des cantons, de peur de déraillements. En un mot, systématiquement, ils ont terrorisé. Dans les négociations de Versailles, quand M. Thiers, au désespoir des exigences allemandes, a été sur le point de rompre les pourparlers, M. de Bismarck lui dit que jusque-là les Allemands avaient fait la guerre avec modération, et que, si la guerre recommençait, elle serait conduite avec une tout autre rigueur. Et en effet, il n'y a point de limite assignable aux rigueurs de la guerre, on peut toujours pousser plus loin ces choses-là. Ainsi la terreur est un engin de guerre, comme un fusil à aiguille ou un canon se chargeant par la culasse. Du moment que l'élément moral de la civilisation ne se développe pas à l'égal de l'élément scientifique, la guerre ne peut manquer de prendre extension et intensité; car la puissance de détruire devient plus énergique et plus systématique.

Sans être ni ravagée ni mise à contribution comme la France, l'Europe est malade aussi, et malade d'un même genre de maladie; je veux dire qu'elle est entrée dans une phase de désorganisation dangereuse pour sa paix et sa sûreté. Je parle ici en Européen, non en Français; je mets les intérêts de l'Europe au-dessus de ceux de ma patrie, comme je mettrais les intérêts de l'humanité au-dessus de ceux de l'Europe, si jusqu'à présent il existait une humanité autrement qu'en idée. Mais, remarquons-le bien en même temps, plus il y aura de garanties pour le bien commun de l'Europe, plus aussi il y en aura pour chaque membre en particulier. Au reste, ces sentiments que j'exprime sont ceux du dix-huitième siècle, tant épris d'humanité. « Si je savais, dit Montesquieu, quelque chose qui me fût utile et qui fût préjudiciable à ma famille, je le rejetterais de mon esprit. Si je savais quelque chose qui fût utile à ma famille et qui ne le fût pas à ma patrie, je chercherais à l'oublier. Si je savais quelque chose utile à ma patrie et qui fût préjudiciable à l'Europe et au genre humain, je le regarderais comme un crime » (*Pensées diverses*).

J'entends par maladie la dissolution du principe qui tendait à faire de l'Europe un grand corps vivant d'une vie jusqu'à un certain point commune ; dissolution qui la livre au jeu terrible de la force et du hasard, sans l'élément qui jadis travaillait à modérer l'aveugle violence de ces deux agents.

J'ai dit jadis. Quand, à la chute de l'empire barbare qui avait succédé à l'empire romain, les nations modernes se constituèrent, le principe de vie commune résida dans le catholicisme et la papauté, dont l'autorité tempérait spirituellement les mouvements de ce grand corps. La réforme ayant brisé l'unité religieuse, l'idée d'équilibre, par l'entremise de la diplomatie, intervint dans les rapports et les guerres des différents États. En 1815, après les bouleversements européens et la juste défaite de Napoléon 1er, les rois, avec une intention fort louable, mais qui malheureusement s'appuyait sur un principe caduc, firent de la légitimité la règle qui devait garantir la sûreté des trônes et l'indépendance des nations. A son tour, la légitimité n'ayant été respectée ni par les nations ni par les rois, la souveraineté populaire, c'est-à-dire le droit qu'une population a de disposer d'elle-même, essaya de se montrer en Europe et d'y prévaloir ; mais ce droit vient d'être précipité à terre et foulé aux pieds par l'Allemagne, qui, malgré l'énergique et désespérée protestation de l'Alsace et de la Lorraine, s'annexe ces deux provinces, et qui, malgré de non moins vives protestations, s'est annexé les Danois du Sleswig.

A l'heure présente il ne reste donc entre les États Européens, ni autorité spirituelle commune, ni règle d'équilibre et de diplomatie, ni légitimité royale, ni souveraineté populaire. Tout est à vau-l'eau ; et présentement, ou bien la dissolution poursuivra son œuvre, ou bien il surgira de la situation quelque nouveau principe de vie commune et d'union ; à quoi les rois et les peuples sont aussi intéressés les uns que les autres.

Une seule chose persiste, et je ne veux pas en nier l'utilité et la force, c'est la solidarité du commerce et de l'industrie entre les nations. Tous les peuples souffrent, même ceux qui ne prennent pas part au conflit, quand une guerre éclate. Cela pèse d'un certain poids, mais, comme on vient de le voir, est tout à fait insuffisant à empêcher les explosions.

Ces annexions violentes, nous autres amis de l'humanité, démocrates, socialistes, philosophes, nous les regardons comme des crimes. Elles sont l'équivalent de ce qu'était la servitude chez le vaincu dans l'antiquité. Ah ! j'avais toujours plaint profondément les hommes privés malgré eux de leur nationalité, les Polonais, les Danois du Sleswig, et, dans le temps, les Vénitiens ; mais je ne les avais pas assez plaints, et le sentiment de leur douleur ne m'est apparu dans toute son intensité que le jour où je fus témoin, à Bordeaux, en 1871, de l'angoisse des députés d'Alsace et de Lorraine demandant si l'on ne pouvait plus rien pour eux, de leur affliction devant l'inexorable nécessité, de leur protestation contre un joug détestable et de leurs adieux. Jamais cette grande et déchirante scène ne sortira de ma mémoire, et l'impression en est telle que j'aime mieux être parmi les opprimés que parmi les oppresseurs.

Je n'ai point à rechercher comment les Allemands auraient dû user de leur victoire. Cela serait oiseux dans la bouche d'un autre et peu digne dans la bouche d'un Français. Tout ce que je tiens à dire, c'est qu'après cinquante-quatre ans de paix ininterrompue avec l'Allemagne, nous avons appris, à notre grand étonnement, je dois le constater, que, durant tout ce temps de calme apparent, les Allemands n'avaient pas cessé de nous considérer comme l'ennemi héréditaire (*Erbfeind*). Soit; mais sachons-le cette fois-ci, et ne l'oublions pas.

En 1866, au lendemain de Sadowa, je fus fort alarmé de cette terrible explosion de guerre. Je ne le fus pas encore assez, et le mal a dépassé mes craintes. Quelle ruine de belles et généreuses perspectives! Nous qui élevions nos enfants dans un bienveillant respect pour les peuples étrangers! Il faut changer tout cela ; il faut les élever dans la défiance et dans l'hostilité ; il faut leur apprendre que les exercices militaires sont la première de leurs tâches ; il faut leur inculquer qu'ils doivent toujours être prêts à tuer et à être tués ; car c'est le seul moyen d'échapper au sort de l'Alsace et de la Lorraine, le plus triste des malheurs, la plus poignante des douleurs.

M. Comte avait pensé que les grandes guerres n'étaient plus possibles entre les peuples européens, grâce à la prépondérance des intérêts commerciaux et industriels, soutenus par le développement correspondant des intérêts intellectuels et moraux. Il s'était trompé, présumant trop de l'avancement contemporain. Qui pourrait aujourd'hui parler de désarmement, ce rêve qui, hier encore, ne paraissait pas impossible? Les signes du temps annoncent que l'Europe entre dans une période militaire. Aucune doctrine ne le regrette plus profondément que ne fait la philosophie positive; mais aucune doctrine n'est plus convaincue que cette perturbation, toute grave et douloureuse qu'elle doit être, ne sera qu'une perturbation, c'est-à-dire n'altérera pas le mouvement de la civilisation européenne, et que les hommes, quand ils en seront sortis, sauront et pourront fonder la paix commune sur de meilleures garanties que celles qui, aujourd'hui, tombent de tous côtés et nous livrent *aux jeux de la force et du hasard.*

2.

Socialisme.

Bien que séparées par un intervalle de plus de vingt ans, les deux insurrections de juin 1848 et de mars 1871 n'en ont pas moins de fortes ressemblances : mêmes acteurs, les ouvriers; même but, s'emparer du gouvernement de la France. Frappé de ce formidable événement de 1848, M. Comte crut y apercevoir un appui à ses idées sur la période transitoire que nous traversons; il se plaça au point de vue du triomphe des classes ouvrières, et admit que ces classes et les plus grandes villes où elles sont agglomérées avaient le plus de capacité pour régir la situation révolutionnaire, comme étant plus que le reste dégagées des doctrines et des intérêts rétrogrades. Je tins la plume et rédigeai le plan qu'il avait conçu ; mais, depuis longtemps, j'ai complètement répudié ce que, à très grand tort, je le confesse et l'ai plus d'une fois confessé, j'adoptai sur la parole du maître (1). Trois erreurs mettent à néant ce plan d'une prépondérance des classes ouvrières, dans la phase présente de la révolution (2). La première, c'est que M. Comte n'y croyait plus possibles les grandes guerres; or les grandes guerres y sont possibles, elles y ont fait explosion, il est à craindre qu'elles n'y fassent explosion encore, et le socialisme n'a aucun moyen de satisfaire à l'urgence des préoccupations militaires. La seconde erreur, c'est d'avoir supposé les classes ouvrières capables de gouverner ; elles ne le sont pas. Et enfin, la troisième est relative à une certaine indépendance d'esprit qu'il leur prêtait à l'égard des doctrines qui enlacent les autres classes ; cette indépendance n'y existe pas ; elle est enchaînée par un étroit socialisme qui, ne tenant

---

(1) Voyez ce que je dis de ma rétractation, dans mes *Fragments de philosophie positive*, Paris, 1875, p. 401.
(2) Je fais ici allusion à l'opuscule intitulé : *Rapport à la Société positiviste, par la Commission chargée d'organiser la nature et le plan du nouveau gouvernement révolutionnaire de la République française*. Paris, août 1848. Dans ce plan, Paris était seul appelé à constituer par voie électorale le pouvoir législatif et exécutif ; le reste du pays n'intervenait que pour régler le budget à l'aide d'une Chambre élue. Ce pouvoir était remis à trois gouverneurs chargés, l'un de l'intérieur, l'autre des finances et le troisième de l'extérieur. Dans l'intention de M. Comte, ces trois hommes, élus par Paris, ne pouvaient guère manquer d'être des ouvriers, ou, comme il disait, d'éminents prolétaires. Dans ma rétractation générale des doctrines de la vie de M. Comte, je n'ai pas, je crois, assez confessé mon tort d'avoir adopté et recommandé un pareil mode de gouvernement. Alors je manquai de clairvoyance, d'indépendance d'esprit et de sagesse philosophique. Aujourd'hui je rougis des utopies révolutionnaires auxquelles je me laissai entraîner.

compte que de lui-même, est naturellement impropre à toute gestion effectivement générale. Le socialisme, sans une philosophie qui le guide, est un aveugle qui trébuche et s'égare; mais rien ne dit qu'il ne s'instruira pas par ses revers.

Qu'il trébuche et s'égare, on s'en convaincra en jetant un coup d'œil sur les tendances manifestées durant le triomphe. Ils ont proclamé l'athéisme; ils ont voulu universaliser la propriété (je me sers de leurs expressions), c'est-à-dire établir le communisme; enfin, ils ont porté toute sorte d'atteinte au mariage, dont l'abolition, en effet, paraît être une conséquence de la communauté des biens. Athéisme, communisme, abolition du mariage ont été beaucoup discutés, et peuvent l'être dans l'arène présente du conflit des opinions, puisque la doctrine théologique n'a plus assez de force et que la doctrine positive n'en a point encore assez pour frapper de discrédit social les discussions subversives. Mais les mettre de force en pratique au milieu d'une société stupéfaite est une désolante aberration; et il faut avoir une foi bien robuste en ces prétendus principes, pour aller fanatiquement dresser en leur honneur une barricade, tirer sur un compatriote et incendier une maison.

Ceux qui pensent que le socialisme est quelque chose de fortuit qu'un accident apporta et qu'un accident peut remporter, se trompent. Comme il est non seulement français, mais européen, on demeurera convaincu qu'il a des racines dans l'intimité même de la situation. De cette intimité, aucune doctrine n'est capable d'indiquer la cause réelle, si ce n'est la philosophie positive. La vraie explication de son existence et de sa persistance est que, la base spirituelle de la société ayant été déplacée par la science, tant que la nouvelle base spirituelle ne sera pas reconnue et instituée, il y aura dans la société une impulsion révolutionnaire que le parti conservateur, provisoirement du moins, n'est capable ni de comprendre ni de maîtriser. Le socialisme, doctrine des classes pour lesquelles l'ordre social a le moins de faveurs, est naturellement le porteur de cette impulsion. Et qu'on ne prétende pas que c'est là une explication trop philosophique pour ne pas rester vague. Sans doute, si le socialisme n'était pas autre chose que le groupement des ouvriers pour garantir leurs intérêts et améliorer leur position, il serait excellent et ne tomberait pas sous le coup de la critique philosophique. Mais il a de bien autres visées, étant porteur de projets, fort divers entre eux, mais s'accordant en ceci qu'il faut démolir la société actuelle pour la rebâtir sur un plan nouveau d'égalité, de communauté, de collectivité ; ces projets ou systèmes émanent tous de l'arsenal révolutionnaire, et, à ce titre, ils subissent l'arrêt de condamnation prononcé contre eux par la sociologie.

Le socialisme est manifestement détaché des opinions théologiques, et cela aussi bien dans les pays protestants que dans les pays catholiques. Sorti du giron de l'Église par les causes profondes qui en ont dissipé l'autorité générale, il n'y rentrera jamais. L'important serait que le parti conservateur se pénétrât de cette réalité, et ne perdît pas en d'inutiles tentatives des forces dont l'ordre a si grand besoin.

En revanche, le socialisme ignore les lois de l'évolution sociale ; et, quand il en entend parler, il les redoute ; car il craint d'être contrarié par elles.

Les lois de l'évolution sociale, comme du reste les lois du monde dont elles sont une partie, contrarient tous ceux qui ont des systèmes à réaliser malgré l'ordre, malgré l'histoire et, ils l'ont dit les malheureux! malgré la science. Malgré la science !... Mais passons, et ne notons ce propos que comme un indice de notre anarchie mentale et de nos dangers sociaux.

Ce fut sous le règne de Louis-Philippe que le mouvement socialiste commença de se distinguer du mouvement général de la révolution. Les adeptes déclarèrent que les questions politiques leur importaient peu, et que la primauté passait aux questions sociales. Puis vint la grande éruption de 1848. Elle fut comprimée, mais la défaite n'était pas une fin. Durant les vingt ans d'empire, le socialisme se rallia et se fortifia; et aujourd'hui il n'est pas un État d'Europe où il n'ait pris pied, et où il ne soit devenu un élément quelquefois menaçant, toujours considérable. Toutefois, croire que la question sociale, telle qu'elle est soutenue par les classes ouvrières, soit capable de faire tomber les armes des mains des rois et des peuples, ou croire, comme M. Comte, que l'avancement de la civilisation et les liens de l'industrie et du commerce pèsent assez dans la balance politique pour empêcher tout grave conflit entre les nations européennes, est une même erreur. La question sociale des classes ouvrières et les liens de civilisation et de commerce n'ont pas empêché la guerre de Crimée, la guerre d'Italie, la guerre d'Allemagne contre le Danemark, la guerre de la Prusse contre l'Autriche et enfin la guerre de l'Allemagne et de la France. Où est, en 1871, la force plus grande de ces conditions de paix contre les conditions de guerre?

Les socialistes luttent en vain, par des argumentations, contre un fait brutal et pressant. Ce fait, le voici : l'Allemagne a aujourd'hui douze cent mille hommes parfaitement disciplinés et armés, munis de tous les engins de destruction les plus perfectionnés, et susceptibles d'être mobilisés en quinze jours et d'être jetés au delà de leurs frontières. Cet appareil vient d'être employé à enlever à la France deux provinces, malgré les protestations des habitants, et cinq milliards. En présence de cette force énorme, disponible pour l'attaque, tous les États, grands et petits, amendent et augmentent leur système militaire. Pourquoi ? parce qu'ils veulent, s'ils peuvent, ne pas perdre cinq milliards et deux provinces. Voilà le fait actuel, contre lequel, malheureusement, le socialisme ne peut rien. Les socialistes, enrégimentés et commandés, marcheront ; et, dans la campagne de France, on n'a pas remarqué que les socialistes allemands *aient moins bien fait leur devoir* contre nous que leurs autres compatriotes.

Tels sont les motifs communs à toute l'Europe qui mettent sur le second plan la question socialiste ; mais, outre ces motifs communs, il en est de particuliers pour la France. Elle a des milliards à payer aux Allemands, l'évacuation de son territoire à obtenir et une dette de vingt milliards à équilibrer avec ses ressources diminuées par le démembrement qu'elle a subi et par l'énorme contribution de guerre qui lui est imposée. Cela, il faut le dire, la préoccupe plus que la question sociale, toute formidable qu'elle s'est montrée ; en effet, la question sociale s'ajourne, les payements et les impôts ne peuvent s'ajourner. Au reste, on remarquera qu'une grosse dette publique est une barrière considérable mise devant le socialisme, aussi longtemps qu'il demeurera divisé en lui-même, insurrectionnel et anarchique. Le moindre ébranlement, volontaire ou involontaire, infligé au crédit, produirait une catastrophe ruineuse pour des millions d'individus qui, tant qu'ils pourront, s'opposeront aux bouleversements.

Comme la France vaincue et abattue, le socialisme, lui aussi, après sa défaite, a besoin de recueillement et de repos. Il y est contraint partout, grâce aux forces supérieures dont les gouvernements disposent. C'est pour lui le moment de s'examiner ; c'est aussi le moment de l'examiner pour tous ceux qui étudient les efforts des classes ouvrières et la connexion de ces efforts, soit avec la révolution, soit avec la rénovation.

Le nombre des ouvriers, leur groupement dans de grands centres, leurs associations disciplinées, les vastes intérêts qu'ils représentent, la presse active et ardente qui leur sert d'organe, tout leur donne une influence considérable, surtout dans les pays de suffrage universel. Souvent, dans leurs journaux et dans leurs réunions, ils se vantent d'être la masse numérique prépondérante ; ils se trompent. La masse des paysans l'emporte notablement sur la masse ouvrière, du moins en France. Oui, le nombre serait de leur côté, s'ils entraînaient les paysans avec eux. Mais l'homme de la campagne est propriétaire, ou, quand il ne l'est pas, s'efforce de le devenir par l'épargne. Cette dissimilitude de condition et de penchants sépare profondément, par les intérêts et par les opinions, la masse paysanne de la masse ouvrière.

Dans la situation telle que la révolution générale

l'a faite, une classe forte et nombreuse a deux voies ouvertes devant elle pour essayer d'obtenir ce qui lui paraît équitable dans ses rapports avec les autres classes. Par la première, on travaille à modifier la législation en agissant sur l'assemblée législative par la presse, par les réunions, par le vote ; on s'efforce de faire entrer dans les assemblées des ouvriers ou des hommes dévoués à leur cause ; et, en comptant sur tous ces efforts, on compte aussi sur le temps, grand modificateur des choses et grand réformateur. Dans la seconde, on dédaigne ces moyens légaux comme insuffisants d'une part, et comme trop lents de l'autre ; et l'on espère, coûte que coûte, que des insurrections victorieuses produiront des solutions rapides et décisives.

Aujourd'hui même, on peut dire que ces deux procédés sont en voie d'expérience. En Angleterre, les masses ouvrières, soit de gré et par plus de prudence, soit de force et à cause d'une compression plus efficace, ne tentent pas la révolte, et dès lors tournent toutes leurs pensées vers des moyens légaux ; et encore n'ont-ils pas le suffrage universel. En France, où les grandes résistances politiques sont désorganisées, les masses ouvrières ont trouvé plus d'une occasion où à leurs yeux a lui l'espoir de s'emparer du gouvernement et, par là, de modifier la société à leur gré ; témoin juin 1848 et mars 1871. Maintenant, qu'adviendra-t-il ? Les Anglais se lasseront-ils des moyens légaux pour recourir à la violence ? Les Français, découragés par leurs défaites, se résoudront-ils à ne compter que sur la discussion et le vote ? De quelque façon que se fasse l'expérience, et en souhaitant que le mode anglais soit imité partout, aux uns et aux autres la philosophie positive croit pouvoir dire qu'ils resteront en deçà des solutions effectives aussi longtemps du moins qu'une doctrine positive, embrassant à la fois l'intelligence et le moral, n'aura pas donné à tout le monde certains principes communs, équivalents des religions.

On a dit que, naguère encore, il n'y avait que deux politiques, celle des rétrogrades et des révolutionnaires, ou, si l'on veut, des conservateurs et des libéraux, mais qu'aujourd'hui il y en a une troisième, celle des socialistes et que cette troisième prend, à l'égard de la politique libérale, exactement l'attitude que celle-ci prenait à l'égard de la politique rétrograde ou conservatrice et la traite d'arriérée et d'impuissante. La comparaison est tout à fait erronée, et aucune similitude n'est à établir entre les deux situations. Les bourgeois d'alors réclamaient à l'égard de la noblesse une mesure simple et d'exécution immédiate, si les réclamants étaient assez forts, à savoir l'abolition de privilèges antiques, il est vrai, mais devenus abusifs. Les socialistes d'aujourd'hui réclament, ce qui n'est pas du tout la même chose, une refonte systématique, utopique de la société, sans se soucier le moins du monde de l'histoire, de la sociologie et de ses lois.

3.

France.

Montaigne a dit, dans un temps aussi alarmant que le nôtre pour les destins de la France : « En cette confusion où nous sommes... tout homme françois se veoit à chaque heure sur le poinct de l'entier renversement de sa fortune ; d'autant faut-il tenir son courage fourny de provisions plus fortes et vigoureuses... Comme je ne lis gueres en histoires ces confusions des aultres estats, que je n'aye regret de ne les avoir peu mieulx considerer, present, ainsi faict ma curiosité que je m'aggrée aulcunement de veoir de mes yeux ce notable spectacle de notre mort publicque, ses symptomes et sa forme ; et, puisque je ne la puis retarder, je suis content d'estre destiné à y assister et m'en instruire. » Aussi contristé que lui, mais moins stoïque, j'aurais mal à considérer *notre mort publique pour m'en instruire*, si je ne pensais que je m'en instruis pour essayer d'apercevoir les germes du salut. De cette terrible épreuve, au seizième siècle, que Montaigne crut définitivement mortelle, la France sortit avec de profondes blessures qui se cicatrisèrent rapidement. La vie et la force revinrent ; l'histoire recommença pour elle ; et trois siècles se passèrent dans les vicissitudes qui sont le lot d'un grand empire, mais aussi avec tout l'éclat et toute l'influence qui lui appartiennent.

Sortira-t-elle de l'épreuve présente comme elle sortit de l'épreuve passée, c'est-à-dire avec un nouvel avenir devant elle? Le péril est immense, mais il n'est pas au-dessus de ses forces intellectuelles, morales et matérielles.

Depuis Henri IV, puisque cette date m'est fournie par Montaigne et la citation, nous fîmes nos affaires avec l'intervention des sujets ou peuple que permettait chaque siècle et avec un succès suffisant. Même le terrible gouvernement de la révolution, au milieu des convulsions, ne laissa rien perdre de la grandeur de la France. Seuls, les Bonaparte nous ont précipités trois fois dans l'abîme, et trois fois par le même procédé : le despotisme au dedans, au dehors l'abandon de la politique traditionnelle de la France et l'entreprise de guerres aussi follement déclarées que mal conduites. Trois fois! et si cette famille néfaste revenait par je ne sais quelle impossible circonstance sur le trône, je ne pourrais me défendre du pressentiment qu'un destin sinistre veut détruire la France et la rayer du nombre des nations.

La défaite de l'insurrection parisienne et le succès de l'emprunt de deux milliards prouvent seulement que le salut n'est pas impossible ; mais ils sont loin de l'assurer complètement. Pour cela, il est besoin que trois autres milliards soient payés à l'Allemagne, que les troupes allemandes évacuent notre sol, et que des déficits annuels ne viennent pas montrer notre impuissance à supporter nos charges et compromettre nos finances et notre crédit. A ce prix, et quand tout cela sera accompli, nous serons une nation amoindrie, déchue, mais indépendante et sauvée.

Cette fois-ci, les événements, non les hommes, font la république. C'est elle qui contracte les emprunts colossaux, impose les plus lourds fardeaux, établit le service militaire obligatoire, réforme l'administration. D'une pareille tâche, aucune monarchie ne serait capable ; la puissance lui manquerait pour l'effectuer. Bien que, dans un pays aussi troublé que le nôtre, il soit difficile d'étendre fort loin la prévision, cependant il est probable que la république en viendra à bout.

La philosophie positive, on le sait, ne reconnaît qu'avec des restrictions ce qui est nommé dans le parti révolutionnaire le dogme de la souveraineté populaire : pour deux raisons, d'abord parce que la volonté du peuple, pas plus que celle d'un roi ou d'un législateur, ne peut changer les conditions essentielles de l'existence des sociétés et de leur développement ; puis, parce que le peuple est incapable de gouverner directement et par lui-même. Mais cette même philosophie reconnaît que, à un certain point du développement des peuples, ils ont le droit et le devoir de nommer ceux qui font les lois et le gouvernement ; ils donnent la puissance, mais ne l'exercent pas.

C'est aujourd'hui presque un lieu commun de passer en revue nos trois monarchies. Je n'ai que du respect pour les princes de la maison de Bourbon, aînés ou cadets. M. le comte de Chambord a déclaré comment qu'il ne règnerait sur nous qu'avec le drapeau blanc et comme roi légitime ; cette prétention, qui, en 1830, coûta le trône à Charles X, comment le rendrait-elle en 1871 à son petit-fils ? Les princes d'Orléans, tout entiers à la joie d'avoir retrouvé leur patrie, ne nous parlent pas, mais quelques-uns de leurs amis nous parlent, de monarchie constitutionnelle ; toutefois notre milieu social est bien trop agité pour comporter aucune fiction ; et vraiment qui, aujourd'hui, voudrait s'inquiéter si le roi règne et ne gouverne pas ?

Nos troisièmes monarques sont les Bonapartes. De ceux-là, je me détourne ; non point parce qu'ils ont tué une république, ce sont des actes de violence auxquels les révolutions donnent place, mais parce qu'ils l'ont fait d'une manière déshonorante. J'ai un gros mot sur les lèvres que je ne prononcerai pas ; mais violer un serment est une de ces actions qui, commise dans la vie privée, entacherait l'homme et

qui ne l'entache pas moins dans la vie publique.
Quand, à la fin d'août, je vis Napoléon III partir pour
Sedan, je dis hautement que la responsabilité de
tels désastres ne s'expiait que par la mort, et que
sans doute il allait se faire tuer. Grâce à la loi rendue
par l'Assemblée nationale, tous les princes peuvent
rentrer en France, même Napoléon III ; mais, s'il
rentrait, il devrait être traduit devant la justice du
pays, et jugé, non pas à cause du 2 décembre,
puisque les plébiscites l'ont couvert, mais à cause
de la déclaration de guerre et des opérations qu'il a
conduites, étant responsable aux termes mêmes de
sa constitution.

Il est des désastres tels qu'ils excitent une vraie
stupéfaction, comme en excitent des événements
incroyables, et pourtant réels. Une année, il prit
envie à Napoléon Ier d'aller à Moscou avec quatre
cent mille hommes ; il y alla, mais le grand empereur n'imagina pas que l'hiver de Russie était froid ;
l'hiver fut froid comme à l'ordinaire ; et l'empereur
laissa ses quatre cent mille hommes dans les neiges
et sous les frimats du septentrion. Une autre année,
il prit envie à Napoléon III de faire la guerre à l'Allemagne ; il n'imagina pas qu'il y eût danger à se mesurer avec le nouvel état militaire de cette puissance,
il avait deux cent cinquante mille hommes braves
et solides ; en un mois, il n'en restait plus ni un
homme, ni un fusil, ni un canon ; tout était prisonnier. Tandis qu'il aurait fallu, après les défaites de Forbach et de Wœrth, conserver, comme
la prunelle de l'œil, les armées de Lorraine et de
Châlons, il se fait couper en avant de Verdun, il se
fait couper à Sedan, et laisse la France sans un officier, sans un soldat régulier et sans une arme.

Qui n'admirerait la profondeur d'une telle incapacité ?

Sans sortir de l'histoire contemporaine et sans rappeler que la France inscrivit honorablement son nom dans la fondation de la grande république américaine, c'est à notre pays que la Belgique et l'Italie doivent leur indépendance et leur constitution. Après la défaite de Louvain, la Belgique rentrait sous la domination hollandaise, si une armée française n'était pas intervenue ; et l'impuissance de l'Italie à se délivrer elle-même avait été constatée par les succès éphémères de 1848 et les revers définitifs de 1849. Ces choses-là, nous ne les ferons plus. Pour les faire, il faut une puissance effective que nos désastres nous ont enlevée, et une expansion de volonté qu'ils n'ont pas moins comprimée. Toute notre puissance et toute notre volonté se concentreront désormais sur nous-mêmes. Pour longtemps, personne en Europe n'a rien à craindre ni à espérer de la France.

La doctrine sociologique, en étudiant le mouvement qui tendit à changer les bases catholico-féodales de l'ordre social, a noté que, depuis quatre-vingts ans, la France en fut le principal agent. Les faits et leurs conséquences étaient manifestes ; les dates de 89, de 1830 et de 1848 ne laissaient aucun doute à cet égard, et elles s'enchaînaient avec une régularité remarquable. Ni 89, ni 1830, ni 1848 ne restèrent des événements locaux ; ils rayonnèrent beaucoup ; et tel prince ou tel peuple, qui ne pouvait mais de ce qui se passait sur les bords de la Seine, avait fortement ressenti l'ondulation révolutionnaire. Même, il est permis de croire que la chute de l'empire, si, comme bien des signes l'annonçaient pour le moment de la mort de l'empereur, elle avait résulté d'un mouvement populaire, n'eût pas été sans contre-coup social en Europe. Mais aucun effet de ce genre n'a été produit, l'empire ayant péri dans une catastrophe purement militaire. Bien plus, l'insurrection socialiste de Paris est restée isolée matériellement et moralement, et n'a suscité que de très restreintes manifestations. Cela montre comment cette fonction de foyer qui appartenait à la France lui est retirée par les événements; non pas qu'il s'en doive former quelque autre au dehors d'elle; c'est une fonction actuellement éteinte.

Voyant la France vaincue et renversée, le parti socialiste a tenté de s'en emparer par la force des armes, à l'aide de Paris dont il avait l'appui; il a été défait. De leur côté, les partis monarchiques ont songé et songent encore à y restaurer un trône; mais, provisoirement du moins, toute tentative de ce genre est interceptée durant le temps qui sera nécessaire pour libérer notre territoire et équilibrer nos finances. Au 4 septembre, quand la république fut proclamée, on a dit qu'elle était fondée, si elle réussissait à sauver la France de l'immense péril que lui léguait l'empire; mais que, si elle n'y réussissait pas, elle était proscrite à jamais. Elle n'y a pas réussi; pourtant elle n'est pas proscrite; toute précaire qu'elle est, elle paraît encore moins instable et moins infirme qu'aucune des monarchies qui se proposent.

Plusieurs, parmi les observateurs et les penseurs, étaient d'opinion que la rénovation sociale, qui demeure, malgré tout, la grande affaire de l'Europe, ne serait entravée par rien d'étranger, et qu'elle ne rencontrerait que les complications issues de sa propre nature. C'était là le cours régulier des choses ; mais, malheureusement, dans l'histoire, le cours régulier est souvent interrompu ; et aujourd'hui apparaît la guerre internationale, perturbation la plus fâcheuse de toutes. L'incontestable prédominance militaire de la nation allemande conduira la situation à cette alternative : ou que cette prédominance deviendra absolue et qu'il se formera un grand empire qui, semblable à l'empire romain, subjuguera toutes les nations indépendantes ; ou que ces nations soutiendront leur indépendance soit par des combats soit par des ligues ; ou que, incapables de porter sans terme un écrasant fardeau d'impôts, les nations s'entendront d'une façon ou d'une autre pour la paix.

A chaque crise politique et sociale, les deux grands partis qui se partagent l'Europe, le parti conservateur et le parti révolutionnaire, interrogent avec inquiétude la situation, demandant, l'un, si les doctrines théologiques ont gagné ou perdu ; l'autre, si les rois et les prêtres ont essuyé des échecs ou reconquis des positions. Ce n'est pas dans ces deux ordres de faits que la philosophie positive prend les règles de ses prévisions ; elle constate si la science a continué de faire des progrès, d'enregistrer des découvertes et de fonder des lois, et si l'industrie, qui dorénavant ne marche pas sans elle, a poursuivi son essor. Toutes les fois que la réponse est affirmative, et jusqu'à présent elle l'est toujours, la philosophie positive déplore ces catastrophes qu'une sagesse plus éclairée pourrait éviter, mais elle reconnaît que la civilisation suit le cours que l'histoire lui trace.

Le rôle que la France a joué depuis 1789 dans le

mouvement social de l'Europe est, je l'ai dit, terminé; les événements militaires, la défaite et notre déchéance y ont mis fin. Si nous parvenons à fonder une grande république au centre du continent, ce sera un fait politique qui donnera une notable preuve de notre consistance et de notre maturité; si, au contraire, nous reprenons un roi, nous irons nous ranger, piètre monarchie, derrière les monarchies vraiment héréditaires. En attendant et durant nos ans de cicatrisation, la France a seulement à réparer ses pertes et à recueillir ses esprits. Comme les illustres familles tombées dans l'infortune, nous devons à la fois être fiers et humbles, fiers de notre passé, humbles de notre présent; n'acceptant jamais notre déchéance, nous ne pouvons nous en relever que par ce double sentiment.

Depuis nos désastres, on a beaucoup parlé en France de la décadence de la France; et cette idée n'a pas trouvé chez nous une grande contradiction. On y a vu la cause de la défaite, et l'on a été fort disposé à dire son *mea culpa*. Un *mea culpa* est en effet à dire; mais, suivant moi, ce n'est pas pour une prétendue décadence que je n'aperçois nulle part. Dans une de ses belles chansons, Béranger disait qu'il chantait :

> Pour consoler son pays malheureux.

Consoler appartenait au poète, mais n'appartiendrait pas au philosophe, rigoureux observateur de la réalité. Aussi, est-ce sur des faits, non sur des sentiments, que je me fonde. Ces faits sont patents, je vais les rappeler.

Je commence par ce qu'il y a de plus visible et de

constatation la plus irrécusable, je veux dire la production, l'industrie, le commerce, la richesse. Dans cet ordre non seulement il n'y a pas décadence, mais il y a progrès considérable. Même aujourd'hui, malgré les destructions causées par la guerre, malgré les milliards payés aux Allemands, le crédit de la France est intact, et, financièrement, elle possède une puissance de premier ordre, bien que sa puissance militaire et politique soit brisée et qu'elle n'occupe plus aucun rang dans l'Europe. Maintenant, réfléchissez que la production, l'industrie, le commerce supposent un travail soutenu, vigoureux, intelligent, et en même temps requérant l'application constante d'une science perfectionnée, et dites-moi en quoi il est possible de prétendre que dans ce domaine la France est en décadence. Notre richesse est grande ; la possibilité de faire face à nos désastres suffit à le prouver.

J'ai parlé d'abord de la production, parce qu'elle se traduit en chiffres. D'autres activités ne s'expriment pas de cette façon ; je vais pourtant essayer d'y trouver une marque qui ne laisse pas de doute sur leur prospérité ou leur décadence. Les lettres et les arts sont un domaine où depuis les hauts temps la France a tenu un rang honorable ; et, dès l'origine du moyen âge, l'épopée chevaleresque qu'elle créa fit le charme de toute l'Europe d'alors. Apprécier une littérature contemporaine, des arts contemporains est toujours compliqué d'une certaine incertitude ; car la postérité est loin de ratifier toutes les admirations du moment. Mais, pour le jugement que je cherche ici à porter, le point de vue relatif est suffisant ; et la comparaison de nos lettres et de nos arts avec les lettres et les arts de nos voisins, sera l'instrument de précision qui marquera si nous subissons une décadence. Les oscillations de cet instrument ne nous sont pas défavorables ; partout nos lettres et nos arts marchent côte à côte de ce qu'il y a de plus relevé en Europe dans ce moment.

Et les sciences ? Pour elles aussi, je m'abstiendrai d'entrer dans le détail des choses et des hommes, ne voulant ni élever ni abaisser. Certes, je me garderai bien d'imiter ces Allemands qui viennent de traîner Lavoisier dans la boue (qui croirait que la gallophobie puisse se dégrader jusque-là ?), et je rends équitablement justice aux illustrations de l'Allemagne contemporaine. Mais, usant du même raisonnement, j'examine si nos voisins, nos rivaux nous tiennent en quelque estime. Or, il est un corps qui, sans concentrer, il s'en faut, toute la science française, en est cependant le considérable représentant, je parle de l'Institut de France. Que ce corps soit fort honoré en Europe, cela ne fait doute pour personne ; d'illustres étrangers acceptent avec satisfaction d'y être agrégés. Ceci dure encore, même après nos désastres, et prouve qu'on ne nous croit pas assez en décadence pour dédaigner les modestes honneurs que des savants accordent à des savants.

Je ne veux pas prolonger cette revue ; aussi, je terminerai par un mot très bref sur la philosophie. Il y a en ce moment en Europe trois philosophies principales : la philosophie allemande, qui a pour chef Hegel ; la philosophie anglaise, dont les représentants les plus éminents sont Stuart Mill, Bain et Herbert Spencer ; et une philosophie française, dont Auguste Comte est le fondateur. Si je me prononçais, je serais juge et partie ; car, depuis beaucoup d'années, je suis un des disciples d'Auguste Comte. Aussi, me garderai-je d'intervenir dans la question, et je m'adresserai, ici encore, aux témoignages extérieurs. Quel est le rapport de ces trois philosophies l'une avec l'autre? La philosophie anglaise repousse, de la façon la plus décidée, la philosophie allemande, et a beaucoup de contacts avec la philosophie française. Dans l'arène philosophique, nous soutenons la lutte, et, si nous en croyons le témoignage de la philosophie anglaise, par rapport à la compétition allemande, nous la soutenons avec avantage.

Quoi donc! ai-je le dessein d'égarer mes compatriotes et de leur procurer une flatteuse illusion au sujet de la situation? Non, certes; mais, par les faits positifs que je viens de rappeler, il me paraît que la France a succombé au moment où elle était pleine de force et d'activité. Est-ce que je veux les encourager à s'endormir dans une plate satisfaction d'eux-mêmes, et à ne pas faire les efforts puissants et continus que réclame la réparation des désastres? Non, certes; il n'y a ni temps ni force à perdre; et, dans le cercle restreint où j'ai quelque influence, j'excite les jeunes gens à se mettre énergiquement à la besogne. Mais je tiens à montrer qu'avant notre chute, nous ne portions en nous aucune lésion considérable de la vitalité.

Et pourtant notre chute a été profonde. Nous avons été vaincus, et vaincus en un tour de main : la guerre entre armées a duré moins d'un mois. Commencée dans les premiers jours d'août, elle était finie le 1er septembre. Le reste a été tenté sans officiers, sans fusils, sans canons, sans soldats autres que des hommes appelés à la hâte. Mais il le fallut; que dirions-nous aujourd'hui à nos compatriotes d'Alsace et de Lorraine, si nous n'avions pas livré les derniers, les inégaux combats ?

Vis expers consilii mole ruit sua, a dit le poète. Le conseil a manqué à celui qui était à notre tête ; il n'a su ni préparer la guerre ni la faire ; et pourtant c'est lui qui l'a déclarée ! Je ne sais quel affidé du bonapartisme écrivit peu de jours avant le coup d'État de 1851, et en l'annonçant, que l'assemblée se précipitait sur l'épée nue qui lui était tendue. Eh bien ! la Némésis de l'histoire a voulu qu'à son tour cet infatué se soit précipité et nous ait précipités sur l'épée nue que la Prusse tendait.

L'*incapable Ibrahim*, qui traînait dans les Tuileries sa vide majesté, n'avait eu une certaine prévoyance que pour la comédie de Sarrebruck, que pour les préparatifs de son entrée à Berlin. Mais la vraie politique, mais la vraie guerre, à cela il n'avait point songé. Incapable au début des hostilités et dès l'engagement des premières affaires, quelle ne devint pas son incapacité quand il eût fallu tant de décision et d'activité pour ménager les deux armées qui nous restaient et pour les conserver à la défense de Paris et au ralliement de ce qui fut plus tard l'armée de la Loire ! L'ennemi, rapide et nombreux, ne laissait passer aucune faute sans en profiter. Toutes les fautes furent commises, et bientôt il ne resta plus un seul homme des 250 000 qui étaient entrés en campagne. M. de Ségur, dans son *Histoire sur l'expédition de Russie* (XI, 2), rapporte que Napoléon, poussé de désastre en désastre jusqu'à la Bérésina, s'écria : « Voilà donc ce qui arrive quand on entasse fautes sur fautes ! » Entasser fautes sur fautes et nous précipiter dans l'abîme est le privilège des Bonapartes.

Violateur du serment et de la probité, le prince Louis Bonaparte sut habilement disposer le guet-apens par lequel il dispersa l'assemblée et s'empara du pouvoir. Mais toute cette habileté nocturne lui a fait défaut dans la guerre au grand jour et sur les vastes champs de bataille : un parjure pour début, Sedan pour terme, voilà la carrière du neveu de Napoléon Ier.

Après les premières défaites et après Sedan, on demanda au Corps législatif de prononcer la déchéance et de s'emparer de la direction des affaires. Ce qui serait advenu de ce coup d'autorité pour la guerre, pour la paix, pour la monarchie impériale, je ne sais ; mais, ce moment très court une fois passé, tout devint fatal. L'empereur ne s'étant pas fait tuer à Sedan, l'empire est maudit ; les grandes villes, Paris et, avant Paris, Lyon, Toulouse l'exécutent ; la république y est proclamée spontanément. Pendant cet intermède, la royauté ne bouge nulle part ; aucun roi n'est à la tête de nos derniers bataillons ; aucun roi ne va négocier la plus douloureuse des paix, ni entreprendre la réparation de nos désastres. Je ne rappelle tout cela qu'afin de résumer les multiples impuissances qui paralysent la monarchie parmi nous.

Si les chefs des nations sont responsables des fautes qu'ils commettent, les nations sont responsables des chefs qu'elles se donnent. Il n'y a rien à imputer à la France pour avoir eu un Louis XV à sa tête ; l'ordre antique de la monarchie le voulait ainsi ; mais il y a tout à lui imputer pour avoir fait empereur un deuxième Bonaparte, après avoir essayé du premier. J'ai dit ci-dessus que la France n'avait point subi de décadence, et qu'elle était riche, laborieuse et intelligente comme par le passé ; mais il faut faire une exception considérable pour la politique. Là, tout est en désarroi et en décadence. La monarchie restaurée tombe par des ordonnances que lui inspire l'esprit rétrograde et clérical. La monarchie de 1830 provoque, pour l'adjonction des capacités à la liste électorale, une très inutile bataille qu'elle perd. Les deux républiques de 92 et de 48 succombent, parce qu'elles inspirent des craintes d'anarchie. Ces commotions intérieures, qui n'empêchent pas la France de prospérer dans les voies du développement, se compliquent des deux Bonapartes, qui la précipitent dans les extravagances militaires et dans les extrêmes désastres. C'est au lendemain d'un Bonaparte et d'un désastre que nous sommes aujourd'hui.

Le mouvement qui produisit les événements de 1830 et de 1848, et auquel l'Europe entière participa plus ou moins, avait pour cause essentielle un intérêt général de rénovation, non un intérêt particulier d'agrandissement. Le flot a retourné : c'est l'intérêt particulier d'agrandisssement (la guerre de 1870 l'a prouvé) qui prévaut sur l'intérêt général de rénovation. Quelque fâcheux que ce soit, il faut y accommoder notre politique. Dans ce déchirement qui ajourne les aspirations sociales et qui ouvre la porte aux ambitions conquérantes, une république française peut avoir un rôle salutaire à la France, utile à l'Europe.

La France n'est plus parmi les grandes puissances ; cette perte de rang est le résultat manifeste des défaites qu'elle vient de subir. C'est peu de payer une contribution de guerre de cinq milliards ; c'est peu de s'être vu arracher deux provinces ; il lui faut assister à l'oppression de ceux qui furent siens, qui restent siens du plus profond de leur cœur, et entendre inutilement à sa frontière leurs douleurs et leurs plaintes; rien ne montre mieux qu'elle n'est plus parmi les grandes puissances.

Certes ces douleurs et ces plaintes sont un honneur pour elle et pour sa manière de partager la vie commune et l'œuvre de civilisation. Ceux que la conquête lui arrache ont le cœur serré, ils aimeraient mieux subir avec elle la mauvaise fortune, que jouir avec le vainqueur des splendeurs de la victoire. Un jour viendra sans doute où les Slaves de la Posnanie seront disputés entre Russes et Allemands. Ce jour-là, la Posnanie n'exprimera ni douleurs ni plaintes, et, bien qu'annexée depuis cent ans, elle fêtera joyeusement l'événement qui l'arrachera des mains allemandes.

Nous avons maintenant notre Vénétie. C'est un honneur pour l'Italie que jamais les Vénitiens n'aient consenti à être Germains. Alors nous plaignions le sort de ceux que la conquête opprimait; aujourd'hui pourquoi les Italiens ne plaignent-ils pas cette Alsace et cette Lorraine que la conquête opprime, que la violence démembre ? C'est qu'ils n'aiment pas autant la France malheureuse que la France aimait l'Italie opprimée.

Je dis donc qu'il n'y a plus que trois grandes puissances en Europe: l'Allemagne, l'Angleterre et la Russie. L'Angleterre poursuit le développement d'une industrie florissante, d'un vaste commerce et d'un immense empire. La Russie est sans limite en Asie, et s'y étend incessamment. L'Allemagne espère réunir à soi les Allemands ou les demi-Allemands ou les faux Allemands partout où il y en a.

Au milieu des violentes récriminations contre l'empereur, ses ministres et ses instruments, des voix se sont élevées pour demander qu'on ne chargeât pas de tout le mal ces boucs émissaires, oubliant la part de responsabilité qui appartient à la nation. Cela est juste ; quels que soient les méfaits d'un tel empereur et de tels instruments, ne méconnaissons pas notre propre culpabilité. Toute expiation est double : l'une se fait par les souffrances, celle-là est accomplie, et nos souffrances surpassent notre faute ; l'autre se fait par l'amendement ; elle se prépare de tous les côtés, et le débat entre monarchie et république en est un des symptômes.

A personne l'état présent de l'Europe ne peut paraître doué d'une grande stabilité. Les traités de 1815, destinés à replacer sur de nouvelles bases le système européen, restèrent fidèles aux idées d'équilibre, et remirent l'hégémonie de l'Europe à cinq grandes puissances, l'Angleterre, l'Autriche, la France, la Prusse et la Russie. Ils n'existent plus. Je ne sais à quelle place l'Autriche se met depuis Sadowa ; mais, depuis le traité de Versailles, la France est déchue de son ancien rang. L'hégémonie du continent appartient à l'Allemagne et à la Russie ; mais, en se rétrécissant, les bases sont loin de prendre plus de solidité.

Redevenir une puissance militaire de premier ordre et prête à conquérir comme est maintenant l'Allemagne, ce serait tourner dans un cercle auquel le génie progressif de la France s'efforcera sans doute d'échapper. Les conflits, il est malheureusement permis de les augurer ; mais il n'est permis d'en entrevoir ni l'heure, ni le caractère, ni l'issue. L'indépendance des nations est menacée, on le voit; il faudra la défendre, on le sent. L'équilibre entre l'Allemagne, la Russie et l'Autriche a remplacé l'équilibre entre les cinq grandes puissances; il est précaire. Durant le répit qui est donné à tout le monde, la France reprend sa tradition républicaine. La république de 1793 fut attaquée par tous les rois; celle de 1848 ébranla plusieurs trônes. Celle de 1871 n'est attaquée par personne et n'ébranle personne. La préoccupation de l'Europe est ailleurs. La nôtre est de réparer nos désastres et de fonder un gouvernement républicain. Avec cette tâche, nous ne manquerons ni de but pour diriger nos efforts, ni de travail pour occuper notre activité, ni de patience pour attendre les conjonctures.

CHAPITRE II

M. THIERS CHEF DU POUVOIR EXÉCUTIF

DE LA RÉPUBLIQUE FRANÇAISE

ET ÉTABLISSANT DÉLIBÉRÉMENT LE RÉGIME RÉPUBLICAIN

L'Assemblée nationale est réunie à Bordeaux, dans le courant de février 1871, cette assemblée élue pendant que la moitié de la France est occupée par les Allemands et que l'autre moitié s'agite sous les impulsions contradictoires d'une défense désespérée ou d'une paix qui mette fin à tant de maux. Elle est chargée des vœux, de l'autorité, des destinées de la France. Jamais peut-être n'échut à un corps politique tâche plus douloureuse à la fois et plus dangereuse. La douleur? quoi de pire que de consentir un démembrement de la patrie? Les périls? comment ressaisir les rênes d'un gouvernement régulier, quand les grandes villes menaçaient de secouer le joug de la légalité, et que le ferme maintien de la légalité était l'unique condition qui assurât le crédit nécessaire pour faire face aux dix milliards de la contribution allemande et des frais de guerre?

Rien, à en juger par sa composition, ne pronostiquait le rôle de grande réparation qui allait lui être dévolu. La majorité, à beaucoup près, en appartenait aux monarchistes, soit partisans de

M. le comte de Chambord, soit attachés à la royauté parlementaire des d'Orléans. Les républicains y étaient, au début, en trop petite minorité pour déterminer sa politique. Ce qui semblait faire sa faiblesse fit sa force. Incapable de remettre le souverain pouvoir soit à M. le comte de Chambord, soit à M. le comte de Paris, elle se tourna, par un trait de patriotisme qui se trouva être un trait de génie, vers un homme politique à vues nettes et à volonté énergique, éminemment populaire en ce moment à cause du voyage qu'il venait d'entreprendre auprès de toutes les cours de l'Europe pour y susciter quelque intérêt en faveur de la malheureuse France. Elle nomma M. Thiers chef du pouvoir exécutif, et, après débat contradictoire, chef du pouvoir exécutif de la République française.

Mis par ce vote solennel en possession du gouvernement, M. Thiers arrêta fermement en son esprit les linéaments principaux de sa politique: faire prévaloir le régime républicain contre les partis monarchiques (1), assurer par son administration la paix publique et le travail, et restaurer le budget et la fortune de la France. Tel fut le programme dont il ne se départit pas un seul moment, tant qu'il gouverna l'État.

---

(1) Voyez dans mon livre intitulé : *Conservation, Révolution et Positivisme* (2ᵉ édition), p. 77, la lettre qu'il m'écrivit le 14 février 1871.

RÉPUBLIQUE OU MONARCHIE

En 1871, bien que M. Thiers eût été déclaré chef du pouvoir exécutif de la République française, et qu'il s'efforçât de fonder le régime républicain, la solution de la crise était douteuse, et la discussion était ouverte entre ce régime qu'on essayait, et le régime monarchique que trois compétiteurs au trône proposaient. M. Dupont-White, publiciste éminent, avec qui j'étais fort lié et que la mort vient d'enlever, conseilla résolument de garder la république. Une parole aussi autorisée que la sienne mérite d'être recueillie.

République ou monarchie, par M. Dupont-White. Paris, 1871, Guillaumin, rue Richelieu, n° 14. — Le titre ne dit qu'une moitié de l'objet que l'éminent publiciste a en vue. L'autre moitié est d'indiquer la condition qui, réalisable seulement sous la forme républicaine, permettra à la France d'échapper à ses bouleversements périodiques.

M. Dupont-White n'a point d'idée préconçue sur la prééminence de la république ; mais il constate que les événements nous y portent irrésistiblement malgré les volontés divergentes, et ne nous laissent que cette issue. En homme sage et clairvoyant, il l'accepte résolument.

D'où vient donc que notre pays, après la plus désastreuse des guerres étrangères et la plus atroce des guerres civiles, n'ose derechef chercher son refuge dans la monarchie ? Il y a à cela deux raisons. La première, c'est que les monarchies ne sont chez nous un refuge qu'en apparence ; elles tombent les unes après les autres avec un fracas effroyable et de grandes ruines. La monarchie traditionnelle de Louis XVI, le premier empire, la restauration, la royauté de Louis-Philippe, le second empire, rien de tout cela n'a duré, et la sécurité promise s'est toujours évanouie.

Sans doute, la république, elle aussi, s'est deux fois écroulée. Mais, et c'est ici qu'intervient la seconde raison, les événements ne nous proposent pas une monarchie déterminée, ils nous en proposent trois et nous rendent tout choix impossible.

La monarchie est ce qui nous divise le plus, non seulement de monarchistes à républicains, mais aussi de monarchistes à monarchistes. Comme nos trois monarchies, qui se font la guerre, ont leurs plus considérables adhérents parmi les classes supérieures, elles entretiennent, par leur discorde même, une discorde irréconciliable dans le parti qui devrait être le parti de l'ordre. C'est sous l'impression de ce pénible spectacle que M. Dupont-White, qui sait faire vives et pressantes les objurgations, s'adresse aux classes supérieures, à celles qui craignent pour .a propriété, en ces termes : « Le trône est au concours ; c'est là que nous en sommes. Or, voilà une proie qui va être bien courue, voilà une propriété qui aura bien de la peine à se défendre elle-même... Je me demande où elle prendra le temps et le soin de défendre la vôtre ? Au fond, c'est uniquement là ce que vous attendez d'un roi sous le nom de sécurité. Défendez-la vous-mêmes, propriétaires que vous êtes ! et, pour appliquer toutes vos forces à cette œuvre, laissez là une forme de pouvoir exécutif qui vous divise autour d'un trône à garder ou à prendre (p. 44). »

M. Dupont-White ne dissimule pas les dangers de la république. « La république, dit-il, porte en elle l'idée naturelle et historique d'une domination populaire, d'un règne des masses par elles-mêmes et

pour elles-mêmes. Notez ces deux points-ci : le socialisme est tout entier dans le second (p. 18). »
Et ailleurs : « Ce nom de république sonnera toujours aux oreilles du peuple comme une exaltation de ses espérances, comme une exaspération de ses griefs, comme un déchaînement de ses prétentions. Sous ce régime, les masses n'auront pas la patience qu'elles auraient sous un autre; elles lui demanderont plus que les institutions ne peuvent donner, plus qu'elles n'auraient demandé à un autre... Voilà par où la république menace la société (p. 31). »

Ces dangers de la république, M. Dupont-White les accepte sans hésitation, et il les accepte parce qu'il compte les conjurer grâce à l'union des classes supérieures. C'est là, comme je l'ai dit, la seconde partie.

En conséquence de l'antagonisme des monarchies, il est manifeste que, dans la république, seule forme neutre et impersonnelle, l'union des classes supérieures est possible. Elle seule aussi leur permet de prendre, si elles ont la résolution et l'activité nécessaires, un rôle prépondérant dans la gestion des affaires publiques; car, dissipant le fantôme de sécurité monarchique qui prétendait tout défendre et ne défendait rien, elle remet le maintien de l'ordre à la vigilance et à l'habileté des citoyens les plus autorisés.

Si M. Dupont-White professe que le remède aux dangers de la république et le contre-poids au suffrage universel sont dans l'union des classes supérieures, cela signifie non qu'il a une prédilection irréfléchie pour ces classes, mais qu'il les croit éminemment propres au gouvernement. « C'est, dit-il, la loi du monde d'être gouverné par les classes supérieures ; ce qui les fait supérieures les fait gouvernantes. Par la même force qu'elles ont acquis le capital, le loisir, la pensée, elles conquièrent le gouvernement. Et rien n'est plus légitime de leur part : il n'est qu'elles au monde pour faire cette besogne difficile entre toutes, attribuée, réservée par cela même aux plus cultivés et aux plus riches d'esprit. »

Je suis convaincu, avec M. Dupont-White, que le gouvernement, chose si compliquée et si difficile, doit appartenir aux plus éclairés. Pourtant, sur cela même, j'ai une observation à présenter. Nous vivons, non dans un temps régulier, mais dans un temps révolutionnaire ; et il est certain que les ouvriers des grandes villes ont la prétention de s'emparer du gouvernement de la France ; témoin juin 1848 et mars 1871. Je laisse de côté les ruines dont ils ont, malheureusement pour eux et pour la France, compliqué leur dernier mouvement social ; mais je constate que deux fois ils ont échoué, parce qu'ils se sont montrés incapables de donner l'ordre, ou, en d'autres termes, de gouverner, et même, cette fois-ci, incapables d'aucune clairvoyance politique, entreprenant une révolution sociale en un moment où les armées allemandes occupaient encore la France avec 500 000 hommes et n'avaient qu'un pas à faire, de Saint-Denis et de Charenton, pour recommencer l'investissement et le siège de Paris. L'apprendront-ils? peut-être, si les classes supérieures croient pouvoir dormir toujours sur l'oreiller monarchique.

Des deux parties du programme que trace M. Dupont-White, la première, c'est-à-dire un sérieux essai de la république, va se tenter. La seconde, c'est-à-dire l'union des classes supérieures dans le système républicain, n'est encore qu'une espérance et un projet; mais, si jamais une grave situation a pu réunir des hommes en des efforts communs, c'est celle où la France se trouve en ce moment, après une immense défaite, un démembrement territorial, sous le poids d'une prodigieuse augmentation de ses charges, avec un intérieur troublé dans ses profondeurs et un extérieur où la menace de la guerre et de la conquête est maintenant suspendue sur tous les États européens.

Je viens de dire ce qu'expose un homme appartenant aux classes supérieures, ami de l'ordre et de la liberté. En contre-partie je voudrais entendre un homme des classes ouvrières, non moins clairvoyant que M. Dupont-White, exposer comment il comprend la compétition présente de la monarchie et de la république, et le rapport de la république avec un gouvernement d'ordre et de progrès. Le fait est là; il nous presse. Nous arrivons à un régime sans roi; et, ce qui est plus difficile et plus périlleux, nous y arrivons sans doctrines, je veux dire sans autres doctrines que les anciennes dont l'office a cessé d'être suffisant, et les nouvelles dont l'office ne l'est pas encore. Toutefois, comme, visiblement, un régime sans roi est le plus favorable à notre réorganisation administrative et militaire, il l'est aussi à notre réorganisation intellectuelle et morale.

PROPOSITION D'UNE CHAMBRE UNIQUE

Entre M. Thiers décidé pour le régime républicain et l'Assemblée nationale dont la majorité était monarchique, le provisoire n'était pas tranché par un premier vote. Avant qu'il le fût, il devait se faire une proposition d'établir la république et une proposition d'établir la monarchie. Toutes deux se firent et toutes deux échouèrent; double impossibilité qui, de guerre lasse, arracha à l'Assemblée nationale la consécration légale du régime républicain. Dans cet intervalle si plein d'angoisse, je proposai un *modus vivendi* qui, affirmant le régime républicain, n'apportait à l'organisation politique d'autre modification que d'introduire dans l'Assemblée nationale le renouvellement partiel. Cette proposition.(1) n'eut pas d'écho. M. Thiers voulait deux chambres; et c'est en effet ce système qui finit par prévaloir.

Dans le numéro de septembre-octobre 1871, de la *Philosophie positive*, page 195, je disais : « J'entends souvent parler de constituante et de constitution. Suivant moi, la situation nous a donné, par elle-même et sans intervention de conceptions arbitraires, la meilleure forme que nous puissions avoir, je veux dire une grande assemblée qui, représentant la France, est revêtue d'une puissance souveraine et qui tire de son sein le pouvoir exécutif... L'assemblée ne fera pas une constitution, mais elle portera des lois et prendra des mesures selon les besoins et les éventualités ; ces lois et ces mesures formeront, avec le temps, des précédents et la meilleure constitution, celle que n'emportent pas les bouleversements.

» Enfin, l'assemblée devant être permanente comme représentation de la souveraineté, c'est par tantièmes qu'il importe qu'elle se renouvelle, et non

(1) *Journal des Débats*, 26 novembre 1871.

par dissolution et élection en bloc. Voilà ce que nous promettent les événements ; laissons-les faire, et n'intervenons que pour des corrections de détail et des amendements. Nous économisons ainsi, au profit des mesures capitales et urgentes, beaucoup de temps et un inutile travail. »

· Deux mois après, dans le numéro de novembre, page 497, je répétais : « Ce sont les faits, non les volontés ou les conceptions des hommes, qui nous donnent la république. Et ils nous la donnent sous une forme plus simple et plus pratique qu'on n'aurait pu l'imaginer : point de constitution à faire, rien que des lois au fur et à mesure des besoins ; une assemblée souveraine que sa propre sagesse ou la force des choses obligera à se renouveler par fractions pour maintenir la permanence de la souveraineté ; enfin un pouvoir exécutif émané de son sein et soumis régulièrement à son contrôle. »

Je ne rapporte pas ces passages pour réclamer une vaine priorité ; car plusieurs politiques ont eu sans doute une semblable idée aussitôt que moi ou avant moi ; mais je tiens à constater qu'elle n'est pas nouvelle, constatant par là en même temps qu'elle fait son chemin au sein de l'opinion publique. Beaucoup d'esprits s'en emparent et lui donnent de nouveaux développements ; parmi les journaux, les uns la défendent, les autres la combattent ; la polémique est engagée de toutes parts. Enfin, des députés fort autorisés en ont fait l'objet de propositions déterminées qui seront prochainement soumises à la Chambre.

La question, suivant moi, mérite tout cet intérêt ; peu la dépassent en importance, et aucune n'a, comme elle, la propriété d'assurer, dans les limites toujours respectées de la souveraineté nationale, des perspectives définitives au régime républicain provisoire que nous traversons.

En présence de l'assemblée actuelle, élue depuis moins d'un an, et en vue de sa gestion de la chose publique, s'élèvent deux opinions contradictoires : celle des conservateurs et celle des radicaux. Il faut la garder le plus longtemps possible, disent les uns ; il faut la congédier sur-le-champ, disent les autres. Les conservateurs veulent retenir une majorité conservatrice ; les radicaux veulent obtenir une majorité radicale. Voilà l'intention des deux opinions.

J'examine d'abord la solution réclamée par les radicaux. En d'autres circonstances, il faudrait discuter leurs raisons ; mais il n'en est pas besoin, et aujourd'hui, provisoirement, tant que notre sol sera occupé par l'étranger et que notre contribution de guerre ne sera pas acquittée, une objection péremptoire écarte la proposition d'une dissolution immédiate : les Allemands ont traité avec l'assemblée actuelle ; ils savent ce qu'elle veut et ce qu'elle peut. Si on les mettait en face d'une assemblée nouvelle, à esprit inconnu, ils soulèveraient à leur gré des difficultés de garantie, et rendraient plus épineuse notre libération en argent et en territoire.

On se rappelle comment ils profitèrent des embarras suscités par l'insurrection de la Commune de Paris pour aggraver notre situation à Francfort. Personne, parmi ceux qui envisagent attentivement la politique, ne se décidera à exposer le pays à de douloureuses éventualités. Il faut que l'assemblée qui a signé la paix à Bordeaux mène à terme le payement des cinq milliards et l'évacuation du territoire.

Ceci est péremptoire, absolu. On peut, à un autre point de vue, ajouter que la France a besoin de tranquillité ; qu'agiter le pays sans une nécessité flagrante par des élections générales, serait une faute, et que mettre en présence les deux partis en une lutte ardente et acharnée troublerait immanquablement le travail, les affaires, le commerce. C'est là une considération subsidiaire sans doute, mais qui pourtant a son importance.

Cet obstacle insurmontable que les circonstances opposent à la solution des radicaux aplanit-il la voie à la solution des conservateurs ? Parmi ces conservateurs, les uns, connaissant la chambre et se fiant à son attachement pour l'ordre, ne veulent expérimenter rien de nouveau, et, dans leur anxiété, ils se refusent à examiner nettement un avenir qui pourtant s'approche avec rapidité. Les autres (et, à mon avis, ceux-là ne sont ni bien sages ni animés d'une saine ambition pour leur parti) spéculent qu'au moment d'une solution brusquée par la force des choses et par le hasard des événements s'ouvriront des chances pour une restauration monarchique. Calculer sur une pareille hypothèse ou ne vouloir considérer qu'un présent qui de moment en moment devient plus court, c'est n'offrir aucune garantie à tous ceux pour qui la réorganisation de la France est le plus pressant intérêt. La solution des conservateurs est sans issue.

Dans ce dilemme entre les radicaux et les conservateurs, le renouvellement partiel de l'assemblée ménage un terme qui donne satisfaction, sinon aux entêtements et aux exigences des deux partis, du moins à ce qu'il y a de légitime dans les réclamations de l'un et de l'autre. Il soumet, comme le veulent les radicaux, l'assemblée à une influence renouvelée de la part de l'opinion publique, qui, en effet, se modifie selon le cours des événements, et en même temps il entretient, comme le veulent les conservateurs, l'esprit de continuité dans la chambre, et, par conséquent, les garanties d'ordre et de stabilité. La chambre, par ce procédé, perd le moins la ressemblance avec elle-même; et les changements que la situation comporte sans doute s'y introduisent sans secousse, sans soubresaut et sans péril.

Il est manifeste qu'un pareil procédé de renouvellement est favorable à la consolidation de la république, au passage de la république provisoire à la république définitive. Pourtant les choses restent toujours, comme je l'ai dit un peu plus haut, dans les limites de la souveraineté nationale; car, si tous les renouvellements partiels arrivaient monarchiques, il faudrait bien que la monarchie sortît d'une majorité devenue prévalante. Je laisse à chacun le soin d'arranger l'avenir comme il l'entendra. Pour moi, qui cherche surtout les faits tels que les présente notre histoire de monarchies et de républiques depuis la grande Révolution, je pense que les difficultés monarchiques croîtront.

Un très court historique du temps si bref qui s'est écoulé depuis les élections générales fera comprendre ma pensée au sujet de ces difficultés. L'Assemblée nationale, lorsqu'elle se réunit pour la première fois à Bordeaux, était, vu sa composition, le plus loin qu'elle pouvait jamais être de la république. Pourtant, quand on proposa de nommer M. Thiers chef du pouvoir exécutif de la république française, et qu'un certain nombre de membres demandèrent la division, c'est-à-dire qu'on nommât

M. Thiers chef du pouvoir exécutif sans rien autre, ceux qui voulaient la division eurent le dessous, et la majorité sanctionna l'adjonction des mots de république française au titre de chef du pouvoir exécutif.

Plus tard, à Versailles, une alternative analogue, mais sur un terrain déjà changé, se présenta. Il s'agissait non plus de savoir quel serait le titre du pouvoir exécutif, cela était jugé et personne ne pouvait revenir là-dessus, mais de savoir si l'on ôterait au provisoire quelques-uns de ses caractères d'instabilité. Le combat fut vif; à l'issue, la majorité fit un président de la république française et lui assigna la même durée qu'à elle-même.

Voilà ce que j'entends quand je dis que les difficultés monarchiques sont croissantes.

Tel qu'est le courant des choses, tout porte à croire que les renouvellements partiels apporteront l'un après l'autre leur contingent aux difficultés monarchiques et aux facilités républicaines.

Je n'ai point la superstition de la république; les mots ne me subjuguent pas, et tout dépendra des services que la république rendra. Elle en a déjà rendu de considérables, et je pense qu'un grand pays, éprouvé par les révolutions et désormais placé au-dessus de beaucoup de préjugés, peut se gouverner sans roi par une assemblée librement élue et déléguant un pouvoir exécutif.

Le renouvellement par fractions déterminées offre un enchaînement illimité de volontés nationales. C'est un roulement qui ne s'interrompt jamais. L'hérédité monarchique, chez nous, a été depuis quatre-vingts ans constamment illusoire. La filiation régulière des élections vaut la peine d'être expérimentée.

Un pareil gouvernement est menacé d'un côté par les révolutionnaires, et de l'autre par les princes, ou plus particulièrement en ce moment par les Bonapartes. Mais ni la vigilance ni la force ne lui sont interdites ; et, s'il parvient progressivement à faire comprendre et sentir que la république est ce qui lie le plus étroitement l'individu à la société, l'intérêt particulier à l'intérêt général, la gestion commune au contrôle de chacun, en un mot, l'homme à la patrie, il aura conquis son droit le plus certain à la stabilité, à la durée et au développement.

DE LA FORME RÉPUBLICAINE EN FRANCE (1)

Nous étions depuis bien peu de temps établis à Versailles (1), lorsque M Thiers, irrité de quelques tracasseries que l'Assemblée nationale lui suscitait, donna sa démission. Ce fut un grand chagrin pour les uns, une grande joie pour les autres, bien que les partis ne fussent pas encore nettement dessinés ; car alors M. Thiers avait pour ministres certains hommes qui appartenaient aux réactionnaires et qui ne tardèrent pas à le quitter. A cette nouvelle, beaucoup de membres de l'Assemblée coururent chez M. Thiers et lui demandèrent instamment de revenir sur sa malencontreuse résolution. J'étais du nombre, et je me rends cette justice que ce qui me poussait c'était l'intérêt, non pas de la république, mais de la France ; car j'étais persuadé, et j'avais raison, que M. Thiers était capable de retirer notre malheureux pays de l'abîme, et j'ignorais si aucun autre pouvait le remplacer en ce suprême service. J'ai entendu conter à Bordeaux que M. Pouyer-Quertier, nommé mi-

(1) *Revue de la Philosophie positive*, numéro de mars-avril 1872.

(1) L'Assemblée nationale avait en haine et en crainte Paris ; elle voulait s'en tenir bien loin, à Bordeaux, à Bourges, que sais-je encore ? Sa résidence à Versailles était un compromis, qui devint fort utile quand la Commune parisienne s'insurgea et qu'il fallut soutenir contre elle une guerre dont elle prit d'ailleurs sur elle tous les torts.

nistre des finances en remplacement de M. Buffet, qui avait refusé un aussi lourd fardeau, emporta dans son chapeau tout le trésor public. Vraie ou fausse, l'anecdote représente fidèlement la détresse du moment. En cet état de choses, j'en voulais à M. Thiers de ne pas rester ferme à son poste, et son acte me semblait une désertion. Sans doute, il comprit lui-même qu'il s'était trop effarouché, et, retirant sa démission, il reprit le pouvoir. Dès lors les grandes mesures qui assurèrent le salut du pays entrèrent en exécution, emprunts colossaux, établissement du crédit financier de la France et libération du territoire. Tout cela tournait au profit de la république, qui, seule, avait osé se charger d'une pareille liquidation, et qui était reçue par l'Europe sans crainte, sans défiance, avec indifférence sans doute, mais avec une indifférence où ne se mêlait aucune hostilité.

Si l'empire, n'entreprenant pas la guerre d'Allemagne et se bornant à lutter contre les difficultés intérieures qui commençaient à devenir considérables, avait fini par y succomber, et si la république s'était établie en victorieuse du régime inauguré le 2 décembre, cette commotion eût été un grave événement en Europe, non moins grave peut-être que les révolutions de 1830 et de 1848 ; mais il n'en a pas été ainsi. L'empire a péri dans la plus misérable des défaites ; et, au milieu de cet effondrement, la république reparut comme celle qui, seule, pouvait, voulait prendre une succession grevée d'aussi imbéciles désastres et de périls si pressants.

Une pareille situation a eu ses conséquences. L'attention de l'Europe s'est tournée sur la défaite de la France et la victoire de l'Allemagne. L'établissement de la république est devenu, de la sorte, un événement tout à fait secondaire qui n'a excité en dehors de nos frontières ni craintes ni sympathies. Pour exciter des craintes ou des sympathies, il faut être puissant ; et notre puissance est trop brisée, pour que, au dehors, on attache un grand intérêt à nos transformations sociales. Nul en Europe ne peut être tenté d'imiter un peuple aussi malhabile et aussi malheureux que nous.

Malheureux et malhabile. Un peuple, je ne crains pas de le dire, qui, après les catastrophes de 1814 et de 1815, amenées par le premier Bonaparte, remet ses destinées à un second Bonaparte, était essentiellement malhabile et devait s'attirer quelque étrange malheur ; car, inévitablement, le second empire ne pouvait se dégager des conditions et des destinées du premier : c'était le pouvoir absolu au dedans et la guerre au dehors. L'un et l'autre n'ont pas manqué. De ce mélange de pouvoir absolu et de guerre sont sorties, sous le second empire, comme sous le premier, les plus dures calamités qui aient jamais accablé la France.

Le vide s'est produit autour de nous, et chacun, dans sa mesure, s'est écarté. L'Angleterre croirait se faire injure à elle-même, si elle ne se montrait pas courtoise envers des gens vaincus et renversés; et elle l'est parfaitement. La Russie et l'Espagne, qui ont tant souffert de Napoléon I*er*, ne sont pas sans pitié pour nos souffrances. L'Autriche se lie avec l'Allemagne ; et l'Italie, qui, dans ses malheurs, trouva tant de sympathies et pendant tant d'années parmi nous, a témoigné de la froideur pour les nôtres ; je ne parle pas des batailles livrées pour elle, ceci est de l'histoire, non du sentiment. Les petits États, dont le sort est devenu précaire, éprouvent instinctivement de la bienveillance pour nous, malgré notre ruine. Mais, en définitive, tout prestige est détruit ; et l'établissement de notre république n'a rien qui inquiète les rois, rien qui émeuve les peuples.

Cet établissement est donc, non plus un événement européen, comme il eût été dans un autre temps, mais un événement beaucoup plus modeste, tout local et particulier à la France. C'est à ce point de vue qu'il faut s'en préoccuper et l'étudier.

La monarchie a gardé parmi nous de nombreux partisans ; cela est naturel, vu notre passé. Mais, dans son propre intérêt, elle en a gardé trop ; car, toutes les fois qu'ils en mettent en avant le rétablissement, la première et inévitable question est : laquelle ? En effet, nous avons en présence et en compétition trois dynasties et trois systèmes monarchiques : la royauté de droit divin des Bourbons ; la royauté constitutionnelle des d'Orléans, et la royauté dictatoriale des Bonapartes. A la vérité, si M. le comte de Chambord venait à mourir, la complication monarchique se simplifierait un peu ; la royauté de droit divin et la royauté constitutionnelle se confondraient ; mais M. le comte de Chambord n'est point assez vieux pour que cette simplification relative paraisse prochaine ; et au moment actuel c'est bien trois monarchies entre lesquelles il faudrait choisir.

Choisir ? et comment ? ce qui presse, ce n'est pas de faire un roi ou un empereur, c'est de payer les trois premiers milliards, c'est de procurer l'évacuation de notre territoire, c'est de réorganiser nos finances, notre armée, notre éducation publique. Voilà ce qui est urgent comme la nécessité elle-même ; voilà ce qui, de gré ou de force, va nous occuper plusieurs années. Quand cette besogne, qui nous est impérieusement imposée, aura été accomplie, du temps se sera écoulé !... Du temps écoulé ! je ne puis écrire ces mots sans m'arrêter, me jugeant moi-même bien optimiste, ou, ce qui est à peu près synonyme, bien naïf. Les partis menaçants comptent n'accorder à la république ni un si long répit ni le bénéfice de la libération de notre territoire. Mais cette libération est une si grande et si urgente affaire, qu'elle dominera, du moins c'est l'espérance des bons citoyens, les complots, les intrigues, les circonstances.

En France, la monarchie est vieille, et la république est jeune. Cela ne peut être nié. Pourtant, d'un côté, cette vieille monarchie, depuis l'ébranlement qui l'a renversée, n'a pu retrouver son assiette ; et les royautés interlopes des Bonaparte et des d'Orléans ne sont qu'un accident qui trouble à la fois la tradition monarchique et la tradition républicaine ; car la république commence, elle aussi, à avoir sa tradition. Produite en 1792 par les aspirations illimitées des foules d'alors et par les fautes de la cour, elle ne put être assez étouffée par le premier et le plus funeste des funestes Bonapartes pour ne pas reparaître. Le nom en fut prononcé en 1812 dans la conspiration de Mallet ; il le fut aussi en 1830. Mais, écartée par la rapide décision qui donna le trône au duc d'Orléans, elle reprit son tour en 1848. Sous le règne de Napoléon III, beaucoup présageaient qu'elle serait son héritière ; la criminelle guerre de 1870 ouvrit cette succession plus tôt qu'on ne s'y attendait. Il est donc vrai de dire que, depuis quatre-vingts ans, la république, visible ou cachée, est parmi les mobiles qui déterminent les mouvements de notre nation. La république a été un accident dans la vie anglaise, elle ne l'est plus dans la vie française.

Bien qu'il me paraisse qu'en résultat des agitations qui l'ont remuée profondément et des opinions qui la travaillent, le gouvernement républicain est celui qui convient le mieux à la France, cependant je n'entends en aucune façon nier qu'avec la monarchie les peuples qui s'en accommodent ne puissent trouver la liberté et le développement. Si je le prétendais, l'exemple de l'Angleterre, de la Hollande, de la Belgique me démentirait aussitôt ; et à qui conseillerait à ces peuples de changer leur existence monarchique en existence républicaine, ils répondraient immanquablement que leur condition politique satisfait aux exigences d'une société civilisée et progressive, qu'ils ne veulent point s'exposer aux graves incertitudes d'une expérience, et que le vouloir des peuples est la dernière raison des institutions.

Ce sont là des faits manifestes et incontestables. Pourtant il y a une différence entre monarchie et république. De cette différence, sans roi n'est que la partie négative ; la partie positive en est plus essentielle et mérite d'être considérée.

Dans nos sociétés civilisées, le gouvernement a trois formes : monarchie absolue, monarchie constitutionnelle, république. Quel que soit celui de ces trois gouvernements qui ait la direction, il s'y crée nécessairement, et par cela seul qu'il est le gouvernement, quelque chose de général que j'appellerai l'intérêt politique et social. Dans la monarchie absolue, cet intérêt politique et social se concentre en la personne du monarque : l'unité est complète, et l'*État c'est moi!* de Louis XIV l'exprime rigoureusement. Dans la monarchie constitutionnelle, l'unité se dédouble ; deux intérêts sont en présence, celui de la dynastie qui veut, quoi qu'il arrive, se maintenir sur le trône, et celui de la nation. Dans la république, l'unité apparaît de nouveau ; et c'est l'intérêt seul de la nation qui la forme. Je ne veux pas dire pour cela que, sous la monarchie absolue et surtout sous la monarchie tempérée, il y ait un sacrifice perpétuel de l'intérêt collectif. Non sans doute ; presque toujours les hommes sont grandis par la responsabilité. Le monarque absolu, dans tout ce qui ne touche pas à son pouvoir, veut le bien de ses sujets, et cherche autant que ses lumières le lui permettent à l'effectuer. Le monarque constitutionnel a d'autant moins lieu de faire sentir la dualité des intérêts, qu'il appartient à une dynastie plus vieille et n'ayant à craindre aucune compétition. Au contraire, cette dualité apparaît flagrante et dangereuse, quand un tel monarque occupe un trône contesté ; alors ce qui le préoccupe surtout, c'est de consolider sa dynastie ; et l'intérêt général passe au second plan.

Ceci est la représentation exacte de ce qui arrive chez nous, depuis que, visiblement, les trônes ont beaucoup d'instabilité et réclament de ceux qui s'y assoient plus de soins dynastiques que de soins nationaux. Cette prépondérance des soucis de transmission héréditaire va croissant, à mesure qu'il devient plus apparent que de sérieux dangers menacent la dynastie. Napoléon III y a été plus assujetti que Louis-Philippe, Louis-Philippe plus que la restauration, et la restauration plus que le premier empire ; car, à chacune de ces phases et de ces chutes, le souverain a davantage redouté que le pouvoir qui lui était remis ne fût que viager. Vu cette histoire si concordante, on est en droit d'affirmer qu'une cinquième monarchie, si elle pouvait s'installer, serait encore plus que ses devancières soucieuse de la dynastie et, par conséquent, à la fois plus faible et moins utile.

De cette condition inhérente à la nature de nos circonstances, il résulte que c'est chez nous que la monarchie constitutionnelle, manifestant le plus la dualité qui lui est propre, produit le moins de biens et cause le plus de dommages. Peut-être un de ces monarques aurait-il conjuré la fatalité, s'il eût été assez clairvoyant et assez magnanime pour sentir et proclamer qu'il n'était que viager ; mais alors il laissait tomber le principe dynastique, et les choses s'approchaient beaucoup de la république.

Elles y sont arrivées d'elles-mêmes. Une dynastie n'est jamais, par sa nature, qu'une expression incomplète de l'intérêt collectif. La république en est l'expression complète ; et, même dès aujourd'hui, quelque désastreuse que soit notre situation, et quelque opinion qu'on se fasse des mesures prises par l'Assemblée nationale et le gouvernement, il est sensible que tout y est impersonnel. L'unité dans l'intérêt collectif et le principe républicain, ce sont choses identiques.

La sociologie est une science trop récente et trop complexe pour qu'on puisse y pratiquer les déductions à longue portée. Je ne chercherai donc pas à entrevoir ce qu'il adviendra, dans l'avenir, de la république et de la monarchie parmi les peuples européens. Je veux uniquement considérer le régime républicain en France. Il y a pris domicile. L'en chasser n'est ni facile ni désirable.

Non que je me dissimule les périls qui assiègent l'établissement républicain, tels que les circonstances l'ont fait. Je sais et tout le monde sait que quatre partis travaillent à le renverser. Peut-être, en somme, quatre partis sont-ils moins dangereux qu'un seul; toujours est-il que le gouvernement républicain actuel a pour ennemis les rouges, les bonapartistes, les partisans de la maison d'Orléans et ceux du comte de Chambord. Les rouges veulent, il est vrai, la république, mais non pas celle qui est présentement. Les bonapartistes, trébuchés de si haut et en si peu de temps, songent à reprendre ce qu'ils ont perdu, prêts, si l'occasion s'en présente, à recommencer Strasbourg, Boulogne et le deux décembre. Ce n'est pas sur des coups de main que les partisans de la maison de Bourbon mettent leur confiance, mais c'est sur des situations qui permettraient à une majorité monarchique de se concerter dans l'assemblée et de disposer du gouvernement; ils nous offrent les uns la royauté constitutionnelle, les autres la royauté légitime. En de pareilles circonstances, si la présidence de la république était remise à un prince, rien ne serait plus facile que d'organiser d'en haut un coup d'État qui aurait toutes les chances de réussir, témoin la folle élection du 10 décembre 1848 et la présidence du prince Louis-Bonaparte. Mais, tant que cette même présidence est entre les mains d'un simple citoyen, fidèle à la loyauté et ambitieux surtout de servir son pays, il est difficile aux partis d'escalader le pouvoir par intrigue ou par violence.

Si l'avènement de la troisième république n'a point, je l'ai dit plus haut, d'importance européenne, il n'en est pas moins digne de toute l'attention du sociologiste. En effet il s'agit de considérer comment il se fait qu'une vieille monarchie perde son empire sur les opinions et sur les sentiments. Il y a un peu plus de cent ans, le roi Louis XV tomba malade, et alors on vit éclater parmi le peuple français le vif amour dont le peuple anglais vient de faire preuve à l'égard du fils aîné de sa souveraine. Tout cela est éteint parmi nous. Un de nos partis monarchiques pleurerait le prince que la mort lui enlèverait; mais la nation ne ressentira plus de ces douleurs générales et profondes qu'elle a ressenties en d'autres temps. Le sentiment démocratique et républicain efface peu à peu le sentiment monarchique.

L'histoire moderne n'offre aucun exemple de la transformation d'une vieille monarchie en république. La république anglaise ne dura pas; et l'on ne peut alléguer ni la Suisse, ni les États-Unis. La Suisse est une république qui a ses racines dans le moyen âge; son existence n'a jamais été interrompue, elle n'a eu et n'a encore qu'à se développer dans une même continuité. Les États-Unis, réunion de colons sans passé et sans histoire sur un sol qu'ils défrichaient, rompirent leur lien avec le roi lointain de la Grande-Bretagne, et leur république fut fondée. Mais, ici, nous avons un passé monarchique, une longue histoire, des maisons royales, des familles nobles, un tiers état. Tous ces éléments sont disloqués et confondus; les maisons royales ne règnent, quand elles règnent, qu'à titre précaire; les nobles ont cessé d'être une aristocratie dirigeante; le tiers état s'est emparé des grandes fonctions politiques et sociales, et lui-même a vu sortir de son sein le socialisme, qui réclame pour les travailleurs une place égale à leur importance. Voilà les vastes changements qui ont transformé nos opinions et nos mœurs, et qui font que de jour en jour la monarchie devient plus difficile que la république.

Certains républicains reprochent à la république actuelle d'avoir le caractère monarchique. Oui, sans doute, elle a ce caractère, et je ne l'en accuse ni ne l'en disculpe. Une révolution brise toute chose; ainsi fit celle de 1789. Mais il n'y a point eu de révolution au 4 septembre ni depuis. C'est par transition que nous passons du régime monarchique au régime républicain.

Et, d'ailleurs, nous ne rompons pas tellement avec ce passé monarchique qu'il ne faille en conserver de précieuses reliques. Je me ferai immédiatement comprendre en mettant en contraste avec nous la république des États-Unis. Certes, personne n'admire plus que moi ses éminentes qualités, le jeu régulier de ses libres et démocratiques institutions, la puissance de son travail, la vigueur de sa croissance. Mais, tout cela bien reconnu, il n'en reste pas moins vrai que cette république est nue, je veux dire qu'elle n'a encore l'éclat héréditaire ni de la tradition, ni des lettres, ni des arts, ni des sciences. Ce n'est pas sa faute, et elle travaille de jour en jour à se le donner. Mais nous, grâce à nos aïeux, nous l'avons; une longue histoire nous a transmis ce précieux héritage. La république a charge de l'entretenir.

Vingt-trois ans séparent la république de 1848 de celle de 1871. C'est peu, et pourtant la différence de l'action de l'une et de l'autre sur le corps social et sur les esprits des hommes est grande. En 1848, toute confiance disparut aussitôt; le crédit cessa de circuler comme par une sorte de syncope; le travail et les affaires se suspendirent; et pourtant les pertes matérielles avaient été fort petites ; rien, pour ainsi dire, n'avait péri de la richesse publique ; et la richesse publique semblait engloutie dans quelque gouffre sans fond. Aujourd'hui, sous la république de 1871, les pertes sont énormes ; une contribution de cinq milliards est en partie payée, en partie à payer ; la guerre a ravagé plusieurs de nos provinces ; partout des ruines et des destructions. En présence de tant de maux, l'esprit de la France, loin de se détourner de la république, lui apporte son concours pour les réparer. Le crédit, le travail, les affaires, tout a repris son cours, en tant du moins que le permettent nos malheurs et nos périls. De quelque manière qu'on explique cette différence entre la situation morale des deux républiques, il valait la peine de la noter.

La France a perdu l'initiative qu'elle avait depuis la révolution de 1789 ; c'est l'effet de la défaite. La propagande est demeurée muette ; et l'on pas revu ces temps où le souffle des agitations politiques promenait partout, suivant le dire du poète,

> Ces airs proscrits qui, les frappant de crainte,
> Ont en sursaut réveillé tous les rois.

Cela est manifeste ; mais j'ajoute qu'elle n'est pas jusqu'à présent remplacée dans ce rôle.

Je veux dire : remplacée par aucune autre nation ; car, aujourd'hui, c'est une classe, non une nation, la classe des ouvriers, qui suscite une propagande internationale et soulève ces sentiments de frayeur et d'espérances attachés à toute propagande. J'ai pensé depuis longtemps que, le principe de l'association étant éminemment utile aux ouvriers, l'idée de l'étendre au delà des frontières de chacun se présente facilement à l'esprit, et que cette idée est grande et bonne. Je le pense encore, même après l'immixtion de l'Internationale dans l'insurrection de 1871, et même au milieu des menaces farouches que quelques-unes de ses sections lancent contre la société. Mais, quelle que soit l'opinion qu'on se fasse de cette association, elle passe, elle aussi, au second plan dans les circonstances qui commencent. Si la paix eût duré en Europe, si les questions sociales fussent restées la grande préoccupation, il n'est pas douteux que l'Internationale eût tenu une place considérable dans le cours des événements, à l'aide d'une action générale et combinée au sein de tous les États européens. Mais il n'en est plus ainsi; et, de même que, pendant le règne de Napoléon Ier, aucune ouverture ne fut laissée à la révolution et n'eût été laissée à l'Internationale, si elle eût existé dès lors, de même aujourd'hui ni la révolution ni l'Internationale n'occupent le premier rang dans le souci des gouvernements et des peuples, alors que chacun pousse les armements à des limites sans exemple dans le passé. Le principe de l'internationalité s'efface au milieu des craintes que ces armements révèlent; la masse ouvrière, quelque nombreuse qu'elle soit, disparaît dans le sein de l'immense totalité; et leurs aspirations sociales cèdent le pas aux craintes que suggèrent partout les plus extrêmes précautions militaires. L'ère de Napoléon Ier a cessé, à la grande satisfaction et au grand profit de l'Europe entière; l'ère actuelle cessera certainement aussi à son tour. Mais de quelle façon et au bout de quel temps? là est l'inconnu.

En 1830, la révolution dont la France prit l'initiative excita de vives appréhensions parmi les gouvernements européens, qui virent, à regret, la vieille dynastie renversée de son trône ; mais l'émotion que causa cet événement parmi les peuples, fut telle que les gouvernements ne voulurent pas hasarder une intervention. En 1848, l'ébranlement fut formidable ; et ils ne purent y songer, assez occupés chez eux pour ne pas s'occuper de ce qui se passait ici. Mais, dans les circonstances présentes, un déchirement qui mettrait soit les rouges à la tête d'une république, soit un roi à la tête d'une monarchie, serait regardé par les peuples européens, non comme une révolution, mais comme une convulsion ; c'en serait une en effet, qui nous livrerait aux interventions étrangères ; et, de convulsions en convulsions, nous aboutirions au sort de la Pologne, qui, elle aussi, se déchira de ses propres mains devant l'étranger.

Avec une dette de 20 milliards et un voisin qui, en quinze jours, peut mobiliser six à sept cent mille hommes, la vigilance sur nous-mêmes nous est commandée ; il nous coûterait bien cher d'avoir des emportements irréfléchis. Nous ne pouvons, sans en périr, supporter de nouvelles dislocations. L'étranger a la main toute prête pour en profiter. Dans une situation si périlleuse, si c'eût été la monarchie qui eût repris la direction de nos affaires, je conseillerais aux républicains de respecter la monarchie. Mais, puisque c'est à la république que le gouvernement est échu, je conseille aux monarchistes de respecter la république.

Ce que doit être la politique de la France est évident de soi et manifestement tracé. Avant tout, il faut satisfaire à nos engagements, et procurer l'évacuation de notre territoire. Le pays doit supporter courageusement l'énorme fardeau qui, de ce chef, lui est imposé. La paix au dehors, la tranquillité au dedans sont rigoureusement commandées. L'ordre est indispensable au travail, et le travail est indispensable à la réparation de nos désastres. Supporter est notre lot. Un humble lot, j'en conviens; mais, pour une nation qui a une grande histoire, comme pour une famille qui a une haute origine, il est, dans l'humilité, une force qui relève le cœur et raffermit la résolution.

Quelques-uns, au 4 septembre, crurent que la proclamation de la république exercerait une certaine influence sur la disposition des Allemands; elle n'en exerça aucune. D'autres pensent que la durée de la république, si elle parvient à se consolider, produira un effet considérable sur l'opinion et la politique européennes. Cela eût été véritable dans la période qui commence à 1815 et qui finit à 1870; mais cela ne l'est plus. Beaucoup parmi les esprits libéraux avaient espéré que cette période se consoliderait par sa durée même, et que les intérêts et les mœurs rapprocheraient assez les peuples européens pour rendre impossibles les grandes conflagrations. C'était une erreur, que, du reste, j'ai partagée. Elle vint de ce qu'alors on tint seulement compte des gouvernements et des peuples, sans tenir compte des races (1). Les gouvernements et les peuples auraient peut-être continué de s'accommoder à une situation qui avait déjà duré cinquante ans; mais les races ne s'en accommodèrent pas; elles l'ont brisée. Que résultera-t-il de l'intrusion

---

(1.) Je fais ici allusion au pangermanisme et au panslavisme.

de ce nouvel élément, en conflit avec l'évolution naturelle de la civilisation? C'est là la question la plus prochaine qui, au point de vue européen, rend secondaires et les agitations du socialisme et l'établissement de la république en France.

Pour être secondaire au point de vue européen, la consolidation de la république n'en est pas moins de premier ordre pour nous. Là est l'espérance d'un rétablissement de la France en plein accord avec la direction moderne de ses destinées. Quelle monarchie, entre les trois qui s'offrent à nous, peut lui présenter une pareille perspective? Que lui apporteraient les Bonapartes, sinon le césarisme, sans compter qu'ils sont nés pour la ruine du pays, l'oncle et le neveu ayant reçu la France grande et forte, et l'un l'ayant rejetée aux frontières de Louis XIV et l'autre aux frontières de François Ier? Que lui apporterait M. le comte de Chambord, sinon l'alliance de la légitimité et du cléricalisme et la crise aiguë d'une lutte implacable entre la libre recherche et l'oppression théologique? La monarchie des d'Orléans, constitutionnelle et tempérée, échappe au césarisme et au cléricalisme, mais n'échappe pas à la nécessité d'une politique dynastique, dangereux va-et-vient entre l'intérêt particulier de la maison héréditaire et l'intérêt général du pays.

Soit monarchie, soit république, la France est manifestement une démocratie; aucune classe privilégiée n'y subsiste, et la noblesse n'y conserve plus que des titres sans droits ni fonctions et des souvenirs. Non que je dédaigne les souvenirs. Heureuses les familles qui se souviennent de loin, et qui ont une honorable suite d'aïeux! Mais les souvenirs, qui sont beaucoup historiquement, sont peu politiquement. Chez nous il n'y a plus aucune hiérarchie de par la naissance, et c'est ce fait qui ajoute considérablement à l'instabilité de nos monarchies; car la république est l'expression naturelle de la démocratie.

Ces raisons, si elles se discutaient dans la France heureuse, auraient une autorité considérable; mais, dans la France malheureuse, il en est de particulières et bien autrement pressantes. La république existe; elle a fait la paix avec les Allemands; elle a payé deux milliards et obtenu la libération d'une grande partie du sol; elle s'est engagée à payer trois autres milliards, et, en retour, l'étranger évacuera les six départements qu'il occupe encore. Que la république procède dans les années qui vont suivre, comme elle a procédé dans la douloureuse année de 1871, qu'elle entretienne la paix, la tranquillité, la liberté, les affaires, et il n'est pas douteux qu'elle accomplira ses engagements et qu'elle mènera à fin les pénibles négociations dont elle a pris le fardeau. Mais, au lieu de cela, ébranlez cette république, troublez-la, renversez-la, aussitôt naissent à l'intérieur l'inquiétude, les entreprises ou anarchiques ou monarchiques, le ralentissement du travail. Et encore, est-ce là le moindre mal, quelque grand qu'il soit. Le mal suprême, c'est que le cabinet de Berlin, inquiet réellement ou feignant d'être inquiet sur le payement de l'indemnité, réclamera des gages dont nul ne peut prévoir l'étendue. L'anarchie ou la monarchie, en renversant la république, nous mettent à la merci de dangereuses prétentions.

Les partis extrêmes ne reconnaissent pas cette nécessité, quelque évidente et impérieuse qu'elle soit. Ils se flattent que, s'ils renversaient ce qui est, ils réussiraient à se faire une place. C'est une erreur, en tout semblable à celle de la Commune de Paris. Eût-elle triomphé de Versailles, la Commune tombait immanquablement dans les mains des Prussiens. Un traité solennel nous garantit, mais c'est à la condition que nous en exécuterons les clauses. A la première incertitude du payement (et est-il quelqu'un qui puisse calculer, quand il s'agit d'une aussi colossale rançon, la portée d'agitations parmi nous?), à la première incertitude, dis-je, notre garantie devient précaire.

Notre position est celle de vaincus. Résolument acceptée, elle n'est pas sans dignité. Vainqueurs, je ne sais comment nous aurions supporté la prospérité ; mais, vraiment, je commence à espérer que nous saurons supporter le malheur. Notre sort est dans nos mains ; la république l'y a mis. En mon enfance, j'ai été témoin des fêtes de la victoire et de la pompe des triomphes militaires ; maintenant, en ma vieillesse, je suis témoin de l'autre extrémité des choses humaines, de la profonde défaite et des derniers revers. Si les prospérités sont souvent enviées, la lutte contre le malheur n'éveille aucun sentiment défavorable ; et l'opinion publique européenne ne verra pas sans quelque respect la vieille France demeurer fidèle à elle-même, souffrir son sort, ne témoigner ni bassesse ni défaillance, et demander à tous ses enfants patience, sagesse et fermeté.

En définitive, toute la politique de notre pays se résume en ceci : maintenir la république, vouloir fermement la paix au dehors, faire régner l'ordre au dedans et travailler.

POLITIQUE DU JOUR

Les probabilités et les gages, même au milieu de nos difficultés, s'accroissent journellement au profit du maintien de l'ordre et de la république. On ne peut mieux louer le point de départ choisi pour la politique par M. Thiers, qu'en constatant les conséquences salutaires qui s'en déroulent (1).

Plus les choses marchent, plus la situation indiquée tout d'abord se confirme : paix au dehors, république au dedans. C'est parce que le point de départ a été sagement choisi et déterminé, que les avantages que nous recueillons se sont produits. Il serait oiseux de rechercher à quelles mauvaises chances nous nous serions exposés, si nous avions pris une autre voie ; mais, pour celle qui a été suivie, les résultats parlent d'eux-mêmes. La confiance, le calme, le travail, le crédit, la réorganisation, tout se fait mieux et plus tôt que personne, même les gens disposés à l'espoir, ne l'auraient imaginé dans les sombres jours de février et de mars 1871. Qu'on ne voie pas là l'expression d'un dangereux optimisme; je pense que la réparation est commencée dans la bonne direction ; mais je pense aussi qu'elle n'est que commencée.

Des deux côtés, extérieur et intérieur, qui constituent le mode de vivre de chaque nation, c'est l'extérieur qui doit nous occuper d'abord. Dorénavant, et sans doute pour longtemps, il prime l'autre, qui, naguère encore, était la principale préoccupation. Je l'ai dit cela dès les premiers jours qui ont suivi la paix, et je n'hésite pas à le répéter de nouveau.

(1) *Revue de la Philosophie positive,* novembre-décembre 1872.

Ce qui m'y engage, ce sont les craintes excessives que je vois répandues parmi nous au sujet de l'Internationale, de ses congrès et de ses projets. Je ne nierai point que, au moment où un gouvernement tombe, elle n'ait, grâce à son organisation, des chances pour profiter de l'interrègne; et par exemple, on peut craindre qu'en Espagne, si la monarchie est violemment éliminée, les partisans de l'Internationale et de la Commune n'acquièrent beaucoup d'importance. De même chez nous, si la monarchie se soulevait en armes contre la république, des chances renaîtraient pour ce qu'on appelle aujourd'hui la Commune. Mais, même en accordant ces avènements partiels, le fond de la situation européenne n'en serait pas changé. Cette situation est éminemment militaire; tous les États poussent à outrance leurs préparatifs; les nations entières s'enrégimentent; et ce n'est pas au sein d'un tel déploiement, avec les idées qu'il suppose chez les forts, avec les préoccupations qu'il suscite chez les faibles, qu'une grande place reste pour le socialisme tel que nous l'avons connu, alors que la question intérieure primait la question extérieure.

La paix nous est imposée par toutes les nécessités. Elle est non seulement acceptée, mais encore elle est voulue. Nous avons très peu de chose à faire en Europe; et nous avons beaucoup à faire chez nous. Pour cela, il faut la paix; tout ce qui la troublerait serait pour nous un grand malheur. Parmi les nombreux griefs que nous avions contre les Bonapartes, si malheureusement restaurés le 10 décembre 1848 par le vote du suffrage universel, était celui de la menace infligée à la paix européenne. La menace ne tarda pas à passer aux effets: guerre de Crimée, guerre d'Italie, puis guerre de la Prusse contre l'Autriche, et enfin guerre de l'Allemagne contre la France. Nous avons été cruellement victimes; mais un peuple qui, après les expériences de 1814 et de 1815, et sur la seule renommée des coups de main de Strasbourg et de Boulogne, revient aux Bonapartes, méritait d'être châtié. Il l'a été.

Cependant il y a deux pays, l'Allemagne et l'Italie, où l'on affecte de croire que nous sommes disposés à recommencer la guerre, là pour une revanche, ici pour le rétablissement du pape à Rome. Nous ne sommes pas plus disposés à recommencer la guerre après Sedan, que les Prussiens ne l'étaient de la recommencer après Iéna. Même ils poussaient alors l'obéissance aux nécessités pacifiques si loin, qu'ils fournissaient à Napoléon Ier un corps d'armée contre la Russie. Nous n'irons pas jusque-là, quelle que soit la profondeur de notre désastre. Si l'Angleterre, après la grande victoire de Waterloo, avait pris la Normandie, sous prétexte que cette province était un ancien apanage, on peut affirmer qu'aucune réconciliation ne se serait faite entre les deux pays. L'Allemagne, en nous enlevant l'Alsace et la Lorraine réunies à nous depuis tant d'années, a créé une irréconciliabilité qui durera ; mais l'irréconciliabilité n'est pas la guerre. Cette annexion serait une faute, si l'on avait en vue, comme après 1814, une véritable stabilité de rapports. Mais ce n'en est plus une, du moment que l'on veut conquérir, et que la visée de l'Allemagne est de prendre tous les pays allemands. Dans la pensée du peuple allemand, la conquête de l'Alsace et de la Lorraine est un acheminement nécessaire, comme un premier pas l'est dans une marche vers un but déterminé.

Quant à l'Italie, il est vrai que nous avons fait,

dirai-je, la folie de verser notre sang pour elle, et que, l'aimant comme on aimait la Grèce, on fut content chez nous de contribuer à l'affranchir. Mais admettre, sur la foi de clameurs cléricales qui, d'ailleurs, ne sont pas moindres en Italie qu'en France, que nous allons prendre les armes pour rendre Rome au pape, et cela sous les yeux de l'Allemagne qui nous observe, malgré la paix européenne qui nous entoure, et en dépit des cinq milliards que nous payons ; admettre, dis-je, ces énormités, c'est montrer une crédulité que je serais disposé à qualifier d'odieuse. Je ne me charge pas d'expliquer pourquoi ces bruits de prochaines hostilités de notre part renaissent incessamment en Italie, et sont chaque fois accueillis avidement ; je laisse ce soin aux Italiens.

J'ai dit plus d'une fois que nous n'étions plus au nombre des grandes puissances, et que rien ne le montrait mieux que l'Alsace et la Lorraine, que nous ne pouvons protéger contre l'oppression. Cela est vrai et le restera longtemps. Le premier Bonaparte détruisit en bref délai tout ce qu'avait fait la révolution pour la grandeur de la France ; le second a détruit ce qu'avait fait l'antique monarchie. On ne se relève ni facilement ni rapidement de pareils empereurs.

Un récent article du *Times*, à propos de l'accueil enthousiaste fait aux tireurs anglais dans une fête de tir en Belgique, avertissait les Belges de ne pas se laisser tromper par les démonstrations réciproques des visiteurs, et déclarait que, si l'Allemagne écornait leur royaume, ils n'avaient rien à attendre de l'Angleterre. Les tireurs français n'ont pas paru à cette fête ; sans doute eux aussi eussent été bien accueillis ; mais leur absence vaut mieux que n'eût valu leur présence ; car, si les Anglais, le cas échéant, ne voudraient pas aider la Belgique, nous, nous le pourrions pas. Certains vaincus ont autant d'orgueil que leurs vainqueurs; et leur orgueil consiste à n'atténuer en rien leur défaite.

Notre influence expire aujourd'hui à la frontière d'Alsace et de Lorraine. Autrefois nos sentiments nous intéressaient à un peuple encore plus malheureux que nous ; il est bien certain que la France eût alors contribué de grand cœur à la réparation du méfait dont la Pologne a été la victime. Ces sympathies sont désormais ensevelies dans le désastre que nous venons de subir. Ne pouvant plus rien pour nous-mêmes, nous ne pouvons plus rien pour les Polonais. Ils doivent le comprendre. Je n'ai point de conseils à leur donner ; mais leur ennemi le plus acharné et le plus impitoyable est l'Allemagne ; ils sont Slaves ; c'est avec les Slaves leurs parents qu'ils trouveront, dans les changements qu'amènera le nouvel état de l'Europe, une situation tolérable.

Tout doit se concentrer sur nous-mêmes. Faire une armée, fortifier notre frontière, mettre Paris dans l'état de défense que comportent les nouvelles armes, et établir le rigoureux équilibre de nos finances ; voilà notre tâche. Et elle s'accomplira sûrement et rapidement, maintenant que nous n'avons plus de Bonapartes. Il est sans exemple dans l'histoire qu'un chef de guerre ait perdu en une seule campagne une armée de 400 000 hommes, sans qu'il en soit rien réchappé ; il est sans exemple dans l'histoire qu'un chef de guerre ait fait prendre une armée de 100 000 hommes jusqu'au dernier homme et au dernier canon. Cela, qui était sans exemple, s'est vu en Russie sous la conduite de Napoléon Ier, et à Sedan sous la conduite de Napoléon III. Ces deux prodiges, advenus aux dépens de la France, sont œuvre de deux Bonaparte.

Napoléon III a fait la grandeur de la maison de Savoie et de l'Italie par la guerre de 1859 ; il a préparé la grandeur de la maison de Hohenzollern et de la Prusse en lui abandonnant l'Autriche en 1866 ; en revanche, il a précipité la France dans l'abîme, perdu nos armées et démembré nos provinces. Les Bonaparte, oncle et neveu, ont été les fléaux de la France.

Notre première besogne ayant pour objet, à l'extérieur, de nous couvrir par la paix, notre seconde a pour objet, à l'intérieur, de nous couvrir par la république. Les circonstances font que, d'une part, la monarchie, livrée à trois compétitions, est en désarroi ; et que, d'autre part, la république, qui n'est pas un nom nouveau parmi nous, offre aux conservateurs raisonnables un terrain assez solide pour maintenir l'ordre, et à l'opinion assez d'amplitude pour que les partis avancés y trouvent une suffisante carrière. Jamais, dans notre pays, les hommes désireux d'agir et de faire n'ont eu un champ plus vaste ouvert à leur activité.

On entend souvent les républicains demander que l'Assemblée nationale proclame la république, et se plaindre que l'on ne sorte pas du provisoire. Mais il n'y a jamais eu de provisoire, et l'assemblée n'a point à renouveler une déclaration énoncée avec réflexion, après délibération et vote. La république légale a été établie à Bordeaux par la décision qui conféra à M. Thiers le titre de Chef du Pouvoir exécutif de la République française, titre contesté par ceux qui voulaient qu'on fît la monarchie, mais décrété par la majorité qui comprit, quels que fussent ses désirs, qu'à ce moment la république seule était possible. Tout ce qui est en dehors de ce fait officiel est sans valeur. L'assemblée se réserva (et ce droit n'est pas contestable à une assemblée souveraine) de changer, si les circonstances changeaient, sa résolution républicaine en une résolution monarchique.

Les circonstances n'ont pas changé ; et le provisoire est moins que jamais du provisoire. Les élections partielles, l'esprit qui anime les conseils généraux élus d'après la nouvelle loi, le succès des deux emprunts, la reprise énergique du travail, la réorganisation des services, le calme profond qui règne dans le pays, tout cela a donné son véritable caractère à ce que des esprits ou superficiels, ou prévenus, regardent comme fortuit et passager. On se rappelle peut-être l'apologue original où Saint-Simon, le célèbre régénérateur, supposant la France privée de ses chefs officiels, pourvu qu'elle gardât ses meilleurs industriels, ses meilleurs agriculteurs, ses meilleurs savants, assurait qu'elle n'en ressentirait aucun dommage. L'apologue se réalise aujourd'hui, et la France, privée de ses monarques, non seulement n'éprouve aucune difficulté d'être, mais encore fait face résolument et non sans habileté aux plus effroyables désastres qu'elle ait jamais subis.

Dès février 1871, à Bordeaux, j'ai pensé et même écrit que la république devait être gardée et, en même temps, remise aux mains des conservateurs, non pour y demeurer, mais par une transition nécessaire. Cette transition passée, et en quelques mains que le gouvernement échoie, il importe, avant tout, que la république soit conservatrice. Que faut-il entendre par ce mot? car, ici, les définitions sont capitales. Il faut entendre par ce mot le maintien de l'ordre, maintien constant, rigoureux, infatigable. Avec une grande profondeur, M. Comte a répété souvent que, dans nos sociétés actuelles, ce n'est pas le progrès, désormais incompressible et se faisant jour de tous les côtés, c'est l'ordre qui est menacé. L'ordre est la garantie de notre paix intérieure, de notre travail, de notre richesse, de notre réorganisation, de la consolidation de notre république. C'est à ce titre qu'elle doit être profondément conservatrice.

Elle doit l'être aussi à un autre titre qui n'est pas moins important : je veux parler de l'extérieur. Si nous renouvelions les différentes commotions qui font une si grande part de notre récente histoire, si les factions, se heurtant, désorganisaient le gouvernement, nous nous exposerions à subir le sort que subissaient Turin et Naples lors de leurs vaines tentatives libérales ; on viendrait mettre l'ordre chez nous ; notre indépendance serait perdue, et nous courrions le risque d'un dernier et définitif démembrement. Et qu'on ne dise pas que nous saurons combattre et résister. D'abord, soyons bien convaincus de ce fait : notre prestige militaire est disparu ; jamais on n'a montré autant d'incapacité et d'imprévoyance que nous, en 1870. Puis, et cela est encore plus digne de considération, les derniers événements ont prouvé qu'aujourd'hui une organisation de guerre ne s'improvise pas, que les armées tumultuaires sont impuissantes, et que, pour résister efficacement, il faut avoir 7 à 800 000 hommes bien pourvus, bien armés et mobilisables en quelques jours. Or, un pareil état militaire veut de la suite, de la stabilité, et ne peut être à la merci de commotions et de déchirements. Les Allemands, à la vue des trois empereurs réunis à Berlin, ont dit qu'une république ne convenait pas en Europe. La menace contenue dans ce dire se réaliserait si la république ne maintenait pas l'ordre ; mais, tant qu'elle le maintiendra, les trois empereurs ont des intérêts trop divergents pour s'entendre contre nous, à supposer même que l'un ou l'autre ne souhaite pas secrètement que nous gardions une puissance qui peut servir.

Avec un bon sens et une résolution qu'il faut louer, on est suffisamment d'accord dans l'assemblée, sauf du plus ou du moins, sur le budget, sur la réorganisation de l'armée, sur la décentralisation. Les scissions profondes sont ailleurs, d'abord sur la république, puis sur l'éducation. La majorité est encore plus cléricale qu'elle n'est monarchique. Elle pense peut-être que la somme d'instruction à distribuer *au peuple* doit être rigoureusement limitée ; mais certainement elle veut que cette instruction soit placée sous le contrôle de la théologie ; et le développement laïque de l'éducation lui est odieux.

Avant d'aller plus loin, je veux dire quelques mots de notre situation par rapport aux autres pays quant à l'instruction. Elle n'est pas brillante : des statistiques indubitables ont montré qu'on sait moins lire et écrire en France que dans plusieurs contrées de l'Europe. J'ai déjà soutenu, à mes risques et périls, que notre décadence n'avait rien de réel, que nous avions conservé le travail, la production, la richesse, la science, les lettres, les arts, et qu'aucune de ces forces vives n'avait été atteinte par nos stupides défaites (car, je le maintiens toujours, il a été stupide de faire *prendre* 250 000 hommes braves et suffisamment armés). Eh bien, à mes risques et périls encore, je prétends que, dans l'éducation populaire, notre infériorité est plus apparente que réelle. Mon argument repose, ici aussi, sur notre travail, notre production, notre richesse. Il faut un haut degré d'éducation de métier pour que le labeur populaire produise tant et si bien et supporte, à cet égard, de redoutables concurrences. Au lieu de nos laborieux paysans, propriétaires d'une si grande partie du sol de la France, au lieu de nos habiles ouvriers, substituez, par la pensée, des populations moins laborieuses et moins habiles, et dites si les nouveaux venus sont en mesure de payer cinq milliards et de supporter un lourd budget. J'ajoute que, dans cette guerre, en aucune circonstance le soldat français n'a été inférieur au soldat allemand; ce qui n'eût pas manqué, si nos paysans et nos ouvriers eussent été des gens moins capables que les paysans et les ouvriers allemands. Ce qui a fait défaut, c'est le nombre et surtout le commandement. Le maître d'école vient en troisième lieu seulement dans l'œuvre de notre défaite. Lire et écrire n'est qu'un instrument. Est-ce donc que je voudrais amoindrir le mouvement d'opinion qui porte à développer chez nous l'éducation populaire? Bien loin de là, je voudrais l'accroître. La philosophie positive a de hautes prétentions pour l'éducation du peuple ; elle entend qu'il sache beaucoup plus que lire et écrire, et autre chose que le catéchisme.

La religion est, en ce moment, l'objet de nombreuses déclarations où l'on se plaint qu'elle ne soit pas en croissance, où l'on demande qu'elle reprenne son plein empire sur les âmes. Que tout culte obtienne un libre et paisible exercice et soit respecté de chacun, et que les citoyens qui appartiennent à des croyances différentes vivent sous les mêmes lois civiles, non seulement sans se persécuter, mais aussi en se rendant les bons offices que la commune patrie exige, cela ne soulève aucun doute et doit être impérieusement recommandé. Au reste, l'esprit de tolérance, qui animait si énergiquement le dix-huitième siècle, a fait de grands progrès parmi nous; on se tolère les uns les autres, dans le monde du moins, avec bonne grâce et courtoisie; et il n'y a que le fanatisme qui s'écarte, en proie à je ne sais quelle horreur, d'un homme pour ses opinions sur l'origine et la fin des choses. Même la tolérance se donne gratuitement à qui la refuse à autrui; et l'homme moderne s'élève moralement si fort au-dessus de l'ancien homme théologique, qu'il veut tout égal entre lui et celui qui, si le pouvoir revenait entre ses mains, l'emploierait à persécuter et à contraindre les dissidents. Ajoutons que la philosophie positive, se séparant en cela de la métaphysique révolutionnaire, qui ne voit dans le moyen âge que ténèbres et barbarie, reconnaît amplement les grands services sociaux que le catholicisme rendit à la civilisation en cette époque mémorable.

La religion est donc assurée contre tout méfait, contre toute violence, aussi bien de la part des gouvernements, que de la part des hommes libéraux et tolérants. Mais on demande plus pour elle; on demande que ces sentiments d'indifférence ou de séparation qui animent aujourd'hui un grand nombre d'esprits, soient combattus. Ceci est une tout autre affaire et mérite d'être considéré. Si la négation théologique était le particularisme de quelques intelligences qui s'émanciperaient, comme au temps de Lucrèce et de César, on pourrait penser qu'elle demeurera superficielle et sans action sur la gestion des affaires humaines. Mais il n'en est rien ; cette négation théologique a pénétré dans des couches très profondes de la société, non-seulement en France, mais ailleurs aussi ; non seulement dans les pays catholiques, mais encore dans les pays protestants. Le degré peut être divers, mais le travail de séparation est partout le même. Voilà le fait ; quelles en sont les causes ? La philosophie positive n'hésite pas à dire qu'elles résident dans le caractère général de la science, qui ne reconnaît que l'expérience et le relatif, et qui se refuse, en chaque domaine particulier, à toute spéculation sur l'origine ou la fin des choses ; de là, la tendance progressive à éliminer successivement de partout les croyances théologiques. Ces causes sont-elles passagères, de manière à laisser la théologie reprendre son empire, ou bien permanentes, de manière à consolider, dans l'ensemble et dans le détail, la conception expérimentale et relative du monde ? Encore ici la philosophie positive n'hésite pas à dire que ces causes sont permanentes, agissent constamment dans le même sens et s'accumulent sans cesse, si bien que la théologie perd toujours et ne regagne jamais. Chaque progrès scientifique l'écarte un peu davantage de son antique assise intellectuelle, et la société se modifie incessamment dans le sens de chaque nouveau progrès du savoir positif. C'est là ce qui fait que remonter le courant est impossible.

Appuyés sur le savoir positif, les pouvoirs nouveaux, réels, sinon reconnus, demandent à l'éducation d'enseigner que le monde est régi par des lois constantes, nécessaires à étudier et à connaître pour s'y soumettre avec une courageuse résignation en ce qu'elles ont d'immuable, pour les tourner à notre profit matériel, intellectuel et moral, en ce qu'elles ont de favorable aux destinées de l'humanité. Soit que l'on se rende compte de l'anarchie qui trouble les intelligences, soit que l'on considère en particulier le grand débat qui soulève les classes, soit que l'on étende la vue sur l'avenir de nos sociétés, on se persuade que désormais le seul terrain effectif d'ordre, de conciliation et de développement, est le régime où prévaudra la notion du monde, régime aussi éloigné de l'athéisme qu'il l'est du théologisme.

Les conservateurs, ceux du moins qui ne se font pas un dogme de la monarchie, demandent une république qui leur offre des garanties contre les troubles et la subversion. S'il en est ainsi, pourquoi ne se rallient-ils pas autour du gouvernement de la république? Mais, disent-ils, nous nous y refusons, parce qu'il ne nous satisfait pas de tout point. Ni nous non plus, gens de la gauche, il ne nous satisfait pas en tout, et pourtant nous nous réunissons fermement autour de lui. Il maintient la république, il fait régner l'ordre, il libère le territoire ; ce sont aujourd'hui les choses essentielles, et nous mettons de côté, sans hésiter, nos dissentiments secondaires.

Depuis que nous sommes sortis des premières douleurs de nos désastres, la république suit un progrès régulier dans l'opinion. Elle se fait comme jamais encore elle ne se fit chez nous. C'était un mouvement révolutionnaire, le triomphe d'un parti, la prépondérance de la capitale qui l'imposaient. Cette fois, sous la présidence d'un gouvernement loyal, elle se discute partout, elle se justifie contre les préventions, elle se fait reconnaître comme nécessité de situation, elle se fait valoir par les services qu'elle rend, elle se consolide en assurant le présent, en préparant l'avenir. Pour cela, il n'est besoin ni de constitution ni de dissolution.

Avec cette manière de l'établir, qui est la bonne, le parti républicain doit montrer de la patience et de la largeur : de la patience, car il faut bien se garder de troubler intempestivement ces évolutions spontanées de l'opinion publique qui demandent toujours un long temps; de la largeur, car il importe moins que la république demeure chose à lui, qu'il n'importe qu'elle devienne la république de tout le monde.

Un sentiment général se répand, qui inspire le vif désir de coopérer au relèvement de notre vieille France, frappée d'un coup aussi terrible qu'imprévu. Là est une communauté de pensée et d'action qui enseigne à subordonner bien des impulsions particulières à un suprême intérêt. C'est dans la république et par la république que s'exerce le mieux cette communauté.

DES RAPPORTS DE L'ASSEMBLÉE NATIONALE

AVEC LE PAYS OU SUFFRAGE UNIVERSEL (1)

Plus on était *avancé* (on sait qu'*avancé* se dit des tendances démocratiques et sociales) dans le parti républicain, plus on réclamait avec force, avec colère, avec fureur la dissolution de l'Assemblée nationale. Les invectives contre elle n'étaient pas moindres que celles auxquelles la chambre des députés et le sénat sont en butte actuellement (en 1880). Et elles partaient du même parti. Alors ma ligne politique fut analogue à celle qui me guide encore aujourd'hui, à savoir : procéder en tout par discussion et par gradation.

C'est une crise qui aujourd'hui travaille les rapports du pouvoir exécutif avec l'Assemblée nationale (2) ; prochainement, c'en sera aussi une qui mettra en question les rapports de l'Assemblée nationale avec le pays. Je n'ai jamais contesté, je ne conteste pas davantage ici le pouvoir souverain, constituant de l'assemblée; mais elle n'est qu'une déléguée, et cette délégation ne peut avoir une durée illimitée. La prévision du terme n'est pas agréable à plusieurs des partis qui composent la chambre, soit qu'il se présente sous forme de renouvellement partiel, soit qu'il aboutisse à la dissolution ; mais enfin le temps fait son office ; il vieillit les assemblées, je veux dire qu'il amène d'un pas rapide le moment où expire leur mandat.

En vue de cette éventualité, on a proposé d'orga-

(1) *Revue de la Philosophie positive*, numéro de janvier-février 1873.
(2) En ce moment l'Assemblée nationale renversait M. Thiers.

niser un gouvernement de combat. Un gouvernement de combat ! Il y a vingt ans qu'un gouvernement de combat dispersa l'assemblée, emprisonna les députés, tua Baudin, ensanglanta nos rues et nos boulevards, et jeta dans l'exil, dans la prison, dans la déportation trente à quarante mille personnes. J'écarte ces détestables souvenirs. Je conçois un gouvernement de résistance, mais je ne conçois pas un gouvernement de combat. Le combat c'est la guerre ; et qui peut dire jusqu'où ira la guerre, une fois lâchée ? Dans la pensée de ceux qui ont jeté cette idée de bataille, la guerre doit se faire contre les radicaux. D'abord de quel droit ou de quelle façon frapper, pour une doctrine, des hommes qui ne violent pas les lois ? Puis où est la limite de ce mot de radical ? M. le rapporteur fait de moi un radical, comme on verra tout à l'heure : et, dès lors, moi et mes doctrines tombons sous le coup du gouvernement de combat. Combien d'autres y tomberont ! et quel républicain sera sûr d'échapper à une définition qui m'englobe ?

Voici la phrase du rapport à laquelle je fais allusion : « Les penseurs du radicalisme ne croient pas en Dieu, et dans leurs dictionnaires on trouve sur l'homme des définitions qui ravalent notre espèce. » Cela désigne clairement le *Dictionnaire de médecine* jadis dénoncé au Sénat de l'empire, M. le professeur Robin et moi. Eh bien, M. Robin ni moi, vu notre qualité de disciples de la philosophie positive, nous n'appartenons ni au radicalisme en politique, ni à l'athéisme en doctrine (1). Nous savons bien que la

(1) La philosophie positive n'est pas athée ; mais elle n'est pas davantage déiste. Ceux qui la connaissent le savent. Voyez, au reste, ce que j'ai dit là-dessus dans la *Revue de la Philosophie positive*, numéro de novembre-décembre 1871, p. 427.

philosophie positive s'est plus d'une fois attiré de pressants anathèmes. Mais ni les anathèmes ni même, si l'on veut, un gouvernement de combat n'effraie ni ne détruit les doctrines ; c'est sur un autre terrain que leur sort se décide.

A nous tous, libres penseurs, on aime à imputer une solidarité avec les meurtriers des otages et les incendiaires de Paris. Certes, si l'on est en droit de faire remonter la responsabilité d'actes pareils à nos doctrines, nous sommes également en droit de faire remonter aux doctrines catholiques la responsabilité de l'inquisition, de la Saint-Barthélemy, des dragonnades, des assassinats de 1815 ; et, s'il faut compter les victimes, les feux et les bûchers, le compte théologique sera lourdement chargé. Mais parlons en philosophes : toutes les doctrines peuvent être perverties par le fanatisme, et tous les fanatismes, qu'ils soient sacrés ou profanes, sont dangereux et féroces.

Quant aux *définitions qui ravalent notre espèce*, j'avoue ne pas comprendre comment une question zoologique pourrait être discutée et résolue à la tribune. J'ai un profond respect pour l'assemblée, et, quand je me trouve dans la minorité, je me soumets complètement à ses décisions. Mais, si, de la légalité où elle règne en souveraine, elle passait sur le terrain scientifique, où le principe d'autorité est tout différent, on se rirait de son incompétence. Nous occupons dans la science, M. le professeur Robin et moi, une position suffisante pour soutenir nos définitions là où elles peuvent être utilement discutées.

Faut-il se rire aussi de la décision qui vient de rayer M. Robin de la liste du jury, à cause des opinions philosophiques qu'il professe ? Voyez les contradictions que le sort cause : pendant que, dans un arrondissement de Paris, on le rayait, moi (M. Robin et moi, c'est tout un quant à la doctrine), je concourais, en qualité de conseiller général, à la rédaction d'une liste de jurés dans Saint-Denis. Ajoutez que M. Robin, tout rayé qu'il est, n'en reste pas moins professeur à la Faculté de médecine et membre de l'Académie de médecine et de l'Académie des sciences. A la vérité, je comprends fort bien que, si l'on pouvait, on le chasserait et de la Faculté et des deux académies. Ah! si l'on pouvait! Le passé nous est garant de ce qu'on ferait. Depuis que notre immortel dix-huitième siècle a conquis le dogme moderne de la tolérance, la société se partage en deux couches : les civilisés qui sont tolérants, et les barbares qui sont intolérants.

Remontons plus haut dans la raison de ces explosions. Il est, en certains esprits qui demandent le gouvernement de combat, une frayeur profonde je ne dirai pas de la science, mais de la science libre. Jugeant de l'avenir par le passé, ils redoutent ce qu'elle va découvrir, attendu que ce qu'elle a découvert les a incessamment contredits.

Je l'ai dit et je le répète, parce que la chose est de suprême importance : de nos jours, ce n'est pas le progrès qui est menacé, c'est l'ordre. Le premier devoir du gouvernement est de le maintenir avec une détermination inflexible. Son second devoir est de laisser aux doctrines multiples et contradictoires, anciennes et nouvelles, sacrées et profanes, qui se partagent la société, leur liberté tant qu'elles ne sortent pas de la discussion, et de n'employer contre elles ni la compression, ni la persécution. Quand les gouvernants ne sont pas convaincus de la nécessité de maintenir ces deux conditions corrélatives, alors la sécurité commune est terriblement menacée ; témoin la restauration, qui un beau jour descendit dans la rue pour combattre des doctrines, et qui compromit si gravement l'ordre dans le moment et dans l'avenir. Du reste, au sujet de cette lutte contre les doctrines par la compression, deux choses m'étonnent toujours : d'abord, c'est que l'expérience n'ait pas appris que ce procédé finissait immanquablement par échouer, même quand il avait un succès temporaire ; en second lieu, que des hommes pourvus de l'instruction générale, riches, jouissant d'une grande influence par leur position sociale, aiment mieux organiser contre ces doctrines un gouvernement de combat, que d'employer contre elles la seule arme qui vaille dans ce champ clos, c'est-à-dire la discussion, l'effort continu et le savoir.

Cette perspective de guerre aux doctrines et de compression a eu pour effet immédiat de produire la coalition des trois monarchies qui se disputent le renversement de la république. Quand un député s'adressant à la droite a dit que l'alliance était faite entre les légitimistes, les orléanistes et les bonapartistes (il les a nommés dans cet ordre), aucune réclamation ne s'est élevée. Avec les bonapartistes ! *non equidem invideo ; miror magis.* Étrange en effet ; je ne me donne pas la puérile satisfaction de blâmer ce que mes adversaires jugent convenable de faire dans leur intérêt ; cela les regarde ; mais, écartant les représentants pour arriver aux représentés, je n'imagine pas comment M. le comte de Chambord, M. le comte de Paris et l'empereur Napoléon III, si, coalisés, ils triomphent de la république, se partageront le bénéfice de la commune victoire.

L'assemblée commence sa troisième session. Combien en verra-t-elle encore ? Nul ne peut le dire. Pourtant l'opinion générale est que sa durée ne se prolongera pas outre mesure ni ne finira en *croupion*, pour me servir de l'expression appliquée à l'assemblée dispersée par Cromwell. A la vérité, à en juger par une phrase du rapport de la commission Kerdrel, où il est énoncé que *l'Assemblée restera au poste qui lui a été confié, jusqu'à ce que le pays soit rassuré à l'égard des ennemis de l'intérieur*, quelques-uns pensent que le mandat de l'assemblée est éventuellement illimité, destiné à ne prendre fin que quand une salutaire compression n'aura laissé que la liberté, comme ils disent, de bien faire. Cela, qui serait d'un si dangereux exemple, ne trouvera pas de crédit près de l'assemblée : elle ne consentira jamais à perdre son haut caractère de dépositaire de la souveraineté et de gardienne de la légalité.

Je ne suis pas de ceux qui récriminent contre l'assemblée. Dans nos suprêmes désastres, elle est le centre autour duquel s'est fait le premier ralliement. Son rôle a été douloureux et difficile : elle s'en est acquittée avec honneur et loyauté. Sans doute, sa composition est telle que des crises dangereuses y ont éclaté. Elles ont été jusqu'à présent surmontées ; c'est l'œuvre de la commune sagesse. Il faut demander à cette commune sagesse de persévérer.

Il serait bien injuste de punir la France des défaillances des monarchies. Au 4 septembre, on proposa à la majorité monarchique du Corps législatif de s'emparer du pouvoir en déclarant la déchéance, elle ne voulut pas. Le matin, elle tenait le gouvernement de la crise ; le soir, elle était dispersée. Une vieille royauté comme celle des Bourbons ou des

Habsbourg aurait résisté aux plus funestes désastres ; mais une monarchie d'aventure, établie par un parjure et un sanglant guet-apens, ne devait s'attendre à rien autre chose qu'à être balayée.

A Bordeaux, c'est encore une majorité monarchique qui laisse aller de ses mains la monarchie. Il était tout aussi facile et tout aussi prompt de faire roi ou M. de Chambord, ou M. le comte de Paris, ou Napoléon III, que de faire M. Thiers chef du pouvoir exécutif de la république française. Le roi déclaré, tout s'ensuivait ; en son nom, on traitait de la paix, et l'on essayait d'organiser et d'emprunter. Mais quoi ! il fut impossible de rien tirer d'une monarchie tricéphale, et vainement, à chaque crise, on regrette l'occasion perdue.

M. Thiers, monarchique, lui aussi, par son passé non moins que la majorité de l'assemblée, a considéré d'un regard ferme la nécessité des choses, et il s'y est soumis résolument. Il s'est attaché à la république légale que l'assemblée lui remettait en l'établissant. Ce que son expérience et son patriotisme lui promettaient de cet établissement a été tenu. Faites-moi de la bonne politique, disait un ministre de la restauration, et je vous ferai de bonnes finances. M. Thiers a fait de la bonne politique, et il a vu se rétablir les finances, l'ordre, le travail et la confiance avec une promptitude et une intensité que nul n'était en droit d'espérer. Là est le visible témoignage de la sûreté d'esprit et du désintéressement impartial qui firent choisir la route de réparation. L'autre route, où nous aurait-elle menés ?

Le parti qui tout récemment vient de mettre en péril M. Thiers et son gouvernement, prend pour texte de sa défiance les *dangers sociaux*. Mais là n'est pas la cause fondamentale du dissentiment. Si les dangers sociaux étaient seuls au fond de la question, l'entente serait prompte avec M. Thiers. Car, parmi ceux qui l'attaquent sur cet objet, il n'en est pas un qui soit un adversaire plus décidé et plus ancien de tout ce qu'on accuse de provoquer les dangers sociaux, pas un qui soit plus résolu à rendre le gouvernement conservateur.

Mais ce gouvernement conservateur, M. Thiers l'a reçu république, et il entend le rendre république. Ceci est repoussé, les uns disant qu'ils se refusent à établir une république, puisqu'ils veulent établir une monarchie, et les autres alléguant que, sans attaquer ce qui existe présentement sous forme républicaine, ils sont décidés à ne concéder qu'un provisoire.

À ce point du débat s'élève un troisième interlocuteur : c'est le pays qui travaille, et qui, lui, craint le provisoire, a besoin de confiance et demande un lendemain pour ses plus chers et plus pressants intérêts. En même temps le pays est le juge suprême, le tribunal d'appel en dernier ressort.

Le succès du gouvernement de M. Thiers, le relèvement de la France malgré la profondeur de son désastre, la ferme résolution de prendre la république pour le terrain de notre réorganisation ont créé au président de la république une position si forte, qu'une scission entre l'assemblée et lui nous menacerait de dangereuses éventualités. A la vérité il ne peut rien sans l'assemblée ; mais il devient de plus en plus douteux que l'assemblée, dont pourtant il est le délégué, puisse beaucoup sans lui. C'est la situation qui a ainsi lié les choses.

Il semble que la scission allait se produire lors du

rapport de la Commission Kerdrel. Elle fut empêchée par ce vote unanime de la gauche, qui donna la majorité, une faible majorité, au président de la république. Après ce vote important, que restait-il à faire ? Attendre que la Commission des Trente proposât une transaction, l'accepter si elle était acceptable, mais, si elle ne l'était pas, entreprendre par tous les moyens légaux une grande campagne de dissolution.

Laissons de côté l'incident intempestif relatif à la dissolution, car ce n'est qu'un incident ; et l'alternative dont je viens de parler reste toujours pendante : transaction acceptable ou inacceptable, proposée par la Commission des Trente. Je spécifie nettement ce que j'entends par acceptable : ce sera ce que M. le président de la république acceptera. Dans le cas d'une transaction, j'en féliciterai l'assemblée, le président, le pays ; car une crise dangereuse aura été évitée. Dans le cas contraire, la crise sévira plus que jamais, et ce sera à chacun de faire son devoir.

J'ai souhaité tout d'abord et je n'ai pas encore renoncé à souhaiter que l'assemblée parcourût le cycle entier de sa durée, je veux dire quatre ou cinq sessions. J'aime mieux employer le temps à faire des lois réclamées par notre réorganisation que de le perdre en dissolutions et en agitations électorales. La chambre, par ses lumières et ses intentions, est très apte à faire des lois de réorganisation. Qu'elle les fasse donc ; ce n'est pas moi qui le lui disputerai. J'ajoute qu'il nous faut savoir supporter le frein que ses tendances nous imposent; il nous est bon de nous habituer à l'esprit de continuité et de patience, si nous prétendons nous préserver de l'instabilité familière aux démocraties. Cela est dit avec réflexion ;

mais, avec réflexion aussi, je dis qu'il est telle entreprise contre la république dans laquelle je n'imagine pas comment une majorité telle quelle triompherait d'une résistance légale et acharnée conduite par M. Thiers, chef d'opposition (1).

Dans l'effondrement de notre puissance militaire, il y a à sauver la France; dans l'effondrement de toute monarchie, il y a à fonder la république. L'assemblée et M. Thiers, qui sont énergiquement secondés par le pays, s'ils font ces deux choses, auront fait deux grandes choses.

Maintenant que l'Assemblée nationale est le théâtre de débats animés qui, on a beau s'en défendre, sont le débat entre république et monarchie, l'attention de l'Europe entière est singulièrement éveillée. Nos affaires occupent nos voisins ; la presse étrangère est remplie de nos péripéties; et le puissant parlement de Berlin est loin d'exciter un aussi vif intérêt que l'assemblée résignée d'un peuple vaincu. Qu'on ne m'arrête pas, comme si je voulais tirer quelque vanité de cela, et faire briller le clinquant d'une vaine gloriole. Je l'ai dit déjà plus d'une fois : nous sommes déchus du rang de grande puissance ; notre prestige est anéanti ; tandis que tous les États, Angleterre, Italie, Allemagne, Russie, grandissent, tout au rebours, nous seuls nous diminuons, et, bien que nous n'ayons rien perdu en industrie, en com-

(1) Depuis que ceci est écrit, M. le Président de la république a mis en avant une solution des difficultés où nous nous débattons : c'est la création d'une seconde chambre avec droit de dissolution. J'étais opposé à la création d'une seconde chambre, sinon en principe, du moins en fait, jugeant qu'une chambre des pairs ou un sénat, n'ayant pas de racines propres chez nous, était sans puissance et sans efficacité. Mais une seconde chambre, avec le droit de dissoudre, cesse d'être une inutile répétition de la première, et devient un rouage effectif.

merce, en production, en science, en lettres et en beaux-arts, nous voilà, grâce aux Bonapartes, réduits à la frontière d'Henri II. Tout cela est certain. Pourquoi donc tourne-t-on les yeux vers nos assemblées et nos débats? C'est que, en définitive, nous sommes le peuple où la dissolution des vieilles choses a été poussée le plus loin ; et il est en effet instructif pour tout le monde de considérer comment un tel peuple travaille à s'organiser dans des conditions qui n'ont pas de précédents. Les nations européennes sentent instinctivement que, sous une forme ou sous une autre, république ou monarchie, ils passeront par des phases analogues ; et ils regardent attentivement des expériences sociales dont nous avons depuis 1789 la périlleuse initiative (1).

LE MOMENT ACTUEL

Ce que je nomme le moment actuel (2) est l'apprentissage de la république en France, l'établissement éphémère de la république en Espagne, et le conflit où le catholicisme est présentement engagé en Europe. Depuis, les choses ont marché : l'apprentissage de la république se fait en France avec un plein succès ; le régime républicain a disparu de l'Espagne ; et rien ne s'est amendé dans le conflit du catholicisme avec l'État laïque.

I

APPRENTISSAGE DE LA RÉPUBLIQUE

C'est, en effet, pour la France, un apprentissage à faire. Nous sortons d'une monarchie qui a duré fort

---

(1) Je ne fais ici que répéter le mot si grave de M. Comte.
(2) *Revue de la Philosophie positive*, numéro de mai-juin 1873.

longtemps, et qui, à travers des succès et des revers, des habiletés et des fautes, nous avait conduits à des destinées non sans force et sans gloire. Le seul reproche capital que l'histoire doive lui faire, s'attache au dernier siècle de son existence : pendant cent ans, cette monarchie se mit peu à peu et de plus en plus en désaccord avec l'esprit d'une inévitable rénovation des opinions et des mœurs; et, n'ayant ni le pouvoir de le comprimer, ni la sagesse de le diriger, elle nous plaça sur le bord de la grande révolution, où tout roula d'une chute sans exemple, je crois, dans les annales humaines.

Si nous sortons d'un passé monarchique qui nous tient enlacés, nous sortons aussi d'un passé révolutionnaire qui, pour avoir été moins long, n'en a pas moins laissé sur nous une très forte empreinte. Or, les habitudes révolutionnaires, je le dis sans hésiter, ne sont pas moins funestes à la république que les habitudes monarchiques. Voilà le double héritage dont il faut apprendre à nous défaire, avec une vigilance sur nous-mêmes qui ne se dément jamais.

Le parti révolutionnaire, malheureusement le parti radical s'y confond, ne voulant pas s'en séparer, a surtout des passions; il est incapable de les subordonner à la prudence qui combine et prévoit, à l'équité qui reconnaît les services, au mépris des exagérations criardes et bouillonnantes. Violent et sans lumières, ignorant, à n'y pas croire, même des choses qui se passent devant lui, il impose le mandat impératif à ses chefs plus éclairés, qui ne seraient pas suivis, s'ils n'obéissaient pas ; et souvent il devient ou inutile ou dangereux à la cause républicaine.

A droite, on n'a pas moins de violence ni plus de

lumières. A l'heure même, M. de Falloux est frappé de réprobation par son parti, pour lui avoir soumis la seule combinaison qui eût chance de donner de la consistance à la monarchie en la déterminant d'une manière précise. Autrement, qu'est-ce proposer aux hommes sensés, aux masses paisibles, au pays désireux de tranquillité, que lui offrir une monarchie en blanc, sauf à remplir ce blanc au prix de nouveaux déchirements avec le nom du comte de Chambord ou celui du comte de Paris?

La majorité de la gauche est aussi ennemie que peut l'être la majorité de la droite, des actes révolutionnaires et des coups de violence dont l'habitude est le déshonneur de la France, et cependant il a toujours été impossible à l'une et à l'autre de s'entendre sur ce terrain d'une commune réprobation. C'est que la gauche se tient à ce qui est, c'est-à-dire la république, ayant horreur de rien risquer dans l'état périlleux où est la France, et que la droite demande encore une révolution, jurant que ce sera la dernière. Le pays, qui voit, qui s'instruit et qui juge, n'est pas sûr que ce fût la dernière, et exige qu'on respecte son repos et son travail.

Depuis 1789 la monarchie est tombée sept fois, et la république deux. Nous sommes au troisième essai de république. Si, à Bordeaux, la majorité de la chambre eût proclamé la royauté, nous serions au huitième essai de monarchie.

Il ne faut pas imputer à une seule dynastie l'ère des bouleversements monarchiques. Cette ère se partage entre deux familles, les Bourbons et les Bonapartes. Leur action a été funeste à la France mais d'une façon toute différente. Trois fois les Bourbons ont, par manque d'habileté, livré la France aux chances des révolutions, 89, 1830 et 1848. Trois fois, 1814, 1815 et 1870, les Bonapartes ont livré la France à l'ennemi extérieur, et rétréci progressivement ses frontières, lui infligeant des désastres que ni ses rois, ni ses républiques n'avaient jamais connus.

Les deux destructions de la république sont dues aux Bonapartes : la première, par un coup de main militaire et une usurpation violente ; la seconde, par un guet apens nocturne et une violation de serment dont la honte aurait arrêté tout honnête homme, et dont le succès relâcha universellement les liens de la moralité française.

Ce simple aperçu montre qu'il est sans doute malaisé de fonder la république en France, mais qu'il l'est encore plus d'y fonder la monarchie. On objecte que la république ne sera vraiment fondée que quand il y aura eu transmission du pouvoir. Oui, sans doute; mais quelle est celle de nos sept monarchies chez qui la transmission du pouvoir se soit faite? On objecte encore que la république est un essai provisoire. Oui, sans doute, mais qu'y aurait-il de plus qu'un essai provisoire en une monarchie difficile à rétablir, plus difficile à soutenir? Donc, aujourd'hui, la sagesse politique consiste à retenir la république comme la situation la moins embarrassée et la plus naturelle; demain, elle consistera à donner à la république l'ample développement des forces sociales.

Combien inutile est devenue dorénavant la monarchie en France, les derniers événements en ont témoigné d'une manière singulièrement frappante. En 1814, la royauté restaurée (on ne savait pas encore combien les royautés devaient être fragiles) fut réellement secourable ; car, pour compensation de la défaite, elle apportait à la France une place dans ce concert des grandes puissances appelé la Sainte-Alliance et qui ne fut pas sans bienfaits pour l'Europe. Mais, en 1870 et 1871, la monarchie n'apparut nulle part, ni au dedans pour rallier les Français en un grand effort national, ni au dehors pour s'interposer au-devant du vainqueur. Impuissante, elle regarda les terribles événements s'accomplir ; et, quand la république a terminé la guerre follement entreprise par l'empire, quand elle a signé la paix, une triste paix, quand elle a payé cinq milliards et libéré le territoire, la monarchie se lève et demande son salaire. Salaire de quoi? et d'où vient-elle?

Au fond, quoi qu'on dise ou qu'on pense, présentement tout régime, chez nous, est provisoire, jusqu'à preuve du contraire. Que cette preuve du contraire ne puisse pas être donnée d'ici à un intervalle indéterminé, le raisonnement en témoigne facilement; et l'on démontre, quand on veut, que trois monarchies disparates ou contradictoires se font mutuellement obstacle, et que la république est le résultat non équivoque des circonstances. Mais, sans renoncer au raisonnement, c'est surtout par le fait que nous nions la monarchie et affirmons la république.

La république, seule, peut reconnaître ce caractère provisoire attaché momentanément à tout régime en France, et le tourner à son profit. Nulle monarchie n'oserait se dire provisoire, bien qu'elle le fût réellement, comme on vient de le voir par le récit des chutes de la royauté. Mais une république qui ne repose que sur l'assentiment perpétuel des intérêts et des opinions n'a aucun scrupule à se déclarer telle, jusqu'à ce que sa durée et ses services lui procurent la consécration.

A ce terme de provisoire que j'accepte sans déplaisance correspond celui d'apprentissage qu'il faut accepter pareillement. Cela veut dire que la république d'aujourd'hui, la troisième république, la république nécessaire, doit provenir non d'une conception théorique quelconque, mais d'une exacte accommodation aux hommes, aux faits, aux choses.

On se souvient que certaines portions du parti républicain demandèrent à grands cris et à divers moments la dissolution de l'assemblée. L'événement a donné raison à ceux qui maintenaient qu'il ne pouvait ni ne devait être question de dissolution tant que le traité avec l'Allemagne n'avait pas reçu son dernier accomplissement, et que, pendant ce temps, rien autre n'était à faire que soutenir le gouvernement qui effectuait les grandes opérations de notre libération. Hors de ce souci supérieur, tout était agitation vaine et dangereuse. N'aimant pas à faire de la politique à vide, j'ignore où nous en serions si la pression des passions impatientes avait prévalu, et si de nouvelles élections eussent troublé la marche régulière des choses. Toujours est-il qu'avec ce frein la république a gagné, la monarchie a perdu, l'ordre s'est maintenu, cinq milliards ont été payés, et six cents millions de nouveaux impôts ont pu être ajoutés au budget sans faire fléchir le courage du peuple français. Je n'appellerai pas prospérité une situation héritière d'un démembrement, d'une rançon inouïe, de destructions sans nombre; mais le fait est que la France travaille, et travaille fructueusement; car elle satisfait à toutes ses charges.

Cette prudente conduite, outre qu'elle amène la dissolution sans secousse, sans dommage et à son terme naturel, est suivie, par surcroît, d'un autre résultat fort digne d'attention et sur lequel on ne commençait guère à compter que depuis le dernier message de M. Thiers. Je veux parler des lois que le gouvernement va proposer sur la transmission des pouvoirs, sur les élections et sur une seconde chambre. Pour en atténuer la portée, on a dit parmi les monarchistes que cela pouvait servir à une royauté; sans doute, mais cela peut servir aussi à une république; et, comme c'est la république qui existe en fait et en droit, c'est à elle que profiteront les nouveaux organes de gouvernement.

Le parti radical réclame une assemblée souveraine et unique qui fasse table rase des deux ans écoulés et d'où l'on date une nouvelle république. Je repousse de toute ma force une pareille conduite, funeste dans son principe, funeste dans ses conséquences : dans son principe, car c'est faire fi de la stabilité et mettre la révolution perpétuellement à l'ordre du jour; dans ses conséquences, car c'est anéantir les précédents et diminuer la durée, deux choses qui importent aux établissements et surtout aux jeunes établissements. Il faudrait, si l'on pouvait, les vieillir. Au contraire, le parti radical veut couper tout d'abord le peu de racines que les nôtres commencent à jeter. Il est donc heureux que les prochaines lois proposées par le gouvernement lient nos deux ans de république à l'avenir immédiat.

Mon lecteur le sait, ce que je demande pour la France, c'est qu'elle fasse un apprentissage continu de la république, sans le recommencer à tout bout de champ; c'est que le passé soit acquis; c'est qu'elle ait une vue nette et précise du provisoire où, longtemps encore, elle sera placée, et une résolution non moins précise et nette de soutenir ses intérêts, sa puissance, son renom. Elle est laborieuse, elle excelle dans les lettres, les arts et les sciences. Avec ce fonds et quelque vigilance elle est sûre de mieux diriger ses affaires que ne pourrait faire aucune monarchie.

Dans les deux années qui viennent de passer, plusieurs, et j'étais du nombre, ont spéculé sur ce qu'il convenait de faire pour rendre le provisoire du pacte de Bordeaux moins provisoire ; et j'avais pensé qu'en appliquant le renouvellement partiel à l'assemblée actuelle, on serait entré en une voie de transition et de ménagement. Mais cette idée, qui fut violemment attaquée par les radicaux ennemis nés de toute tradition, est maintenant écartée ; et ce qui va se faire, c'est une seconde chambre. Contre cet établissement, lorsque j'en combattis l'idée, je n'ai point eu d'objection de principe ; je n'en ai pas non plus à présent. Tout ce que je demande, c'est que la seconde chambre ne soit pas une doublure inerte de la première, et qu'elle soit munie d'attributions déterminées qui en fassent un pouvoir véritable.

Ce mot d'apprentissage, si nécessaire à nos débuts, continuera longtemps à l'être en nos progrès dans le régime républicain. Nos monarchies, rétablies depuis 1789, n'ont été, malgré l'apparence, que des pouvoirs viagers, incapables d'être transmis. Si on les étudie de près, on note que, dans leurs premiers temps, elles ont suffisamment rempli leur office, mais qu'à mesure de la durée les monarques, vieillissant, se heurtaient aux obstacles survenus et tombaient de leur trône. Contre ce danger qui s'est

montré périodiquement si redoutable, la république
est prémunie : elle ne peut vieillir ; elle n'ignorera
jamais qu'elle est la déléguée de la volonté nationale, et, renouvelant périodiquement son apprentissage comme la monarchie renouvelait ses chutes,
elle se pliera à tous les perfectionnements.

II

LA RÉPUBLIQUE EN ESPAGNE.

J'avais plusieurs fois, dans ces derniers temps,
entendu des personnes qui connaissent l'Espagne
prédire que le roi Amédée ne garderait pas le trône
où il avait été appelé par les Espagnols eux-même.
Cependant son abdication n'en a pas moins été une
surprise, surtout quand on vit la république lui
succéder sans retard et sans conteste.

Qui ne se rappelle quel fut le triomphe de l'Italie,
au moment où un prince de la famille de ses rois
reçut la couronne d'Espagne par une libre élection?
L'Espagne comptait trouver dans une nouvelle
royauté ce que les vieilles royautés ne lui procu-
raient pas, le repos, le bon ordre, la restauration
des finances et la discipline de l'armée. L'Italie
voyait, dans le lien étroit qui unissait les rois des
deux péninsules, un agrandissement de son influence. Toutes deux ont été déçues : l'Espagne a
perdu son jeune monarque quittant honorablement
une fonction qu'il ne pouvait plus remplir ; et l'Italie est rentrée, à l'égard de l'Espagne, dans la situation où sont les autres puissances de l'Europe.

La république en Espagne ! Qui eût pensé il y a

encore peu d'années que ce vieux peuple monarchique deviendrait indifférent aux rois légitimes ou illégitimes, et tenterait, sans aucun scrupule, l'expérience de s'en passer? D'où provient ce résultat sinon de la monarchie? Elle a, de ses propres mains, élevé et gouverné tous les Espagnols qui la chassent. C'est elle qui leur a enseigné la désaffection ; c'est elle qui s'est partagée en factions ; c'est elle qui n'a su ni faire l'ordre ni faire le progrès. Tous les républicains d'Espagne sont le produit de la monarchie.

Non que je sois assuré que le nouvel établissement est à l'abri de tout mal. Je l'espère ; mais espérance n'est pas certitude. Toutefois, quand même la république ne se fonderait pas cette fois-ci, quand même je ne sais quoi de monarchique lui succéderait, cela ne serait pas une vraie restauration; le régime moderne de la liberté s'infiltrerait peu ou prou. Les peuples, lassés de monarques comme la France et l'Espagne, n'ont que là une garantie de repos, d'ordre et de prospérité.

Les dangers extérieurs de la république espagnole, à la différence de la France, sont très petits, ou, pour mieux dire, dans l'état actuel ils sont nuls. On a bien parlé, même en des journaux espagnols, d'intervention française ; mais, tant que la France restera ce qu'elle est, toute intervention est impossible. A la vérité, il n'est pas douteux que, si le parti légitimiste et clérical l'emportait, une expédition pour rendre Rome au pape et l'Espagne à don Carlos, ne fût projetée et peut-être même tentée. Bien que la plus manifeste des folies politiques, elle est certainement rêvée et caressée par tout le parti. N'a-t-il pas aussi, quand M. de Chambord sera rétabli (quel don de joyeux avénement!), l'idée d'une invasion de la Suisse pour la châtier de son indépendance à l'égard de l'évêque de Genève et du saint-siège? Mais des cléricaux seuls peuvent, dans l'état de nos finances, songer à les grever de frais d'expédition et de guerre, et, dans l'état de l'opinion, songer à une croisade. Laissons donc de côté ces extravagances. L'Espagne est couverte par la France, et, de la sorte, aussi séparée de l'Europe que si un bras de mer passait entre deux. Elle peut donc poursuivre, sans immixtion étrangère, sa transformation. Il n'en serait plus de même si la France disparaissait comme la Pologne et était partagée.

Les dangers intérieurs sont grands. Ceux qui frappent surtout un étranger sont la menace d'anarchie, le désordre des finances, l'insurrection carliste.

L'anarchie est le péril le plus imminent. L'ordre est la première condition des sociétés. Quand il est troublé profondément et que rien ne montre la voie par où il pourra être rétabli, alors les intérêts, le travail, l'existence même du corps social sont terriblement menacés. On veut le salut à tout prix ; et, d'ordinaire, c'est au prix d'un despotisme militaire ou dictatorial qu'il s'achète. Depuis cinquante ans, l'Espagne est agitée : la monarchie ne lui a donné qu'une sécurité infidèle et à chaque instant interrompue. Il faut que la république fasse mieux. Si elle fait mieux, le peuple espagnol lui en rendra le gré dû aux bons gouvernements : il affermira la république. Sinon, le salut sera cherché ailleurs.

Le désordre des finances est la plaie chronique de l'Espagne, legs funeste de la monarchie. Un financier d'un haut mérite disait : Faites-moi de la bonne politique je vous ferai de bonnes finances. La monarchie a fait de la mauvaise politique ; la preuve en est dans l'affreux désordre financier qu'elle a laissé derrière elle. En cette matière, le seul conseil qu'il me soit permis de donner, c'est de recommander l'étude de l'exemple actuel de la France. Chez nous, on pouvait rejeter le fardeau sur l'avenir, laisser le budget en déficit, couvrir les déficits par des emprunts, et arriver de la sorte à la plus dangereuse des situations financières. M. Thiers ne l'a pas voulu, il s'est adressé résolument à l'impôt. Mais il fallait que la nation acceptât, sans murmurer, l'énorme fardeau. Elle l'a accepté. Plus d'une fois j'ai entendu des paysans, des ouvriers dire : c'est dur, mais chacun doit payer. Aussi nos finances sortent intactes des folles prodigalités de l'empire en temps de paix, et de ses absurdes désastres en temps de guerre.

Sans de bonnes finances, point d'armée solide et disciplinée ; sans une armée solide et disciplinée, point de salut contre l'anarchie et le carlisme, qui sont les pendants l'un de l'autre.

Des carlistes je n'ai rien à noter, ne connaissant ni les lieux, ni les hommes. Pourtant mes habitudes de critique historique me portent à essayer de juger le présent par le passé. Il y a quarante ans, une grande insurrection carliste éclata contre la reine Isabelle. Elle tint campagne longtemps ; elle eut des chefs habiles et renommés ; mais elle fut définitivement vaincue, parce qu'elle ne put jamais intéresser à sa cause le gros des provinces. Aujourd'hui encore, l'insurrection carliste a le même berceau ; mais, loin d'avoir gagné au delà depuis ces quarante ans, elle a beaucoup perdu ; les provinces non carlistes lui sont plus déterminément hostiles que jamais. C'est une disproportion de forces dont elle ne triomphera pas.

Séparée du reste de l'Europe par la France, nation amie depuis cent quatre-vingts ans (sauf sous Napoléon I*er*, fléau de la France comme de l'Espagne), la Péninsule peut se décider sans péril pour le régime qui lui conviendra. Autrement, le péril serait réel, comme il eût été pour les États-Unis, cette république fédérative si prodigieusement puissante. Si les États-Unis, lors de la guerre de la sécession et des déchirements intestins, avaient eu à leur frontière une nation telle que l'Allemagne, capable de mobiliser, en quinze jours, cinq cent mille hommes, qui peut dire ce qu'ils seraient devenus? ils auraient été à la merci de leur voisin. On sait ce qu'est la merci d'une nation conquérante.

Nous souhaitons ardemment que le régime parlementaire dure chez les Espagnols; ils doivent souhaiter que le régime républicain dure chez les Français. Nous sommes deux peuples latins, non pas de race, mais par la langue et les origines historiques; et c'est chez nous deux que se tente la grande expérience des nations où les vieilles institutions et les vieilles croyances sont assez troublées. et déchues pour ne plus permettre de ralliement social.

III

DU CONFLIT OÙ LE CATHOLICISME EST PRÉSENTEMENT ENGAGÉ EN EUROPE

Pour faire face aux luttes qu'il soutient depuis la révolution française et aux nouvelles conjonctures qui se déroulent incessamment, le catholicisme a jugé nécessaire de concentrer tout pouvoir aux mains du pontife qui siège au Vatican ; le concile de 1870 a décrété l'infaillibilité du pape, et un nouveau dogme a été ajouté à ceux qui constituent l'Eglise romaine. A mon avis, ni libre penseur, ni positiviste n'est autorisé à juger doctrinalement cette mesure : les catholiques seuls savent ce qui convient au catholicisme. Ceux qui n'appartiennent pas à cette communion ne le savent pas.

Mais, si les arrangements intérieurs du catholicisme sont hors de la compétence de tout ce qui n'est pas catholique, il n'en est plus de même quand, mêlé à la vie universelle où, malgré son nom, il n'est qu'une partie, il se mesure avec les autres religions, avec les philosophies, avec les sectes, avec les États, avec les individus. Il devient alors, comme les diverses institutions de ce monde, justiciable de la critique générale ; et il importe d'examiner comment il attaque et comment on l'attaque ; car, suivant les circonstances, il est tantôt sur l'offensive, tantôt sur la défensive.

Des trois grands conflits dont nous sommes les témoins, le premier est entre la papauté et l'Italie. En 1870, le gouvernement du roi Victor Emmanuel occupa Rome de l'assentiment de la majorité des Romains ; et cette occupation mit fin au pouvoir temporel des souverains pontifes. Depuis lors, aucune transaction n'a pu intervenir. En vain le roi a-t-il offert au pape l'Église libre dans l'État libre ; cette transaction n'a pas été acceptée ; et la papauté, se confinant dans le Vatican, attend que les événements renversent le récent édifice de la monarchie italienne et restituent au saint-siège son ancien domaine.

En Allemagne, les choses ont procédé autrement.

Là, aucune transaction n'a été proposée. Le gouvernement, se sentant tout-puissant et sûr d'être approuvé par la nation en tout ce qu'il tentait contre le catholicisme, n'a pas hésité à lui infliger de sévères mesures, absolument incompatibles avec la discipline ecclésiastique et l'indépendance de l'enseignement catholique. C'est une vraie persécution, non point sans doute de celles qui tirent les glaives et dressent les bûchers, mais de celles où, systématiquement, on met mal à l'aise les consciences et les personnes.

En Suisse, c'est le catholicisme qui a pris l'initiative de l'agression. Enfreignant les conventions qu'il avait avec différents cantons, il a réglé à lui seul ce qui devait être réglé à deux. Les représailles ne se sont pas fait attendre, et les cantons, à leur tour, ont empiété sur le domaine ecclésiastique. C'était une juste occasion de séparer l'Église de l'État, on ne l'a pas voulu, et voilà que les populations, en différentes localités, se mettent à nommer leurs curés, et qu'un éloquent représentant d'une nouvelle secte se fait entendre dans Genève aux applaudissements d'une foule nombreuse. C'est du trouble : le catholicisme espère sans doute en retirer du profit, je ne crois pas cette espérance fondée.

La nouvelle secte est celle des vieux catholiques, qui se nomment ainsi, parce que, rejetant le dogme récent de l'infaillibilité, ils s'arrêtent au catholicisme tel qu'il était avant le concile de 1870. Je n'essayerai pas de pronostiquer leur avenir ; je dirai seulement que l'indifférence en matière de théologie, si fortement signalée par l'abbé de Lamennais, alors fougueux catholique, n'a fait depuis que s'accroître, et qu'elle est peu favorable à la propagation de sectes, du moins de sectes qui voudraient devenir religions.

La philosophie positive a toujours témoigné pour le catholicisme un profond respect historique; même elle a réagi avec une force victorieuse contre la philosophie révolutionnaire du dix-huitième siècle, qui ne voyait dans le moyen âge et son Église que ténèbres, superstition et tyrannie de prêtres. Mais, avec non moins de décision, elle a montré que le rôle social que l'Église avait eu si pleinement touchait à sa fin, et que même, au fur et à mesure du progrès général et des retards théologiques, son action tendait à devenir subversive. Non que nous ayons pour nos compatriotes catholiques ni aversion, ni dédain; loin de là, notre tolérance est absolue. Nous savons tout ce que le catholicisme procure de consolation et de soutien à ceux qui y croient. Nous nous reprocherions de contrister aucune conscience; ce que nous écrivons, bien que net, décidé et sans transaction, n'est écrit que pour les esprits qui se sont détachés des croyances théologiques et ne les ont pas remplacées. De ceux-là le nombre est fort grand, et s'augmente tous les jours. Non seulement ce détachement existe chez des lettrés, des savants, des philosophes; mais encore il s'est étendu à des couches populaires très profondes. C'est le résultat de la désuétude constante du surnaturel, désuétude qui s'infiltre peu à peu, mais irrésistiblement. Cela est vrai également des pays protestants; à un moindre degré peut-être, voilà tout. Ce fait si considérable, il y a longtemps que je l'ai signalé; et j'y appelle de nouveau l'attention des hommes d'État.

Notez que, de tous ces détachés, il n'en est pas

un qui ne sorte, soit directement par lui-même, soit indirectement par son père ou son grand-père, d'une éducation catholique. Avant la révolution, il n'était point d'autre éducation en France. Et pourtant les esprits ont échappé à cette discipline. Je ne consigne la remarque que pour constater la spontanéité du phénomène, qui s'est produit par les forces intrinsèques de l'évolution sociale en lutte avec les difficultés croissantes de la théologie.

Il importe en France de distinguer entre les catholiques et le parti catholique. Les catholiques de fait ou de nom sont nombreux; le parti catholique l'est peu. La preuve en est dans la quotité restreinte de sièges qui lui sont dévolus dans les assemblées législatives, dans les conseils départementaux, dans les municipalités.

Que fait donc le parti catholique, doté par l'Etat, enrichi par les libéralités privées, puissant par sa hiérarchie, disputant l'éducation à l'université laïque, que fait-il pour regagner ce qu'il a perdu, ou du moins conserver ce qu'il possède? Il se porte comme l'ennemi acharné de la république, à laquelle il livre assaut tous les jours et partout; il est l'ami déclaré du drapeau blanc et de la légitimité, non pas précisément pour cette royauté en elle-même, mais pour l'employer à donner l'ascendant au carlisme et à la foi en Espagne, à chasser Victor-Emmanuel de Rome, et à punir la Suisse de son indépendance à l'égard du saint-siège.

En même temps il est grand faiseur de miracles. Il en fait en maints lieux et de diverses espèces. Je ne dirai certes pas qu'il a tort; cela le regarde. Seulement, qu'il le sache bien, c'est peine absolument perdue auprès des gens qui sont élevés dans la notion expérimentale de l'ordre naturel et des lois du monde. Désormais les miracles n'apparaissent plus qu'à ceux qui d'avance croient aux miracles.

La philosophie positive, dans le cours de la session, a été, en ma personne, l'objet de divers incidents. L'un déclare que je fais descendre l'homme du singe, sans avoir ouvert mes écrits où j'exprime que je ne vois dans le transformisme qu'une hypothèse dont ses partisans ont à fournir la preuve. L'autre assure que j'ai pour disciples Troppmann et Gelinier (1). Un troisième s'écrie que, pour l'esprit humain et pour l'esprit français, il ne veut pas du matérialisme positiviste ; et la philosophie positive n'est pas matérialiste. Un quatrième proclame que la science dont le représentant le plus autorisé (c'est moi) siège sur les bancs de cette assemblée (c'est l'Assemblée nationale) est la science qui a rayé de son vocabulaire l'absolu (ce qui est vrai) et toute loi supérieure (ce qui est une erreur).

Je ne me charge ni de blâmer ni de justifier l'immixtion de l'assemblée en ces questions. Le moindre grain de mil fait bien mieux mon affaire, je veux dire la continuation de la discussion que j'entretiens devant le public depuis beaucoup d'années pour propager la philosophie positive, et qui est pour moi, jusque dans la grande vieillesse, une source constante d'étude, de travail et d'amélioration.

(1) C'étaient des assassins dont les crimes odieux firent alors du bruit.

IV

CONCLUSION

La paix semble assurée en Europe pendant quelques années. Cela est heureux pour tout le monde, et particulièrement pour la France, qui en a plus besoin qu'aucun autre État du continent. Elle est précaire sans doute; et personne n'en garantirait la durée, vu les énormes armements de l'Allemagne et les armements correspondants du reste de l'Europe, comme personne ne saurait dire comment elle sera rompue, vu la complication des intérêts et l'âpreté des ambitions. Mais, tant qu'elle dure, il faut en profiter, sans en gaspiller un seul des bienfaits.

Il convient d'examiner laquelle est le mieux en mesure de tirer parti de cet intervalle qui s'ouvre immédiatement devant nous, ou la république, ou, je ne dirai pas, la monarchie (car aujourd'hui en France ce mot est une pure abstraction), mais l'une des trois monarchies qui prétendent faire notre salut, chacune à l'aide d'un régime spécial, qui ne ressemble en rien au régime de l'autre.

La république est essentiellement pacifique. Elle a pour ambition et pour but, à l'intérieur, de faire régner rigoureusement l'ordre, seule garantie du travail et du progrès, à l'extérieur, d'entretenir les bons rapports avec tous les États grands ou petits. Elle sait que le prestige militaire de la France a péri dans la folle campagne ouverte le 3 août et terminée le 1er septembre, où les armées ont été, non pas seulement battues, ce qui est le sort des armes, mais prises par centaines de mille hommes, ce qui est sans exemple dans l'histoire des nations modernes.

Elle sait que ce prestige ne se refait pas en un jour ; et, en attendant, elle réorganise les finances, l'armée, le travail raisonnablement et sérieusement. Ce rôle, que les circonstances imposent et que la république accepte, est, de tous, le plus salutaire pendant la paix présente.

La première monarchie en ordre de compétition est la monarchie légitimiste et, malheureusement pour elle, cléricale. L'oppression cléricale est, au sentiment des nations modernes, la pire des oppressions. Puis ce serait mettre les forces renaissantes de la France au service du parti catholique. Je sais que les impossibilités se dresseraient de toutes parts contre une politique d'agression et d'intervention, et que les fervents se trouveraient bien vite embarrassés de leurs projets. Mais cela troublerait profondément tous nos rapports internationaux, nous brouillerait avec qui nous ne devons pas nous brouiller, et, au lieu de la neutralité dont nous avons besoin, nous créerait d'ardentes inimitiés.

La deuxième monarchie, celle de la branche cadette, n'aurait pas ces périls, j'en conviens. Mais, comme ce n'est pas elle qui a fait la paix, emprunté cinq milliards, aligné le budget et procuré l'évacuation, son trône serait bien précaire en face des partis. Elle ressemblerait à cet honnête prince Amédée, qui accepta plein d'espoir la couronne d'Espagne, et qui, au bout de deux ans, la déposa plein de résignation.

La troisième est celle des Bonapartes. Pour ceux-là il suffit de rappeler leur histoire. Napoléon Ier livre la France à l'invasion, et perd tout ce que la république avait acquis. Le même Napoléon Ier, un an après, ramène l'étranger, nous attire une lourde contribution de guerre, l'occupation pendant trois ans, et rétrécit encore nos frontières. Napoléon III fait prendre nos armées, nous vaut cinq milliards de rançon, un démembrement, et nous ramène aux limites de Henri II et du seizième siècle. Les Bonapartes sont les fléaux de la France, nés pour sa ruine.

Au spectacle des malheurs publics qui affligent tantôt un pays, tantôt un autre, et en particulier la France, beaucoup se sont inquiétés profondément, craignant que ces malheurs n'allassent jusqu'à dépasser toute proportion et à conduire les sociétés aux plus extrêmes désordres, et à une sorte de barbarie et de dissolution. Je connais trop bien les angoisses qui accompagnent nos mauvais jours, pour me railler de telles craintes. J'aime mieux, tout en reconnaissant, comme je fais, ce qu'elles ont de juste, les limiter en ce qu'elles ont d'excessif.

C'est la sociologie qui se charge de ce soin et remplit cet office. Les faits sociologiques ont pris assez de consistance scientifique pour permettre d'assigner la portée des perturbations qui assaillent l'humanité en son développement. Quelque gravité qu'elles atteignent, visiblement elles sont devenues inférieures à la force de cohésion et de progrès que les sociétés possèdent. Certains faits très généraux et manifestes pour chacun suffiront à établir qu'il en est ainsi.

Le premier point touche la production de la richesse, l'activité de l'industrie et la prospérité matérielle. Dans la *Revue de la philosophie positive*, en un mémoire qui mérite à un haut degré de fixer l'attention, M. Mercier a établi que, malgré les commotions, les déchirements et les catastrophes, notre pays n'a cessé de croître en tout ce qui constitue ce premier point. Sa démonstration, reposant sur des documents incontestables, est complète; et il demeure prouvé, non pas que ces événements malheureux que j'ai dénommés en bloc n'ont point nui, mais que leur nuisance a été bornée par la consistance des forces productives, qui, malgré tout, ont grandi. Cela est vrai de toutes les nations européennes.

On connaît trop bien les rapports étroits de l'industrie avec la science, pour n'être pas assuré que là où l'une est prospère, l'autre est florissante. Cela se réfère surtout aux sciences physiques et chimiques, dont la culture est poussée activement. Mais les autres aussi, bien que plus étrangères aux applications immédiates, ne sont pas moins l'objet de recherches persévérantes et fructueuses. Je ne veux point énumérer ici tout ce que notre âge voit éclore en fait de connaissances positives. Pourtant je signalerai l'immense travail dont les langues ont été l'objet et la série de découvertes inattendues aussi bien dans l'époque historique que dans l'époque préhistorique. J'ajoute que la sociologie, qui me donne les moyens de mesurer la force des perturbations et la résistance des sociétés, est toute récente et due à un homme qui tout à l'heure encore était parmi nous (1).

Et les lettres? et les arts? Une époque ne peut pas dire quel arrêt l'avenir portera sur les créations qu'elle enfante, ni quel rang il leur accordera. Mais ce que notre époque sait dès à présent, c'est qu'elle a le goût des belles choses, qu'elle n'ignore pas le

(1) Auguste Comte.

passé, et que rien n'y ralentit l'ardeur des esprits qui poursuivent incessamment leur idéal.

Ces considérations montrent bien que, dans l'ensemble des sociétés européennes, la civilisation générale est hors de l'atteinte des accidents ; mais elles ne donnent pas la garantie que telle ou telle nation ne succombera pas. La Pologne a vu finir son histoire au dix-huitième siècle ; nous avons failli voir finir la nôtre au dix-neuvième, grâce à Napoléon III. N'oublions pas facilement cette terrible leçon. Soyons sages ; c'est le vœu du pays, si ce n'est pas celui des partis. Soyons sages ; la France n'est pas, comme l'Espagne, couverte par un intermédiaire. Soyons sages ; l'Allemagne a déjà dressé des cartes qui étendent sa frontière au Rhône et à la Somme, comme elle en avait dressé qui l'étendaient aux Vosges. Soyons sages ; car les périls extérieurs naîtraient bien vite des déchirements intérieurs. De ces périls extérieurs, ma conviction est si profonde que, si, à Bordeaux, la monarchie eût été rétablie, même la monarchie légitimiste pour laquelle j'ai le plus de répugnance, je ne lui aurais fait aucune opposition ni suscité aucun trouble ; tant j'aurais été soucieux de ne point empêcher les mains chargées de nos difficiles destinées. Quant à la monarchie des Bonapartes, si notre malheur la ramenait, je ne veux plus la revoir ; j'irai mourir sur une terre étrangère : *Satis una superque Vidimus excidia.*

CHAPITRE III

CHUTE DE M. THIERS. RÈGNE DE LA COALITION DES PARTIS MONARCHIQUES. OFFRE DU TRÔNE A M. LE COMTE DE CHAMBORD, QUI LE REFUSE PARCE QU'IL NE VEUT PAS ACCEPTER LE GOUVERNEMENT DE LA FRANCE TEL QUE LA RÉVOLUTION DE 1789 L'A FAITE.

DU

PROGRAMME DE POLITIQUE CONSERVATRICE

OU DE RESTAURATION DE L'ORDRE MORAL (1).

La coalition qui avait renversé M. Thiers eut besoin d'un programme. Ce programme eût été difficile à trouver, s'il s'était agi de fonder l'établissement définitif d'une monarchie; mais les coalisés furent, par leur composition, délivrés de ce soin. Leur besogne était aussi simple que possible à concevoir et à mettre en œuvre : faire la guerre à la république sous toutes ses formes, depuis la plus modérée jusqu'à la plus violente. Cela s'appelait promouvoir l'ordre moral. Ordre moral est une belle enseigne, mais qui couvrait ici une marchandise bien mêlée. Sans doute, il était utile, nécessaire, urgent de combattre l'anarchique démagogie associée à un socialisme non moins anarchique ; mais, quand sous ce prétexte, on tentait d'établir la restauration monarchique et la prépondérance cléricale, on versait d'un autre côté, et l'on menaçait terriblement la liberté. Or, chez les modernes, l'organisation politique peut être comparée à une médaille où l'ordre est la face et la liberté le revers, c'est-à-dire inséparables.

Ces deux expressions : *programme de politique conservatrice et restauration de l'ordre moral*, sont

(1) *Revue de la Philosophie positive*, numéro de juillet-août, 1873.

synonymes dans le langage de la coalition qui vient de renverser M. Thiers. Elles y sont couramment employées l'une pour l'autre. La politique résolument conservatrice a pour but, comme la restauration de l'ordre moral, de défendre la société contre les mauvaises doctrines ; mais quelles sont les mauvaises doctrines ? Afin de s'en rendre compte, il faut examiner à qui échoira le soin de déterminer la qualité des doctrines et la nature des remèdes.

Si le pouvoir était remis, non à une coalition, mais à un seul des trois partis qui la forment, on connaîtrait tout de suite la nature du remède destiné à trancher dans le vif les funestes effets des mauvaises doctrines. La légitimité leur opposerait le droit divin et l'influence cléricale ; la quasi-légitimité, le régime parlementaire ; l'impérialisme, l'autorité césarienne et une compression violente ; mais, les trois partis coalisés se neutralisant, le remède qui à chacun d'eux en particulier paraît seul efficace, est écarté ; et c'est d'un autre côté qu'il faut chercher. Cela posé, il ne peut se trouver que dans la lutte contre trois choses que tous les trois embrassent dans une haine commune, la république, le socialisme et la libre pensée.

Toutefois, je ne suis pas complet dans mon énumération des membres de la coalition. Il est parmi eux un groupe, très petit sans doute, mais réel, qui, reconnaissant qu'un trône ne peut se partager en trois, regarde la république comme le seul gouvernement possible et pense qu'elle sera fondée par la prochaine chambre ; mais ce groupe redoute par-dessus tout le radicalisme démagogique, pense que le principal appui en est dans le suffrage universel, et songe à restreindre ce suffrage notablement.

Pour si peu que ce groupe républicain compte dans la coalition, il y compte cependant pour quelque chose ; et il rend plus difficile à concevoir ce que peut être une restauration de l'ordre moral entreprise par tant de têtes.

De la coalition en face des doctrines et des remèdes.

Je n'ignore point que les coalisés se sont promis de renoncer chacun à ses prétentions particulières et de les sacrifier à la commune entente. Cette promesse, je n'en doute pas, sera tenue pendant un certain temps, pendant longtemps, si l'on veut ; mais la restauration d'un ordre moral, quel qu'il soit, n'est pas l'œuvre d'un jour : il s'agit de changer la manière de voir de masses profondes, de se heurter à des convictions très arrêtées, d'entrer en lutte contre des hommes dont beaucoup sont fort éclairés et ne redoutent aucune discussion. Cela est long et laborieux ; et je ne crois pas que l'union des coalisés puisse résister aux péripéties d'une épreuve qui doit tant durer. C'est mon opinion très formelle que : ou bien la coalition se dissoudra, et chacun retournera à son parti, ou bien l'un des trois partis, mettant hors de cause les deux autres, terminera l'essai loyal à son profit. La chose est entendue et explicitement dénoncée : après réduction d'un ennemi commun qu'on appelle mauvaises doctrines, on se traitera entre soi comme on aura traité cet ennemi.

Les coalisés se confient dans l'abstraction de l'ordre moral, sans forme politique et sans couleur. Soit ; j'accorde à cette abstraction toute la durée qu'on voudra; mais, tant qu'elle durera, on notera avec surprise, je dirai même avec terreur, qu'ils ne sont pas d'accord sur le drapeau de la France. Le drapeau est le symbole visible et haut placé de l'unité, base première de tout ordre moral; la fidélité au drapeau est l'honneur du soldat; c'est au drapeau que les membres dispersés de la nation demandent protection. Eh bien! les coalisés ne peuvent pas dire quelle en sera la couleur, le blanc ou le tricolore; car une portion d'entre eux est fermement résolue à proposer à la France de changer de drapeau. Ce sera une grosse affaire; et, tant qu'elle est en perspective, il est peu probable que des efforts dès lors bien secondaires pour la restauration de l'ordre moral aient grande efficacité.

C'est aussi une grosse affaire que le suffrage universel; et la politique résolument conservatrice n'est pas sûre de le réglementer comme elle l'entend. Si l'on s'en rapporte aux bruits qui courent et aux intentions qui s'expriment parmi les amis du nouveau ministère, on songe à supprimer quelque trois millions d'électeurs. Cela dépend de la bonne volonté des bonapartistes; ils forment le groupe de l'appel au peuple; ils demandent un plébiscite; consentiront-ils à mutiler cet instrument sur lequel ils comptent? Dans tous les cas, leur consentement est indispensable.

Pour moi, qu'une vie d'étude et la vieillesse avancée ont désintéressé de toute préoccupation personnelle, je considère avec une curiosité mêlée d'étonnement ce que les Allemands appelleraient le phénomène psychologique de la présente coalition. MM. les princes d'Orléans se sont coalisés, sans barguigner, avec les bonapartistes; et pourtant, si les bonapartistes triomphent (et, dans la coalition du moins, ils ont une chance contre deux), MM. les princes d'Orléans sont assurés qu'il leur faudra quitter cette belle patrie que, disent-ils, ils ont été si heureux de retrouver. Les légitimistes ne se sont pas coalisés avec les bonapartistes moins cordialement ; et pourtant du sang de Bourbon est sur la main d'un Bonaparte, froidement versé par une nuit sombre, dans un fossé écarté. Mais l'esprit aveuglé par la passion présente ne voit plus ni le passé ni l'avenir.

Bien que le changement de ministère, on nous l'assure du moins, ne vise que l'intérieur, cependant la restauration de l'ordre moral, entendue de telle ou telle façon, a, qu'on le veuille ou non, un effet indirect mais très réel sur l'extérieur. Je ne mentionne guère que pour mémoire la Russie et l'Autriche, deux puissances qui désirent peut-être que nous reprenions quelques forces dans l'intérêt de l'équilibre européen, si dangereusement ébranlé, et qui, sans doute, auraient mieux aimé que nous n'interrompissions point le cours régulier de notre rétablissement pour nous jeter dans les chances d'une autre politique. Mais ce n'est pas un simple regret de cette espèce que ressent l'Italie. Elle sait parfaitement que les membres du cabinet sont éminemment cléricaux, et ont presque tous appuyé la pétition des évêques pour que la France prît en main la défense du pouvoir temporel du pape. Leurs sentiments sont bien connus. Est-il vrai que leurs actes ne seront pas conformes à leurs sentiments, une impérieuse nécessité ne permettant pas d'engager la France en de dangereux conflits? En tout cas, l'Italie, sûre d'une malveillance intime, songera à des garanties, et je n'ai pas besoin d'indiquer qui les lui fournira.

Il est un autre pays pour lequel la restauration de l'ordre moral, telle que l'entendent nos coalisés, est bien plus inquiétante, c'est l'Espagne. Non que je pense qu'on y interviendra en faveur de la royauté et de l'Église contre la république (1), malgré l'exemple séduisant de 1823 et de la restauration; et je n'ai aucune envie d'examiner une telle hypothèse. Mais, puisque les bonapartistes ont fait leurs conditions pour entrer dans la coalition, il n'est guère possible que les légitimistes n'aient pas fait les leurs. Amener des secours par la frontière française à l'insurrection carliste est, à n'en pas douter, un de leurs plus ardents désirs; et à un ardent désir d'une aussi puissante fraction de la coalition, comment résistera-t-on?

Je n'ai retracé ces quelques faits que pour montrer dans quel inconnu on se jette quand, à trois, on poursuit un but qui, loin d'être définitif, n'est qu'un acheminement à un conflit entre associés.

Des trois principales mauvaises doctrines.

La coalition à trois têtes qui vient de renverser M. Thiers ne s'est point expliquée sur ce qu'elle entend par mauvaises doctrines; mais il est permis de penser que sous cette dénomination elle comprend les idées républicaines, car elle est monarchique; le socialisme, car elle déteste cet agitateur des

(1) Une république, qui fut éphémère, venait de s'établir en Espagne.

classes ouvrières ; et la libre pensée, car elle est cléricale. Peut-être cette énumération est-elle incomplète, et y a-t-il dans les trois têtes bien d'autres condamnations ; mais elle suffit à caractériser la situation.

Comme je comprends l'ordre moral tout autrement que les coalisés, je ne discuterai point contre eux leurs condamnations et leurs projets ; car, pour qu'une discussion soit fructueuse, il faut que les adversaires aient entre eux des principes communs dont ils conviennent. Quand cette base manque, il vaut mieux que chacun poursuive sa ligne et s'efforce de mettre de son côté la clairvoyance et la décision. En place donc d'une discussion stérile, j'examinerai comment se comportent la république, le socialisme et la libre pensée en face de l'attaque qui les menace.

La force de la république au conflit actuel est dans l'accession progressive et croissante de foules qui lui sont reconnaissantes d'avoir pansé les plaies de la France, rétabli l'ordre au sein d'un désordre extrême, et libéré le territoire. C'est là le côté positif ; mais il y a aussi le côté négatif qui est d'une grande puissance, je veux dire la perspective de la lutte que susciterait le succès du parti de la triple monarchie. Encore, s'il suffisait de renverser la république ; mais non, à côté de ce but très certain, il est quelque chose de très incertain : qui des trois engagera le conflit entre monarchies, sous quelle forme, à quel moment, et qui triomphera ? Tout ce qui aime la paix, l'ordre et le travail s'effraye d'un renversement qui ne résout rien, d'une restauration qui demeure anonyme, et d'un triple inconnu qui ne contient que des menaces. De là cette tendance de tant de gens à accepter la forme républicaine ; de là ce courant qui grossit d'autant plus que la république donne des gages et que le triple avenir monarchique n'en donne aucun.

Sans cette accession calme et raisonnable, la république ne pourrait rien ; avec cette accession, elle peut beaucoup. C'est un mouvement spontané qu'il importe de ne pas troubler en lui demandant plus qu'il n'est capable de donner. Certes, il ne donnera pas le radicalisme. De sa nature il est modéré. Dans la dernière crise, il soutenait le gouvernement de M. Thiers ; après la crise, il demeure un obstacle permanent aux restaurations monarchiques. Toute l'habileté du parti républicain doit être de le ménager pour l'entretenir.

Au premier cri d'alarme, on a recommandé l'ordre, et l'ordre n'a été troublé nulle part ; on a recommandé l'union, et chacun doit voir que jamais l'union n'a été plus nécessaire. Deux conditions fort importantes nous protégent, d'une part l'hétérogénéité de nos adversaires, de l'autre le maintien de la république. C'est à profiter de cette double protection que notre conduite commune doit se concentrer. Si les coalisés attaquent la république, leurs dissidences les rendront moins forts ; s'ils la gardent, la république, même entre leurs mains, tournera à notre bénéfice. En ce cas, aucune opposition systématique n'est nécessaire ou même utile ; il nous faut seulement gagner du temps, soutenir l'opinion et attendre les décisions du pays. Pour une pareille conduite, qui doit durer plus d'un jour, une vraie discipline est indispensable. Nous avons deux chefs naturels, tous deux habiles, tous deux sûrs, tous deux éminents : M. Thiers et M. Grévy (1); c'est à nous de nous entendre avec eux, de les écouter et d'écarter résolument, en vue d'un but élevé, les nuisibles indisciplines.

L'habileté, bien souvent, est quelque chose de très simple. C'est la vue nette d'un ou deux points essentiels, qui deviennent la boussole de la conduite. Ainsi M. Thiers, quand, à Bordeaux, dans la plus lamentable des situations, il reçut le fardeau du pouvoir exécutif, prit comme points essentiels et boussole de sa conduite la paix et la république. Cela bien conçu et fermement arrêté, il nous a rendu au bout de deux ans une France assez rétablie pour qu'en mai 1873 on ne pût reconnaître février 1871. Rien ne vint démentir nos espérances, et sous ce régime la république gagna une telle consistance que, malgré le triomphe de la coalition monarchique, le gouvernement est resté républicain. La transmission de la présidence s'est faite légalement, et nous sommes à notre second président de la république française (2).

La coalition a pour meneurs les bonapartistes, groupe redoutable par son habileté à préparer un coup d'État, sa résolution à disperser violemment les assemblées, le mépris avec lequel il foule aux pieds la légalité, sa vigueur à manier le despotisme. Ce sont certes de grandes qualités; mais je viens de lire dans le rapport de M. Saint-Marc Girardin, avec dépositions et preuves à l'appui, comment les bonapartistes ont perdu l'empereur et l'empire par leur

(1) Depuis, M. Thiers est mort dans la plénitude de son influence, et M. Grévy est devenu le président de la république française.
(2) M. le maréchal de Mac-Mahon.

aveuglement, leur outrecuidance, leur esprit de vertige. Ce sont là de grands défauts qui contrebalanceront leurs rares qualités.

Non moins que l'idée républicaine, le mouvement socialiste est en lutte à nos restaurateurs de l'ordre moral. Le socialisme se compose de deux parties fort inégales en valeur, les doctrines générales et les faits. Les doctrines générales sont incohérentes, discordantes entre elles, empruntées à des conceptions métaphysiques et destinées à se briser constamment contre l'histoire en action et l'évolution sociale. Les faits ont une tout autre importance ; ils consistent en ceci que, d'après les ouvriers, le produit réalisé à l'aide de l'association du travail et du capital, est partagé d'une manière injuste, au détriment du travail ; et ils s'efforcent de réduire la part du capital en obtenant la hausse des salaires et la diminution des heures de travail. Cela se fait aujourd'hui d'un bout de l'Europe à l'autre ; et les ouvriers ont obtenu de notables résultats. C'est en Angleterre que l'on peut le mieux étudier ce phénomène social ; là les *trades' unions* sont fortement organisées, comptent leurs associés par centaines de mille, et disposent, grâce aux cotisations régulières, de considérables sommes d'argent. Ni l'opinion, ni le gouvernement ne sont assez déraisonnables pour essayer de dissoudre ce puissant faisceau et de mettre à néant son action. Le conflit entre le travail et le capital est un des plus grands évènements de la moderne évolution ; le surveiller des deux côtés avec vigilance est le devoir du gouvernement ; et pour le moment son intervention ne peut aller au-delà de la surveillance.

L'intérêt du socialisme est de séparer résolument

sa cause de l'esprit révolutionnaire; et il donnera une preuve importante de cette séparation quand, dans les élections politiques, les ouvriers, au lieu de choisir un bourgeois, un *politicien*, comme disent les Américains, choisiront des ouvriers pour prendre place dans les assemblées délibérantes. Cela vaudra beaucoup mieux que d'imposer des mandats impératifs qui deviennent, je ne crains pas de le dire, ridicules quand la situation change du tout au tout, entre le moment où ils sont donnés et le moment de les mettre à exécution.

La troisième mauvaise doctrine, et non la moindre, est la libre pensée, considérée par la coalition comme un des principaux agents du désordre moral auquel il s'agit de remédier. C'est qu'en effet la coalition, outre ses trois partis monarchiques, contient le parti clérical qui la vivifie et qui la pousse. Pour lui, la libre pensée, le libre examen est l'ennemi qu'il faut détruire. Et je ne parle pas de cette lutte par la parole, par l'enseignement, par le livre, qui est son droit comme celui de toute doctrine; je parle d'une destruction effective par l'autorité, par le pouvoir habilement manié, et, comme on disait autrefois, par le bras séculier chargé de transformer les décisions dogmatiques en mesures de rigueur. On tracassera, on gênera, on persécutera, suivant les facilités qui se présenteront; et le dernier but, non caché d'ailleurs, est de supprimer par la force toute dissidence. Ce résultat, on ne croirait pas l'acheter trop cher, même au prix de l'inquisition. Ôter la liberté du mal, c'est le mot d'ordre qui rassure et encourage les consciences cléricales.

En 1827, mon père mourut sans prêtres, et fut enterré sans prêtres comme i était mort. Cela se passait sous le règne de Charles X, en plein jour ; et ce fut ce qu'on nomme aujourd'hui un enterrement civil. Certes, je n'aurais jamais songé à évoquer ce lointain souvenir sans l'arrêté de M. le préfet du Rhône, sans ce qui s'est passé aux obsèques de M. le représentant Brousse, sans la discussion et le vote de la chambre. On veut, des enterrements civils, nous faire une flétrissure ; nous nous en ferions, par représailles, un honneur, si nous n'étions pas élevés par nos doctrines à une haute et sereine tolérance ; nous nous en faisons simplement un devoir.

Autre souvenir que je recommande à MM. les députés protestants qui ont signé l'ordre du jour. J'ai entendu ma mère, calviniste du Vivarais, raconter que, dans son pays, avant la révolution, il était interdit d'enterrer les religionnaires dans les cimetières ; que cette interdiction avait réduit au désespoir les pauvres ne sachant que faire de leurs défunts, et avait produit parmi eux de lamentables conversions au catholicisme ; que les riches seuls pouvaient se mettre à l'abri en enterrant leurs morts dans leurs propriétés ; et que la funèbre cérémonie, à laquelle elle avait plus d'une fois assisté, s'accomplissait la nuit, à la lueur des flambeaux, sous les cris d'une populace ameutée pour insulter à l'*enfouissement* (gardons le mot) des hérétiques. Voilà ce qu'on fit jadis. Aujourd'hui, le *syllabus*, qui range la liberté de conscience parmi les pestes de l'ère moderne, ne distingue pas entre la libre pensée et l'hérésie.

Ceci, je veux dire l'attaque contre la libre pensée et sa résistance, ne relève que du moment présent. Mais la philosophie positive ne se borne pas à une vue aussi particulière. Pour en sortir, il lui suffit d'unir le moment présent au passé et à l'avenir. Ce qu'elle constate au cours de l'histoire des trois derniers siècles, c'est la décroissance de l'opinion théologique et de son autorité ; décroissance qui a été continue et sans retours, autres que des retours momentanés. Prenez de cinquante ans en cinquante ans la situation, et vous la trouverez constamment changée dans le sens que dit la philosophie positive. Un des retours apparents les plus notables a été le triomphe du cléricalisme sous la légitimité. Ai-je besoin de montrer combien, loin de lui profiter, il lui a été dommageable, non seulement en France, mais dans toute l'Europe ? Nul, parmi ses plus grands adversaires d'alors, n'aurait osé prédire qu'il le serait autant. La philosophie positive est historiquement convaincue que la solution générale ne peut pas varier, et qu'elle sera défavorable à la théologie.

Tout à l'heure, quelques lignes plus haut, je signalais l'inconnu que crée la compétition des personnes et des partis ; ici je retrouve le même inconnu à l'endroit des doctrines. Quoi de plus provisoire que cette universelle obscurité ? Il faudra en sortir. La tâche du parti républicain est voir venir le moment et la façon. Il est, en attendant, débarrassé de toute responsabilité, excepté celle des imprudences.

Depuis Bordeaux, le péril de la France a été le mobile constant de ma conduite politique, ayant toujours présent à l'esprit cette phrase de l'historien latin si applicable à notre situation après notre démembrement: « Qu'il est plus difficile de faire descendre un empire du faîte de la puissance à une situation moyenne, que de le précipiter de la situation moyenne au plus bas degré (1). » Ces paroles,

(1) Sciat regum majestatem difficilius ab summo fastigio ad medium detrahi, quam a mediis ad ima præcipitari. C'est le langage que Tite-Live attribue à Scipion parlant à Antiochus après sa défaite

appliquées à notre pays, signifient que le premier démembrement a été plus difficile que ne serait un second. Voilà où nous en sommes. C'est pour cela que tant de gens entretiennent envers les Bonapartes une insurmontable aversion; trois fois, livrant la France en proie à l'étranger, ils en ont amoindri le territoire et rétréci les frontières; trois fois, ne l'oubliez pas, Français. C'est pour cela aussi qu'il est impardonnable aux partis, dans leurs entreprises perturbatrices, de ne pas se soucier de ce péril permanent de la France; qu'il a été uniquement sage de maintenir ce qui est en l'améliorant pour pacifier; et qu'il est gravement téméraire d'instituer un gouvernement de combat en soulevant les passions, au risque de tout diviser.

De la politique conservatrice.

Puisqu'il faut à la fois empêcher la contre-révolution et la révolution, une politique conservatrice est nécessaire.

Le premier office d'une pareille politique est de faire régner l'ordre dans le pays. *Ordre et progrès* est la devise de la politique scientifique, devise où l'on remarquera que l'ordre est avant le progrès. En effet point de progrès sans ordre. Des nations peuvent vivre sans progrès; mais sans ordre elles ne pourraient vivre longtemps. Aussi, et cela est particulièrement visible dans nos sociétés modernes où les intérêts sont si compliqués, une perturbation de l'ordre amène d'inévitables réactions qui, à tout prix et quelquefois à un prix bien cher, rétablissent une suffisante tranquillité.

Cet office, qui s'impose avant tout le reste aux soins d'un gouvernement ferme et éclairé, est une besogne malaisée en tout temps, et surtout dans le nôtre. Plus la divergence des opinions religieuses, philosophiques, politiques, sociales est grande, plus la tâche de maintenir l'ordre matériel au sein de l'effervescence est laborieuse ; alors des partis sont tentés de renverser l'arrangement dans la devise que j'ai rapportée, et de mettre le progrès bien ou mal entendu avant l'ordre. Il n'est pas d'erreur plus funeste. C'est pécher contre la constitution fondamentale des sociétés, et l'on en est puni par des commotions qui rapportent peu de bien et causent beaucoup de mal.

Je n'ai pas besoin d'aller chercher loin mes exemples ; et, malheureusement, l'Espagne est, je le crains beaucoup, près de témoigner qu'il ne faut jamais mettre le progrès avant l'ordre. Cette interversion peut se faire dans des phrases pompeuses et des lieux communs révolutionnaires ; mais elle ne se fait jamais dans les choses. Les *intransigeants* espagnols, qui ont tant d'analogies avec nos radicaux, ont, depuis la proclamation de leur république, troublé l'ordre, désorganisé l'armée, soulevé des conflits locaux, refusé l'obéissance et poursuivi, chacun à son point de vue, la réalisation de doctrines divergentes. Qu'en est-il résulté ? Rien ne s'oppose aux carlistes, dont on ne s'occupe guère plus que nos gens de la Commune ne s'occupaient des Prussiens ; un désarroi complet est dans les finances et dans la force militaire, ces deux pivots de toute puissance ; et ce sont les meilleurs amis de l'Espagne qui ont aujourd'hui les craintes les plus vives. Il n'est pas bon que le pouvoir soit en proie à ceux qui ne savent ni gouverner ni être gouvernés.

Le second office de la politique conservatrice est de laisser à toutes les opinions religieuses, philosophiques, politiques et sociales, une pleine liberté d'exposition et de discussion. Il est bien entendu qu'une telle *liberté* ne peut exister sans un ensemble de *libertés* réalisées à des degrés divers par les différents régimes représentatifs.

Deux raisons, tirées l'une des faits et l'autre de la théorie, assignent déterminément ce second office à la politique conservatrice.

Les faits sont que, depuis quatre-vingts ans, tous les gouvernements, même les plus absolus, ont été obligés de concéder successivement à leurs peuples ces libertés nécessaires, suivant l'expression de l'homme d'État qui naguère présidait à nos destinées (1). Et cela n'a point été sans luttes ; des commotions plus ou moins violentes se sont produites d'un bout de l'Europe à l'autre ; et l'ordre matériel fut gravement compromis par ces refus de laisser à l'ordre moral son expression naturelle. C'est même ce qui fit la force et la sécurité de la France au milieu des tourmentes de 1830 et de 1848. Alors, quand la France s'agitait, les peuples s'agitaient aussi et ôtaient à leurs gouvernants le loisir de concerter des guerres d'invasion et de conquête. Aujourd'hui que satisfaction leur a été donnée, ils assisteraient sans émotion à nos tumultes ; et, si nous retombions dans la fournaise révolutionnaire, nous nous y consumerions, sans que le feu, comme jadis, s'en communiquât à leur édifice politique. Mais cette extension générale d'une certaine somme

---

(1) M. Thiers.

de libertés témoigne qu'il n'est pas plus possible de les ôter ou de les restreindre qu'il ne fut possible de les empêcher de s'établir. Donc les faits contraignent tout homme d'Etat à gouverner avec cette condition imposée par des antécédents dont rien ne peut annuler la puissance.

La théorie ne parle pas autrement que les faits. M. Comte a montré que le régime catholico-féodal, fortement ébranlé pendant les quatorzième et quinzième siècles par les communes, par les grands schismes et par les anti-papes, éprouva son premier démantellement au seizième par la réforme. Mais ce n'était pas pour rester ni protestant ni demi-féodal que l'Occident entamait ainsi sa propre unité. Aussi les temps qui suivirent furent marqués par de graves révolutions politiques, par des mutations profondes dans les opinions, par des changements progressifs des institutions; si bien que, d'une part, la féodalité fut combattue et à peu près extirpée, et que, d'autre part, la société, repoussant la domination ecclésiastique sous laquelle elle avait vécu pendant le moyen âge, fit prévaloir universellement le caractère laïque. Tout annonce qu'un si grand mouvement n'est aucunement terminé. Il a eu besoin du libre examen pour commencer; il en a eu besoin pour produire les effets que je viens de rappeler; il en a besoin pour continuer son œuvre. Le libre examen, même lorsqu'il était faible, a été incompressible; à plus forte raison est-il présentement insaisissable à aucune compression. Ainsi parle la théorie de l'évolution sociale pendant les trois derniers siècles.

La politique conservatrice ne peut qu'écouter la théorie et se conformer aux faits; car de nos jours il n'y a pas d'autre définition de l'ordre moral que le maintien général de la liberté de discussion avec le maintien rigoureux de l'ordre matériel.

RESTAURATION DE LA LÉGITIMITÉ

ET DE SES ALLIÉS (1)

Malheureux roi, malheureuse France ! *Journal des Débats*, sous Charles X, à la menace des ordonnances de Juillet 1830.

En 1873, MM. les princes d'Orléans ayant fait ce qu'on appela la fusion, c'est-à-dire ayant reconnu M. le comte de Chambord pour chef de leur famille, et ayant renoncé à toute compétition de pouvoir contre lui, le parti légitimiste et le parti orléaniste se réunirent et entreprirent de rendre à Henri V le sceptre de ses ancêtres. Ce qui serait advenu de cette tentative, je ne puis le dire ; car elle ne vint pas à l'épreuve décisive, et elle échoua sur une question préliminaire : M. le comte de Chambord refusa d'accepter le drapeau tricolore et d'admettre une constitution qu'il ne donnerait pas. Là-dessus, la coalition se rompit, et il ne put plus être question de restauration. J'ignore quelles sont les invincibles répugnances de M. le comte de Chambord à l'endroit du drapeau tricolore ; mais, quant à l'incompatibilité d'un droit héréditaire avec la souveraineté populaire, il s'est mépris. Les deux institutions ne sont point incompatibles ; témoin l'Angleterre, où le droit héréditaire règne sans conteste, et où la souveraineté populaire est en plein exercice. Mais un même obstacle qui arrêta le descendant des Stuarts invité à monter sur le trône d'Angleterre a aussi arrêté M. de Chambord invité à monter sur le trône de France : l'impossibilité de se conformer au milieu social que la révolution anglaise et la révolution française avaient créé respectivement. C'est des deux côtés un cas d'atavisme, la plus insurmontable des barrières quand il s'agit pour les hommes d'entrer dans de nouvelles manières de sentir et de penser. J'appelle l'attention sur ce point de physiologie psy-

---

(1) E. Dentu, libraire-éditeur, Palais-Royal, 17 et 19, Galerie d'Orléans, 1873.

chique, je l'appelle aussi sur la condition sociologique qui montre la France si florissante quand on considère son industrie, ses lettres et ses sciences, si déroutée quand on considère sa constitution politique, et qui enseigne que ce n'est certes pas dans une monarchie légitime ou césarienne qu'elle trouverait de la stabilité.

PRÉFACE (1)

Les trois articles qui composent la présente brochure ont été écrits alors que je résidais à Pornic, sur les bords de la mer; le *Phare de la Loire* les a publiés, et je remercie M. Mangin, directeur de cet important journal, de leur avoir ouvert ses colonnes. Je remercie aussi les différents journaux de Paris et des départements qui les ont reproduits; et c'est en raison de cet accueil que je les remets sous les yeux du public (2). Le temps presse, le péril est grand, et chacun doit intervenir selon ses forces dans la lutte.

Ces articles correspondent aux trois phases que la fusion a présentées successivement. D'abord nous eûmes la phase pure du drapeau blanc, de la légitimitée restaurée et de M. de Chambord relevant la monarchie traditionnelle. Puis on parla de la vieille constitution monarchique de la France, de celle que la révolution avait si méchamment mise à mort. Enfin, renonçant, vu les impossibilités, au drapeau blanc et à la vieille constitution, la fusion se fixa au drapeau tricolore et à des institutions que la chambre ferait adopter au futur Henri V. Là est la suite et l'unité de ces articles.

Les hommes qui combattirent l'établissement de

(1) Cette préface porte la date du 8 octobre 1873.
(2) Sous forme de brochure, en 1873.

l'empire de toutes leurs forces, auraient, le résultat l'a montré sans conteste, rendu à la France un signalé service, s'ils eussent réussi. Ceux qui combattent aujourd'hui de toutes leurs forces le rétablissement de la légitimité, rendront, s'ils réussissent, un non moindre service; car, vu le prince et le pays, l'avenir de la restauration ne sera pas autre que n'a été son passé.

Je comprends sans peine que des hommes éclairés et bien intentionnés préfèrent la monarchie constitutionnelle, et, soit par souvenir, soit grâce à l'exemple de l'Angleterre, y voient un gage de sécurité. Sans partager leur opinion, vu que, suivant moi, ils ne se rendent pas suffisamment compte des difficultés qui attendent en France tout rétablissement monarchique, et des facilités qui présentement favorisent la république; sans partager, dis-je, leur opinion, j'en aperçois clairement les motifs plausibles et les raisons sérieuses. Mais ce que je ne comprends pas, c'est que ces hommes éclairés et bien intentionnés se soient adressés à la légitimité.

En ceci, leurs lumières les abandonnent, leurs bonnes intentions s'égarent, et leurs plus chères convictions seront trompées. La force des choses, encore plus que l'intention des hommes, veut que cette transaction soit semée de mécomptes et de déceptions réciproques. Ils auront les paroles du prince, mais les légitimistes et les cléricaux auront le prince. Charles X est là pour montrer lequel vaut mieux, avoir le prince ou avoir les paroles. Être plus habile que Charles X avec les mêmes vues politiques et religieuses, voilà sur quoi roulera toute la future restauration.

L'hypocrisie du drapeau tricolore chez les poli-

tiques qui poursuivent la restauration légitimiste, en est le visible augure. Et comment exprimer autrement ce changement de couleurs, quand on lit dans la lettre de M. le comte de Chambord à M. Dupanloup : « La France ne comprend pas plus le chef
» de la maison de Bourbon reniant l'étendard d'Al-
» ger, qu'elle n'eût compris l'évêque d'Orléans se
» résignant à siéger à l'Académie française en com-
» pagnie de sceptiques et d'athées (1). »

Cette année de 1873 représente fidèlement l'année de 1851. On travaillait alors, comme on travaille aujourd'hui, contre la république. En 1851, l'ennemi en était le prince Louis-Napoléon, président; en 1873, l'ennemi en est une coalition formée dans la droite et le centre droit. Les mots seuls sont changés : c'était pour l'empereur, c'est pour le roi. Il s'agit toujours de mettre au pays la camisole de force, en 1851 la camisole césarienne, en 1873 la camisole cléricale.

Aucune masse populaire n'appelle Henri V ; aucune acclamation que celle des pèlerins et des cléricaux ne se prépare pour accueillir sa royauté. Inutile royauté qui ne nous a été d'aucune aide ni dans nos désastres ni dans notre réparation ; royauté vieillie qui ne pourrait vivre que d'adoration et qui n'en

---

(1) C'est moi que ce passage désigne ; mais, j'en demande pardon à M. le comte de Chambord, il a été inexactement informé. Je ne suis ni sceptique (ayant la foi en la science positive, flambeau et guide de la vie individuelle et collective), ni athée (traitant l'athéisme et le déisme d'explications du monde également inacceptables, et écartant comme inaccessible à l'esprit humain toute recherche d'origine et de fin). — Dans une déclaration toute récente, M. de Chambord promet, il est vrai, la tolérance aux protestants ; mais il ne promet rien aux libres penseurs, qui, sous diverses formes, sont si nombreux dans toutes les classes.

trouve plus; royauté déceptive à qui les faiseurs marchandent sa légitimité et qui leur marchande une constitution ; enfin, royauté contestée et contestable tant qu'elle durera, car elle est issue d'étroits conciliabules, hors de la clarté du jour et sans la consécration nationale ! Vraiment, je ne sais par quelle frontière M. de Chambord pourra rentrer, ni quelle ville traverser, sans entendre retentir à ses oreilles le cri de : Vive la République ! Il triomphera, je le veux, de ces clameurs, il dispersera ces foules, il passera, dût son entrée coûter des violences. Mais après ? mais la suite ? mais l'avenir ?

Dans la France remaniée par la révolution, la légitimité cléricale est, quoi qu'on fasse, un gouvernement suspect, d'un bout du pays à l'autre, en haut et en bas, dans les villes et dans les campagnes. Quoi de plus dangereux pour lui comme pour nous qu'un gouvernement suspect ?

La nouvelle restauration qu'on nous apprête, numérotons-la, cela vaut la peine ; c'est la troisième, et ce chiffre dit tout. Admirables recommenceurs ! Cette rechute dans la légitimité et le cléricalisme amènera la rechute dans la révolution. Les recommenceurs en révolution ne manqueront pas plus que les recommenceurs en légitimité. La république, seule, ouvre une ère nouvelle, à la fois affranchie des restaurations provoquantes et des révolutions provoquées.

II

1815 ET 1873.

La restauration rafraîchie pour laquelle on travaille est, comme la première, légitimiste et cléricale, et d'une façon encore plus criante et plus insupportable; car elle est soumise à des doctrines ultramontaines et au *Syllabus* qui n'existaient pas lors de l'ancienne restauration, et elle se trouve en face d'une société plus déterminément laïque et moderne que n'était celle des hommes de 1815.

Pourtant un péril réel s'approche. Il ne faut pas l'atténuer en parole, tandis qu'il subsiste en fait; mais il faut l'envisager tel qu'il est pour le combattre résolument. Dire à cause des difficultés que les partis monarchiques rencontrent dans leurs dissentiments entre eux et dans les dispositions du pays, que l'existence de la république n'est pas menacée, est une erreur qui serait funeste si, nous endormant dans une fausse sécurité, elle nous portait à compter uniquement sur la situation. Cette situation, pour prévaloir, réclame le concours de tous les amis de la stabilité, l'union de tous les républicains et leur discipline sous ceux qui, dans ces importantes conjonctures, sont leurs chefs naturels.

J'ai parlé tout à l'heure des dangers auxquels la république est exposée présentement; mais ce n'est point assez; je dois dire : les dangers de la France, dont, bien entendu, je mets les intérêts au-dessus de ceux de la république. Si la réunion des députés à Bordeaux dans le néfaste mois de février avait trouvé la monarchie existante ou l'avait aussitôt rétablie, je n'aurais pas, tout républicain que je suis depuis longtemps, rien voulu faire pour l'ébranler et la troubler, tant je suis convaincu qu'après les effroyables désastres où la folle ineptie de l'empire nous a précipités, ce qui presse uniquement est la reconstitution de nos forces morales et matérielles. Comme c'est la république que la chambre a trouvée debout à Bordeaux et qui dure depuis plus de deux ans, les bons Français, que j'oppose sans hésitation aux *gens de biens* ligués pour le gouvernement de combat, ne doivent gaspiller ni temps, ni force à défaire ce qui est fait. Deux ans de république ont établi l'ordre, libéré le territoire, assuré nos finances. Dans ce progrès des choses, combien trois mois de déchirements monarchiques jetteront-ils de mal et de ruine !

Ceci est, dans la tentative de renverser la république, le danger prochain; mais il en est un lointain qui n'en est pas moins grave. Les coups de force qui, depuis quatre-vingts ans, enchaînent ou déchaînent tour à tour la révolution, sont un malheur et une honte pour notre pays. Coûte que coûte, il faut y mettre un terme; toutes les bonnes volontés, tous les courages, toutes les prévoyances, doivent tendre à ce but. Eh bien ! les infatués et les fanatiques, seuls, s'imaginent que la royauté légitimiste et cléricale peut s'affermir sur notre sol démocratique. Une commotion l'emporterait; mais une commotion aggraverait nos charges financières, entraverait notre réorganisation et ferait de nous une proie plus facile à nos vigilants ennemis.

Si la situation française veut l'apaisement et la continuité, la situation monarchique veut toute autre chose. La coalition bourbonienne a, pour agir, peu de temps devant elle, quelques mois seulement. Elle ne songe pas à consulter le suffrage universel qu'elle redoute; encore moins songe-t-elle à susciter dans le pays un entraînement pour une dynastie vers laquelle, dans nos désastres et notre réorganisation, aucune main ne s'est tendue, et dont les derniers événements ont mis dans tout son jour la complète inutilité ; mais elle songe à profiter hâtivement de la force que le hasard d'élections faites pour une prompte paix lui a créée et qu'emporteront les prochaines élections. Ainsi une impérieuse nécessité la contraint de tenter un effort décisif dans le court espace de temps qui est devant nous. Un peu plus tard serait trop tard.

A la nécessité d'agir vite se joint celle d'agir réunis. Si le parti monarchique bourbonien restait divisé, il demeurait tout à fait impuissant, même dans la chambre, où est son unique espérance. Sous cette pression, M. le comte de Paris, avec l'autorisation de toute sa famille, s'est rendu auprès de M. le comte de Chambord et l'a reconnu pour son roi.

Dès les premiers jours qui ont suivi le 24 mai (1), on a dit que la coalition des trois partis n'était entre eux qu'une trêve où chacun essayerait de duper, d'évincer les deux autres. Aujourd'hui, la chose est accomplie ; le bonapartisme est dupé ; l'orléanisme s'évince lui-même ; et le légitimisme clérical reste seul maître du terrain gagné par les trois coalisés.

Dans l'union des deux monarchies bourboniennes, l'alternative était ou que M. le comte de Chambord prendrait le drapeau tricolore, ou que MM. les princes d'Orléans se soumettraient au drapeau blanc. C'est cette dernière solution qui a prévalu. Abandonner le testament si décisif et si remarquable de son père a dû coûter au comte de Paris. Non moins pénible à MM. les princes d'Aumale et de Joinville a dû être le sacrifice de 1830 et de Louis-Philippe. Mais enfin les raisons dynastiques l'ont emporté.

(1) C'est le jour du renversement de M. Thiers.

Je me sers des termes drapeau tricolore et drapeau blanc, comme désignations abrégées des deux doctrines politiques et sociales qui, en définitive, divisent la France depuis quatre-vingts ans. Le drapeau tricolore représente ce que le chef de la catholicité a, dans une lettre toute récente, nommé *les erreurs d'un droit nouveau*, c'est-à-dire la liberté politique, la liberté de conscience, la liberté de la presse, le libre examen et le développement indéfini de la société sous le régime de la science. Le drapeau blanc représente le droit divin, l'alliance du trône et de l'autel, l'asservissement politique, et, ce qui est encore plus dur et plus insupportable pour les sociétés modernes, l'asservissement théologique.

Si la république subsiste, MM. les princes d'Orléans seront de riches et puissants citoyens, mais ils ne seront que cela. Si, au contraire, le drapeau blanc revient flotter sur les Tuileries, ils deviendront princes du sang, et, comme M. le comte de Chambord n'a point d'enfants, ils s'assoiront, par droit de légitimité, sur le trône de France. Pendant ce temps, les Bonaparte, sans qui le 24 mai aurait échoué, repasseront la frontière et iront méditer en Suisse et en Angleterre sur les mérites de l'appel au peuple et les douceurs du plébiscite.

Le drapeau blanc est fort dans la chambre, mais très faible dans le pays. Sa puissance et ses partisans y ont constamment décru. Ils furent moindres en 1815, pendant les Cent Jours, que dans les terribles guerres de la Vendée ; moindres en 1832 lors de l'expédition de la duchesse de Berry contre la royauté de Louis-Philippe qu'en 1815 ; moindres encore en 1848 et en 1870, où sa couleur n'a pu même se montrer. Si des intrigues l'emportaient dans la chambre, on verrait bien que c'est une grosse affaire d'ôter le drapeau tricolore à l'armée, à nos villes républicaines, à nos campagnes, où il est le symbole de leur affranchissement du seigneur et du prêtre, à tant de provinces qui frémiraient si l'on tentait de le leur arracher.

Ainsi notre faiblesse est dans la chambre; notre force, dans le pays. Une situation exactement connue, un terrain bien étudié fournit immédiatement des règles de conduite. Susciter toutes les sympathies pour le drapeau tricolore, réveiller toutes les aversions pour le drapeau blanc, ces deux symboles des doctrines les plus antagonistes depuis quatre-vingts ans, voilà ce qu'il faut faire partout et tous les jours durant la prorogation, afin d'opposer une puissante opinion publique à des formations de majorité qui, n'étant jamais que des coalitions sans lendemain, livrent le pays aux hasards de toutes les commotions.

Nos moyens de résistance sont grands, même dans la chambre, parce que grandes sont les difficultés qui gênent nos adversaires. Voyez, en effet, la série des mesures qu'il leur faut faire passer : supprimer le drapeau tricolore, adopter le drapeau blanc, rétablir la monarchie de droit divin, recevoir du roi une charte octroyée, se rendre, en un mot, sans condition au légitimisme et au cléricalisme. Il n'est pas un de ces points qui ne soulève les plus violents orages, et qui ne permette d'entraver suffisamment les clauses particulières pour faire avorter le plan général.

Quelques-uns se rappellent, et l'histoire témoigne, combien en 1814, l'ancien régime, reparaissant, souleva de répugnances, enlevant soudainement à la restauration les sympathies que le retour de la paix et une charte lui avaient tout d'abord conciliées. Ce fut un spectre; que sera-t-il donc, ce spectre, soixante ans après, quand le régime moderne a pris possession de la société entière? Souveraineté nationale, liberté politique, laïcité de l'État, doctrines philosophiques et sociales sans autre contrôle que la science, la science elle-même ne reconnaissant d'autorité que la démonstration, sans aucun souci des textes légendaires, enfin les classes laborieuses entrant personnellement en scène, où dans tout cela l'ancien régime trouvera-t-il à se loger? Il flottera à la surface, comme une écume que le moindre souffle dissipe.

Les ultras de la nouvelle restauration nous disent qu'ils la feront même à une voix de majorité (1). C'est peu. Elle sera belle à voir, cette restauration, quand, dans une position cent fois plus précaire que l'ancienne, elle aura à lutter contre une implacable opposition. Libéraux, républicains, socialistes, bonapartistes, que d'adversaires! Et notez que, tandis que la république s'ouvre à tous ceux qui veulent, de quelque côté qu'ils viennent, l'ordre et la liberté, la nouvelle restauration ne peut s'ouvrir qu'aux fauteurs du *Syllabus* et à ceux qui répètent avec foi les détestations du chef de la catholicité contre les principes de 89 et le droit nouveau.

Une voix de majorité dans la chambre, et la minorité dans le pays! Et ce sont des hommes politiques

---

(1) Coïncidence singulière, c'est à une voix de majorité que, dans cette même chambre, la république a été faite. Le résultat de cette majorité à une voix a été la république actuelle qui dure; nul ne sait quel eût été le résultat de l'autre majorité d'une voix.

qui se confient en des combinaisons aussi arbitraires, ne tenant compte ni du passé, ni du présent, ni de la force des choses ! Il faut, à chacune de nos crises, reconnaître avec une véritable douleur et une profonde mortification, qu'en France les classes supérieures sont absolument incapables de tenir la direction des mouvements sociaux. Tandis que, dans l'Angleterre, des classes supérieures, bien autrement solides que les nôtres, ne s'obstinent jamais en leurs rancunes ou en leurs préjugés, et obéissent prudemment et honnêtement aux nécessités sociales, les nôtres, avec la légèreté de cœur que l'on connaît, ne demandent qu'une voix de majorité parlementaire pour se mettre au-dessus de toutes les volontés et de tous les instincts du pays ! La seule chose que nos conservateurs aient jamais conservée, est leur infatuation.

Je ne m'occupe point, on le comprend, des rumeurs d'après lesquelles M. le comte de Chambord déserterait le drapeau blanc, adopterait le drapeau tricolore, recevrait de l'assemblée une charte, et, de roi légitime, deviendrait roi constitutionnel. Il a toujours repoussé résolument et franchement une pareille transaction. A cet égard, ses déclarations n'ont jamais varié.

Si aujourd'hui elles variaient, quelle confiance sa nouvelle attitude pourrait-elle inspirer ? Son cœur — qui en doute ? — est tout entier avec le drapeau blanc. Son entourage intime sera exclusivement légitimiste et clérical. Ses légitimistes l'exciteront journellement contre la révolution ; ses prêtres lui interpréteront ses promesses et lui allégeront la conscience. C'est ainsi que son grand-père Charles X, qui n'était pas moins loyal que lui, viola la charte, souleva la guerre civile et fut rejeté hors de France.

M. le comte de Chambord ne se commettra point en des contradictions si dangereuses pour tout le monde. Ses déclarations demeureront invariables, car il les a mises sous l'autorité du chef suprême de la catholicité. Le pape, condamnant les *erreurs du droit nouveau*, place sa confiance dans la monarchie légitime, dans le droit divin, dans la restauration de nos anciens rois ; événements qui rendront, dit-il, aux doctrines catholiques et au régime théologique toute la puissance des anciens jours. Le pape n'est-il pas un assuré garant du roi ?

II

CONSTITUTION POLITIQUE DE LA FRANCE

1

Le parti monarchique nous parle sans cesse de l'antique constitution de la France, de la révolution criminelle qui nous l'a enlevée, et du salut qui nous attend quand nous y retournerons. Jamais paroles plus vaines n'ont été prononcées. La révolution n'a point détruit la vieille constitution de la France ; depuis longtemps cette constitution n'existait plus au moment où la révolution éclata ; et c'est la monarchie elle-même qui, se débarrassant de la représentation nationale d'alors, coupa la tradition historique, cette garantie de durée pour les institutions.

L'ancienne constitution de la France, qui fonctionna depuis le commencement du quatorzième siècle jusqu'au commencement du dix-septième, c'est-à-dire pendant plus de trois cents ans, comprenait la monarchie héréditaire et les états généraux, composés des trois ordres, le clergé, la noblesse et le tiers état.

Celle-là n'avait jamais été écrite. Celles qu'on n'écrit pas sont les meilleures et les plus solides ; car elles proviennent des conditions sociales et des profondeurs de l'histoire. Telle en effet était l'origine de la monarchie héréditaire et des états généraux. La monarchie remontait à Hugues Capet, à la dissolution de l'empire carlovingien, à la formation du grand système féodal. Les états généraux remontaient aux assemblées d'église et de baronnie, qui délibéraient avec le roi, et auxquelles s'associa sans difficulté le tiers état, quand un tiers état se fut formé. Ainsi s'était constitué notre antique gouvernement, avec ses deux organes solidaires l'un de l'autre, le roi et le conseil national. Tout fut traditionnel dans ces institutions ; et il aurait fallu de bien malheureux événements pour qu'elles n'eussent pas puissance et durée.

Ni la puissance ni la durée ne leur manquèrent. Les états généraux et la monarchie remplirent leur office séculaire. La royauté et la nation, liées l'une à l'autre par des relations régulières, se développèrent concurremment ; et l'histoire remarque que, durant ce long espace de temps signalé par tant de vicissitudes, les plus utiles réformes naquirent des délibérations des états généraux.

Mais, sous Louis XIV, il plut à la monarchie, profitant d'un ascendant momentané, d'usurper sur la nation le droit de délibération des affaires publiques, et de s'affranchir du contrôle des états généraux. On ne les appela plus. De cette façon se trouva supprimée une moitié de la constitution historique de la France. Il ne resta que l'autre moitié, la monarchie héréditaire, sans communication avec la nation, et coupable d'un attentat aussi illégitime qu'impolitique.

Du moment que la monarchie eut goûté des trompeuses douceurs de l'autorité absolue, rien ne put l'en détacher. Elle repoussa loin d'elle tous les souvenirs des états généraux. Les hommes qui se hasardèrent à les lui rappeler furent considérés comme des ennemis et des factieux. De période en période, l'isolement s'accrut entre la nation que la nécessité des réformes travaillait, et la monarchie héréditaire à qui son méfait ne permettait pas de s'y laisser aller. Ce ne furent ni la fin de Louis XIV, ni le gouvernement du régent, ni le règne de Louis XV qui amoindrirent les dangers d'une pareille situation. Plus le siècle s'avança, plus il devint impossible, dans les difficultés qui s'élevèrent, de songer à aucun autre remède qu'une plus grande tension dans l'arbitraire, un plus fréquent emploi de la Bastille, et plus de mauvaise humeur contre la discussion philosophique et la libre pensée.

Si, durant les cent quarante ans de ce régime où croissait la discordance avec l'esprit de la société, les états généraux eussent été convoqués régulièrement, les besoins de réformes eussent été graduels, et graduelles aussi les réformes. La nation et la monarchie auraient marché de concert, et non l'une d'un côté, et l'autre de l'autre. Qui pouvait prévoir ce que serait la rencontre, quand la nécessité des choses les remettrait en présence?

Cette remise en présence advint en 1789. La monarchie étant réduite aux abois par une opinion

publique formidable et par le désarroi financier, on
redemanda impérieusement les états généraux,
tombés en désuétude, sans précédents prochains
qui les guidassent, sans tradition reconnue qui les
contînt. Tout était nouveau, la situation, les
hommes, les besoins, les aspirations. On n'avait
derrière soi que l'incandescence d'un siècle dégoûté
du présent, audacieux dans ses pensées, fier de son
ardent amour de l'humanité. Les états généraux,
ressuscités en ces redoutables conjonctures, arrivèrent pleins de réformes retardées, accumulées,
qui n'étaient rien moins qu'une révolution ; et la
monarchie fut emportée.

Ami de l'histoire et de la tradition, personne plus
que moi ne déplore l'attentat de la monarchie contre
la tradition et les franchises nationales. Il supprima
le développement parallèle et salutaire de la nation
et de la monarchie. La vieille constitution française
possédait tout le nécessaire pour se développer au
fur et à mesure des besoins matériels, intellectuels
et moraux de la société. Elle l'avait amplement
prouvé pendant trois grands siècles d'existence.
Mais les regrets historiques sont superflus ; le passé
peut être étudié, non refait. Depuis l'anéantissement des états généraux par les mains de la royauté,
la France flotta sans constitution politique, au gré
d'une monarchie purement administrative en ce
qu'elle avait de bon, purement arbitraire en ce
qu'elle avait de mauvais. Cela ne pouvait durer au
milieu de la fermentation des nouvelles sciences,
des nouvelles opinions, des nouvelles choses, des
nouvelles mœurs ; et la révolution, en précipitant tout
dans le vide laissé par la longue suppression des états
généraux, ne fit qu'obéir à la nécessité impérieuse.

La nation ne peut être responsable de la catastrophe. L'instinct universel ne s'y trompa point; et il importe de noter le très rapide changement qu'éprouvèrent les sentiments du peuple. Peu auparavant, il était profondément attaché à la famille royale; et il n'est besoin que de citer les transports de joie qui éclatèrent à propos de la convalescence de Louis XV. Mais à peine le conflit entre la royauté et la révolution eut-il pris feu, que les attachements traditionnels disparurent. La fidélité royaliste demeura chez une fraction de la population; mais la plus grande partie, à beaucoup près, renonça à la vieille allégeance, et depuis n'y est plus retournée.

Que veut-on donc nous dire, quand on prétend nous rendre la monarchie de nos pères? Sont-ce les états généraux? Mais la monarchie les supprima il y a maintenant bien plus de deux siècles; et le temps a supprimé les deux ordres de la noblesse et du clergé. Est-ce la monarchie absolue avec les parlements, les remontrances et les lits de justice? Mais on rirait rien que d'y songer. De quelque côté que, se mettant en face du présent, on regarde la vieille monarchie, elle apparaît comme un fantôme sans figure et sans nom. On a beau dire et beau faire, le problème reste toujours de s'accommoder aux conditions présentes et futures de la société moderne, constituée sans doute dans ses éléments fondamentaux par le passé de notre histoire, mais remaniée par la révolution.

2.

La France, privée de ses organes historiques par l'usurpation de la royauté, séparée de sa tradition politique par cent quarante ans de désuétude, disputant sa liberté et son avenir à un régime qui retardait dangereusement désormais, entra dans cette phase qu'Auguste Comte a si justement et si grandement nommée : sa périlleuse initiative.

Tous les problèmes politiques et sociaux se pressèrent à la fois. Que faire de la royauté, de la noblesse, du clergé, des parlements ? et surtout que faire avec les nouveaux éléments qui pénétraient dans la société, avec les nouvelles opinions qui la transformaient ? Supprimer fut relativement facile, n'étant que négatif ; mais un régime à organiser positivement requiert la coopération du temps. Aussi la révolution ne put-elle ébaucher que des commencements.

Périlleuse, une telle initiative l'était par sa nature, et le fut grièvement dans la réalité ; tant et de si profondes réformes équivalaient, je l'ai dit, à une révolution. Pacifique ? Qui pouvait l'espérer en un conflit si ardent entre deux régimes incompatibles, le régime de foi et de privilège qui s'en allait, et le régime de science et d'égalité qui arrivait ? Violente ? Elle le devint par la guerre civile qui fut affreuse, par la guerre étrangère qui fut formidable, et par la cruauté qui ensanglanta les mains des deux partis. La France y faillit périr ; la monarchie y périt ; et le pauvre Louis XVI, roi en un si terrible moment, paya pour ses trois prédécesseurs, Louis XIV, le régent et Louis XV.

Ce fut aussi une grande et féconde initiative. A ce moment, tous les hommes éclairés d'un bout de l'Europe à l'autre, sentant le malaise politique et social, désiraient et attendaient des changements. Qui en donnerait le signal? Ce fut la France, ce furent ses assemblées. L'accueil aux nouvelles choses fut partout vif et sympathique. Mais bientôt les craintes d'anarchie, les violences, la guerre et — pourquoi ne le dirais-je pas?— les crimes effrayèrent l'opinion européenne. Cet effroi ne fut pas durable. Dès que le règne perturbateur de Napoléon Ier fut passé et la paix rétablie, les idées émanées de l'initiative française prirent leur essor; et aujourd'hui, après quatre-vingts ans, l'Europe entière est modifiée selon la direction ouverte par la révolution de 89.

Si, depuis lors, les rois étaient devenus plus absolus, plus indépendants de leur peuple, plus maîtres de sa bourse et de sa vie, plus dégagés de toute autre responsabilité que de leur responsabilité, comme ils disaient, envers Dieu, il faudrait bien convenir que la révolution n'eût été qu'une vaine et stérile commotion. Mais point; partout des chambres, des assemblées législatives, un contrôle effectif, la gestion des finances soustraite à l'arbitraire, la liberté individuelle et la liberté de la presse. Si, depuis lors, les noblesses étaient redevenues plus privilégiées, avaient regagné leur prépondérance et rétabli l'antique distinction entre le noble homme et le vilain, oui, sans doute, la révolution aurait échoué. Mais point; partout l'ordre nobiliaire a vu ses prérogatives s'amoindrir là où il lui en reste, et, dans bien des contrées, il ne lui en reste aucune; partout la noblesse féodale, la seule vraie et historique, s'efface, et il ne s'en fait point de nouvelle. Si, depuis lors, l'Église avait subordonné de nouveau le temporel au spirituel, si elle avait repris tout ce que la laïcité de l'État lui a ôté, si elle pouvait protéger par le bras séculier, comme jadis, ses dogmes contre les dissidences des hérétiques, contre les discussions des libres penseurs, contre les découvertes menaçantes de la science, qui nierait que la révolution eût perdu son travail et sa peine ? Mais point; partout les choses deviennent de plus en plus laïques ; ce qui est la grande et visible marque du progrès de l'opinion dans son indépendance à l'égard des doctrines cléricales; et, pour tout résumer, le pape même n'a plus Rome.

C'est par leurs conséquences durables que s'apprécie la valeur des événements historiques. Quand Louis XIV, poussé par son clergé, entreprit contre les calvinistes cette détestable croisade qu'on nomme la révocation de l'édit de Nantes, le coup fut sans avenir et sans portée. Le protestantisme européen n'en souffrit aucune atteinte, et même celui de France ne fut pas extirpé. Au fond, on attaquait dans leur germe la tolérance, la liberté de conscience, la liberté d'examen. Que put le tout-puissant monarque pour les empêcher d'éclore ? Le mouvement général de l'esprit moderne fut plus fort que lui ; mais la révolution de 89, qui fut et demeure en accord avec ce mouvement général, n'a cessé de s'étendre et de s'accroître, sans autre limite que le progrès même du savoir humain qui en prend désormais la direction.

Cette extension, cet accroissement continu depuis quatre-vingts ans sont un grand témoignage qui éclate à tous les yeux. Ce qui doit non moins éclater, ce qui est la cause profonde de l'extension et de l'accroissement, c'est la concordance intime avec le développement de la science. Cette concordance ôte au progrès moderne ce qui pourrait paraître accidentel et contingent, et en assure l'avenir. Il n'est point une seule des découvertes successives qui viennent confirmer les anciennes opinions : toutes, de loin ou de près, directement ou indirectement, les entament, les affaiblissent, les contredisent. En revanche, il n'en est pas une seule qui ne contribue à assurer, à diriger, à rectifier le mouvement social. Le mouvement scientifique et le mouvement social, sont désormais liés indissolublement.

Je n'oublie point la précédence de la révolution d'Angleterre et de celle de Hollande, ni l'appui qu'elles donnèrent à l'élaboration du dix-huitième siècle, ni la reconnaissance qu'on leur doit. Mais ces considérables événements avaient fourni tout ce qu'ils pouvaient fournir; et leur caractère historique leur imposait des limites, que ni la Hollande, ni l'Angleterre ne voulaient franchir tant dans le domaine théologique que dans le domaine social. Pourtant il fallait les franchir. C'est ce grand effort qui, échéant à la nation française, fut sa périlleuse initiative.

3.

Les ébranlements qui ont plus d'une fois renversé nos gouvernements, quelques dangers qu'ils aient comportés, n'ont point été des symptômes de dissolution. Pour s'en convaincre, il suffit de considérer que, malgré ces renversements, la France n'a cessé de croître dans la production, dans l'industrie, dans la richesse, dans la science. Son progrès, en tout cela, a été aussi irrésistible que régulier. Tant il est vrai que la surface seule est tourmentée, et que les éléments fondamentaux, plus forts que les commotions, poursuivent sans relâche leur activité féconde.

Ces éléments qui opèrent avec tant de continuité et de succès ont été déterminés dans leur constitution intime par les conditions sociales issues de la révolution française; et, à leur tour, ils en garantissent et régularisent le développement. A qui demande où sont chez nous les bases de l'ordre moderne, on n'a qu'à montrer le sol possédé par les paysans, l'industrie avec ses patrons et ses ouvriers, la bourgeoisie avec son libéralisme, la science avec son essor incompressible.

Je rappelle ces grands faits pour indiquer que, depuis quatre-vingts ans, la France travaille réellement et par la seule voie efficace à se refaire une constitution historique, puisque celle que lui avaient donnée les siècles lui a été enlevée par ses rois.

Elle y travaille négativement, en rejetant tout ce qui est peu compatible avec l'ordre nouveau. Elle y travaille positivement, en consolidant chaque jour davantage les intérêts matériels et moraux que cet ordre nouveau a produits.

C'est le travail négatif qui, à maintes reprises, décida de l'écroulement de monarchies impériales et royales vainement établies ou rétablies. La force des circonstances réduisit toujours à des fonctions purement viagères ces hérédités prétentieuses qui s'adjugeaient l'avenir. On projetait des dynasties, et aucun règne n'a pu être achevé, ni aucun prince héréditaire hériter de la couronne qui lui était promise. Notre récente histoire éclaire le grand sens de Cromwell l'usurpateur ; lui mourut Protecteur de l'Angleterre, parce qu'il ne s'en fit pas le roi et ne s'attribua qu'un pouvoir viager. Le pouvoir prétendu héréditaire de nos Cromwells n'a servi qu'à les conduire à l'exil.

C'est le travail positif qui crée peu à peu et lentement à la France une constitution née de son développement naturel et régulier. Je le répète, ce développement politique a repris à nouveau en partant de l'ère de 89, ayant été interrompu dans sa continuité ancienne par la monarchie usurpatrice. Et il n'a pas opéré en vain ; car déjà, grâce à lui, le nouvel ordre lui doit son symbole, le drapeau tricolore ; sa force, une société sans privilèges ; son expression, le sufffrage universel ; sa direction, la science appliquée à toutes les choses sociales.

Dans le parti bien indûment désormais qualifié de conservateur, les classes supérieures, unanimes en cela seul qu'elles regrettent plus ou moins les anciennes choses et qu'elles tirent tant qu'elles peuvent la France à rebours, lui offrent trois solutions monarchiques : la monarchie de droit divin avec la prépondérance du cléricalisme et la soumission à la papauté ; la monarchie constitutionnelle très mal définie, puisqu'on ne sait ni sur quel droit électoral elle entend se fonder, le cens restreint ou le suffrage universel, ni à quel monarque elle se voue, attendu que, depuis la résignation des princes d'Orléans entre les mains du roi de droit divin, il n'y a plus de roi pour une constitution émanant de la souveraineté nationale ; enfin, la monarchie césarienne, avec ses tendances plus ou moins démagogiques.

Entre ces trois énigmes :

> Devine, si tu peux, et choisis, si tu l'oses.

Il faut avoir du courage pour invoquer en faveur de la monarchie l'argument de stabilité, quand nous voyons en présence trois héritiers, représentants de trois monarchies déchues. Une monarchie n'est un gage de stabilité qu'à la condition d'un amour enraciné pour une ancienne race royale. Où trouver chez nous rien de pareil? La monarchie de Louis-Philippe ne fut qu'un mariage de raison dont la catastrophe de février 1848 a détruit tous les motifs. Le nom des Bonaparte a été légendaire ; mais Sedan et le cruel démembrement de la France ont atteint profondément la légende. Quant aux fidèles d'Henri V et du drapeau blanc, ils sont une petite minorité ; encore est-il parmi ces fidèles bien des cléricaux qui ne tiennent à Henri V que parce qu'ils comptent que, défaisant l'Italie, il rendra Rome au pape. Les difficultés de la monarchie font la facilité de la république.

Il faut à la France des garanties qui lui assurent la conservation de ses intérêts modernes, de ses opinions modernes, de son développement moderne. La république seule est sans incompatibilités, grandes ou petites, avec la pleine action et le plein accroissement de ces éléments. C'est la vue claire de la situation qui porta M. Thiers, ancien monarchiste, à maintenir la république qu'il trouva établie, et donna un si éclatant succès à ses deux ans de gouvernement. Qui peut comparer sa politique d'apaisement inhérente au maintien de la république, avec la politique de combat inhérente aux espérances monarchiques ? Jugez par ces deux échantillons combien la monarchie sera de combat, combien la république est d'apaisement, et estimez par là leur stabilité respective.

III

Paris vaut bien une messe.

En sommes-nous là? Le descendant d'Henri IV est-il disposé, pour obtenir Paris et la France, à passer du côté de la majorité du peuple français, à prononcer une abjuration politique, et à recevoir des mains de l'assemblée le drapeau tricolore et une charte, comme le Béarnais passa du côté de la majorité, abjura le calvinisme et reçut la messe? On en parle. Parlons-en.

La fusion, en réunissant la branche aînée et la branche cadette de la maison de Bourbon, doubla immédiatement les forces de la monarchie; et, au premier moment de la surprise, on put croire que M. le comte de Chambord n'avait plus besoin que d'une formalité parlementaire pour reprendre une couronne que Charles X avait volontairement compromise en vue d'intérêts de légitimité et de sacristie. Mais cette impression n'a pas longtemps duré. Drapeau blanc, légitimité, sacristie, qu'est-ce là, a-t-on pensé d'un bout du pays à l'autre? Les pèlerins et les pèlerinages ont eu beau crier vive Henri V! vive la légitimité! et arborer, sans être inquiétés par le gouvernement de combat, le drapeau blanc. Tout ce qui ne *pèlerine* point est resté hostile, et l'opinion publique s'est montrée si vite et tellement résolue, que la difficulté de l'entreprise est devenue une impossibilité, et qu'il a fallu perdre l'idée de conduire le pays du centre gauche où longtemps on a dit avec raison qu'il est placé, à l'extrême droite où il n'a jamais été.

Cela est tellement certain que la chambre elle-même, où la majorité est monarchique, où la fusion a reçu tout accueil, où la république a ses plus ardents ennemis, la chambre elle-même, dis-je, mettrait en minorité le drapeau blanc et une charte octroyée. Que serait-ce dans le pays, où la fusion n'a excité que des alarmes, où la monarchie n'apparaît que comme un nouveau bouleversement, et où l'on devient rapidement républicain par expérience et par raison?

La fusion a donc eu pour premier et incontestable résultat de manifester l'impossibilité politique et sociale qui interdit à M. de Chambord, s'il veut être présenté, discuté et voté à l'assemblée, de faire prévaloir le drapeau blanc et l'intégralité de ses opinions légitimistes, de ses doctrines cléricales. La France n'est pas à droite; en voilà la démonstration. Il est bon de voir de temps en temps apparaître les démonstrations des grands faits politiques et sociaux. J'ai rappelé qu'en somme la France est centre gauche. Je ne disconviens pas qu'un centre gauche ne puisse s'accommoder d'une monarchie constitutionnelle et, si l'on veut, d'une légitimité convertie à la souveraineté nationale. Mais, légitimité avec conversion, ou conversion avec légitimité, nul ne sait ce qu'il adviendra d'un amalgame hétérogène.

Paris et la France valent bien une messe, a dit jadis Henri IV. M. de Chambord dira-t-il : Paris et la France valent bien l'amertume du drapeau tricolore et des principes de 89? Il est curieux de noter combien tout est opposé dans les deux situations, et à rebours l'une de l'autre. Henri IV était plus libéral que son peuple; M. de Chambord est moins libéral que le sien. Henri IV apportait et imposait la tolérance à qui ne la connaissait pas; elle sera imposée à M. de Chambord, qui n'y voit qu'un damnable effet du libre examen. Henri IV était en avance sur son temps, si bien que ses successeurs, aveugles et rétrogrades, détruisirent son œuvre; M. de Chambord est en arrière du sien, et ses instructeurs politiques et religieux lui ont inculqué la détestation de tout le droit nouveau depuis 89 et surtout de l'évolution progressive qui le développe conformément à ses origines. Henri IV se liait avec les puissances protestantes contre l'esprit d'intolérance et de domination qui animait les puissances catholiques; M. de Chambord, vu que le débat s'est transformé, n'étant plus entre catholicisme et protestantisme, mais entre l'État laïque et la religion d'État, est pour la religion d'État contre la laïcité. Quelle étrange et significative discordance! Comment attendrait-on des effets semblables d'une aussi dissemblable situation? Dans les deux transactions, dans les deux sauts périlleux, pour me servir de l'expression même de Henri IV dans sa lettre à Gabrielle d'Estrées, tout se tourne le dos: l'une a réussi, parce que le roi se trouva politiquement supérieur à son peuple; l'autre échouera, parce que le peuple se trouve politiquement supérieur à son roi.

Cela saute aux yeux; mais ce qui n'y saute pas moins, c'est l'étroite nécessité qui contraint le parti monarchique bourbonien, ne lui laissant le choix ni des moyens ni du temps. Une circonstance unique, qui ne se reproduira pas, lui a procuré dans la chambre une prépondérance dépassant bien des fois ce qu'il a réellement de pouvoir dans le pays. Des élections faites pour toute autre chose que la restauration de la légitimité, ont porté à l'assemblée, en qualité d'amis de la paix, des légitimistes et des orléanistes qui viennent de se fondre et qui forment une masse compacte. Des élections générales, tout le monde le sait et eux mieux que personne, balayant un grand nombre de bourboniens, mettraient les partis dans des proportions bien différentes. Des gens sages se méfieraient d'un avantage à la fois fortuit et précaire ; mais les partis sont des gens fous. Le nôtre (dans sa fraction radicale) n'a-t-il pas, malgré tous les avis, mis en minorité M. Thiers à Paris et rendu possible le 24 mai? Cette rude leçon porte ses fruits ; le parti républicain demeure sage en face du gouvernement de combat, et compte sur le concours que l'opinion publique lui prête et sur les fautes de la légitimité tricolore, puisque c'est là le bizarre symbole de la fusion en sa phase présente.

Bizarre symbole, en effet. On a vaincu les républicains dans la chambre, seul terrain où les bourboniens pussent l'emporter sur eux. On a dupé les bonapartistes, ces renards pris si piteusement au piège par les poules légitimistes. Mais la légitimité blanche est inacceptable et inacceptée, même à la chambre. Voilà comme on arrive forcément à la légitimité tricolore. On espère que les légitimistes voteront pour elle, parce qu'elle est légitime, et les orléanistes, parce qu'elle est tricolore ; et, si l'on réussit, on se félicitera d'avoir effectué une combinaison mal vue des blancs, mal vue des bleus, assaillie par les bonapartistes, combattue par les républicains, sans confirmation par le pays, sans autre direction qu'une tendance vers le cléricalisme et le passé, en opposition avec la tendance moderne vers la science sociale, résumé de toutes les sciences positives.

Depuis le 5 août, jour de la visite de M. le comte de Paris à M. le comte de Chambord, la solution par le drapeau blanc a été éliminée en vertu de la force des choses. Reste la solution par le drapeau tricolore; et le dilemme est posé : ou renoncer à un trône sur les marches duquel on pense avoir déjà le pied, ou recevoir, symbole et tout, le régime nouveau.

Cela se fera-t-il? Je n'en sais rien. Les déclarations négatives de M. de Chambord ont été fort explicites; mais *Paris vaut bien une messe.* Ce mot résume, en bien comme en mal, les bonnes tentations comme les mauvaises, la résistance des principes personnels et les influences collectives du parti, les inspirations de la conscience naturelle et les occultes suggestions de la direction sacerdotale.

Cela réussira-t-il? Je n'en sais rien non plus. Il ne faut pas se dissimuler qu'une monarchie avec le drapeau tricolore et une constitution votée a des chances, du moins à la chambre. Cette combinaison réunit les orléanistes et les légitimistes, sauf pourtant les dislocations; car notez bien que le concours n'est qu'apparent, les orléanistes votant pour la constitution avec un médiocre souci du roi, et les légitimistes votant pour le roi avec un médiocre souci de la constitution; ces deux négations feraient une assez piètre affirmation.

La restauration de la légitimité, c'est, au dedans, la contre-révolution et la révolution aux prises, ce qui est, pour un pays, une dangereuse destinée ; c'est, au dehors, l'hostilité sourde tant qu'on ne pourra faire plus, et la guerre déclarée, si l'on se croit assez fort, contre les faits accomplis au nom de la laïcité de l'Etat. Mais, pour mettre à nu l'hétérogène combinaison de la légitimité et du drapeau tricolore, pour en détourner tous ceux qui ne veulent plus de révolution, il faut un moment la supposer réalisée.

Soit, c'en est fait ; le pas est franchi, la messe a été entendue solennellement, je veux dire, le drapeau tricolore, symbole de la révolution, et une constitution votée par la chambre ont été acceptés par Henri V. Tous les adoucissements compatibles avec le fait lui-même ont été mis en œuvre ; mais enfin le calice amer, longtemps repoussé des lèvres, les a touchées ; et devant les nécessités politiques les répugnances se sont dissimulées.

Eh bien ! à cette dissimulation de répugnances, à cette renonciation de principes, nul ne croira, ni les amis du nouveau roi ni ses ennemis, ni la contre-révolution ni la révolution, ni les partisans du drapeau blanc ni ceux du drapeau tricolore. Sous la restauration, ce ne furent pas les libéraux qui y crurent ; et le roi se méfia d'eux constamment, à tort pour quelques-uns, avec raison pour plusieurs. Ce ne furent pas les légitimistes qui y crurent ; le pavillon Marsan fut en conspiration permanente contre les institutions octroyées ; et finalement, ce fut la royauté qui, manquant de parole, rompit le pacte et la paix.

Le danger des suspicions réciproques qui fut si grand alors, quel ne sera-t-il pas dans un pays encore plus avancé et sous un prince encore plus arriéré ?

Les gens de 1814 se souviennent que M. le comte d'Artois avait différé de jurer la charte octroyée par son frère Louis XVIII ; mais, quand, en 1815, Napoléon, débarquant à Cannes, marcha triomphalement sur Paris, le prince retardataire se hâta de prêter un serment que les circonstances lui demandaient. Ce sont encore les circonstances qui demanderont à son petit-fils l'acceptation de couleurs qu'il hait, de doctrines politiques dont il condamne le principe, d'une laïcité d'État avec laquelle sa religion lui interdit de pactiser.

Les événements de 1789, de 1815, de 1830 et de 1870 ont compté par les masses le parti légitimiste. On peut aussi, avec non moins de certitude, le compter par le détail. On y rangera d'abord les gentilshommes légitimistes et ceux des bourgeois qui affectent de s'associer aux idées et aux prétentions de la noblesse ; puis, dans certaines contrées du Midi et de l'Ouest, quelques groupes populaires ; enfin, le parti clérical, dévoué au légitimisme tant qu'il y verra un chef de croisade. Voilà le compte qui ne fait, en nombre, en richesse, en intelligence, en puissance, qu'une bien mince fraction de la France. Cette minorité, peu dangereuse dans sa faiblesse, le devient beaucoup, quand la royauté la préfère, la grandit et la sert.

Les légitimistes et les cléricaux sont partisans de M. de Chambord. Qui pourrait s'en étonner? M. de Chambord est légitimiste et clérical, au premier chef. Il lui est impossible de comprendre sous une autre forme que celle de désordre, de mal et de péché, ce qui s'est fait depuis quatre-vingts ans contre les droits de la monarchie légitime et l'autorité de l'Église catholique. Or, que ne s'est-il pas fait?

tout cela s'appelle révolution, et la France moderne est la fille de la révolution.

J'use toujours à regret, pour exprimer notre situation moderne, de ce mot de révolution, vu qu'il est devenu, par le développement des choses, insuffisant et vicieux. Insuffisant, car la révolution a fait bien plus et bien mieux que détruire ; vicieux, car, si détruire est parfois nécessaire, c'est toujours un malheur ; on peut, à un moment donné, vouloir une certaine destruction ; mais on ne s'intéresserait pas longtemps à une œuvre de renversements successifs. Si la révolution n'était que cela, M. de Chambord en aurait meilleur marché. Mais c'est une rénovation où, socialement, tous les éléments producteurs de richesse, de savoir et de moralité, remaniés, refondus, ont pris une activité incompatible avec l'antique organisation, et où, politiquement, toutes les formes ont été changées et remplacées ; en un mot, une rénovation des opinions et des mœurs, aussi assurée dans son principe que dans ses conséquences, étant parallèle au développement régulier des sciences positives. Quoi de commun entre cette situation progressive, d'une part, et, d'autre part, le légitimisme et le cléricalisme dont M. de Chambord est le porteur ?

Je ne nie point qu'il y ait deux Frances : l'une fait et voit des miracles et donne une entière soumission au régime du *Syllabus ;* l'autre aime la liberté et l'égalité, respecte le libre examen, et s'efforce de devenir de plus en plus disciple de l'observation sociale et de l'expérience. Je ne nie point qu'il y ait deux directions politiques : l'une prend son principe dans le droit divin de la royauté et dans les dogmes de l'Église, et s'affirme par la compression de tout ce qui ne se soumet pas à ces deux autorités ; l'autre, émanant de la souveraineté nationale, a pour flambeau l'étude positive de l'évolution naturelle des sociétés. Ces deux Frances, ces deux directions ont été jadis en conflit dans l'année 1789 ; elles y ont été de nouveau en 1830. Eh bien ! elles y seront une troisième fois sous M. de Chambord ; et l'on peut répéter d'avance le cri de douleur et d'effroi lancé quand Charles X songea définitivement à déchaîner les fatales ordonnances : Malheureux roi, malheureuse France !

La laïcité de l'État, l'État laïque, voilà la forme que prend l'évolution régulière. La religion d'État en est le contre-pied. Plus une société moderne se trouve gênée dans le régime théologique, plus la religion d'État perd de son empire, et plus la laïcité gagne de prépondérance. Qui osera dire que M. de Chambord est pour la laïcité de l'État ? Si les cléricaux pouvaient un moment s'imaginer qu'il ne travaillera pas au rétablissement de la religion d'État, qu'il ne combattra pas à outrance la laïcité de l'État, qu'il ne s'efforcera pas d'ôter Rome à l'Italie et de rendre au pape le domaine pontifical et le pouvoir temporel, ils l'abandonneraient.

Cette tendance est tellement imminente, tellement dans la nature des choses, que, dès à présent, de grands États prennent leurs précautions ; et même la catholique Autriche s'associe à la ligue contre le *Syllabus*. La France avait une noble et utile attitude d'impartialité dans le conflit théologique qui est engagé : ni persécutrice du *Syllabus*, ni asservie à ses prescriptions, respectueuse pour toutes les autorités spirituelles, elle demeurait fermement laïque, et offrait en exemple sa neutralité sûre et bienveillante. Il a suffi d'un souffle de cléricalisme et de l'approche de M. de Chambord pour dissiper cette salutaire influence de la république. En ceci, la légitimité ne peut être ni neutre ni impartiale ; elle y est naturellement belligérante ; et déjà l'on se prépare contre le champion que la restauration va produire.

J'ai admiré tout à l'heure l'aveuglement des impérialistes, qui se sont livrés à leurs ennemis les royalistes. Je n'admire pas moins celui des constitutionnels travaillant à mettre sur le trône un prince qui ne croit qu'à la légitimité et qui n'a pour inspirateur de conscience que le cléricalisme. Ils se repentiront, cela est sûr, à loisir ; mais, en attendant, ils acculent le prince et la nation dans une impasse ; lutte légale à outrance pour les premiers temps de la nouvelle restauration, et, pour les derniers, des troubles politiques, une compression mortelle si le prince triomphe, une révolution de plus s'il est vaincu.

Dès aujourd'hui on peut se représenter ce que sera cette nouvelle restauration. Dans la chambre, on aura une opposition irréconciliable composée de républicains et de bonapartistes, à côté une opposition parlementaire toujours fort dangereuse pour une monarchie légitime et cléricale, un centre tel quel, et à droite un groupe d'ultras faisant leur partie dans ce quatuor.

Pour être roi, s'il y a encore place en France pour une royauté, et si, en relevant le trône, on veut préparer autre chose qu'un office viager, comme l'a été de fait l'office des deux Napoléon, de Charles X et de Louis-Philippe ; pour être roi, dis-je, il faudrait être aussi prêt à déposer la couronne que l'était feu

Léopold de Belgique, aussi résigné à suivre l'opinion publique que l'est la reine d'Angleterre, aussi dégagé des religions d'État que le fut Frédéric II de Prusse. Certes, ce n'est pas M. de Chambord qui remplit ce programme.

APPENDICE

[Comme nous avons été menacés d'une prépondérance cléricale par la restauration de M. de Chambord, il n'est pas inutile de rappeler ce que valut à la France cette prépondérance au déclin du règne de Louis XIV.]

Un triomphe clérical (1)

Il y a un peu moins de deux cents ans, le cléricalisme remporta en France un signalé triomphe sur la société; il anéantit, dans les supplices, dans les persécutions et les proscriptions, la liberté de conscience.

Un grand roi avait établi cette liberté, donnant ainsi à la France l'avance sur le terrain de ce que je nommerai libéralisme; le mot est prématuré, la chose ne l'est pas; car les deux pays alors les plus tolérants, la Hollande et l'Angleterre, souffraient, il est vrai, les catholiques, mais ne les admettaient pas aux emplois publics.

Deux ministres différents mais habiles, Richelieu et Mazarin, avaient respecté un ordre de choses qui n'avait produit que de bons résultats. La paix inté-

(1) *Revue de la Philosophie positive*, septembre-octobre 1875.

rieure régnait, et les protestants ne le cédaient pas à leurs concitoyens catholiques en dévouement à la monarchie, lorsqu'il plut à un roi vieillissant dominé par son confesseur de briser une constitution qui alors avait beaucoup d'années de durée. Aucun trouble religieux n'agitait la France ; tout fut, de la part de Louis XIV, spontané et gratuit, et tout serait inexplicable, si le fanatisme aveugle et impitoyable n'était pas ce lion que l'Ecriture représente *quærens quem devoret*.

Par quelle dénomination qualifierai-je l'esprit du fléau qui tout d'un coup s'abattit sur la surface de la France, dévasta plusieurs provinces, ruina le commerce et l'industrie et mit la terreur et la désolation là où régnaient la sécurité et le bonheur ? Pour cela, examinons ce qu'on voulut défaire et comment on le défit. Ce qu'on voulut défaire ? la tolérance accordée aux protestants, le libre exercice de leur culte, leur accès aux emplois ; ne sait-on pas que Duquesne, le victorieux amiral, était protestant (1) ? Comment on le défit ? quand on se sentit maître, par la main du roi, de la situation, on défendit à tout protestant de rester protestant (je dirai tout à l'heure quel ensemble de supplices et de persécutions on organisa froidement, à tête reposée, sans relâche pendant une longue suite d'années). Les protestants étaient dans la liberté du mal, suivant le jargon du cléricalisme actuel ; on ne leur laissa que la liberté du bien. L'Eglise prêta la doctrine, le roi prêta ses dragons, et la restauration

---

(1) Je suis fâché de me priver de vos services, dit Louis XIV à Duquesne ; mais ma conscience me le défend. — Sire, répondit Duquesne, ma conscience ne m'a jamais défendu de vous servir fidèlement.

religieuse, ils le crurent du moins, fut accomplie.

Ceux qui décidèrent le roi à rompre avec la politique de son aïeul, ceux qui foulèrent aux pieds la liberté de conscience, ceux qui d'un trait de plume supprimèrent les protestants et les transformèrent en catholiques, étaient des cléricaux ; et je ne commets point d'anachronisme en leur appliquant un nom qui caractérise aujourd'hui, par excellence, la lutte contre la liberté de conscience. Les cléricaux du dix-septième siècle déclarèrent la guerre à la France d'Henri IV, comme les cléricaux du dix-neuvième la déclarent à la France de la révolution. Heureusement celle-ci est beaucoup plus forte que l'autre ne fut; mais les intentions sont les mêmes, les paroles sont les mêmes, les actes seraient les mêmes si le bras séculier redevenait serviteur des doctrines intolérantes. Il est donc bon de n'oublier jamais ce qui fut fait alors pour supprimer la liberté de conscience, cette peste, comme on l'appelle, de l'esprit moderne, assez pervers, non seulement pour ne plus vouloir verser le sang à propos des croyances, mais encore pour défendre aux fanatiques et aux intolérants de le verser.

Quand l'œuvre d'Henri IV eut été définitivement condamnée par le parti clérical, et qu'on entreprit d'anéantir en France la liberté religieuse qui y régnait, on ne s'amusa point à interdire aux protestants l'accès des emplois, ni à les empêcher d'exercer leur culte publiquement, en un mot à les gêner. La mesure fut plus radicale ; on leur enjoignit de se faire catholiques, et l'on considéra leur conversion comme accomplie au commandement. Retournez la situation, et supposez qu'un pouvoir protestant enjoigne aux catholiques d'Angleterre ou de Hollande de se faire protestants, entreprenne d'arracher de la conscience des fidèles le trésor de leur foi, et les mette dans l'alternative ou de se mentir à eux-mêmes (1), ou de subir l'horreur de la persécution. Que feront-ils? que deviendront-ils? Partir (2)? Rester? Mourir? Choisissez, catholiques; c'est le choix qu'eurent les protestants.

Il adviendrait de ces malheureux catholiques ce qu'il advint de nos malheureux réformés. Les faibles se soumettraient, les forts résisteraient. Beaucoup de faibles, en effet, se soumirent, et Bossuet, dans son indigne, dans sa honteuse louange de la révocation de l'édit de Nantes (3), se félicita de voir les églises remplies par un nouveau peuple. Mais beaucoup de forts résistèrent; et alors les ministres du roi et de l'Église s'unirent pour triompher des consciences révoltées, et pour rendre effective l'ordonnance qui déclarait que, désormais, il n'y avait plus de protestants en France.

J'ai beaucoup d'horreur pour la terreur de 1793, qui, pendant près de trois ans, fit tomber sous le couteau de la guillotine tant de têtes sans choix et

---

(1) Le contrôleur général ordonna d'arrêter un marchand de Gien, ancien religionnaire, qui avait été accusé par devant l'intendant d'enlever des blés à Saint-Pourcain, et qui ne craignit pas de déclarer, dans le procès-verbal, qu'il avait abjuré par force et qu'il était toujours de la R. P. R. (Boislisle, *Correspondance avec le contrôleur général des finances*, p. 496.)

(2) Les religionnaires se servent de toutes sortes d'expédients pour quitter le royaume et emporter leurs effets à l'étranger. Tantôt, des provinces les plus éloignées, ils les envoient plomber à la douane de Paris, pour n'être plus sujets à la visite, et prennent des passeports au nom de catholiques, ou de marchands étrangers; tantôt ils n'ont que des congés mal attestés, sur lesquels ils obtiennent cependant la permission d'embarquement. (Boislisle, *ib.*, p. 535.)

(3) *Oraison funèbre de Letellier.*

sans relâche, coupables, innocentes, illustres, obscures. Mais j'ai encore plus d'horreur pour le régime de la révocation de Nantes, parce qu'il fut plus long, plus meurtrier, plus ingénieux à varier les souffrances. M. Wallon, aujourd'hui ministre de l'instruction publique, dit dans son *Histoire de la Terreur*, en flétrissant cette époque : « Appliquons à l'histoire les prescriptions de la morale qui est universelle, et ne souffre pas d'exception. Tout régime qui attente à la liberté avoue que le bon droit lui manque; tout régime qui ne peut vivre qu'en répandant le sang est un régime contre nature (cité dans le *Journal officiel*, 9 octobre 1875). » Appliquons-les en effet, et poursuivons de la même détestation et les crimes de la terreur et les crimes de l'intolérance sous Louis XIV devenu dévot.

Dans ce long martyrologe des protestants, les supplices tiennent le premier rang; cela est ainsi dans l'histoire des persécutions. Plusieurs milliers de personnes périrent par le gibet ou sur la roue. En ce temps-là, on n'avait pas de vains scrupules sur les souffrances infligées aux hommes. Aussi la mort finale était-elle souvent précédée de la torture. L'héroïque femme dont j'ai parlé (*la Philosophie positive,* juillet-août 1875, p. 260), avant de perdre la vie, fut soumise à la question. Le gibet, la roue, la question présidèrent à la répression des résistances religieuses.

Les besoins spirituels de tant de malheureux livrés sans défense à des prêtres ennemis et à des agents persécuteurs, étaient immenses. Les mesures les plus rigoureuses avaient été prises pour les séparer de leurs ministres qui étaient en exil. Mais des pasteurs courageux et dévoués d'avance au martyre se glissaient furtivement au milieu de leurs malheureuses ouailles qu'ils venaient consoler. C'étaient ceux-là que l'on traquait tout particulièrement ; et, quand un ministre rentré était saisi, on le mettait à mort, non sans des accessoires tels que celui-ci : « M. de Bâville, 12 septembre 1693, rendant compte de l'exécution du ministre réformé Guion, demande le payement de la gratification de 2000 livres promise à la femme qui avait dénoncé le fugitif (1). »

Quand un nouveau converti mourait, il arrivait souvent qu'à son dernier moment il abjurait le catholicisme et déclarait faire profession de la religion réformée. Alors, on tirait le corps sur une claie, et l'on confisquait ses biens (Boislisle, p. 328). Un intendant, M. de Bezons, 21 juillet 1693, dit qu'on a connu par expérience (notez ce genre d'expérience), que l'exemple de tirer un corps sur une claie ne produit aucun bon effet. Un autre intendant écrit à propos d'un nouveau converti mort relaps, qu'il ne croit pas à propos de faire le procès au cadavre, que ce sont des spectacles qui n'ont d'autre résultat que de confirmer les religionnaires dans leur opiniâtreté. Mais le contrôleur général des finances, ferme dans le devoir, répond laconiquement : « Procès et traîné sur la claie. » (Boislisle, p. 475.)

Le protestantisme n'était pas toujours pendu au gibet, rompu sur la roue, traîné sur la claie, et, dans des cas mitigés, il était simplement envoyé aux galères. On sait ce qu'étaient alors les galères du roi ; elles marchaient à la rame, et les forçats étaient chargés, sous le fouet du comite, de les faire

---

(1) Boislisle, *ibid.*, p. 324.

voguer. Celui qui alors les aurait visitées y eût trouvé assujettis à une pareille occupation et livrés à une pareille brutalité les plus honnêtes gens du monde, d'excellents gentilshommes, d'honorables bourgeois et de pieux personnages.

Un ministre, dont je n'entends aucunement contester la capacité dans son département, Louvois, fâché de voir que les gens résistaient, que les nouveaux convertis avaient de la tiédeur et que ceux qui pouvaient s'échapper fuyaient, imagina les dragonnades. Je ne pense pas que les dragons de Louis XIV aient été pires que d'autres; mais représentez-vous toute une population de *civils* livrée à la discrétion d'officiers et de soldats qui ont pour destination de gêner ceux qui les logent malgré eux. Les domiciles sont envahis; les exigences sont capricieuses; d'étranges moyens de conversion sont employés par ces missionnaires bottés, comme on disait alors. Le mot est plaisant, mais la chose ne l'était pas. J'ai, dans mon enfance, connu une famille de l'Angoumois chez qui se conservait encore l'odieux souvenir des dragonnades.

Certes tout cela est bien horrible, dragonnades, galères, claie, question, roue, gibet. Mais il y a quelque chose de plus poignant dans ce qui se fit contre la famille. On enleva les enfants pour les soustraire à l'influence des parents et leur inculquer la religion catholique. On a des détails navrants sur ces séparations violentes. Les couvents, les hôpitaux, les collèges furent remplis de ces pauvres petits dont on s'était emparé (1); on employa tous les

---

(1) « J'ai fait enlever un grand nombre d'enfants de nouveaux convertis, parce qu'ils recevaient une très mauvaise éducation chez

moyens pour triompher des jeunes obstinations, et l'on se félicita d'avoir déchiré le cœur des mères.

A côté des grandes vexations les petites ne manquaient pas, et l'on frappait d'une amende les pères nouveaux convertis qui n'envoyaient pas leurs enfants à l'instruction. (Boislisle, p. 433.)

L'obligation de paraître catholique quand on était protestant, l'insupportable oppression qui en résultait pour les consciences, les infinis soupçons auxquels on était en butte, les mille persécutions qui naissaient à chaque instant, rendirent le séjour de la France odieux, je ne dis pas à quelques individus, mais à des multitudes entières. Alors survint ce lamentable exode qui est resté dans la mémoire des hommes. Des centaines de mille hommes et femmes s'expatrièrent, non sans difficulté et sans péril, car les passages étaient gardés et des peines étaient infligées à ceux qu'on saisissait. Mais enfin le désir d'échapper à la tyrannie religieuse, la pire de toutes, triompha des obstacles. Un nombre infini de fugitifs gagnèrent la Suisse, l'Angleterre, la Hollande, l'Allemagne, y portèrent leur savoir, leur industrie, leur courage, et payèrent largement à leurs nouvelles patries le secours qu'ils avaient reçu.

Il n'est pas inutile de consigner à ce sujet quelques dires des agents du gouvernement.

M. Bezons, intendant de Bordeaux, 12 et 21 décembre 1688 : « La désertion continue parmi les nouveaux convertis, et elle est d'autant plus fâcheuse que ce sont ces gens-là qui font la plus grande partie du commerce de Bordeaux. Si l'on prenait

leurs pères; et j'ai fait mettre à l'hôpital général de cette ville ceux dont les parents ne sont pas en état de payer pension, » écrit M. de Serancourt, intendant en Berry, 1699. (Boislisle, p. 538.)

quelque mesure violente pour les arrêter, ils pourraient aussitôt suspendre toutes les affaires; et d'autre part, quoiqu'on les surveille, il est difficile d'empêcher qu'ils ne sortent sous prétexte d'aller à la campagne, ne s'embarquent sur leurs vaisseaux, et ne s'y dérobent à toutes les recherches. » (Boislisle, p. 167.)

Plaignons ce pauvre intendant à qui les protestants causent tant d'embarras, et écoutons celui de Rouen, M. Feydeau de Brou, qui écrit le 1er juin 1687: « J'ai eu l'honneur de mander plusieurs fois à M. de Châteauneuf que l'esprit du passage dans les pays étrangers régnait entièrement parmi les nouveaux convertis, principalement depuis deux ou trois mois. J'ai appris que cette influence maligne avait pris son origine en Basse-Normandie, fondée sur l'observance plus étroite et régulière des édits et déclarations qu'on a tenue à leur égard, soit pour l'éducation forcée de leurs enfants dans les collèges ou maisons religieuses, soit pour les obliger, en général et en particulier, par des condamnations d'amendes considérables, à observer tous les devoirs d'un catholique parfait. Ces Bas-Normands, chagrinés de ce traitement, ont pris une de leurs routes pour s'enfuir par deux ou trois faux ports de ce canton, entre autres celui de Saint-Aubin, où ils ne trouvaient pas d'autres obstacles que celui qui leur était causé par des paysans qui les attendaient au passage et, après s'être emparés de leur petit butin, les laissaient passer, à ce que l'on dit, même du consentement des juges qui prenaient part aux dépouilles. » (Boislisle, p. 104.) Ainsi, les malheureux fugitifs n'étaient pas seulement en butte aux rigueurs de l'autorité légale; mais encore, comme on les savait hors de la loi, des attroupements les pillaient impunément, et des juges (quelle dégradation morale chez un juge!) faisaient leur main dans ce pillage. Il y a toujours eu peu de protestants en Normandie; cependant, là même, la persécution ne les extirpa pas complètement, et aujourd'hui encore un temple protestant est ouvert aux fidèles de cette communion, non loin de Saint-Aubin, dont il est ici parlé.

La spoliation fut immense comme la persécution. En échantillon de ce qui se passait à cet égard, voici les instructions sommaires que le contrôleur général des finances donnait à M. Bouchu, intendant en Dauphiné : « On doit gêner la liberté des désertions en arrêtant, par le ministère des gardes de la douane, les meubles et hardes, l'argent dont les déserteurs se trouveront nantis et les enfants au-dessous de quatorze ans. Ordonner la disposition définitive et irrévocable de la propriété des biens des déserteurs, et en commencer incessamment les préliminaires, pour exciter au retour ceux qui sont sortis et retenir ceux qui restent dans le royaume, par la crainte de la perte certaine de leurs biens. » A la cour, on faisait cadeau d'un protestant, quand sa fortune en valait la peine, et ceux qui étaient ainsi gratifiés n'hésitaient pas à se souiller d'un pareil argent. La plume tombe de dégoût devant cet épisode clérical du grand règne.

C'est en présence d'un pareil régime, en présence de ces saturnales de l'intolérance et du pouvoir absolu que Bossuet s'écrie : « Touchés de tant de merveilles (la conversion des protestants), épanchons nos cœurs sur la piété de Louis, poussons jusqu'au ciel nos exclamations, et disons à ce nouveau

Constantin, à ce nouveau Théodose, à ce nouveau Marcien, à ce nouveau Charlemagne, ce que les six cent trente Pères dirent autrefois dans le concile de Chalcédoine : vous avez affermi la foi, vous avez exterminé les hérétiques; c'est le digne ouvrage de votre règne; c'en est le propre caractère. » Vraiment, il est dommage que nous n'ayons pas à mettre en regard de cet abominable cri d'une prétendue victoire que l'évêque de Meaux n'a jamais ni rétracté ni adouci, quelque discours d'un éloquent grand prêtre de Jupiter félicitant Dioclétien d'avoir persécuté à outrance les chrétiens, et remporté sur eux le non moins éphémère triomphe de la violence et des supplices.

Le style de M. de Meaupeou, évêque de Castres, est moins grand que celui de Bossuet; mais il a aussi son mérite. Ce prélat écrit le 27 mars 1693 : « Nos églises sont entièrement désertes; il n'y a plus que les écoles qui subsistent par la continuelle application que nous y donnons..... Mais ces gens-là sont si méchants que les pères et les mères, chaque fois, font tout ce qui est en eux pour faire oublier à leurs enfants tout ce qu'ils ont appris pendant le jour... En ma vie, je n'ai vu de gens plus méchants et plus mal intentionnés; il n'y a rien de si rebutant que de travailler à un pareil ouvrage et où l'on réussisse si peu, car on ne sait de bonne foi de quelle manière les prendre. » (Boislisle, p. 316.) Les aveux de cette lettre sont précieux, mais la *méchanceté* de ces protestants est une idée merveilleuse et valant la triste phrase de Mme de Sévigné écrivant au sujet des protestants qu'on poursuit : « M. de Grignan donnera la chasse à ces *démons* qui sortent des montagnes et vont s'y recacher. » (*Lettre du 28 février* 1680.)

La curiosité m'a pris de voir si, en même temps que le roi appesantissait cruellement sa main sur ses sujets protestants, il faisait du moins prospérer ses sujets catholiques. J'ai été effrayé de ce que j'ai trouvé, et encore incidemment (1), dans des lettres et des rapports officiels, il est vrai, mais qui n'ont pas pour objet spécial de dépeindre la situation des populations, ne s'occupant de la misère qu'au point de vue des difficultés qu'elle suscite au recouvrement des impôts. Je remplirais bien des pages de cette Revue, si je copiais dans M. de Boislisle tout ce qui se rapporte à ce triste sujet, et je me borne à donner quelques passages.

M. du Heutoy, gouverneur du Charollois (mars 1694) : « Il n'y a pas dans aucune paroisse du Charollois de blé à moitié près de ce qu'il en faut pour la faire subsister jusques à la récolte ; et dès à présent le pauvre peuple vit avec du pain de racines de fougère, ce qui cause une telle infection qu'il n'est pas possible aux honnêtes gens de demeurer dans les églises de la campagne pendant les messes des paroisses ; et enfin, nous voyons, en nos villes de Charolles et de Paray, les pauvres mourir de faim dans les rues, sans leur pouvoir donner du secours, parce que le nombre en est trop grand et qu'on ne trouve pas du blé pour de l'argent. » (Boislisle, p. 357.)

Les gens du conseil et échevins de Reims, 13 janvier 1694 : « De vingt-cinq à vingt-six mille personnes de l'un et l'autre sexe, dont la ville (Reims) est composée, y compris les enfants et les communautés, il y en a onze ou douze mille à la mendicité

---

(1) Ce n'est non plus qu'incidemment qu'il est question des protestants dans ces documents officiels.

et à qui on est obligé de donner du pain. Le soin qu'on a eu jusqu'à présent n'a pas empêché qu'il n'en soit mort de disette et de langueur, depuis six mois, plus de quatre mille. » (Boislisle, p. 350.)

M. Bouville, intendant à Limoges, 6 juin 1693 et 7 octobre : « Il meurt tous les jours un si grand nombre de pauvres qu'il y aura des paroisses où il ne restera pas le tiers des habitants. C'est une chose bien douloureuse de voir mourir les gens sans les pouvoir secourir, parce qu'ils ont tant souffert que, dès le moment où on leur donne manger, ils étouffent. » — 7 octobre : « Si les dyssenteries et les fièvres malignes continuent, comme il est fort à craindre, puisque le nombre des malades augmente tous les jours, il faudra bien moins de blé l'année prochaine, par la diminution des habitants, dont il meurt une prodigieuse quantité, non seulement dans les villes, mais dans quasi toutes les paroisses de la campagne. Les plus jeunes et les plus robustes résistent moins que les autres. Enfin il y a telles paroisses où il se fait tous les jours dix ou douze enterrements ». (Boislisle, p. 319.)

M. de Châteaurenard, intendant à Moulins, envoie son rapport sur la partie de son département (cent dix paroisses) qui appartient au diocèse de Limoges. Il y compte vingt-six mille personnes réduites à la mendicité, et plus de cinq mille pauvres honteux, sans parler des habitants qui ont déserté... « Ces habitants sont actuellement assiégés par les neiges, en sorte qu'ils ne peuvent sortir de leurs maisons. La plus grande partie sont contraints d'arracher des racines de fougère, les faire sécher au four et piler pour leur nourriture ; d'autres, à faire du pain d'avoine pied-de-mouche, qui n'est pas suffisant pour les nourrir, ce qui leur donne une si grande faiblesse qu'ils en meurent, et ce qui peut causer dans peu de temps une peste (avril 1692). » (Boislisle, p. 274.)

M. de Bouville, intendant, 12 janvier, 1692 : « Vous serez sans doute surpris d'apprendre qu'après avoir examiné l'état des paroisses du Limousin avec toute l'exactitude imaginable, j'ai trouvé plus de soixante et dix mille personnes de tous âges et des deux sexes qui se trouveront réduits à mendier leur pain avant le mois de mars, vivant dès à présent d'un reste de châtaignes à demi pourries, qui seront consommées dans le mois prochain au plus tard. » (Boislisle, p. 274.)

M. Combes, directeur des fermes en Bourgogne, 19 juillet 1691 : « J'arrive d'une tournée de trois semaines dans tout le Charolais et l'Auxois. Ces pays-là m'ont paru bien gueux... La misère y est si grande, qu'il y a des familles qui n'ont pas mangé de sel depuis plus de six mois. Ils se servent d'herbes et de racines amères pour mettre dans leurs soupes, qui équipollent le sel. » (Boislisle, p. 248.)

Revenons aux protestants persécutés. On sait que les Cévennes furent le théâtre d'une insurrection opiniâtre qui fatigua longtemps les troupes royales. Sous l'influence combinée des souffrances qu'ils enduraient pour leur foi et de l'exaltation qui s'emparait des multitudes, il se déclara parmi eux une de ces maladies mentales que les médecins connaissent sous le nom de maladies religieuses. Toutes les fois qu'elles éclatent, les amis y voient une manifestation de Dieu, les ennemis, une manifestation du diable, les médecins une manifestation d'un trouble pathologique du système nerveux. Les plus simples prophétisaient, les petits enfants ouvraient la bouche pour prêcher, et les pauvres gens se croyaient entourés de merveilles surnaturelles. Bien entendu, ni les catholiques ni les jésuites n'ajoutaient foi à des miracles dont les protestants auraient eu le profit.

Ce n'étaient pas seulement les miracles protestants que les jésuites récusaient; ils déniaient aussi les miracles jansénistes. Quelques années avant les désastres de la révocation de l'édit de Nantes, sous une influence analogue de persécution et d'exaltation, un miracle fort célèbre se produisit au sein d'une communauté de Port-Royal. Il fut attesté par les plus honnêtes gens du monde et fort éclairés; Pascal en tête; mais cela ne toucha pas les jésuites; ils tinrent ferme pour déclarer le miracle apocryphe, soit illusion des témoins, soit effet d'une cause naturelle. Certes, ils avaient raison alors, juste autant qu'ils ont tort maintenant qu'ils font des miracles à leur tour. Mais nous, disent-ils, comme le personnage de l'*École des vieillards*, mais nous, c'est autre chose; et ils prétendent que l'on ajoute foi à tous ces miracles incohérents qui foisonnent dans un milieu crédule, pourvu toutefois qu'ils leur conviennent.

Faire des miracles est à l'heure présente un signe visible d'infériorité. La société, à ce point de vue, peut se diviser en ceux qui croient aux miracles et ceux qui n'y croient point. Les premiers renferment, sauf quelques exceptions que je n'entends nier aucunement, la masse des gens sans lumières, arriérés, demeurés, à des degrés divers, dans les limbes du moyen âge; les autres renferment ce qui est éclairé, indocile aux diverses superstitions et lancé dans toutes les voies de l'activité moderne. Tel est le dénombrement des deux armées, l'une marchant sous les enseignes de la théologie, l'autre sous celles de la science positive.

La révocation de l'édit de Nantes, avec la persécution qui suivit, est une cruelle expérience; mais enfin c'est une expérience politique. Quel enseignement pensez-vous que les cléricaux en aient tiré? c'est qu'il fallait recommencer. De même qu'alors ils déclarèrent une guerre acharnée à l'œuvre de Henri IV, de même aujourd'hui ils déclarent une guerre acharnée à l'œuvre de la révolution. Les principes qui les dirigèrent et les principes qui les dirigent sont les mêmes; on les affirme imperturbablement. Pour tous ceux qui sont en dehors du dogme, rien n'est plus menaçant que des maximes impitoyables qui mettent le dogme sous la protection de l'intolérance.

Les catholiques libéraux, dont le nom indique qu'ils reconnaissent aux doctrines diverses le droit de se produire et de vivre; les catholiques libéraux, dis-je, ont été condamnés par la suprême autorité catholique. N'en parlons pas. Nous savons que le cléricalisme refuse toute transaction avec la société moderne, dont la tolérance est un des dogmes. A-t-il tort? a-t-il raison (au point de vue de son intérêt, veux-je dire)? Ce n'est pas à ceux qui sont en dehors de l'Église à décider; mais c'est à eux de défendre et de promouvoir la société. Après la terrible exécution qui appartient à la fin de Louis XIV, il fallait ou que la France succombât sous le cléricalisme, comme l'Espagne au temps de Philippe II, ou qu'elle réagît. Elle a réagi. Le dix-huitième siècle et la révolution répondirent à Louis XIV et à son confesseur. Et l'Espagne, elle-même, où en est-elle de son cléricalisme si chèrement acheté et dont elle se dégage la dernière?

La société moderne, qui ne croit pas plus aux miracles qu'elle n'en fait, est tolérante même pour les intolérants. Grand effort de vertu qui montre visiblement de combien la moralité purement humaine a pris le dessus sur la moralité théologique et la dépasse. J'insiste particulièrement sur cette supériorité morale corrélative à la supériorité scientifique. L'Église seule doit être libre, dit le cléricalisme; tout le monde doit être libre, y compris l'Église, dit la société, élevée à ce haut degré d'équité sociale par la philosophie et la science.

Une doctrine a le droit de se croire la seule vraie; mais, tout en ayant cette croyance, elle monte à la vraie grandeur morale et devient propre à diriger la conscience contemporaine, quand, forte de sa vérité, elle y joint la sérénité, les égards pour les dissidences et le ferme propos de défendre leur liberté comme la sienne propre. Au contraire, une doctrine qui, dogmatiquement, refuse à ses adversaires le droit de discuter et, quand elle peut, leur ferme violemment la bouche, de quelques titres pompeux qu'elle se décore, reste au-dessous de la conscience contemporaine et est devenue impropre à la diriger.

La tolérance n'est ni l'inertie ni la duperie; à nous aussi on prétend révoquer notre édit de Nantes (1). Défendons-le par la parole, par le livre,

---

(1) En ce moment, le parti clérical réclame, en Espagne, l'abolition de la liberté religieuse. Il veut recommencer Philippe II, espérant faire, non mieux, la chose est impossible, mais aussi bien. Et pourtant ce monarque modèle n'a réussi qu'à retarder pour l'Espagne l'époque d'une émancipation qui tient au développement général de la civilisation.

par l'enseignement, par la science, par le progrès en tout genre, et d'abord par nos votes. L'occasion en est prochaine ; les élections ne tarderont pas beaucoup ; combattons y les candidatures cléricales aussi énergiquement que les candidatures bonapartistes. Je ne puis rien dire de plus.

CHAPITRE IV

IMPUISSANCE DE LA COALITION MONARCHIQUE. FONDATION LÉGALE DE LA RÉPUBLIQUE PAR UN VOTE DE L'ASSEMBLÉE; C'EST SON DEUXIÈME GRAND TRAIT DE PATRIOTISME.

SEPT ANS DE PROROGATION
ET DE RÉPUBLIQUE (1)

[Quand la coalition monarchique eut échoué dans sa tentative de mettre M. de Chambord sur le trône, il lui fallut prendre un parti. En son embarras, elle se contenta de proroger M. le maréchal de Mac-Mahon avec son titre de président de la république française, cette épine qu'elle ne parvenait pas à retirer de son pied.]

Notons d'abord les faits ; car, au milieu de l'anarchie suscitée par quatre partis politiques en présence et en lutte, la république, la légitimité, la monarchie constitutionnelle et l'empire, au milieu, dis-je, de cette anarchie, les faits obtiennent la prépondérance et dominent les opinions. Or, les voici : la droite et le centre droit proposèrent la prorogation de M. le maréchal de Mac-Mahon avec le titre de chef du pouvoir exécutif, où l'on retranchait : *de la république française;* retranchement d'autant plus signifi-

(1) *Revue de la Philosophie positive,* numéro de janvier-février 1874.

catif que ce nouveau titre prenait la place de celui que le maréchal portait depuis cinq mois. Mais il fallait avoir la majorité pour la modification désirée. Cette majorité qu'il fallait avoir parut, dès les premiers moments, tellement douteuse qu'on sacrifia le protocole ; M. le maréchal de Mac-Mahon reprit, de par l'assemblée, la qualification de président de la république, et l'on eut soixante voix de majorité pour la prorogation.

On ne s'étonnera pas que des gens qui, la veille, venaient d'essayer de restaurer la monarchie, aient répugné à donner au gouvernement qu'ils instituaient pour quelques années, le nom de république ; mais on s'étonnera qu'ils n'aient pas persisté dans leur répugnance et appelé le pouvoir prorogé lieutenance générale de royaume, ou tout au moins laissé le nom en blanc. Toutefois, si l'on se rappelle que c'est la répétition de ce qui se passa à Bordeaux en 1871, qu'alors la droite demanda que l'appellation donnée à M. Thiers fût seulement *Chef du pouvoir exécutif*, et que la majorité y ajouta *de la république française*, l'étonnement s'amoindrira, et l'on sentira que les forces qui attaquent la république rencontrent des obstacles dans la nature même de la situation.

Pour la première fois, un simple particulier a été élevé à la dignité suprême avec la perspective d'un long intervalle de temps ; et pour sept ans le gouvernement républicain, s'est écrié un journal royaliste, a été fondé en face du roi ! Cela est littéral ; car, pendant la discussion de la prorogation, M. le comte de Chambord était à Versailles et tout près de la salle où siège l'assemblée.

Ce sont les royalistes eux-mêmes qui ont fait cet

accroc à la royauté, plus grand que celui que demandaient les républicains ; car le pouvoir de la prorogation, tel qu'il vient d'être établi avant toute constitution, a quelque chose de personnel qui est plus en affinité avec notre situation révolutionnaire depuis quatre-vingts ans, qu'avec la présidence régulière en une république.

Depuis bien des années les hérédités monarchiques que l'on prétendait fonder se montraient illusoires, et le fait est venu constamment démentir les espérances des dynasties. Mais il est permis d'arguer que ce fait, bien que répété, était pourtant contingent et accidentel ; par exemple, Napoléon Ier pouvait n'être pas l'entrepreneur insensé de guerres éternelles ; Charles X pouvait respecter la charte et ne pas amener un conflit dans les rues ; Louis-Philippe, ne pas risquer son trône pour l'adjonction des capacités électorales ; et Napoléon III, regarder, avant de déclarer la guerre à l'Allemagne, si ses régiments étaient au complet et s'il avait des réserves. Ces accidents, si ce sont des accidents, prouvaient du moins que la monarchie avait désormais bien peu de racines en notre sol, puisque toute tempête, intérieure ou extérieure, la jetait bas. Quoi qu'il en soit, aujourd'hui, renonçant pour sept ans à la monarchie et à sa fictive hérédité, les monarchistes ont institué un gouvernement irrégulièrement républicain : républicain, parce que la situation est républicaine ; irrégulièrement, parce que la situation est en même temps provisoire.

Comme je fais mon examen de conscience en philosophie par intervalles, je le fais aussi en politique, afin de confronter avec les événements ce qui, par moi, a été pensé, dit et fait. Or, tout d'abord, en 1871, j'ai été d'avis qu'il n'y avait pas lieu de proclamer la république ni de lui faire une constitution éternelle, et qu'il suffisait de l'accepter telle qu'elle provenait de l'effondrement de l'empire, et de lui donner les lois nécessaires, au fur et à mesure des besoins et des circonstances. J'avais bien vu cette affaire du moment ; car c'est la force des choses non la volonté des hommes qui produit la présente république de sept ans.

J'avais été d'avis qu'une chambre unique, comme nous l'avions, à la seule condition d'un renouvellement partiel tous les ans, suffisait, pendant l'importante période de réorganisation ouverte devant nous, pour dispenser à la fois d'une seconde chambre et du droit de dissolution attribué soit au président, soit à la seconde chambre ; de ce côté, mes prévisions ont été erronées : une seconde chambre se fera.

La nomination du président par l'assemblée, mesure impérieusement nécessaire, ne paraît plus faire de doute ; à cette opinion, que je partage avec plusieurs hommes politiques fort considérables, j'avais ajouté que, très probablement, vu la fluctuation de nos circonstances, une présidence à terme irrégulier, réglée d'après l'homme et le moment, vaudrait mieux qu'une présidence à terme régulier. L'impasse où l'on était a déterminé les résolutions ; et c'est pour un homme et un moment qu'on vient de créer une présidence à terme irrégulier, débattu entre cinq, sept et dix ans (1).

---

(1) Le terme est devenu régulier dans la constitution définitive ; mais il a gardé, de la pression des circonstances, cette durée de sept années qui est peu ordinaire.

Ainsi, en définitive, le conflit des opinions politiques, tant au sein de l'assemblée qu'au dehors dans le pays, a produit un gouvernement républicain par la forme, légal par son institution, révolutionnaire en tant que provisoire, personnel en tant que fait pour un homme, applicable en tant que fait pour une circonstance. Ajoutons, pour compléter ce véridique tableau, que république, légalité, caractère révolutionnaire, application à l'homme et à la circonstance, tout cela a été l'œuvre de monarchistes, le lendemain de la défaite où succomba le projet de restauration légitime.

On a dit : la chambre veut faire la monarchie, mais elle ne peut pas ; elle pourrait faire la république, mais elle ne veut pas. Ceci a besoin d'un correctif : la chambre a fait la république pour sept ans, comme avec M. Thiers elle l'avait faite pour deux ans.

Étiquette, pure étiquette, s'écrie-t-on du côté monarchique, qu'on enlèvera quand on voudra. Quand on voudra ? je ne crois pas. Ce qui a empêché la monarchie au commencement de novembre, l'empêchera longtemps, bien longtemps encore. Déposséder un occupant est difficile, et la république est cet occupant ; mettre d'accord trois compétiteurs au trône n'est pas moins difficile, et ces compétiteurs sont le légitimisme, l'orléanisme et l'impérialisme. Voilà les deux difficultés qui protègent la république.

Ceux qui parlent d'arracher quand il leur plaira l'étiquette sont bien persuadés que l'essai de la république de sept ans ne sera pas loyal. Ici encore je ne suis pas de leur avis, et mon opinion est qu'il n'y aura ni dans le maréchal Mac-Mahon, ni dans son ministère, manque aux engagements légaux, et, pour me servir de la formule que M. Thiers appliquait à lui-même, qu'ils ont reçu la république et qu'ils la remettront comme ils l'ont reçue. Je sais que facilement les partis sont malhonnêtes gens; mais la responsabilité, sévère gardienne dont on sent d'autant plus la main qu'on est plus haut placé, impose plus souvent qu'on ne pense aux gouvernements des respects que les partis ne connaissent pas.

La prorogation avec république donne exactement la mesure de la défaite que la monarchie vient d'éprouver. Des gens qui veulent faire la France plus royaliste ou moins républicaine qu'elle n'est, ont assuré que, dans l'échec de la royauté légitime, les républicains n'avaient compté pour rien, et que tout avait été décidé par la rupture entre la droite et le centre droit. Chacun peut, puisque aucun vote n'est intervenu et que le pointage était très serré de part et d'autre, soutenir ce qu'il lui plaira. Mais, dans le fait, ce fut sous le nom de la république et par l'impulsion républicaine que la foule immense, sur tous les points du pays, repoussa le drapeau blanc, la légitimité, le cléricalisme. Drapeau blanc, légitimité, cléricalisme avaient été acceptés par les princes d'Orléans lors de la mémorable visite à Frohsdorf; mais il est vrai de dire que les orléanistes s'y refusèrent péremptoirement; de sorte que les orléanistes sont d'un tout autre avis politique que les princes d'Orléans. Quelle singulière anarchie au sein de ces partis qui prétendent faire la leçon à la république! Et aussi quelle curieuse impossibilité de s'entendre s'est manifestée entre le comte de Chambord et les gens les mieux disposés pour lui! Après la lettre de M. de Chambord et la déclaration de

M. de Chesnelong, on ne peut soupçonner ni manque de mémoire, ni manque de parole ; et pourtant, dans les entretiens, M. de Chambord comprit que la Commission des Neuf (1) accordait tout au prince; et M. de Chesnelong, que le prince accordait tout à la Commission.

Je ne prétends point dire qu'entre la république et la monarchie tricolore et constitutionnelle la question ait été vidée. Peut-être viendra-t-elle, si la république (j'entends la république instituée et ayant la majorité dans une chambre nouvelle) mène mal les affaires ; mais présentement elle est complètement ajournée. Pour qu'elle reparût inopinément, il faudrait que M. le comte de Chambord ou mourût ou abdiquât. Alors la monarchie tricolore pourrait venir disputer à la république son titre de possession. Mais, tant que l'un ou l'autre de ces événements ne se sera pas effectué, les légitimistes suffiront à faire avorter toute entreprise de ce genre.

Amusants contre-coups (c'est la pièce risible dans la pièce sérieuse), amusants contre-coups des passions politiques et de leurs vues à courte portée ! Les bonapartistes se sont jetés avec ardeur le 24 mai contre M. Thiers et le parti républicain ; mais bientôt leurs alarmes devinrent très vives, à mesure que les chances de M. de Chambord grandissaient, et, en effet, si la monarchie légitime avait été rétablie, ils s'étaient mis eux-mêmes la corde au cou. A leur tour, grâce à une semblable impulsion, les légitimistes ont voté la prorogation même sous forme républicaine, et dès aujourd'hui plusieurs

---

(1) Commission qui avait été nommée pour régler les conditions de la restauration de M. de Chambord.

regrettent d'avoir ainsi livré au centre droit gouvernement, majorité et ministère.

Qu'en fera-t-il? Ses premiers actes le caractérisent ; il arrive muni de projets répressifs et compressifs : infliger à la commune, à la presse, à tout, un régime fort semblable au régime impérial, en un mot reprendre pour son propre compte ce qu'il avait tant blâmé et combattu sous l'empire. De cette façon, ces hommes ne peuvent échapper à l'un ou à l'autre reproche : ou bien d'avoir méconnu les nécessités de compression qui s'imposaient au gouvernement de l'empereur, ayant été aveugles et injustes dans leur opposition ; ou bien de sacrifier leurs principes libéraux à des passions et à des circonstances. M. de Bismarck vient de mettre à l'aise, pour les variations, la conscience de nos gens, en proclamant à la tribune qu'un homme d'État n'a point de politique à lui, qu'il n'a que celle des situations. J'incline à croire que M. de Bismarck se fait moindre qu'il n'est, ayant au fond une politique invariable dont il ne s'écarte jamais, et qui est au dedans l'absorption de l'Allemagne dans la Prusse, au dehors l'agrandissement de l'empire. Mais, sans pousser plus loin cette observation et sans examiner si nos hommes d'État ont, eux aussi, une politique dernière supérieure, je les laisse sous le bénéfice de l'axiome de M. de Bismarck.

Donc le cabinet est réactionnaire. Mais quelle définition donner de la réaction? La réaction est le régime où, non content de réprimer les actes, on fait la guerre aux opinions. Rétablir l'ordre moral, combattre l'insurrection morale, voilà les formules dont on se sert et qui témoignent nettement que je ne me méprends point sur le but et les intentions.

Le mérite de M. Thiers a été d'imposer l'ordre aux actes, sans se mêler de l'imposer aux opinions. Ce fut de la bonne politique, laquelle eut sa conséquence habituelle pour le pays, je veux dire de bonnes affaires. Il pacifiait. Le 24 mai combattit; entre le régime de pacification et le régime de combat voyez le résultat : les affaires tombèrent; elles tombèrent encore plus sous le coup des tentatives de restauration monarchique. Elles ne se sont pas relevées; elles se relèveront sans doute, si la prorogation inspire une confiance de sept ans, si le cabinet respecte, comme il l'a annoncé, la république de sept ans.

Quand on considère la mêlée des partis, il est bien difficile de concevoir quelle est l'idée précise qui, dans la situation présente, est exprimée par le titre de conservateur. Sans doute la droite et le centre droit se donnent ce nom; mais, en examinant de près, on voit que ces deux groupes sont composés de légitimistes traditionnels qui, de 1815 à 1830, brisèrent par la loi du double vote électoral le progrès de l'opinion publique, puis tentèrent de briser à son tour le double vote devenu libéral et se firent chasser; d'orléanistes constitutionnels qui se refusèrent, au risque d'une commotion sociale, à l'introduction pacifique des capacités électorales; enfin, de bonapartistes qui, peu soucieux de légalité et de serment, dispersèrent, emprisonnèrent, exilèrent les représentants de la nation et établirent leur despotisme. Quoi de commun entre ces gens-là qui s'octroient le titre de conservateurs? Le voici : tous s'accordent à diminuer autant que possible la puissance des organes de l'opinion publique, municipalités, conseils généraux, presse et réunions, et à augmenter la

pression de l'autorité. Est-ce là de la conservation ?
Pas le moins du monde. C'est le combat contre les
tendances et les opinions, autrement dit la réaction.
Comment donc faut-il définir non le faux conservateur, mais le vrai? Je dirai que c'est celui qui défend
ce qui existe tant qu'il n'a pas sous la main de quoi
le remplacer; par opposition au révolutionnaire qui,
renversant ce qui lui est obstacle, se soucie plus du
renversement que du remplacement.

Le cabinet actuel fait acte de réaction par les lois
qu'il présente et par celles qu'il projette, obéissant
en cela à ses passions de parti ; mais en même temps
il fait acte de conservation en acceptant pour sept
ans le gouvernement républicain, obéissant en cela
aux nécessités de situation. Puisque défendre ce qui
existe tant qu'on n'a rien à y substituer est le signe
du conservateur, maintenir pour sept ans la république qui existe a été acte de conservation.

L'ordre moral, tel que l'entendent nos pseudo-conservateurs, est la défense de la religion, de la
famille et de la propriété, trois institutions qu'ils
nomment les grands principes sociaux. Ces principes
attaqués par la discussion ne peuvent se défendre
que par la discussion ; et l'intervention répressive
du gouvernement complique et aggrave le débat,
bien loin d'en faciliter la solution. Au reste, la philosophie positive fait une importante distinction entre
ces trois principes. La propriété (il s'agit surtout de
la terre), d'abord incertaine, puis commune, collective, indivise sous toutes sortes de formes, et enfin
devenue privée; la famille d'abord sans règles, puis
polygame et enfin fixe et monogame, ont revêtu
ces caractères peu à peu et par l'évolution sociale.
Entre les discussions soulevées à ce sujet, la philo-

sophie positive admet à consultation celles qui tendraient à améliorer, s'il y a lieu, la famille et la propriété selon la direction historique ; mais elle rejette catégoriquement les discussions qui veulent ramener ces deux institutions à quelqu'une des formes passées et condamnées. Il n'en est pas de même de la religion ou plutôt de la théologie ; celle-ci, loin de continuer à se développer historiquement, a reçu de l'histoire les plus graves atteintes. Sans parler des hérésies qui l'ont déchirée au seizième siècle et qui, depuis, n'ont jamais été guéries, je prends pour signe prépondérant la diffusion, dans tous les rangs, dans toutes les classes, dans toute l'Europe, de ce qu'on appelle la libre pensée. La philosophie positive ne cesse de répéter que cette fourmilière d'esprits émancipés s'est formée dans le plein même du régime théologique ; que les causes, assez fortes pour triompher jadis de la tradition, de l'éducation, de l'habitude, de la compression, le sont plus encore pour continuer une impulsion si vigoureusement commencée ; et qu'ainsi se flatter de réussir, bien moins puissant, là où l'on n'a pas réussi, bien plus puissant, est chimérique et dangereux. La double raison de ce mouvement ascendant de la libre pensée est le désaccord aggravé de jour en jour entre la théologie et la science, et la croyance que l'on accorde à celle-ci sans se soucier du veto de celle-là.

La philosophie positive définit l'ordre moral un état social où un certain ensemble de dogmes constitue pour tous les hommes la règle de pensée et de conduite ; le catholicisme, pendant le moyen âge, en est un bon exemple et explique suffisamment la définition. Mais, quand cette unité dogmatique est rompue, quand, en un mot, l'ordre moral, se dissolvant, a laissé surgir la dispersion morale, que doivent faire les gouvernements? Je l'ai déjà dit bien des fois, mais je ne crains pas de me répéter en sujet tellement important : au spirituel, accorder aux opinions et à leur discussion la liberté ; au temporel, se renfermer dans la tâche, si difficile, de maintenir l'ordre matériel, tout en favorisant énergiquement le développement des deux principaux moteurs de la vie moderne, la science et l'industrie.

Pourquoi donc est-ce un mal qu'un gouvernement soit réactionnaire ou de combat (c'est tout un), et fasse la guerre aux opinions? C'est qu'aussitôt et par la force des choses, il rend aux opinions novatrices, révolutionnaires pêle-mêle, le caractère collectif qu'elles avaient au dix-huitième siècle, et qu'elles perdent quand on les laisse à leurs dissensions intestines. Ce n'est pas tout ; comme le combat contre les opinions novatrices compromet plus ou moins la liberté de conscience et la liberté politique, on pousse de leur côté le gros des opinions libérales. En ce moment, le grand mérite de la république conservatrice est d'ôter aux éléments révolutionnaires le formidable appoint des opinions libérales.

Le parti pseudo-conservateur n'accumule pas toutes ses répressions sans invoquer les mauvaises doctrines sociales. Qu'est-ce donc que ces doctrines sociales, quelle en est la nature, quel en est le rôle? On s'en fera la plus juste idée si on les compare aux hérésies théologiques. De même que les hérésies s'élèvent contre tel ou tel dogme de l'Église, de même les doctrines sociales prennent à partie tel ou tel élément de la société. L'intolérance à leur égard n'est pas moindre qu'elle ne l'est ou qu'elle ne fut envers les hérétiques ; les passions qui les poursuivent ne le cèdent guère en violence aux passions théologiques, et c'est dire beaucoup. Parmi les mauvaises doctrines, selon nos conservateurs, il en est plusieurs que la philosophie positive réprouve ; mais, à son tour, la philosophie positive est qualifiée par eux de mauvaise doctrine au premier chef, aussi bien théologiquement que socialement ; et pourtant, issue il y a quarante ans de l'humble cabinet d'un homme solitaire, elle a des disciples partout en Europe et aux États-Unis. Cet exemple, sans parler du socialisme dont les journaux, les livres, les doctrines foisonnent sans relâche, prouve que le droit d'examen et la libre pensée à l'égard de l'organisation sociale sont aussi incompressibles que le droit d'examen et la libre pensée à l'égard de la théologie. Des hérésies théologiques ont triomphé dans la moitié de l'Europe ; des doctrines politiques ont triomphé par l'impulsion de 1789. Mais ce n'est le dernier mot ni des hérésies, ni des doctrines politiques, ni surtout de la sociologie, qui professe que les unes et les autres ont pour terme la conception positive du monde et, partant, la conception historique des sociétés.

On fait aussi sonner haut la conservation sociale. Certes je ne suis pas disposé à traiter légèrement les inquiétudes qu'inspirent les habitudes et les impulsions révolutionnaires, et j'admets pleinement la sincérité des alarmes. C'est ici que revient avec force la prescription de la philosophie positive conseillant aux gouvernements de se désintéresser des doctrines, afin de se consacrer au maintien infatigable de l'ordre matériel et à la répression rigoureuse des actes perturbateurs. Il faut laisser aux religions, aux philosophies, à la libre pensée, à la science le soin d'entretenir, aussi bien par le conflit que par le concours, le variable niveau d'ordre moral qu'à chaque moment le milieu social comporte. C'est plus tard que, sous la raison sociale du savoir positif, un nouvel ordre naîtra, comparable à celui qu'établirent le catholicisme et auparavant le polythéisme, mais supérieur par la solidité de la conception et la perspective des services.

Les agents du gouvernement disent que dans bien des lieux existent des sociétés secrètes dont les intentions et les préparatifs sont insurrectionnels; même certains ajoutent que la France entière est minée. Que des associations révolutionnaires se soient reformées, que des projets subversifs y soient agités, je ne le nierai pas; c'est une conséquence trop naturelle de l'enchaînement de troubles et de coups de main dont nous sommes les victimes, pour que je veuille révoquer en doute toutes les informations de ce genre. Mais il suffit de considérer quelque peu l'état présent du pays, la puissance de la police et l'infériorité de l'armement d'une insurrection quelconque en face des armes perfectionnées qui sont seules aux mains de la troupe régulière, pour être sûr que ces associations, si elles se levaient, seraient aussitôt vaincues et punies. Toutefois, il est des circonstances où il n'en est plus de même et où elles deviennent fort redoutables; c'est aux effondrements de nos monarchies. Alors elles prennent position, elles s'arment et peuvent faire des coups de main tels que celui de la Commune. Gardons-nous donc plus que jamais d'élever des gouvernements à chute facile. Henri V, dont nos conservateurs ont tenté la restauration, aurait peu duré, et cette prétendue œuvre conservatrice eût abouti à une redoutable désorganisation révolutionnaire.

La réaction sera laborieuse pour tout le monde ; les commencements l'indiquent visiblement. Qu'un cabinet ne se livre pas sans réserve à l'impulsion du pays, qu'il veuille la modérer en intensité et en vitesse, cela se conçoit ; mais qu'il entreprenne d'y résister absolument et de lui faire prendre une direction contraire, cela est téméraire, d'une réussite purement temporaire et de conséquence dangereuse. L'un parle de faire marcher la France ; l'autre assure que d'ici quatre ans, il ne faut plus faire d'élections ; un troisième se signe d'effroi aux noms les plus modérés parmi les nouveaux élus ; et le gros du parti, irrité mais non éclairé par les faits, me rappelle les ultras de 1829 et de 1830 et compte sur la réaction.

Pour la combattre et pour se maintenir pendant la durée de la république de sept ans, les républicains ont deux ressources, toutes deux grandes et puissantes : ce sont l'opinion publique et la légalité.

L'opinion publique, quoi que disent nos gens qui prétendent, à l'aide de mesures législatives, la retourner comme un gant, est une force pour qui s'y appuie. Ne croyez pas, d'ailleurs, que la réaction puisse aller bien loin dans ses projets. Depuis quatre-vingts ans la société a été tellement pénétrée des principes libéraux (je me sers de l'expression la plus générale), que le mal qu'on leur fait demeure toujours limité ; on change quelques accessoires, on ne change pas le fond. Cette limitation est la mesure du pouvoir de l'opinion publique. Les républicains lui doivent tout ce qu'ils sont ; ils n'ont pas, comme leurs adversaires, des relations princières et des protections royales ; et, sauf un certain nombre de transfuges des classes titrées, ils sont tous de petits bourgeois, comme M. Thiers, des industriels, des commerçants, des paysans et des ouvriers. Qui, depuis deux ans, soutient les républicains ? Le pays. Si, depuis deux ans, les élections eussent été monarchiques ou simplement douteuses, la monarchie serait déjà faite ; mais, sauf bien peu d'exceptions, elles témoignent à coups redoublés que le pays n'a souci d'aucune monarchie, n'en désire aucune, n'en rappelle aucune. Même, depuis les dernières tentatives de restauration légitime, on remarque partout que les gens de la campagne viennent apporter contre la monarchie un contingent de votes plus considérables qu'ils ne faisaient jadis. Il est certain que la réaction a par cette manœuvre donné au courant qu'elle veut remonter plus de puissance et d'impulsion. Ce n'est pas à ce résultat qu'elle visait.

Conserver pour soi l'opinion publique importe par-dessus tout aux républicains. Le moyen leur est ouvert, c'est de se tenir rigoureusement et partout dans la légalité durant la lutte qui commence. Vigilance, patience, fermeté, discipline, voilà les qualités que la situation leur impose ; ce sont les mêmes qualités qu'on demande en campagne au soldat, à l'officier, au général ; y manquer serait aussi fâcheux en politique qu'en guerre. Le moment solennel est venu de renoncer aux pensées violentes et de consolider par un travail constant l'édifice provisoire de la république. C'est là la tâche commune. Pour nous, disciples de la philosophie positive qui savons qu'il ne se fait ni dans la science une découverte, ni dans l'industrie une application de la science, sans promouvoir le mouvement de rénovation sociale, travaillons et faisons travailler autour de nous, accomplissant notre devoir régulier qui est de signaler la connexité sociale entre ce qui est su et pensé et ce qui est voulu.

MALFAISANCE FINALE

DE NOS MONARCHIES

DEPUIS SOIXANTE-DIX ANS, A PROPOS DU SEPTENNAT (1).

[Les trois monarchies restaurées ou tentées n'ont pas réussi à nous donner une bonne politique intérieure et extérieure. Les deux républiques de 1793 et de 1848 n'ont pas été plus heureuses. Quoi donc! y a-t-il un moyen terme entre monarchie et république? Oui, sans doute. Le moyen terme est la république légale qui s'essaye aujourd'hui, à l'encontre des deux républiques antérieures qui ont été révolutionnaires.]

Les deux mois du septennat qui viennent de s'écouler ne m'obligent à rien changer dans ce que, au dernier numéro de cette revue, j'ai dit de la prorogation. M. le président de la République et le ministère ont déclaré formellement que pendant sept ans la monarchie est forclose. A chaque jour suffit sa peine ; et exclure la monarchie pour plusieurs années au milieu de l'opinion républicaine croissante et de l'opinion monarchique décroissante est beaucoup.

(1) *Revue de la Philosophie positive*, numéro de mars-avril 1874.

Les avantages du septennat, j'en dirai tout à l'heure les inconvénients, sont décisifs pour les républicains, qui doivent le soutenir avec détermination et pleine conscience de ce qu'ils veulent. Eh quoi, objectera-t-on, ferons-nous ce que font les orléanistes et les bonapartistes, qui l'acceptent? et pourquoi n'agirions-nous pas comme les légitimistes, qui le contestent? Devant une perspective de sept ans, chaque parti a sa conduite. La nôtre est, d'une part, de ne troubler en rien la tranquillité septennale que l'on promet à la France, et, d'autre part, de recommander par la parole, par la plume, par les actes, la forme républicaine de gouvernement que la flagrante anarchie monarchique rend de plus en plus nécessaire.

Cette attitude des partis s'explique sans peine. Les bonapartistes comptent sur l'appel au peuple et le plébiscite. Les républicains, sans redouter en aucune façon l'appel au peuple, comptent sur le suffrage universel et la future assemblée. Le centre droit est satisfait de détenir le pouvoir et d'en user à son gré. Seuls, les légitimistes, qui n'espèrent ni dans l'appel au peuple, ni dans le suffrage universel, ni dans la future assemblée, regrettent un exil de sept ans pour leur royauté; car, si la majorité monarchique d'aujourd'hui, résultat d'un hasard qui ne se reproduira pas, ne fait pas la monarchie, qui la fera?

Ce que nous souhaitons ardemment, nous républicains, pour cet intervalle de sept ans, c'est qu'il ne s'y produise ni un roi, ni un empereur, ni un coup d'État, ni une émeute. La présence du maréchal de Mac-Mahon à la tête du pouvoir exécutif est la garantie contre ces éventualités.

En 1871, on ajourna la monarchie à un terme qui

se trouva de plus de deux ans. Après l'échec d'octobre, on l'ajourne de nouveau, mais pour sept ans cette fois. Les ajournements s'allongent singulièrement ! Dans les péripéties précédentes, les monarchies, quand elles furent en situation, se firent sans délai et haut la main : Louis XVIII, après la chute de Napoléon Ier ; Louis-Philippe, après la chute de Charles X. Mais, cette fois-ci, la situation n'y étant plus, on tarde, on hésite, l'imbroglio est au comble, l'intrigue se complique, les dénouements se contrarient, et le drame, tout attristant qu'il est, tourne parfois au comique. Deux grands et puissants acteurs tiennent le haut de la scène et l'emplissent de leur prestance ; ce sont le légitimisme et l'orléanisme. A côté d'eux, le bonapartisme, sorte de Tom-Pouce parlementaire, ne laisse pas, tout petit qu'il est, de faire sentir son utilité à ses deux gigantesques protecteurs.

En l'état des partis dans la chambre, il n'y a, par la chambre, que trois portes par où la monarchie puisse être ramenée. Ou bien M. de Chambord, rétractant sa décision, acceptera le drapeau tricolore, et la coalition qui le portait se reformera ; ou bien le centre droit, revenant à résipiscence, se résignera au drapeau blanc ; ou enfin, légitimistes et orléanistes, en haine de la république, se décideront à rappeler l'empire. Ces trois solutions paraissent des impossibilités. A la vérité, la majorité actuelle, pleine de défiance contre la future assemblée et la prochaine majorité, aurait pu, avant de laisser le pouvoir sortir de ses mains, être tentée de recourir aux expédients ; mais, par le septennat, elle s'est ôté elle-même la possibilité de céder aux tentations de ce genre.

On nous recommande le rétablissement de la monarchie au nom de la sécurité nationale. Eh bien, voici le bilan de cette sécurité : si M. de Chambord est restauré, ce sera pour sa famille la quatrième restauration ; si M. le comte de Paris, ce sera la deuxième ; si le prince impérial, ce sera la quatrième, comme pour la branche aînée des Bourbons. Il y a autant de chutes que de restaurations ; et chacune de ces chutes a été cause d'un grand désastre soit intérieur, soit extérieur. Telle est la sécurité nationale et notre garantie sous l'égide monarchique !

M. Thiers, le premier, employant une formule du genre des axiomes, a dit que la république serait conservatrice ou qu'elle ne serait pas. Après lui, les journaux légitimistes ont assuré que la prorogation ne serait pas, ou qu'elle serait monarchique. A mon tour, je dirai non pas que la France sera républicaine ou qu'elle périra, mais qu'elle sera républicaine ou qu'elle continuera cette décadence qui, depuis 1804, commencement des restaurations monarchiques, la mène, dans la paix, aux commotions révolutionnaires, dans la guerre, à l'amoindrissement successif et au rétrécissement des frontières.

En suivant les choses au jour le jour ou, si l'on veut, l'année à l'année, on ne s'aperçoit pas de la décroissance ; mais prenez des périodes assez allongées, et l'influence funeste des monarchies remises sur pied se manifeste aussitôt.

La première monarchie à la suite de la grande révolution, celle de Napoléon Ier, se termine, après des guerres insensées, par l'invasion, la perte des agrandissements dus à la république, l'occupation du territoire et une dure rançon ; la seconde, celle des Bourbons aînés, par une commotion formidable qui rouvre le funeste enchaînement de nos révolutions; la troisième, celle des Bourbons cadets, par un ébranlement intérieur encore plus grave; enfin la quatrième, celle des Bonapartes cadets, par cinq milliards payés à l'Allemagne, un démembrement et la réduction de la France aux frontières du seizième siècle.

Qu'on le remarque bien, dans tout ce qui vient d'être rappelé je n'ai employé ni raisonnement ni induction, ni déduction; tout y est fait et expérience. Le fait est que la monarchie ou impériale ou royale s'est écroulée après de vaines apparences d'un établissement durable; l'expérience est que les moyens de maintien qu'elle possède sont fragiles et ne résistent pas aux chocs soit du dedans soit du dehors. Et cela pendant une série d'années, une suite d'événements assez longue pour éliminer l'accidentel et le fortuit. Ainsi l'insolidité monarchique est un phénomène dont la constance se confirme en France incessamment; et toutes les probabilités émanées du fait et de l'expérience nous enseignent que la monarchie impériale ou royale, légitime, parlementaire ou césarienne, sauf le cas d'un chef exceptionnel, nous livrera, restaurée, soit aux déchirements par l'intérieur, soit aux démembrements par l'extérieur, et peut-être à tous les deux, maintenant que notre prestige militaire a péri à Sedan et à Metz.

Depuis que Bonaparte a eu rétabli la monarchie, les monarques gouvernent par les conservateurs, et les conservateurs par les monarques. Ce sont les mêmes, bonapartistes, légitimistes, orléanistes, qui, par une tradition ininterrompue, forment encore aujourd'hui la majorité dans la chambre. Durant ce long intervalle de temps, il ne s'est trouvé ni un monarque, ni un ministre, ni une majorité, qui traçât pour la France un plan général d'ordre et de liberté, de paix et de guerre. Chaque dynastie a eu sa visée particulière; chaque couche de conservateurs afférente à la dynastie correspondante a eu sa manière d'entendre l'ordre. Un triple intérêt dynastique, un triple parti conservateur ont rendu la confusion inextricable ; et la boussole s'est affolée. Sans doute on ne peut jamais innocenter les grandes nations des malheurs qui les accablent, et les désastres de la France restent à la charge de la France. Mais, vraiment, notre chance a été bien malheureuse de ne trouver, durant tant d'années, ni un homme ni une classe d'hommes qui sût tirer parti de nos capacités.

Elles sont grandes. En aucune des voies de la civilisation, nous n'avons reçu d'échec, ni souffert de déchéance. Dans les sciences, dans les lettres, dans les arts, nous sommes parmi les premiers; notre industrie et notre agriculture florissent, la richesse nationale est croissante; et la puissance réelle repose sur ces éléments. D'autre part, notre population laborieuse et épargnante constitue un fondement solide pour l'ordre. Et pourtant, périodiquement, toute cette puissance périt entre les mains des Bonapartes, tout cet ordre périt entre les mains des Bourbons.

Je ne sais quel ancien a dit qu'il redouterait plus une armée de cerfs conduite par un lion qu'une armée de lions conduite par un cerf. Cela veut dire, transporté de la guerre à la politique, qu'une nation aura beau posséder en elle-même et produire incessamment de puissantes ressources, elle n'échappera, si elle n'a que des chefs incapables de la conduire, ni aux déchirements intestins, ni aux démembrements par la main de vainqueurs.

Grâce à nos monarques et aux classes dirigeantes qui les conseillent, la France, depuis la révolution, n'a ni une politique extérieure ni une politique intérieure. Qui, de la politique extérieure des Bonapartes, des Bourbons aînés et des Bourbons cadets, pourrait faire une conduite cohérente, un plan général, une vue à longue portée ? Qui, de la politique intérieure des Bonapartes et des Bourbons, pourrait constituer un système aboutissant à autre chose qu'aux déchirements et au chaos ?

Comment, objectera-t-on, en serait-il autrement, puisque la politique extérieure des Bonapartes a été deux fois coupée par la défaite, et la politique intérieure des Bourbons interrompue deux fois par la chute ? Oui, sans doute ; mais qui donc obligea Napoléon Ier à perdre six cent mille hommes en Russie, et Napoléon III à perdre deux cent cinquante mille hommes à Sedan et à Metz ? Qui donc poussa Charles X à combattre le courant libéral de son époque par un coup d'État, et Louis-Philippe à engager pour la plus mince des réformes un conflit où la garde nationale, son appui habituel et nécessaire depuis que la tentative de la royauté légitime nous avait remis sur la pente des révolutions, ne le soutenait pas ? On pourra dire, à la décharge de Louis-Philippe, qu'il n'a été qu'imprévoyant et malhabile ; mais Napoléon Ier, Charles X et Napoléon III ont délibérément renversé l'édifice sur leurs têtes et sur les nôtres. Nierai-je les avantages passagers que ces monarchies ont procurés à la France ? Pas le moins du monde. Mais qu'importe que Napoléon Ier ait gagné la bataille d'Iéna, si le dénouement est Leipzig et la prise de Paris? Qu'importent les bonnes finances de la restauration, si le roi les précipite dans une révolution? Qu'importe l'ère pacifique de Louis-Philippe, s'il la ferme par un effondrement? Qu'importe enfin la prospérité matérielle sous Napoléon III, si un démembrement en est la conclusion?

Seule, en Europe, où tous les États ont prospéré et se sont agrandis, la Pologne a été plus malheureuse que nous, elle par la faute de sa noblesse incapable d'être gouvernée, nous par la faute de nos monarques incapables de gouverner; incapables de gouverner, si on les considère comme une suite de princes se succédant sur un même trône, et à ce point de vue ils sont comparables aux empereurs romains qui se transmettaient surtout une difficulté d'être croissante; incapables de gouverner, si on les considère comme des princes isolés, puisqu'ils n'ont jamais su se maintenir, ni avoir leurs héritiers présomptifs ailleurs qu'en exil.

La similitude de notre succession de monarques à bâtons rompus et de la succession à bâtons rompus aussi des empereurs romains se présente, en effet, à l'esprit, non sans de sinistres pronostics. On a pu l'écarter, tant que nos désastres ne sont pas allés jusqu'au démembrement. En effet, la nation, active, laborieuse, riche, entourée jusqu'alors d'un certain prestige militaire, demeurait puissante en Europe; aujourd'hui, sans frontières et sans alliés, objet de haine et de mépris pour l'ennemi qui la surveille, de pitié pour les indifférents, les restaurations monarchiques et les révolutions populaires lui sont également interdites; car chacune de ces commotions la livrerait moins préparée et plus faible aux éventualités que nos commotions feraient naître inévitablement.

Si l'on établit le compte de nos ruines, on reconnaît aussitôt que les Bonapartes ont été bien plus dommageables que les Bourbons. Ce sont les Bonapartes qui ont brisé l'épée de la France, réduit ses frontières, amené le démembrement, et mis notre pays à la merci en 1815 de la coalition, en 1870 de l'Allemagne. Les Bourbons sont les auteurs de nos commotions intérieures, soit qu'ils n'aient pas su les prévoir ou les diriger, comme Louis XVI et Louis-Philippe, soit qu'ils les aient directement provoquées, comme Charles X. Mais ces commotions, dont je ne veux aucunement atténuer le dommage, avaient laissé la France puissante et respectée en Europe.

L'amour de la monarchie abstraite (j'appelle monarchie abstraite le principe sur lequel s'accordent nos conservateurs de la chambre, tandis qu'ils sont prêts à se couper la gorge pour la monarchie concrète, c'est-à-dire l'occupation effective du trône); l'amour de la monarchie abstraite a produit de bien singuliers effets : il a associé ensemble les bonapartistes et MM. les princes d'Orléans. Il est bien certain que, si l'empire se rétablit, un certain nombre d'orléanistes et de légitimistes retrouveront leur place comme préfets, magistrats, conseillers d'État, sénateurs, députés, ministres; mais il est bien certain que MM. les princes d'Orléans ne garderont pas la leur; seule, une fuite, une prompte fuite, pourra es sauver, et ils reverront les champs verdoyants de l'opulente Angleterre. Et nous, républicains, qui n'aurions rien à attendre du troisième empire que ce que nous reçûmes du second et de son coup d'État, qu'il soit bien entendu que jamais, à aucun prix, sous aucun prétexte, nous ne donnerons l'exemple donné par les orléanistes et les légitimistes, jamais nous ne ferons une coalition avec les bonapartistes. Le 2 décembre, Sedan, Metz et le démembrement nous interdisent de mettre notre main dans leur main.

En commençant, j'ai dit que, à côté d'avantages prépondérants, le septennat a des inconvénients ; j'y arrive.

Le premier est qu'il n'établit qu'une base insuffisante à la confiance et à la reprise des affaires. Certainement, une confiance même limitée ne sera pas sans influence salutaire et réagira fructueusement contre la stagnation que la tentative de restaurer la monarchie légitime a infligée au travail national. Mais, seul, un régime définitif peut rendre aux intérêts la sécurité et l'aisance de mouvement qui la suit ; et le septennat n'est point un régime définitif. Laissez-nous donc faire la monarchie, disent les monarchistes. Laquelle ? demandons-nous ; et, comme personne ne répond, la république, au milieu de ces compétitions perturbatrices, chemine dans le pays, et attend avec fermeté la fin légale du septennat.

Le second inconvénient est que le septennat, pendant tout le règne de la présente majorité de la chambre, va être le théâtre d'une réaction à outrance. C'est la reproduction fidèle de l'esprit qui dirigea la restauration sous le ministère de M. de Villèle, avec l'appui de ses fidèles Trois-Cents. Nos ultras d'aujourd'hui (il faut bien leur donner le nom de leurs prédécesseurs d'il y a cinquante ans) projettent ce qu'alors on projeta : domination des élections, restriction de la presse, guerre à toutes les libertés, appui général et blanc-seing accordés à toutes les influences cléricales. Certes, la deuxième génération d'ultras ne fera pas campagne pour l'ordre moral avec plus de passion que ne fit la première génération; mais je ne doute pas que l'issue ne soit la même, et qu'au bout de la période de compression, la nation ne manifeste un profond dégoût de ces tentatives rétrogrades, et ne les rejette comme elle les rejeta.

M. Comte a toujours soutenu que, depuis la chute de la monarchie en 1792, les relèvements du trône n'avaient été, au point de vue dynastique, que des apparences, et qu'il fallait considérer les différents monarques comme des souverains à temps qui portaient le faux titre de souverains héréditaires. La catastrophe, qu'il ne vit pas, du second empire, confirma, une fois de plus, sa théorie historique de nos révolutions. Au mépris de la fictive hérédité, c'est la première fois qu'une assemblée monarchique se décide à reconnaître la réalité des choses et à instituer un pouvoir exécutif temporaire. M. Comte pensait que des pouvoirs temporaires seuls convenaient à une situation devenue essentiellement républicaine.

Depuis les manifestations successives et réitérées du suffrage universel en faveur de la république, les journaux ministériels prétendent imperturbablement que ce suffrage ne représente pas l'opinion du pays. Cela n'est point vrai; ce qui est vrai, c'est qu'il semble y avoir une contradiction entre le suffrage universel d'hier envoyant une majorité monarchique et le suffrage universel d'aujourd'hui envoyant incessamment des républicains. Il n'existe aucune contradiction, en ce sens que, chaque fois, le suffrage universel est l'expression de l'opinion publique, poussée, par des nécessités différentes, à des expressions différentes : hier, la nécessité était la paix, et l'on nomma des hommes, quelles que fussent leurs opinions, la voulant; aujourd'hui, on demande un régime définitif, et, comme la république apparaît le seul régime définitif au milieu du gâchis monarchique, on choisit les hommes qui la veulent.

Je me résume : tout est actif et puissant en France, le travail, la production, le savoir; il n'est aucune force sociale qui ne fasse son office. Mais la politique, directrice supérieure de la conduite et de la destinée des nations, ne fait pas le sien. Entre l'incapacité monarchique, attestée par les faits, et celle des classes dirigeantes, misérablement divisées entre les trois dynasties, elle n'a chez nous aucune issue. Il faut, sous peine de perdition, tenter une voie nouvelle. La nation s'y porte avec réflexion, avec discipline, avec décision ; et, si aucune de ces fragilités qu'un grand ministre de l'empire tombé à Sedan remarque, non sans complaisance, dans le septennat, ne vient à effet, le suffrage universel rendra définitive la république provisoire d'à présent.

DE L'ENCOMBREMENT DES CARRIÈRES (1)

[Ce titre a pour objet de mettre en relief l'obstacle que se font nos trois monarchies en compétition. La carrière monarchique est encombrée, et les monarchistes ne savent comment la déblayer.]

Rien de plus commun que d'entendre se plaindre que toutes les carrières soient encombrées, et que partout se trouvent plus de compétiteurs sollicitant des places que de places pour caser les compétiteurs. Mais qui aurait pu penser que ce mal de l'encombrement duquel on parle tant, gagnerait les avenues de la royauté française, et qu'on y verrait un groupe de prétendants faisant queue à l'entrée et produisant à l'envi les titres qui, dans l'opinion de chaque postulant, doivent lui assurer la prééminence ?

La chose est sérieuse et triste, sans doute ; mais aussi elle est passablement ridicule par sa prolongation. Quoi ! voilà tantôt quatre ans que ce malheureux trône (qui se refuserait à le qualifier ainsi en se rappelant tant de royales infortunes?) est convoité par trois prétendants qui se coudoient rudement, jusqu'à ce que la porte s'ouvre, si elle doit s'ouvrir, pour l'un d'eux, à l'exclusion des autres ! Cependant la porte ne s'ouvre pas, la compétition s'éternise, et nos rois en expectative se morfondent. On comprend un prince exilé qui attend sur la terre étrangère que son parti renaisse, et que la fortune lui ramène des chances ; mais on ne comprend guère

(1) *Revue de la Philosophie positive*, numéro de septembre-octobre 1874.

trois solliciteurs à qui l'entrée de la France n'est pas fermée, qui y vont et viennent, si bon leur semble, et qui, tout en se faisant l'un à l'autre les gros yeux, se poussent d'un commun effort et par la coalition de leurs trois partis vers l'objet désiré. Vraiment, cette triple compétition à la couronne par-devant une assemblée fort embarrassée, compétition où chacun prête à son compétiteur une part d'influence et de crédit, est quelque chose d'original et qui ne s'était pas encore vu.

L'un nous rappelle l'antique royauté et ses services durant un passé qui ne peut plus se reproduire ; mais il ne nous parle pas des trois chutes foudroyantes de 1792, de 1815 et de 1830. L'autre est moins arriéré : monarchie parlementaire, souveraineté nationale, drapeau tricolore, il accepte tout ; mais son parti lui fait tort ; quelle créance ajouter à ces hommes jetés dans une réaction effrénée, persécuteurs de ce qu'ils avaient préconisé durant le régime impérial, subtils aux subterfuges, et, pour comble d'indignité, mettant leur main dans la main des bonapartistes. Le troisième se fait fort de ramener la prospérité matérielle qui signala le règne du père ; oui sans doute, il y eut de la prospérité matérielle, mais en escomptant l'avenir, en grévant, durant cette prospérité, le budget et la dette au lieu de les atténuer, en désorganisant l'armée, en assurant à la Prusse la victoire de Sadowa et ses suites, en déclarant la guerre, quand la prudence et la paix étaient le plus impérieusement commandées, et en allant comme un halluciné tout perdre à Sedan et à Metz ; semblable à ces banqueroutiers qui, pendant un certain temps, étalent luxe et splendeur, mais qui, la liquidation venue, précipitent leurs trop aveugles clients dans la ruine, la misère et la honte.

Tout cela est mesquin, bizarre, à peine croyable, vrai pourtant, mais dangereux aussi. L'être de raison qu'on nomme aujourd'hui monarchie et qui ne peut arriver à la réalité de l'existence qu'en se déchirant entre bonapartistes, légitimistes et orléanistes; cet être de raison, dis-je, est le couvert sous lequel la réaction s'est emparée de toutes les fonctions, ministères, préfectures, sous-préfectures et mairies. Pendant ce temps, la république subsiste de nom et de fait, prête à profiter des irréconciliables divisions de la monarchie abstraite, mais menacée aussi à tout instant de périr sous la main de la coalition qui la détient.

Il ne faut pas craindre de voir le péril en face. La situation a de notables ressemblances avec les trois ans de la présidence du prince Louis-Bonaparte; elle a aussi de notables différences. Commençons par les ressemblances.

Alors, comme aujourd'hui, on avait une république nominale; on faisait valoir la discordance des trois partis, légitimisme, orléanisme, impérialisme, qui s'étaient ligués autour du président, mais qui s'empêchaient l'un l'autre; on montrait la durée de la république en 1849, en 1850, en 1851, malgré les intentions non douteuses de ceux qui, de haut en bas, possédaient le pouvoir. Simultanément, une réaction implacable poursuivait et les républicains et les hommes qui se défiaient également du légitimisme, de l'orléanisme et du bonapartisme.

Telle était l'ardeur des classes dirigeantes qui menèrent en ces trois années la campagne contre la république, qu'elles ne virent pas l'épée toute droite qui leur était tendue, et contre laquelle elles se précipitèrent en aveugles. A l'instant, tout changea, la coalition fut dissoute; la dispersion, la prison, l'exil furent infligés aux amis de la veille; petites brutalités qui, depuis, ayant été pardonnées sans doute, n'ont pas empêché, vingt ans après, une même coalition de se refaire, les mêmes amitiés de se nouer, non sans espérance de se traiter un jour avec autant de naturel et de vigueur que cela fut fait par les Louis-Bonaparte, les Saint-Arnaud et les Morny.

Nos classes dirigeantes ne sont pas inventrices. Les voilà qui recommencent le même travail que sous l'égide du prince Louis-Bonaparte : réaction à outrance, coalition des trois monarchies, amitiés compromettantes, inimitiés insensées contre ce qui veut organiser le présent, non le passé. Ce triste spectacle, nous l'avons vu de 1848 à 1851; nous le revoyons sous le règne de la majorité de la chambre.

La politique qu'elles suivirent eut pour résultat l'établissement du régime impérial, détestable en sa prospérité, car il était de si mauvaise nature que cette prospérité corrompit les éléments de vitalité et de force de la nation; plus détestable en ses revers, qui firent ce qui n'avait jamais été fait auparavant, la mutilation de la patrie et la perte de deux provinces chères et affectionnées. Que produirait, en fait de désastre, la politique toute semblable d'aujourd'hui, si notre malheur voulait qu'elle triomphât? Nul ne peut le dire, pas plus qu'on ne pouvait, tout en concevant, dès le début, de bien fâcheux pronostics, rien préciser sur le mode de ruine que l'empire nous préparait. Seulement, il est à noter que la France, non la monarchie ou la république qui, seules, préoccupent les partis, la France, dis-je, est en péril; elle n'est plus ce qu'elle était, alors qu'on fit la désastreuse expérience d'une restauration impériale; elle possédait sa puissance, son intégrité, un grand renom militaire; aujourd'hui puissance, intégrité, frontière, renom militaire, tout s'est englouti dans les hontes de Sedan et de Metz. Rien ne nous défend présentement et ne nous défendra pendant longtemps que la prudence, la sagesse politique, la concorde intérieure, tout autre chose en un mot que la coalition de trois monarchies qui se vengent sur le pays de ce qu'elles sont incapables de s'entendre.

A la vue des reniements politiques dont la révolution de février 1848 fut la cause ou le prétexte, j'ai pu écrire ceci en 1850 : « Il convient à un disciple de la philosophie positive, laquelle insiste particulièrement sur l'absence de tout principe en notre temps, de faire voir que le changement d'opinion avec le changement de situation est perpétuel au milieu de l'incohérence des partis. » *Mutato nomine de te fabula narratur;* changez les noms, changez les personnes (et encore pas toujours), et vous retrouvez sous vos yeux, en un ample spectacle, ces reniements qui confirment à souhait le dire de la philosophie positive sur l'incohérence des partis et le manque de principes.

Heureusement pour la république, heureusement surtout pour la France, la situation de 1874 est grandement différente de celle de 1851. Alors le pouvoir exécutif était passé dans la main du chef même d'un des trois partis, prince qui, comme Lysandre, pensait que, si l'on amuse les enfants avec des osselets, on trompe les hommes avec des serments. Il ourdit savamment son guet-apens, que la nuit couvrit d'une ombre favorable. A Strasbourg, à Boulogne, le bonapartisme avait misérablement échoué contre le roi Louis-Philippe ; il aurait échoué de même contre la république, si, resté simple particulier ou simple représentant, il avait dû tenter un coup de main. Mais, tapi dans le pouvoir exécutif, il en disposa tous les ressorts pour le succès de sa nocturne entreprise.

Avoir affaire à la direction unique d'un homme qui complote seul, ou avoir affaire à la direction multiple d'une majorité de coalition qui ne se décide qu'à trois (et ces trois, irréconciliables), voilà l'immense différence entre les deux situations.

Avec un Bonaparte sans foi pour président de la république, l'issue inévitable était un coup d'État. Avec une majorité coalisée, l'issue naturelle est la dissolution. La première fut un grand crime contre la France ; car la violence illégale partant d'en haut est le plus funeste des attentats et des exemples dans notre pays troublé par les révolutions. La seconde est une solution régulière que nous croyons devoir être favorable à la république, mais qui, en tout cas, de quelque façon qu'elle tourne, est mille fois préférable aux sanglantes brutalités du 2 décembre.

La quatrième session de l'assemblée nationale s'est terminée par un ajournement général : ajournement de la monarchie légitime qui s'impatiente ; ajournement de la monarchie parlementaire qui, nous dit la réunion Colbert (1), a, au 20 novembre dernier, refusé d'être régente ; ajournement de la république qui reste en nom ; ajournement du sep-

---

(1) C'était une réunion de partisans de la monarchie parlementaire des d'Orléans.

tennat qui ne sait ce qu'il veut, demandant la veille qu'on se hâte, et le lendemain qu'on diffère. Je suis assuré que du patriotisme anime le gros de chacun des partis monarchiques ; mais je suis non moins assuré qu'aucun patriotisme n'est possible à leur coalition ; tout s'y neutralise ; et cette neutralisation n'y laisse, au lieu de plans, de vues, de directions, que des passions négatives capables de faire du mal, incapables de faire du bien.

Il est curieux de remarquer que le centre droit, où prédominent les orléanistes, est le groupe qui a montré le plus de bonne volonté à pactiser avec les bonapartistes, tandis que l'extrême droite se façonne plus difficilement à ce contact. Certes, en voyant ce centre, par les mains de son grand chef M. le duc de Broglie, remettre aux bonapartistes tant d'importantes fonctions, on est enclin à soupçonner que plus d'un y regrette l'entraînement qui, à Bordeaux, poussa la chambre entière à prononcer la déchéance de l'empereur et de sa race ; et, peut-être même, Mazas ne paraîtrait-il plus si effrayant, ni si digne de blâme, si le jeune homme de Chislehurst ou l'échappé de l'île Sainte-Marguerite (1) se chargeaient d'y conduire pêle-mêle la gauche, la république, voire quelques orléanistes.

Le provisoire dure depuis quatre ans. A la rentrée, on essayera d'organiser, par les lois constitutionnelles, les pouvoirs du maréchal de Mac-Mahon, qui, à ce moment, n'aura plus que six ans devant lui. Y réussira-t-on ? Cela dépend uniquement de l'extrême droite, selon qu'elle jugera qu'une attente

---

(1) Le maréchal Bazaine, condamné par un conseil de guerre à mort, condamnation commuée en une prison perpétuelle, qu'une évasion abrégea.

de six ans légalement consacrée convient ou ne convient pas à celui qui pour elle est le roi de France. Mais, quand bien même les lois constitutionnelles se feraient, cela ne serait encore qu'un provisoire (celui-là de six ans), au bout duquel rendez-vous serait donné pour une lutte à outrance entre légitimistes, orléanistes, bonapartistes, républicains, sans compter que tout cet intervalle de six ans sera employé à se préparer au combat. Admirable perspective, qui est la fin de toute la politique du centre droit! Mais l'instinct public se révolte contre d'aussi misérables combinaisons; aucun candidat du trop subtil provisoire ne sort plus de l'urne électorale. En ces conditions la république gagne; mais, ne le dissimulons pas, le bonapartisme gagne aussi. Lui qui était debout et maître de tout, il y a seulement quatre ans, on n'a pas oublié que c'est un gouvernement parfaitement défini : autorité absolue, préfets à poigne, chambres composées de créatures les unes désignées par le préfet, les autres choisies par le maître, la presse sous l'arbitraire, la prison ou l'exil pour les récalcitrants, un train de grande vitesse ramenant en Angleterre les princes d'Orléans. Voilà le régime, on le connaît, c'est l'ordre, mais avec Leipzig, Waterloo et Sedan en vue. Qu'à cela ne tienne, disent les fidèles ou les aveugles.

Le provisoire de six mois ou de six ans ne peut recevoir de solution que par la chambre usant du pouvoir constituant, ou par la nation.

La majorité de la chambre est dans une impasse. Une portion de cette majorité demande le trône pour M. le comte de Chambord. Soit, le retour de nos anciens rois serait, historiquement, acceptable, à la condition que cet ancien roi fût un Henri IV,

21

capable de se conformer à l'esprit de la France nouvelle ; il n'en est rien ; et les dissidents empêchent tout vote favorable à la légitimité.

Une autre portion de la majorité réclame la monarchie parlementaire avec un prince d'Orléans pour roi. Soit ; la monarchie parlementaire a certainement des mérites ; mais elle eut le tort de sombrer en pleine tranquillité sur une misérable question d'électorat qui ne la touchait ni de loin ni de près ; on s'en souvient ; et les dissidents, se réunissant, ne permettent pas à la chambre de décerner la couronne aux héritiers de Louis-Philippe.

Et l'empire? De quelque tendresse que le centre droit, sous l'impulsion du 24 mai, se soit épris pour lui, il ne se décidera jamais à lui apporter l'appoint de ses votes ; car ce serait signer l'arrêt d'exil de MM. les princes d'Orléans.

Voilà les choses infaisables. La chose faisable, c'est la république. La sagesse veut, surtout dans les situations difficiles et pressantes, que l'on fasse la chose faisable, c'est-à-dire que l'on se décide pour la voie ouverte et l'issue naturelle. Mais les passions monarchiques et les passions cléricales, celles-ci les pires de toutes, parlent bien plus haut que la sagesse politique.

Obstacles partout, arrêt partout, imbroglio partout. Prenons patience. Plus l'épreuve dure, plus il nous faut pratiquer le sacrifice des divergences individuelles en vue du but général, n'avoir qu'une république en présence des trois monarchies de nos adversaires, et obéir à cette sagesse politique dont je viens de parler et qui exige que l'on se décide toujours pour la voie ouverte et les données actuelles de la situation. Prenons patience, et comptons pour beaucoup dans nos chances l'encombrement des carrières.

DE LA LIBERTÉ DE L'ENSEIGNEMENT SUPÉRIEUR (1).

[Il ne serait pas rationnel d'écarter, hors des efforts qui ont produit la troisième république, les débats qui ont eu pour objet l'instruction publique. Les cléricaux (je ne dis pas les catholiques) se sont montrés les adversaires déclarés et acharnés du régime républicain ; les radicaux (je ne dis pas les républicains) ont fait à l'Église catholique tout le mal qu'ils ont pu. Le principal théâtre de la lutte a été le domaine de l'éducation.]

Une proposition de loi sur cette grave question a été soumise à la chambre, qui la discute présentement (2).

Je suis pour la liberté de l'enseignement supérieur. Je commence par cette déclaration, afin que tout ce que je veux dire en soit éclairé et précisé d'avance.

(1) *Revue de la Philosophie positive*, numéro de janvier-février 1875.
(2) M. le comte Jaubert, qui en est l'auteur, vient de mourir. Bien que différents d'opinions en politique et surtout en théologie, nous avions l'un pour l'autre des sentiments d'amitié. Il m'en donna des preuves dont je lui ai été reconnaissant *pendant* qu'il vivait, et dont je garde reconnaissance à sa mémoire. C'était un homme studieux et distingué. Il est bien connu parmi les botanistes pour des travaux variés et pour son zèle scientifique. Quant à moi, son *Glossaire du parler du centre de la France* m'a été fort utile. C'est un des meilleurs dictionnaires de patois que nous ayons. Les dictionnaires de patois sont des travaux très recommandables ; et nous sommes loin d'être au complet, en cela, pour la France.

Je connais les objections, elles sont graves. Je vais essayer de me rendre compte des principales.

La première objection, celle qui saute aux yeux et qui s'empare tout d'abord des esprits les moins prévenus, c'est que l'Église, qui demande aujourd'hui la liberté d'enseignement, ne nous la donnerait pas si elle était en possession du pouvoir. Sa demande n'est pas sincère, en ce sens, du moins, qu'elle cache une arrière-pensée qui est : user de la liberté pour essayer de reprendre la domination, puis user de la domination pour interdire à ses adversaires cette même liberté qu'elle réclame aujourd'hui à si haute voix.

Rien de plus exact qu'un tel jugement porté sur les présentes réclamations de l'Église. Le passé en témoigne amplement. Jamais l'Église n'a laissé la liberté de la parole, du livre, de l'enseignement. Tous les hérétiques, tous les libres penseurs ont été persécutés à outrance. Il lui a paru utile d'ajouter aux foudres spirituelles qui lui appartiennent, les exécutions capitales, les bûchers, les tortures, les emprisonnements, les exils. Les persécutions religieuses sont inscrites en traits ineffaçables dans l'histoire des trois cents dernières années, durant lesquelles a commencé et s'est poursuivi le grand procès de la liberté de conscience et de pensée. Mais, direz-vous, cela ne se fait plus; oui, sans doute, et l'on est réduit à n'en débiter que la petite monnaie : fermer à un homme sa carrière, le destituer s'il a quelque emploi, le miner sourdement, dissoudre les associations indépendantes, etc. Les grandes persécutions n'ont plus cours; oui, sans doute, mais à qui doit-on l'inestimable bienfait de la tolérance, si ce n'est à l'esprit d'émancipation qui a brisé le joug? Ce qui, en ceci, juge l'Église, c'est qu'elle ne se console pas d'avoir été forcée à la tolérance.

Hors de la foi point de salut. L'Église ne se contente pas, ce qui est son droit, de repousser de son sein ceux qui n'admettent pas ses dogmes; mais encore, dépassant cette terre et les rapports humains, elle suppose qu'un pouvoir infini, devenu son bras séculier, leur inflige, dans une autre vie, le châtiment de la damnation. Cette croyance eut, à l'origine, sa raison d'être et son utilité, à l'effet d'assurer l'unité sociale par l'unité de la foi. Aujourd'hui... mais je n'entre pas dans la critique, je constate seulement le décret surnaturel prononcé contre les incroyants. Eh bien! qu'est la justice humaine envoyant un coupable à la mort en face de la justice divine envoyant une âme incroyante à l'enfer perpétuel? Et, si l'on mesure l'offense à la peine, quelle n'est pas la gravité de l'offense d'incroyance, puisqu'une telle peine lui est réservée? Aussi l'Église aperçoit dans les incroyants, non des dissidents, mais des criminels condamnés d'avance, à qui, certainement, il faut refuser, quand on le peut, toute liberté; aussi, dans les préliminaires mêmes de la discussion présente, voit-on les cléricaux secouer la tête quand on demande pour tous la plénitude de la liberté philosophique, et méditer des restrictions.

Tu patere legem quam fecisti, dit le premier mouvement; mais il ne faut pas l'écouter. Ce serait du talion; et la justice par le talion n'est pas une bonne justice. Le système social des modernes, causé par l'évolution émancipatrice, accorde à tous également une somme de droits et de facultés, sans s'inquiéter si les intentions ultérieures de telle ou telle fraction de la communauté sont d'en mésuser. Je crois qu'en général, mal advient à ceux qui en mésusent.

Ce n'est pas dans l'hostilité intime et certaine de l'Église contre le libéralisme laïque et dans la détermination de l'étouffer, si elle peut, par la liberté qu'il octroie à tous, qu'est la difficulté la plus grave. Elle gît dans le salaire que l'État alloue au clergé. On dira que ce ne sont pas les mêmes personnes cléricales qui émargent au budget et qui seront à la tête des nouveaux établissements d'éducation. J'en conviens ; mais le clergé, tant séculier que régulier, forme un seul corps qui obéit à une impulsion unique ; car son gouvernement est à Rome. L'entière influence (et elle est grande) que donne au clergé sa qualité de corps constitué et salarié, sera mise au service de ceux de ses membres qui entreprendront l'éducation publique. Si le clergé était obligé de pourvoir à son entretien par les contributions volontaires des fidèles, au lieu d'être pourvu sur les fonds de l'impôt commun, il aurait de moins à employer pour ses établissements pédagogiques, la somme qu'il reçoit annuellement. De ce fait, il y a donc inégalité flagrante entre lui et les associations laïques qui pourront se former. Seul, l'État est en mesure de lutter contre lui.

Ce n'est pas tout. A la prépondérance acquise par là au clergé, il importe d'adjoindre une autre condition qui est loin d'être sans poids dans nos circonstances. Dans nos conflits, le ministère de l'Instruction publique, tout laïque qu'il est, est disposé à se coaliser avec l'Église contre les dissidences. Pourquoi ? C'est que la politique réactionnaire et la politique de l'Église sont entièrement liées l'une à l'autre ; influence funeste qui a toujours empêché la liberté philosophique de pénétrer dans l'Université, condamnée de la sorte à une infériorité croissante. Ce qui se passe aujourd'hui même est caractéristique. Certes, la liberté de l'enseignement supérieur, interprétée par les interprètes que nous lui connaissons, n'aurait que faveur et protection pour les établissements cléricaux, que haine et ruine pour les établissements indépendants.

Avec le salariat du clergé, la difficulté exige des transactions. Elle n'en aurait pas besoin, si l'Église était séparée de l'État et si le temporel et le spirituel se tenaient loin, l'un des affaires religieuses, l'autre des affaires laïques. Mais il n'en est rien. La question n'est pas venue ; elle viendra. Les esprits n'y sont encore préparés ni d'un côté, ni de l'autre. Là où l'État laïque l'emporte, il entend maîtriser l'Église ; là où l'Église a la haute main, elle entend subordonner l'État laïque. Entre ces deux tendances, la formule de M. de Cavour est seule vraie : L'Église libre dans l'État libre. La liberté de l'enseignement supérieur, si elle est accordée, contribuera, je le pense, à promouvoir dans les esprits la séparation dont cette formule est l'expression.

Je conçois que l'inégalité constituée, dès le début, en faveur du clergé par le salariat, détourne de bons esprits d'accorder la liberté de l'enseignement supérieur, et qu'ils préfèrent conserver le monopole universitaire. Néanmoins, je ne puis me ranger de leur côté. En effet, si le salariat du clergé crée une difficulté considérable, considérable aussi est la difficulté créée par l'allanguissement de l'enseignement supérieur officiel. Rien que la liberté, la vraie et pleine liberté, appliquée de façon ou d'autre, ne peu le régénérer; et devant cette impérieuse nécessité, je fais céder la difficulté que je regarde comme moindre (le salariat du clergé), à celle que je regarde comme plus grande (la mise de notre enseignement supérieur à un bon niveau).

Le dépérissement relatif de notre enseignement supérieur est constaté; je n'ai pas à le constater de nouveau. On a compté le nombre des maîtres qui le donnent en France et de ceux qui le donnent en Allemagne; chez nous, ce nombre est seulement le tiers de ce qu'il est de l'autre côté du Rhin. Il suffit de ce calcul pour faire comprendre qu'avec moins de monde, moins de travail est produit (1). Je ne veux point dire que la science française soit inférieure à la science d'aucune autre nation; mais il n'est pas salutaire d'avoir quelques sommités, et, au-dessous, un niveau fort peu élevé. La science joue dans le monde un rôle déjà prévalant; il importe à la force de chaque société de procurer dans son sein la plus grande extension possible du savoir.

Pour ranimer un établissement tel que l'Université, un des meilleurs stimulants est la concurrence. La liberté de l'enseignement l'appliquera énergiquement. Il est impossible que nous restions aussi mal organisés que nous le sommes. La lutte dans l'enseignement supérieur est, entre les nations, d'un suprême intérêt.

Un journal fort libéral, *le Temps*, redoutant un trop brusque passage entre le monople actuel et la liberté plénière, demande que cette liberté, limitée, il est vrai, au corps universitaire, y soit large-

---

(1) Voici un fait bien spécial, mais qui ne laisse pas d'être significatif : il y a en Allemagne plus de chaires d'ancien français (je dis bien : ancien français) qu'il n'y en a dans la France.

ment pratiquée. Ce qu'il préconise, c'est un régime analogue à celui de l'Allemagne, à savoir la faculté accordée à tout licencié ou docteur d'enseigner, comme il l'entend, les matières qu'enseignent les professeurs titulaires, tandis que, de leur côté, les élèves, payant les leçons qu'ils suivent, ont la licence de s'adresser à qui a leur préférence. J'ai, dans les choses sociales, beaucoup de respect pour les expériences toutes faites; et, comme depuis un grand nombre d'années cette expérience réussit parfaitement en Allemagne, si bien que là il n'existe aucune question de liberté d'enseignement, je donne mon assentiment à une pareille proposition; et je la donne dans les deux cas, soit que, comme le désire le journal, la liberté d'enseignement n'aille pas au delà du corps universitaire, soit qu'elle s'étende à tous les groupes de citoyens.

Nous n'avons, nous laïques, aucun mauvais vouloir contre l'Etat. Loin de là, nous désirons que son enseignement prospère, et qu'il satisfasse au plein développement de la nation. Aussi, en tout état de cause, je pense qu'il doit conserver la collation des grades.

Maintenant, jusqu'à quel point (car cela préoccupe beaucoup) la liberté de l'enseignement nous expose-t-elle au danger de la domination cléricale? Il est bien clair que, dans cette campagne singulière, l'Eglise ne poursuit pas seulement un but pédagogique, que ses desseins visent beaucoup plus loin, et qu'elle espère, se rendant maîtresse, par l'éducation, de l'esprit des jeunes générations, reprendre dans la société la place et le rôle qu'elle occupait alors que la foi catholique, universellement reçue, lui subordonnait toute la laïcité.

Notons d'abord que l'histoire est peu favorable à de pareilles espérances. Il est plus aisé de conserver ce que l'on tient que de regagner ce que l'on a perdu. Or, l'Église a tout tenu ; et, s'il serait exagéré de dire qu'elle a tout perdu, on n'exagère rien en disant que ses pertes sont grandes, et que, dans cette décroissance, il y a eu, en somme, à peine quelques temps d'arrêt, et jamais des temps de retour. Regagner, dis-je, est difficile, et l'est surtout quand les mêmes causes qui ont commencé à faire perdre continuent d'agir et même grossissent incessamment.

Et quelles sont ces causes ? Ici, nous touchons à l'objet même en litige ; car ce sont justement les choses enseignées progressivement depuis trois cents ans qui ont créé les difficultés mentales si dommageables à la théologie. En d'autres termes, les sciences, soit naturelles, soit historiques, ont donné du monde une conception qui ne cadre plus avec les traditions théologiques, et que beaucoup d'esprits renoncent à soumettre aux Écritures inspirées, sans parler de ceux qui se débattent dans les embarras des conciliations les plus laborieuses.

Donc, à considérer en soi la marche de l'histoire, il est tout à fait improbable que l'Église soit plus habile à regagner qu'elle n'a été à conserver.

Il y a nécessairement quelque chose de contradictoire dans les visées présentes de l'Église : c'est par l'enseignement de la science qu'elle a déchu de son ancienne prépondérance, et pourtant c'est par l'enseignement de la science, arrangé à sa guise, qu'elle s'efforce de revenir à ce qu'elle fut jadis. Elle enseignera les lettres, les mathématiques, l'astronomie, la physique, la chimie, la biologie, l'histoire, voire la sociologie, si ce nom sorti d'une officine maudite pénètre dans les enceintes sacrées ; elle y infusera la doctrine qui lui est propre ; elle les conformera à la conscience théologique et sauvera ces contradictions qui ébranlent tant d'intelligences ; mais, en dehors, reste toujours une science indépendante, incoërcible, qui désormais procède comme si la théologie n'existait pas. C'est de celle-là qu'il faudrait se rendre maître. La constitution moderne de la société la met à l'abri de toutes les entreprises.

Veux-je donc dire qu'on ne peut pas être à la fois un savant éminent et bon catholique ou bon protestant ? Pas le moins du monde. Si j'avançais rien de pareil, je serais aussitôt démenti par beaucoup d'exemples. Les temps passés ont offert, et les temps présents nous offrent des hommes dont la science est incontestée, et qui sont pleinement fidèles à l'Église où ils sont nés (1). Il est évident que la conciliation s'opère dans leur esprit ; mais il n'est pas moins évident que, dans une foule d'esprits, elle ne s'opère pas. La constatation de ce double fait suffit à expliquer et la conservation,

---

(1) Tout récemment, j'ai vu, dans une notice fort intéressante sur Galilée, un homme qui occupe un haut rang dans l'érudition, accuser les positivistes de vouloir réclamer le célèbre Italien comme un des leurs : « Car, dit-il en repoussant cette prétendue réclamation, l'esprit de Galilée, aussi étendu que sévère, admettait tout ce qu'ils rejettent. » Cette phrase prouve combien il est difficile à un homme, quelque éclairé qu'il soit, de pénétrer exactement dans le langage et le sens d'une philosophie qu'il condamne. Les positivistes n'ont jamais réclamé comme leurs ni Galilée, ni Newton, ni Archimède, ni d'autres découvreurs. Ce qu'ils ont énoncé, c'est que ces grands hommes, quelles que fussent leurs opinions théologiques, ont, quand ils trouvèrent une loi de la nature, préparé, sans le savoir ni le vouloir, les principes constitutifs de la philosophie positive. C'est de leurs découvertes qu'elle est faite.

dans une certaine limite, des croyances théologiques, et, dans une autre limite, leur abandon.

Pour nous représenter comment les choses se passent, considérons seulement le va-et-vient intellectuel qui est sous nos yeux. Bien que l'Église ne soit pas maîtresse de l'éducation, elle y prend pourtant une large part; et beaucoup d'esprits sortent de ses institutions façonnés par ses mains. Eh bien, voici ce qui arrive : de ces esprits qu'elle a travaillé à faire siens, une portion, cela est manifeste, lui reste fidèle, et contribue à entretenir la force théologique; une autre portion lui échappe et va grossir la force laïque. Et remarquez que cela se produit dans toutes les classes, en haut et en bas, en France et hors de France. Remarquez, en outre, que plus la discipline pédagogique de l'Église a été entière, plus la réaction émancipatrice s'est montrée violente. Ce ne sont pas les hommes sortis de ses mains qui furent ses adversaires les plus impartiaux et les plus bénins, témoin les révolutionnaires de la grande révolution, témoin l'Espagne, témoin même l'Italie, qui, dans son émancipation, est la plus modérée.

Le fonds des notions positives s'accroît sans cesse; le fonds des notions théologiques demeure invariable et sans accroissement. Voilà ce qui désormais incline un des plateaux de la balance sociale toujours du même côté.

La conséquence nécessaire de la liberté d'enseignement est la plénitude de la liberté philosophique, dans l'Université et hors de l'Université. Aucune réserve ne peut être faite, ni du côté de l'Église catholique qui n'est qu'une partie du tout, ni du côté des autres Églises, ni du côté de l'État, qui, en sa qualité de gérant et d'arbitre commun, a pour fonction suprême de protéger tout le monde, de veiller à l'exécution des lois et de maintenir l'ordre.

La philosophie positive professe que la théologie, respectable en raison des consciences qui y appuient leur foi et leur espérance, est devenue incapable de garder l'office qu'elle eut jadis, et de demeurer la directrice des sociétés. Ce qui, par substitution graduelle, s'empare de cette direction, c'est la science, entendue au sens le plus général, c'est-à-dire la connaissance, non-seulement de l'ordre cosmique, mais encore de l'ordre vivant, tant individuel que social. Cette notion capitale doit pénétrer tout enseignement progressif, et la philosophie positive ne se fera pas faute de la soutenir.

En ceci, l'office de la philosophie positive est tracé d'avance par sa nature même. Sa fonction, à elle, est non point d'enseigner les sciences particulières, mais d'enseigner la science générale, suivant la féconde formule d'Auguste Comte. En l'état présent de dispersion des doctrines et des enseignements, personne ne peut, ni même ne veut combler la vaste lacune qu'elle signale. Aussi, tous les esprits qui sortent des écoles sont-ils, quelque éminence qu'ils possèdent en leurs compartiments spéciaux, incompétents dans la science générale. C'est d'après ces bases qu'il y aurait lieu d'instituer, pour les hommes jeunes, désireux de compléter leur éducation, un établissement où l'on enseignerait méthodiquement et dans un temps suffisamment court, les six sciences selon leur ordre hiérarchique. C'est un projet qu'il faudra mûrement étudier.

CHAPITRE V

LE GOUVERNEMENT DE L'ASSEMBLÉE NATIONALE FAIT PLACE A CELUI DE LA RÉPUBLIQUE LÉGALE OU DÉFINITIVE. LES ÉLECTIONS DONNENT UNE CHAMBRE DES DÉPUTÉS RÉPUBLICAINE EN FACE DE LA MAJORITÉ RÉACTIONNAIRE DU SÉNAT ET EN FACE DU PRÉSIDENT DE LA RÉPUBLIQUE QUI APPARTIENT A CETTE MAJORITÉ.

PASSAGE DE LA RÉPUBLIQUE PROVISOIRE

A LA RÉPUBLIQUE DÉFINITIVE (1)

[On lira attentivement en cet article les graves raisons qu'un auteur anglais allègue pour démontrer que la république est impraticable en France. On lira mes réponses, et surtout, depuis ces réponses, on méditera sur la persistance, malgré les pronostics et les obstacles, du régime républicain qui s'implante et qui dure.]

La chambre a donné un gouvernement défini à la France. Il était temps. Le provisoire, perdant de moment en moment son utile caractère de réflexion et de préparation, était devenu un champ clos où les partis monarchiques se livraient, avec acharnement, des batailles sans issue ; car aucun des trois ne pouvait triompher par sa propre force et sans

(1) *Revue de la Philosophie positive*, numéro de mai-juin 1875.

l'appoint des deux autres, appoint inévitablement refusé toujours. Le parti républicain, presque aussi nombreux que les trois autres réunis, regardait, se disciplinait et présentait un groupe considérable, appui décisif à ceux qui, parmi les monarchistes, se lasseraient des insuffisances et s'effrayeraient des périls du provisoire, tel que la diverse pression des compétitions et des événements l'avait défiguré.

Les quatre années écoulées depuis la nomination de l'Assemblée nationale par les électeurs forment aujourd'hui une histoire close et complète. Partant il est loisible au critique des choses historiques et sociales de jeter un coup d'œil rétrospectif sur ce cycle désormais achevé, et de concevoir par quel enchaînement la situation a reçu la solution dont nous sommes témoins. Ce qui, au début, se pouvait prévoir, c'est que les légitimistes et les orléanistes ne s'entendraient pas pour faire un roi, et que, s'ils s'entendaient pour offrir la couronne à M. le comte de Chambord, celui-ci refuserait d'être roi de la France tricolore, ne consentant à régner que sur la France des fleurs de lis. Toutefois voyez la contingence des choses humaines : les légitimistes et les orléanistes ne s'unirent pas en 1871, qui était le vrai moment : ils ne s'unirent qu'en 1873; mais M. le comte de Chambord demeura tel que tout d'abord on avait pensé qu'il serait, d'après les prévisions fondées sur sa naissance, son éducation et son passé.

A Bordeaux, la majorité monarchique l'emportait assez pour être maîtresse des destinées de la France, quant à la forme du gouvernement. La république du 4 septembre, malgré d'honorables efforts, n'avait pas réussi à sauver la France; l'empire était l'objet d'une horreur qui bientôt se manifesta par la mémorable unanimité (1) de la proclamation de déchéance. La conjoncture voulait que les monarchistes, se concertant à la hâte et résolûment, appelassent au trône ou M. de Chambord ou M. le comte de Paris, qui se chargeraient l'un ou l'autre de traiter avec les Allemands, de réprimer la commune de Paris et celles qui menaçaient de la suivre, et de demander, pour un pays si gravement compromis, au crédit, la somme exorbitante de plus de cinq milliards. Tout cela était aussi urgent que difficile et périlleux. Les prétendants à la couronne ni leurs partisans ne bougèrent; et, de l'aveu des monarchistes, on remit à la république et à un petit bourgeois (2) la commission de traiter de si terribles affaires.

Sans doute il y eut une notable part de patriotisme dans l'abandon auquel se résignèrent les partisans des prétentions monarchiques; on ne voulut rien entraver. Mais une autre part de patriotisme pouvait se persuader que donner sans retard, en un moment si urgent, la restauration royale, c'est-à-dire un régime définitif à la France, avait des avantages prépondérants sur le provisoire qu'une politique d'atermoiement laissait subsister.

Cette seconde part du patriotisme qui d'abord s'était tenue à l'écart et comme dans le sommeil se réveilla deux ans plus tard. Il est vrai qu'elle n'avait plus à craindre de rien entraver; la cruelle paix était signée, la commune, vaincue, les cinq milliards, trouvés, et l'évacuation du territoire, assurée. Auss se décida-t-on à faire ce qui n'avait pas été fait à

---

(1) A ce moment il n'y avait à la chambre que quatre ou cinq bonapartistes qui seuls furent opposants.
(2) C'est le titre que M. Thiers se donnait avec une complaisance non dénuée d'un juste orgueil.

Bordeaux et à transformer le provisoire, qu'on affecta plus que jamais d'appeler une simple trêve des partis, en une monarchie définitive. La majorité monarchique avait beaucoup décrû ; mais elle existait encore. On se hâta d'en profiter pour offrir le trône à M. de Chambord, derrière qui MM. les princes d'Orléans s'étaient rangés. Cette combinaison aurait-elle eu la majorité dans la chambre ? On peut soutenir le pour et le contre ; car elle ne vint pas jusqu'à l'essai. M. de Chambord, à qui on demandait une conversion politique, aima mieux imiter l'exemple des Stuarts qui refusèrent de se faire protestants pour régner sur l'Angleterre, que celui de son ancêtre Henri IV qui se fit catholique pour régner sur la France. J'assimile ici les convictions politiques aux convictions religieuses ; car, chez M. de Chambord, les unes et les autres ont même caractère.

A partir de ce moment, la politique du 24 mai fut désorganisée ; elle n'eut plus de but ; car, après avoir voulu, raisonnablement, faire une monarchie définitive, on se rabattit, déraisonnablement, à vouloir entretenir un provisoire qui demeurât ouvert à une éventualité indéterminée. Mais ce pis-aller n'échappa pas lui-même à la dissolution intestine que portait en soi la coalition des trois monarchies. Les Bourbons ayant été mis hors de cause, les Bonapartes arrivèrent sur le premier plan, avec une organisation active et un grand fracas ; et il n'y eut plus guère de lutte devant les électeurs qu'entre les républicains et les bonapartistes

Les circonstances parurent fort critiques au public tant pour ceux des parlementaires qui n'avaient aucune envie de se réconcilier avec le césarisme, que pour messieurs les princes d'Orléans à qui le retour de l'empire assurait un exil en Angleterre. Aussi quelques-uns parmi les membres du centre droit sacrifièrent-ils leurs préférences, et ils se joignirent au groupe républicain, qui avait mérité cette jonction par sa discipline et son abnégation.

En cette brève mais grave histoire, on voit que ce que la situation comporta de nécessaire fut qu'elle contenait trois monarchies irréductibles l'une à l'autre. Les républicains, quelque divergentes que fussent leurs vues, ont pu (et c'est la justesse de leur calcul et l'excellence de leur conduite) s'en référer à l'avenir et à la discussion pour faire prévaloir telle ou telle forme républicaine, et s'entendre, à un moment donné, sur la république particulière que les circonstances imposaient (1). Rien de pareil n'était praticable entre monarchistes; aucune discussion, aucune évolution n'avait force pour mener de M. de Chambord au prince impérial ou de celui-ci à celui-là la monarchie qu'on aurait rétablie d'une entente commune.

Ce qui fut contingent, c'est, si l'on veut et si l'on ne donne pas aux traditions de famille tout leur poids, le caractère politique de M. de Chambord. Ce caractère aurait pu être différent, ou, du moins, le prince aurait pu entendre son devoir royal d'une manière différente. Ce devoir, il l'identifia entièrement avec un droit supérieur qu'il tient du ciel et de ses aïeux. La combinaison royaliste avait, aux yeux de quelques-uns de ceux-là mêmes qui la combat-

---

(1) Il faut faire une triste exception pour les révolutionnaires socialistes, qui s'opposèrent, tant qu'ils purent, à toute entente fondée sur une transaction.

taient, le mérite de fonder un gouvernement définitif; et, si elle avait été accueillie par M. de Chambord, elle aurait dû, en raison de ce service considérable, être respectée par tous ceux que touche le besoin d'une réorganisation rapide pour la France en face des périls extérieurs; mais, échouant sur le seuil même, il ne lui fut pas donné de clore le provisoire. Y mettre un terme et obtenir la reconnaissance due à ce service fut désormais réservé à un système républicain formé de concert avec la gauche et une partie du centre droit.

Pour les républicains, la conduite à tenir est dictée par la conduite tenue. Le ministère actuel doit être appuyé. Ce fut une faute sous la restauration, à la chambre des députés de 1829, de mettre M. de Martignac en minorité sur une question municipale où on ne le trouvait pas libéral suffisamment. Ne compromettons point par une faute analogue notre ministère Martignac. Dans la situation générale de la France, il faut tout demander aux transitions, même quand les transitions sont lentes.

La discipline nous est devenue facile, d'abord en raison du succès considérable qu'elle a obtenu, puis parce que nous avons, d'étape en étape, un objet défini à nous assigner. Jamais le dicton : chaque jour suffit à sa peine, n'a été plus applicable. La besogne d'hier était l'établissement de la république; la besogne d'aujourd'hui est la dissolution, l'élection des députés et celle des sénateurs.

Le débat électoral, tant pour les sénateurs que pour les députés, sera surtout entre les républicains anciens et nouveaux, d'une part, et, d'autre part, les bonapartistes. Les légitimistes n'emporteront pas, je pense, beaucoup de sièges. Il importe grandement que les deux classes de républicains s'entendent à l'aide de concessions mutuelles.

La même évolution qui s'est faite d'abord pour le centre gauche, puis pour plusieurs du centre droit, se fait largement dans le pays. La république est ouverte à tous les hommes de bonne volonté ; et, par la manière dont elle vient de se constituer, elle a perdu toute signification de parti. Sans doute, notre passé est monarchique ; mais ce passé, tout monarchique qu'il est, se trouve annulé, dans son action politique et sociale, par le conflit des trois monarchies qui, après la grande secousse révolutionnaire, se sont élevées sur notre sol. En conscience, à laquelle entendre ? Donc il ne faut plus compter sur le passé monarchique ; il faut préparer l'avenir républicain ; car, quelque forme qu'il doive prendre, on ne peut guère concevoir que notre avenir soit autre, et que nos chefs soient de vrais monarques.

Un auteur anglais, M. James Colter Morison, examinant dans un article fort élaboré (1) si la république est possible en France, se prononce pour la négative. Les raisons qu'il assigne à cette impossibilité sont : notre passé monarchique, la transformation d'un vieil État despotique en une république libre étant une entreprise dont l'histoire n'offre encore aucun exemple heureux, et dont l'insuccès s'explique d'ailleurs par les lois qui régissent les sociétés humaines ; le tempérament des Français, qui est un empêchement moral à tout établissement d'institutions libérales, ils passent toujours de la liberté à la licence, et des révolutions aux coups

---

(1) *Fortnightly Review*, traduit dans la *Revue Britannique*, novembre 1874.

d'État et au despotisme auquel ils se soumettent sans difficulté ; la rupture irréconciliable entre la bourgeoisie et le prolétariat, entre les patrons et les ouvriers ; il cite des fragments de publications faites depuis la chute de la commune en pays étrangers, fragments où éclate la même haine qui incendia Paris ; la méthode révolutionnaire appliquée à la politique, méthode acceptée par la population entière et par tous les partis comme la seule qu'ils connaissent et qu'ils prisent ; la passion aveugle pour l'égalité, qui fait constamment dégénérer en licence et en anarchie le mouvement libéral ; l'hostilité qui s'est déclarée entre les principes français de liberté et la foi antique de l'Europe par suite des idées profondément anti-chrétiennes qui animèrent les principaux acteurs du drame de 1789. De ces prémisses sévères dont chacune est développée avec soin et dont l'ensemble aboutit à une condamnation générale de la révolution comme inopportune (1), l'auteur infère que le seul gouvernement qui convienne à la France est un gouvernement dictatorial, en ces termes : « Ma conclusion pratique est que la vraie république parlementaire a peu de chances de prendre racine en France. La situation ne comporte

---

(1) M. James Cotter Morison pense que la révolution est venue trop tard ou trop tôt. Suivant lui, pour être salutaire, elle aurait dû éclater dans le dix-septième siècle (alors en effet elle n'aurait pas eu le caractère antithéologique que le dix-huitième siècle lui a imprimé, et c'eût été l'équivalent du cas anglais), ou, cette époque passée, ne pas venir du tout, l'impulsion qu'avait reçue la civilisation suffisant dès lors à procurer sans secousse toutes les modifications sociales désirables. Cette remarque n'est vraie qu'en partie. Les modifications sociales désirables avaient besoin d'organes ; et ces organes ne pouvaient être que des états généraux ou assemblées parlementaires. La porte restait toujours ouverte aux grands conflits.

ni la liberté, ni le gouvernement par discussion. Le nœud est trop embrouillé pour être démêlé par la parole. Écrivains et orateurs s'y perdraient. Il ne saurait guère être dénoué que par un homme d'action prompt, taciturne, opiniâtre, d'esprit net, d'une volonté résolue, qui n'ait que ce seul objet en vue. La France ne peut pas encore se passer d'une main ferme qui la gouverne (1). »

Je n'entreprendrai pas de discuter les assertions qui viennent d'être rapportées. La république est établie ; c'est maintenant aux faits à confirmer ou à démentir l'argumentation de l'auteur anglais. Je remarquerai seulement que le gouvernement dictatorial auquel il nous renvoie a par deux fois tenu la France, et qu'il n'a pas plus duré que les gouvernements parlementaires ; de sorte qu'à ne consulter que l'expérience brute, aucune espèce de gouvernement ne conviendrait à la France, pas plus la dictature que la liberté. C'est une conclusion étrange qui se concilie mal avec l'état de richesse et de prospérité où ce pays est parvenu, tellement qu'à cet égard il ne le cède qu'à l'opulente Angleterre elle-même. Il faut donc qu'en définitive il renferme des éléments de stabilité et de croissance qui jusqu'à présent n'ont pas trouvé des mains capables de les utiliser ; et je suis tout à fait de l'avis de Richelieu, qui écrivait dans une de ses dépêches de 1638 : « Les Français ne sont pas indisciplinables ; pour leur faire garder une règle, il ne faut que le vouloir fortement ; mais le mal est que jusqu'ici les chefs n'ont pas été capables de la fermeté requise en telle occasion. »

---

(1) Ceci est une allusion directe à l'empereur Napoléon III, qui venait de se précipiter du trône par ses propres incapacités.

Hélas ! nous l'avons déjà eue, cette dictature vantée par l'auteur anglais, et trois fois elle a causé la prise de Paris et le démembrement. Trois fois ! l'entendez-vous, vous tous qui cherchez à ramener l'empire ? La fatalité a vraiment marqué ces Bonapartes pour être la ruine de la France. Cinquante ans après les invasions de 1814 et de 1815, qui eût dit qu'un autre Bonaparte renouvellerait, sans en rien manquer, les désastres de ces funestes années, n'aurait pas devant les yeux, pour l'avertir, un si manifeste et terrible exemple, et finirait, lui aussi, par la prise de Paris et le démembrement ? En dépit d'un pareil mémento, la destinée qui a voulu qu'ils fussent le plus cruel fléau de notre pays s'est accomplie de point en point. Il n'y a, à cet égard, aucune distinction entre le grand et le petit Napoléon ; pour perdre la France tous deux se valurent.

Ici, je veux dire dans la diminution infligée à la puissance internationale de la France, est un point noir que l'auteur anglais n'a pas touché. Et pourtant il est le seul sur lequel on ne puisse élever aucune contestation. Tous les autres, qu'il a énumérés, sont, au milieu de la prospérité visible de la France, que je viens de faire valoir, plus ou moins sujets à discussion. Mais celui-là est manifeste et tangible ; car il se mesure sur la carte par les pertes de territoire que chacune des équipées bonapartistes a produites. Cette décroissance, dont la date la plus ancienne est 1814 et la plus récente 1870, a eu, comme on voit, beaucoup de rapidité. La cause en est sans doute dans les Bonapartes ; mais les Bonapartes, à leur tour, ont leur cause dans cette alternative de révolutions et de coups d'État qui nous afflige depuis tant d'années. Gardons-nous donc des coups d'Etat et des révolutions, auxquels l'auteur anglais nous croit inévitablement voués, et dont, récemment, un sage ministre nous signalait l'écueil. Il aurait fallu s'en garder, lors même que la monarchie eût été rétablie ; à plus forte raison faut-il s'en garder sous la république, gouvernement plus ample et plus progressif.

Dès les premiers jours qui ont suivi notre désastre, dès les premières pages que j'ai écrites dans cette revue à l'issue de la guerre, j'ai retourné le mot de M. Guizot, qui disait jadis avec justesse : je ne crains pas l'extérieur, je crains l'intérieur, et j'ai dit avec justesse aussi : c'est l'extérieur que je crains. Le péril extérieur est en effet d'une gravité qu'on ne saurait exagérer ; et, en sa présence, ç'a été la plus misérable des tactiques de parler, comme a fait constamment le 24 mai, du péril social. Ce danger est si vrai qu'il a suffi de quelques articles de la presse allemande pour susciter de légitimes alarmes. Nous avons perdu notre renom militaire, deux provinces et notre frontière du côté le plus menacé. Une large trouée que rien ne ferme est ouverte jusqu'à Paris, qui est aujourd'hui la seule forteresse capable de résistance qu'une invasion rencontrerait sur son chemin. Pour la plus simple défensive, nous avons à refaire une armée, un matériel et des places d'armes qui protègent la capitale contre un premier mouvement offensif de l'ennemi. Aussi n'écoute-t-on sans angoisse ni les bruits menaçants qui éclatent de temps en temps de l'autre côté du Rhin, ni les menaces intérieures de commotions.

L'histoire est assez assurée dans ses linéaments généraux, pour que la confiscation, par voie de démembrement ou autrement, d'un des pays appartenant à l'ensemble européen n'empêche pas, tout en la troublant, l'évolution scientifique et sociale de s'accomplir ; et c'est ce qu'exprimait en une lettre publiée par les journaux au plus profond de nos malheurs un Allemand qui prévoyait philosophiquement la disparition de la France. Mais nous, Français, nous ne pouvons accepter cette indifférence historique ; et, tant que nos destinées nous laisseront le souffle de la vie nationale, lutter pour conserver la France est notre suprême devoir envers la patrie et notre volonté déterminée. J'ajoute que tous ceux qui, en Europe, ne sont pas persuadés qu'une extrême concentration de territoire et de force soit bienfaisante à la communauté européenne, doivent nous accorder leurs sympathies.

Ces sympathies, nous ne les obtenons, nous ne les obtiendrons que par l'extrême prudence avec laquelle nous nous garderons de rien provoquer. Songeons que nous avons toujours à notre charge l'inqualifiable, la criminelle extravagance de l'empire prenant sur lui de gaieté de cœur la responsabilité de la déclaration de guerre. D'ici à longtemps nous ne pouvons être que spectateurs de la politique européenne. Une seule chose nous occupe, à savoir notre réorganisation politique, financière et militaire. L'Europe ne peut ni ne veut y voir une provocation. Notre patience ne donnera aucun prétexte ; et, si l'on veut avoir la guerre avec nous, il faudra nous la déclarer.

L'Allemagne a entrepris contre le catholicisme une lutte où elle obtient tout ce que la force peut obtenir, mais jusqu'à présent rien de plus. Et elle souhaite que cette lutte ne reste pas purement allemande. D'un côté, elle adresse des représentations à la Belgique ; de l'autre, elle invite l'Italie à changer la loi de garantie qui protège la liberté spirituelle du pape. Qui peut dire ce qui adviendra de ce double avertissement ? En attendant, le pape nomme un cardinal américain, et peut-être, en songeant à l'énorme puissance et à la violence de son adversaire, tourne-t-il parfois les regards vers la république des États-Unis, où aucune entrave n'est mise aux puissances spirituelles.

Le besoin de la paix est grand en Europe ; mais, nulle part, il n'est aussi grand qu'en France pour des raisons qui sautent aux yeux et qu'il serait puéril d'énumérer ; car ceux qui les nient les connaissent parfaitement. Sans doute la lutte violente de l'Allemagne contre le catholicisme peut exciter les appréhensions de tous les esprits attachés à la paix et à la liberté du monde. Mais, tant que rien d'irréparable n'est survenu, une légitime confiance permet de penser que la pression des intérêts généraux et des puissances neutres sera assez forte pour maintenir une situation troublée sans doute, mais qui vaut mieux qu'une explosion militaire et qui est toujours susceptible de recevoir une solution amiable.

Tandis que le gouvernement allemand travaille à enlever aux catholiques allemands toute autre liberté que celle du bien, un congrès catholique tenu en pays neutre déclare que l'autorité spirituelle, quand elle sera maîtresse, ne laissera que la liberté du bien aux esprits séduits par les opinions modernes. Les deux doctrines sont équivalentes, l'une au nom de l'État, l'autre au nom de l'Église : *Iliacos intra muros peccatur et extra*. Fermement résolus à ce que l'État n'opprime ni l'Église catholique, ni l'Église protestante, ni aucune doctrine reconnue

ou non-reconnue, nous le sommes également à
ce que l'Église n'opprime pas la liberté de penser
et la liberté d'écrire. Le dix-huitième siècle, par la
plus bienfaisante des luttes, parvint à conquérir la
tolérance pour les deux. Ce mot de tolérance, fort
juste alors, ne l'est plus aujourd'hui. Le libre examen
est devenu non un objet de tolérance, mais un droit
exercé, comme tous les droits, sous la sanction
sociale. La république lui est la plus favorable ; et il
est le plus favorable à la république ; car il se range
parmi les conditions principales qui font la force et
la sécurité des sociétés modernes.

LA FRANCE ET SA TACHE (1).

[La tâche présente de la France est de montrer qu'elle est capable de se mettre, en politique, au niveau de ce qu'elle est en industrie, en richesses, en sciences, en arts et en lettres.]

On dit qu'un peuple a toujours le gouvernement
qu'il mérite. Ce dicton politique contient certainement une part de vrai ; mais il contient une part de
faux. Ce qui m'en a fait révoquer en doute la généralité, c'est l'exemple de la France. La nation y vaut
beaucoup, mais les gouvernements, par moment, y
valent bien peu. Cet exemple est le meilleur éclaircissement que je puisse donner au dicton qui vient
d'être rapporté.

Il est certain que, en puissance politique et exté-

(1) *Revue de la Philosophie positive*, numéro de septembre-octobre 1875.

rieure, la France a fait, depuis 1790, des pertes très considérables. Ce n'a point été une décroissance lente et progressive qui obéit à une cause interne et est difficilement remédiable. Non, cette ruine a été l'œuvre de trois grandes catastrophes, l'invasion de 1814, celle de 1815 et celle dont nous venons d'être les victimes.

Pendant ce temps, les autres puissances, sauf l'Autriche et l'Espagne, ont grandi par des succès qu'aucun mauvais retour de fortune n'est venu ou entraver ou anéantir.

Pour la Russie, il suffit de nommer l'acquisition de la Finlande, la conquête d'une grande partie de la Pologne et sa rapide et immense extension dans le Caucase et le centre de l'Asie. Alors que l'on tenait compte (c'est un temps loin de nous) de la volonté des populations, on lui reprochait la violente incorporation du peuple polonais à son vaste empire ; mais chacun la louait et la loue encore de ses empiétements progressifs sur la barbarie asiatique.

Tout récemment, un journaliste anglais, avec un légitime orgueil, énonçait combien l'Angleterre d'aujourd'hui est plus puissante que l'Angleterre de la fin du dernier siècle ; et il énumérait les immenses territoires qui sont devenus siens ou par la colonisation ou par la force des armes. Comme présentement, grâce à une paix qui dure depuis soixante ans, toute haine nationale est éteinte en France à l'égard de l'Angleterre, nous n'avons qu'à féliciter nos voisins de leur prospérité, leur enviant les hommes d'État qui l'ont acquise, conservée, étendue.

L'Allemagne, n'eût-elle que réalisé son unification, aurait considérablement augmenté sa puissance.

Elle y a joint la conquête de grands territoires sur le Danemark et sur la France. Elle s'est rendue aussi menaçante pour ses voisins que l'était Napoléon I*er* pour les siens ; cela n'est pas enviable.

L'Italie est devenue maîtresse d'elle-même. L'étranger a quitté son territoire ; les petits princes qui la morcelaient ont disparu ; Rome est sa capitale, et il n'y a plus, des Alpes à la mer, qu'un grand royaume. Ses destinées futures s'annoncent sous d'heureux auspices ; et il nous complaît de dire aux Italiens les vers du poëte :

> Vivite felices, quibus est fortuna peracta
> Jam sua ; nos alia ex aliis in fata vocamur.

Destins inconnus, en effet, et pleins de périls, si l'on juge de l'avenir par le passé ! Pourtant la France n'a déchu en rien de ce qui fait d'ordinaire la vitalité et la force des nations. Même aujourd'hui, après de prodigieux désastres, elle est parmi les premiers dans toutes les œuvres de la civilisation. Soit que l'on regarde les sciences, les lettres, les beaux-arts, soit que l'on considère l'industrie et la production, elle occupe le rang le plus honorable.

Les auteurs de nos trois grands reculs ne sont ni loin à chercher ni difficiles à trouver ; ce sont les Bonapartes. Et je ne parle pas ici d'un débat plus ou moins contestable sur le génie de Napoléon I*er*, la gloire de l'empire, les vues de Napoléon III, les mérites de la constitution de l'an VIII et de celle de 1852 ; je parle uniquement de faits tangibles, de ceux que l'on mesure géométriquement sur la carte.

Bonaparte I*er* avait reçu des mains de la république la France grande, puissante, victorieuse ; il la rendit vaincue, humiliée, mutilée.

Bonaparte II (je nomme ainsi l'échappé de l'île d'Elbe, qui revint en 1815 susciter contre l'Europe entière coalisée une guerre sans autre issue que la défaite), Bonaparte II, qui avait mutilé la France de la république, entama cette fois la France de Louis XIV.

Bonaparte III préside à la troisième invasion; car les invasions ont les mêmes numéros que les chefs de cette dynastie funeste. Cette fois, l'Alsace et la Lorraine manquent, et la vieille France des Valois n'est plus même entière.

Maintenant passons aux intervalles où notre histoire est libre de Bonapartes. Nous trouvons trois républiques, la monarchie légitime et celle de Louis-Philippe.

La première république soutint une guerre longue et acharnée contre plusieurs coalitions, et elle réussit non-seulement à se faire reconnaître, mais encore à s'établir en forte puissance au-delà même des limites de Louis XIV, et à conclure une paix honorable qui lui laissait sans doute trop de ses annexions; mais cela aurait été à examiner et à débattre dans des conditions de meilleure entente que celles de guerre et de conquête.

La restauration recueillit le naufrage de la monarchie impériale. Quelque reproche que l'on fasse à son gouvernement intérieur (le plus grave est de s'être rendue coupable d'un coup d'État et d'avoir ainsi ouvert la voie aux nouvelles commotions); quelque reproche, dis-je, qu'on lui adresse, aucune divergence ne peut s'élever sur son gouvernement extérieur. Elle ne compromit en rien les destinées de la France ; et, quand elle tomba, nos frontières étaient intactes et notre puissance respectée.

De ce côté, la monarchie de Louis-Philippe n'a pas été moins honorable que la restauration. Des difficultés différentes, mais fort grandes la gênaient. Pourtant elle soutint son rang en Europe et défendit courageusement la paix, inestimable bienfait; ceux-là le savent qui viennent de voir comment les Bonapartes commencent et conduisent les guerres. Déchue, elle remit au gouvernement qui la remplaçait, la France sans aucun dommage extérieur; et un de ses partisans les plus dévoués a pu s'écrier aux applaudissements de la plus grande partie de l'assemblée en face du représentant du bonapartisme : « Je répète que la monarchie dont parle M. Rouher, lorsqu'elle a été renversée, a laissé la France prospère, puissante et libre, tandis que l'empire, lorsqu'il s'est abîmé sous le poids de ses fautes, a laissé la France vaincue, ruinée et démembrée. »

La deuxième république a été fort courte, mais indemne de tout mal extérieur infligé à la France. Même, au milieu des troubles convulsifs que les événements de 1848 suscitèrent dans presque toute l'Europe, et du désarroi général qui en fut la suite temporaire, il lui aurait été possible, il lui aurait été facile d'étendre une main conquérante sur ce qui était à sa convenance; M. de Bismark et la Prusse n'y auraient manqué. Elle ne le voulut pas. C'est un acte de probité internationale dont il est juste de tenir grand compte.

Enfin, la troisième république, au sein de laquelle nous sommes et qui a déjà duré plus que la seconde, est occupée à la même besogne que le fut la restauration, c'est-à-dire à réparer les ruines immenses causées par l'empire. La tâche est laborieuse et honorable ; mais, vraiment, il est bien dur pour un malheureux peuple de remonter trois fois ce rocher de Sisyphe que les Bonapartes ont fait rouler trois fois au fond de l'abîme. Je dirai tout à l'heure dans quel esprit la république doit être prise par la France pour produire tout le bien nécessaire à notre réparation.

Voilà le bilan du gouvernement avec Bonapartes et du gouvernement sans Bonapartes. La différence entre ces deux parts de notre histoire saute aux yeux. Dans la première, après une prospérité malsaine et qui, d'ailleurs, s'explique parce qu'elle se hâte de dévorer tous les éléments de force accumulés pendant la période antécédente, des catastrophes effroyables surviennent qui mettent la France sous le talon de ses ennemis. Dans la seconde, on a ou des guerres et des paix victorieuses, ou l'honorable maintien, sans aucune déchéance, du rôle historique de la France. Et qu'on ne dise pas que les catastrophes bonapartistes sont de ces accidents auxquels les choses humaines sont sujettes, de ces méchancetés de la fortune qui détruisent les meilleurs plans et les situations les plus assurées. Non, tout hasard est exclu par la triple répétition d'un dénouement identique. Un vice radical et toujours le même a produit trois fois le même résultat : vouloir faire la guerre et ne pas savoir la faire. Quoi ! ne pas savoir la faire, lui, le grand Napoléon ! Oui, sans doute. Savoir la faire ne comporte pas seulement de combiner une campagne et de disposer une journée de bataille ; mais, à un point de vue supérieur et de chef d'État, cela comporte de mesurer exactement les forces aux entreprises, et, par exemple, quand on a sur les bras la guerre d'Espagne dont on ne peut venir à bout, de ne pas courir au fond de la Russie et à Moscou. Il n'y a point de génie sans une certaine dose de sens commun. Or, à mesure que Napoléon Ier s'éloigne des conditions de son origine qui lui imposèrent d'abord et malgré lui quelque sagesse, cette immense lacune, l'absence de sens commun en politique et en guerre, se fait toujours sentir davantage; et, à la fin, c'est une infatuation orgueilleuse et forcenée qui le guide, sans qu'une lueur de raison et de mesure y pénètre jamais. Quant à Napoléon III, qui voudrait en parler ?

Dans ces désastres, quelle est la part de la nation, et jusqu'à quel point justifie-t-elle le dicton, qu'un peuple a toujours le gouvernement qu'il mérite ? Sa part est d'avoir choisi de tels chefs. Ici il importe de faire une distinction, et de déterminer ce qui appartient à la mauvaise chance et ce qui appartient à la mauvaise conduite.

La mauvaise chance est que les Bonapartes aient été tels qu'ils furent. Sans doute, à l'issue de la grande révolution, l'ordre étant profondément troublé et ne paraissant pas près de se rétablir spontanément, il devint inévitable qu'un chef militaire concentrât le pouvoir en ses mains. Du moins c'est ce qui était arrivé jadis en Angleterre, et c'est ce qui arriva en France. Mais il se pouvait que le chef anglais fût un Bonaparte, fou d'ambition et disposé à perdre l'Angleterre si on le laissait faire, et que le chef français fût un Cromwell, grand homme d'Etat capable de maintenir son pays au point de puissance où les événements l'avaient porté. Ce parallèle entre deux noms et deux situations montre d'une façon manifeste l'accident dans l'histoire, la bonne chance de l'Angleterre, la mauvaise chance de la France.

La mauvaise conduite est non pas tant d'avoir accepté les deux Bonapartes (avant l'essai, on ne savait combien ils seraient détestables), mais de s'être dessaisi, entre leurs mains, de toute liberté et de tout contrôle. Quand il fut bien manifeste sous le premier empire qu'on acceptait la guerre d'Espagne, la guerre de Russie et la coupe réglée des conscriptions, quand, sous le second empire, on vota pour un homme qui, violant avec improbité son serment, en demanda un le lendemain, insulte gratuite dont on ne trouve guère d'équivalent qu'en remontant aux Césars romains et à leur cheval fait consul, alors il faut bien dire que la France eut le gouvernement qu'elle méritait. Et aucune distinction n'est admissible dans la population. Sans doute, en tous les rangs, une minorité clairvoyante et courageuse protesta contre de pareils maîtres et de pareils procédés; mais, dans tous les rangs aussi, une majorité aveugle et sans ressort sanctionna les pires décisions : guerre d'Espagne, guerre de Russie, guerre du Mexique, et guerre de 1870. Dans cet abandon, les classes populaires ne furent pas moins coupables que les classes riches et bourgeoises; le développement social obéit, ainsi l'enseigne la philosophie positive, à des lois naturelles contre lesquelles les masses peuvent aussi bien pécher que les classes ou les individus. Aujourd'hui le désastre attaché à la malfaisance des Bonapartes est accompli. La seule compensation qu'il comporte serait bien grande, s'il nous apprenait à considérer sérieusement par quel chemin nous avons marché à la troisième invasion, au démembrement, aux périls futurs, et à nous efforcer de n'y pas repasser.

Le gouvernement de tout grand pays exige impérieusement un certain contrôle, c'est-à-dire une certaine somme de liberté; autrement, on est livré aux infatuations royales ou impériales, d'autant plus dangereuses que, dans ces vastes corps, les contre-coups ne sont pas calculables. Or, contrôle, liberté, de quelque nom qu'on se serve, a toujours manqué sous les Bonapartes. Aussi leur part dans notre histoire est-elle un lugubre enchaînement d'humiliations et de désastres, tandis que la part qui ne leur y appartient pas est honorable et satisfaisante.

La lutte pour l'existence, si bien décrite par Darwin, ne se poursuit pas seulement entre espèces ou individus, elle existe aussi entre nations. Nous sommes toujours dans le péril; et nous n'en sommes pas encore assez sortis, bien que notre position se soit améliorée, pour affirmer que nous n'aurons pas le sort de la Pologne; demandez aux Allemands. D'ailleurs il ne faut pas se faire d'illusion sur notre importance. Aujourd'hui aucun peuple n'est indispensable à l'œuvre de la civilisation; et, dût la France succomber par l'effet des blessures que les Bonapartes lui ont infligées, cette œuvre, poursuivant son développement, n'en serait pas arrêtée, bien qu'elle perdît par cette catastrophe un membre utile et qui a été glorieux.

A l'issue de la première république, à l'issue de la seconde, la France était puissante et sûre d'elle-même. Les Bonapartes s'en saisirent : apprenez de 1814, de 1815, de 1870 ce qu'ils en firent. Essayerons-nous une quatrième fois du bonapartisme? Songeons-y; c'est un jeu sérieux qui se joue. Ce que M. Thiers disait du troisième empire est vrai de la France elle-même : il n'y a plus de fautes à commettre, du moins de celles que les Bonapartes commettent. On peut se rallier autour de M. de Chambord, autour d'un prince d'Orléans, autour de la république; jamais autour de l'empire, trois fois meurtrier de la France.

Devant ce compte en partie double de la gestion de nos affaires depuis quatre-vingts ans, il est urgent que notre peuple apprenne assez de politique pour ne plus remettre ses destinées à des ambitions sans frein et sans raison, incapables de connaître même leur propre intérêt; assez de politique, dis-je, pour garder sur les affaires publiques un contrôle qui, créant une moyenne entre les tendances diverses, empêchera toujours les fautes extrêmes. Ce contrôle ainsi défini, la république seule, au milieu des partis, peut l'assurer à la France. J'ai rappelé plus haut que nos classes, les supérieures aussi bien que les inférieures, avaient leur part de culpabilité. Aujourd'hui il importe que ce qu'il y a de meilleur dans les unes et les autres, se résignant, quels que soient les regrets ou les espérances, à voir les choses en face, se pénètre des nécessités politiques et sociales du moment et s'y conforme. Tout est tombé, deux républiques, trois empires, deux monarchies. En présence de ces ruines précipitées, disons, pour parler le langage de l'Ecriture, *erudimini qui judicatis terram*, instruisez-vous, classes dirigeantes qui ne dirigez rien, mais qui êtes si fortes pour entraver; instruisez-vous, classes ouvrières qui avez tant de prépondérance dans les grandes villes; instruisez-vous, classes rurales qui possédez la majeure partie du fonds territorial.

Le gouvernement le plus apte à nous procurer cette indispensable éducation est la république telle qu'elle s'établit en ce moment au milieu de nous, à l'aide de toutes sortes de transactions. Je n'entends pas dire que, en général, la monarchie soit incapable d'entretenir, au sein d'un peuple, un mouvement politique qui garantisse le contrôle et le progrès de l'opinion. L'exemple de l'Angleterre me démentirait aussitôt. Mais, chez nous, nos trois monarchies sont tellement suspectes, que le bien qu'elles comporteraient en un autre milieu ne peut s'effectuer dans le nôtre. Pour intéresser les hommes influents des diverses classes à l'œuvre dont je parle, il faut quelque chose de plus large qu'un de nos trois trônes héréditaires, entouré de sa clientèle obligée. M. de Chambord avec le cléricalisme, les Bonapartes avec le césarisme tournent le dos à une pareille tâche ; et la monarchie parlementaire des d'Orléans, qui y serait la moins impropre, mais qui a risqué une révolution contre l'adjonction électorale des capacités, s'est trop enfermée jadis dans l'esprit et l'intérêt restreint des gens possédant le cens légal pour qu'on la croie suffisamment ouverte et libre aujourd'hui.

Facile est la critique de la nouvelle république, qui, comme on a dit, est loin d'être parfaite. D'abord, qu'est-ce qu'une république parfaite ? Si l'on entrait dans cette voie, on verrait apparaître bien des plans, bien des types différents, qui ne s'accorderaient guère entre eux, et dont le choix susciterait de singuliers tiraillements. Pour la sociologie, comme une république, de sa nature, est ouverte et perfectible, la bonne est celle qui s'accommode aux conditions politiques et sociales de notre pays, tel qu'il est au sortir de ses révolutions et de ses désastres.

La présente constitution républicaine est le résultat d'une transaction. A cela elle doit beaucoup de ses imperfections; mais à cela aussi elle doit un avantage considérable qui est d'étendre le cercle possible des adhésions bien au delà de ce que comportait le pur républicanisme, tel qu'il était alors que, se considérant comme le maître de droit, il tenait moins de compte des circonstances, des dissidences, des difficultés.

Sur le terrain ainsi préparé, deux conditions se présentent très favorables au développement du sens politique parmi notre nation. L'une est que la constitution offre visiblement un champ d'études, de corrections, d'extensions; mais, comme en même temps, elle n'est bordée d'aucun de ces intérêts dynastiques qui sont inhérents à nos monarchies, il n'y aura jamais lieu de renoncer à une activité toujours excitée; chaque renouvellement de législature proposera quelque importante question au pays; et partout se formeront des directions qui sont nécessaires et dont la résultante assurera le développement de la chose publique. L'autre condition est que de grands périls extérieurs n'ont pas cessé de nous menacer. Ces périls n'ont pas fini avec nos désastres; ils dureront encore longtemps. Ils exigent, d'un côté, que nous ne les provoquions pas par une politique insensée, comme est, par exemple, celle de nos cléricaux qui veulent assaillir l'Italie pour rendre le pouvoir temporel au pape, et, d'un autre côté, que nous nous préparions activement à y faire face; si le malheur veut qu'ils fondent sur nous prématurément et sans notre faute (1).

---

(1) Nos périls dépendent de deux causes : d'abord vient l'insuffi-

Un but positif, défini, évident, est donné perpétuellement à l'activité politique du pays. Il n'est ni si positif, ni si défini, ni si évident avec une quelconque de nos trois monarchies. C'en est la clarté et l'excellence qui ont décidé bon nombre de monarchistes éclairés à se prononcer pour la solution républicaine, dont ils ont procuré la victoire jusque-là douteuse. Dans le groupement de monarchistes ralliés à la république et de républicains ralliés aux transactions est le noyau d'une classe vraiment dirigeante qui a toujours manqué. Je nomme ainsi une classe politique qui, acceptant les tendances réelles, modernes de la nation, ne les contrecarrera pas comme mauvaises, mais les guidera comme insuffisamment habiles et éclairées.

La troisième république aura pour ennemis acharnés les bonapartistes, les cléricaux et les légitimistes. Ils se coaliseront, que dis-je? leur coalition est déjà toute faite. Les trois tendances représentées par ces trois partis serviront, par leur hostilité même, à maintenir la république dans le droit chemin. Ni césarisme, ni cléricalisme, ni légitimisme, c'est un programme qui, tout négatif qu'il est, vient très bien en aide au programme positif des améliorations et qui sert à caractériser, comme par autant de garde-fous, les voies de la nation.

A tout ce qui, dans le parti républicain, a charge

---

sance de nos préparatifs, aucun reproche n'est à adresser ni à la chambre ni au gouvernement; on se hâte, tant qu'on peut, de refaire une armée, un personnel, un matériel, des fortifications, mais tout cela veut du temps. En second lieu est l'insuffisance des chefs que nous a légués l'empire; la campagne de 1870 a montré qu'ils ne comprenaient pas la guerre moderne, dont les Prussiens ont établi la théorie et la pratique; rien ne prouve qu'ils la comprennent mieux aujourd'hui.

d'âmes, il faut demander intelligence et mesure. J'ai entendu dire que les assertions réitérées de la philosophie positive concernant le caractère relatif de tous les moments politiques n'avaient pas été sans influence sur les décisions de la gauche, quand elle accepta résolument et consciemment des transactions qui ne lui assuraient que l'institution (point essentiel et base solide, je le remarque), laissant le reste à la sagesse des républicains, à la force des choses et à la clairvoyance du pays. Mettons de côté la philosophie positive ; ce qui a influé, c'est la manifeste signification d'une situation indiquant la voie des sages compromis. Le mérite de la philosophie positive a été de déclarer que les hommes politiques qui auraient la sagesse de se conformer au caractère relatif des choses, sans esprit de réaction ni de révolution, procureraient à ce pays d'utiles moyens de mieux comprendre et de mieux agir.

Il est à souhaiter, il est à espérer que la France, si habile en tant de genres de travaux, mettra son application au travail politique. La république est la meilleure école pour des efforts de réparation. Il est vraiment bien triste pour notre pays de savoir tout, hormis se gouverner.

Les membres du côté droit de l'assemblée font ce qu'ils peuvent pour retarder l'établissement des nouvelles institutions. Qu'espèrent-ils? Comme le cours des choses leur est devenu contraire, ce qu'ils espèrent, c'est quelque événement imprévu, disons le mot, quelque miracle rétablissant leurs affaires qu'eux-mêmes n'ont pu rétablir, alors qu'ils tenaient le pouvoir entre leurs mains. Oui, il y a un miracle possible, et celui-là n'est pas difficile à signaler, c'est le triomphe du bonapartisme. Tant qu'on parvient, atermoyant les institutions en voie de préparation, à jeter sur elles une certaine incertitude, on ajoute un poids dans la balance en faveur des Bonapartes. Les solutions indéfiniment retardées profitent à quelqu'un, et ce n'est certes ni au légitimisme, ni à l'orléanisme. M. de Broglie, en nommant tant de bonapartistes maires et préfets, a donné beaucoup de force à ce parti, si bien que les éventualités, s'il en survient, seront en sa faveur. Ce sont les républicains qui l'arrêtent et lui opposent un invincible obstacle. S'ils se retiraient de la lutte ou montraient la moindre faiblesse pour lui, les orléanistes seraient enlevés en un tour de main dans les élections.

Aussi suis-je toujours surpris quand il arrive que les orléanistes appuient les bonapartistes, les mettent en place et ont du laisser-aller pour eux. Je sais bien qu'on prétend affriander César et les siens en prenant le doux nom de conservateurs. Mais, si le bonapartisme a un côté droit, il a un côté gauche ; et nous aussi nous pourrions, par moments, prêter l'oreille aux paroles de révolution et de socialisme dont il n'est pas avare en un certain milieu, si une prudence plus haute ne nous interdisait tout pacte avec les gens de l'homme qui, parti de décembre, est arrivé à Sedan.

Les militaires ont, dans des situations de péril, le cri : sentinelles, prenez garde à vous. Moi aussi je dis : sentinelles, prenez garde à vous, et à l'encontre du bonapartisme cherchant sa proie, et à l'encontre de l'Allemagne toujours menaçante. Que la France, s'arrêtant dans la voie des désastres et dans celle des commotions intérieures, tire progressivement parti de tous les avantages que la présente république comporte ; et le dicton : un peuple a toujours le gouvernement qu'il mérite, se retournant, sera répété pour la féliciter et la louer.

DES

CONDITIONS DE GOUVERNEMENT

EN FRANCE (1).

Par ANTONIN DUBOST (2).

[Tant que la république parlementaire fut provisoire, le péril était qu'elle ne s'établît pas. Aujourd'hui qu'elle est définitive, le péril serait qu'elle ne durât pas. La réaction veut la tuer au profit de la monarchie ; la révolution, au profit de la république démocratique et sociale. La sagesse politique doit la conserver au profit de la France.]

C'est là un excellent titre. M. Dubost ni son ouvrage ne sont des inconnus pour les lecteurs de la *Revue*. Quelques chapitres de ce livre y ont paru ; aujourd'hui l'œuvre entière est achevée, et l'on peut en juger l'ensemble. M. Dubost s'est inspiré des conceptions de M. Comte sur les voies que la sociologie permet déjà de signaler pour modifier le caractère que présentent la conservation et la révolution dans leur antagonisme actuel, cela est vrai ; mais

(1) *Revue de la Philosophie positive*, numéro de mars-avril 1876.
(2) Paris, 1875, librairie Germer-Baillière, rue de l'École-de-Médecine, n° 17.

il s'en est inspiré avec toute l'expérience que donnent les événements écoulés depuis que M. Comte tenait la plume, et cela est beaucoup. Il est bon, tant pour la doctrine que pour son interprète et applicateur, d'être mis en présence des réalités.

J'ai dit en commençant que le titre est excellent. Les conditions d'un bon gouvernement (la stabilité est partie essentielle de ce genre de bonté) font depuis quatre-vingts ans défaut en France. Tous les régimes qui s'y sont établis à dater de la mémorable chute de la monarchie en 1789, sont tombés. Ni la royauté légitime, ni la royauté parlementaire, ni le césarisme despotique, ni la république née des bouleversements monarchiques n'ont pu se tenir debout. Quelque chose de fondamental a manqué constamment ; et toujours, malgré de brillantes promesses et de trompeuses apparences, le vice radical de l'instabilité a tout emporté.

Le problème social, en France, se formule ainsi pour le présent : empêcher que la violence d'en haut ou la violence d'en bas ne viennent bouleverser le cours des choses. Ce cours serait bon de lui-même, par les forces naturelles du pays et par les aptitudes du peuple ; car, chez nous, tout prospère, sauf la politique, qui, inhabile, ou mauvaise, ou insensée, nous dépouille périodiquement de tous nos avantages.

Une bonne politique sera celle qui préviendra, à l'intérieur, des conflits comme celui de 1789, le coup d'État de brumaire, les révolutions de 1830 et de 1848 et le crime de 1851 ; à l'extérieur, des catastrophes comme l'invasion de 1814, l'humiliation de 1815, et, sous Napoléon III, Sedan avec le démembrement. Quel gouvernement a échappé au terrible dilemme du dedans et du dehors? Les uns ont péri pour n'avoir su se garantir contre la violence d'en haut ou la violence d'en bas ; les autres, pour avoir follement méprisé la paix et fait la guerre non moins follement.

A qui imputer tant d'insuccès, de défaites et de ruines ? Évidemment aux classes dirigeantes. Le nom seul qu'elles portent manifeste où gît la responsabilité. A ceux qui ont la direction revient le tort, ou le mérite, le blâme ou la louange. C'est le capitaine du vaisseau qui, commandant la manœuvre, mène le bâtiment au port, ou le perd sur les écueils.

Ici, il importe d'indiquer qu'il est chez nous deux classes dirigeantes très distinctes : l'une appartient aux hautes parties de la communauté, et, sous une forme ou sous une autre, gouverne et administre les affaires publiques ; l'autre, bien plus restreinte et beaucoup moins officielle, appartient aux groupes ouvriers, du moins à ceux des villes et de l'industrie, et exerce son action sur les socialistes.

Je m'écarterais trop de mon sujet, si je recherchais le rôle des classes dirigeantes de la première catégorie dans nos affaires depuis quatre-vingts ans, montrant combien leur aveugle incapacité a été mortelle à notre pays, soit que, sous la restauration, elles dirigent le suicide du coup d'État, soit que, sous la monarchie de juillet, elles tentent de se clore à toute adjonction, soit que, sous le second empire, elles refusent de contrarier l'empereur ou l'impératrice au point de leur recommander la paix. Je me borne à les examiner aujourd'hui, dans le présent, alors qu'il s'agit de retirer la France des plus grands périls qu'elle ait jamais courus ; car un voisin victorieux et menaçant est là guettant nos sottises intérieures qui ouvriraient une large porte aux interventions.

Le lendemain de la catastrophe qui vient de jeter aux quatre vents le régime césarien, qu'ont imaginé nos classes dirigeantes, celles dont je parle en ce moment? non sans réflexion et volonté déterminée; car elles travaillèrent pendant deux ans à renverser l'homme qui, au pouvoir, avait conçu le plan de notre restauration par la conservation, l'apaisement et la liberté (1). Qu'ont-elles imaginé, dis-je? elles ont imaginé de se faire monarchiques et cléricales. Elles pensent (sauf d'honorables exceptions que la république a mises au jour et qui sont destinées à se multiplier), elles pensent que, hors de là, l'ordre moral est compromis, et le péril social amené sur la scène.

Se faire monarchique dans ce moment en France, avec nos antécédents immédiats, est un non-sens. La monarchie aurait pu se présenter avec de grandes chances comme la rivale de la république, s'il n'y avait eu qu'une monarchie qui s'offrît, ou si les trois monarchies avaient eu assez de foi au principe monarchique et d'abnégation pour abdiquer deux en faveur d'une que les autres auraient soutenue. Mais ce n'est point cela, on le voit de reste; et, pour s'être fait illusion, il a fallu que nos classes dirigeantes ne gardassent d'œil ouvert que du côté de leurs préférences, et que l'autre œil se fermât devant la concurrence, redoutable pour leurs espérances, de trois monarchies. Là est, au premier chef, l'empêchement au relèvement du trône, empêchement que vit tout d'abord M. Thiers, quand il prit pour point de départ ce qui existait.

(1) M. Thiers.

Trois monarchies, c'est beaucoup pour un seul et même trône. D'autant plus qu'elles ont chacune une manière d'être particulière, tout-à-fait exclusive de la voisine. L'une est la légitimité, arborant le drapeau blanc, se refusant aux principes sociaux inaugurés en 89, et, par dessus le marché, éminemment cléricale. La seconde est parlementaire, amie du suffrage restreint, non incompatible sans doute avec les conditions de la société nouvelle, mais ayant jusqu'à présent cherché vainement un ferme point d'appui. La troisième est le pouvoir absolu, sous forme de césarisme, foulant aux pieds libertés et principes, bassement démagogue à ses heures, et aboutissant immanquablement à la guerre sans savoir la faire. Voilà les éléments de nos trois monarchies ; et c'est le cas de dire avec Corneille :

> Devine si tu peux et choisis si tu l'oses.

Un trône sans foi monarchique est chose bien instable. Et comment recréer une foi monarchique en un pays où trois royautés se disputent le terrain et opposent partisans à partisans ? N'est-il pas vrai que les bonapartistes se vantent de posséder des sympathies parmi le populaire, ouvriers des villes et gens de la campagne ; que les orléanistes se flattent de l'appui des bourgeois, et que les gentilshommes et le clergé forment le corps d'armée des légitimistes ? Aussi, en présence de cette irrémédiable division, ne doit-on invoquer chez nous en faveur de la monarchie l'exemple de la monarchique Angleterre. En France, les monarchies tuent la monarchie ; car la foi monarchique y est coupée en trois tronçons, qui, comme le serpent de La Fontaine, sautillent en effet tant qu'ils peuvent, mais ne se rejoignent que pour essayer de s'entre-dévorer. En Angleterre, elle est une et capable, à ce titre, de constituer un vrai lien social.

On peut regretter sans doute qu'elle ait péri, et que nous n'ayons pas échappé aux douloureuses épreuves d'une révolution. Mais à qui la faute ? Évidemment à la royauté, qui, s'étant faite maîtresse de tout, est responsable de tout, et qui, malgré les avertissements prophétiques les plus graves, laissa s'accumuler d'année en année l'urgence et le péril des réformes radicales et soudaines. La royauté française, je veux dire plus particulièrement celle des Bourbons, qui eut de si grands jours sous Henri IV, sous Richelieu, sous Mazarin et même sous la jeunesse de Louis XIV, n'est plus qu'un long suicide, à partir du vieillard gouverné par Mme de Maintenon et un confesseur. Dès lors, tout se traîne à travers le régent et Louis XV jusqu'au malheureux Louis XVI, à qui échoit la liquidation de ces cent années grevées de tant d'hypothèques politiques.

Ce n'est pas assez pour les classes dirigeantes dont je parle, d'être triplement monarchiques ; elles sont devenues cléricales, elles qui ne l'étaient guère jadis. Et cela au moment où le cléricalisme, dans son intérêt bien ou mal entendu (je n'en sais rien, et cela ne me regarde pas), entame une guerre à outrance contre les conditions les plus essentielles de la société moderne. Je remarque, à ce propos, qu'il faut, ici, soigneusement distinguer entre catholiques et cléricaux. En France du moins, la grande majorité du clergé est cléricale, mais la grande majorité des catholiques ne l'est pas. Distinction importante, qui fait voir tout de suite que l'armée cléricale est moindre qu'elle ne paraît. Travaillez donc, classes dirigeantes, avec cet allié ; attaquez de concert la tolérance, la liberté de penser, la liberté de la presse, le mariage civil et tout ce que condamne le *Syllabus;* et puis, étonnez-vous que les éléments les plus actifs vous échappent, que la force des choses soit contre vous, et que les catastrophes ne manquent jamais à votre aveugle direction.

Un signe curieux de la valeur de ce qui préoccupe par excellence les classes dirigeantes dont je parle, est le prodigieux succès qu'obtient auprès d'elles un journal léger, *le Figaro*. Il est, à la fois, réactionnaire, prôneur de coups d'État, et conteur d'aventures et de propos plus ou moins lestes. La réaction sans les propos, ou les propos sans la réaction, ne suffiraient pas ; mais, avec cet amalgame, il pénètre dans tout ce qu'il y a de plus dirigeant, même chez les ecclésiastiques, parmi lesquels il fait une rude concurrence à ces vrais cléricaux, le *Monde* et l'*Univers*.

L'essai actuel de fonder la république ressemble à l'essai passé de fonder la monarchie parlementaire durant la restauration. Dans notre drame, les classes dirigeantes d'aujourd'hui représentent assez bien Charles X et l'entourage qui le conseillait et l'encourageait. Elles sont, comme il fut, ennemies des libertés, cherchant partout leur article 14 (1) ; elles demandent l'appui du cléricalisme ; et leurs amis leur conseillent à haute voix les coups d'État. Qui

---

(1) L'article 14 de la charte de 1814, que les royalistes d'alors interprétaient comme donnant au roi le droit de se mettre au-dessus de la constitution, et les libéraux comme ne l'autorisant à pourvoir à la sûreté publique que sous la condition de rester constitutionnel.

ne frémirait de tels conseils? Dans la situation où les désastres impériaux nous ont mis, notre premier besoin est de ne fournir aucun prétexte d'inquiétude à l'Europe ; et l'appel à une révolution par le coup d'État est aussi criminel, quant à la sûreté de la France, que l'appel à une révolution par l'insurrection populaire.

En dehors de la classe dirigeante dont je viens d'esquisser le caractère et les tendances, il en est une autre dont j'ai déjà fait mention, c'est celle qui est à la tête des socialistes (il n'est point d'action collective sans direction). Elle n'est pas uniquement composée, il s'en faut, d'ouvriers et de membres des classes populaires. Tandis que la première est réactionnaire, celle-ci est révolutionnaire. Être socialiste est très bien, mais, être révolutionnaire, du moins à présent, vaut beaucoup moins. Soumettons donc cette autre classe dirigeante à une critique analogue, c'est-à-dire la critique par les résultats.

Les socialistes révolutionnaires ont fait la révolution de 1848, l'insurrection de juin de la même année, et le soulèvement de Paris en 1871. Ce sont des événements assez considérables pour n'être point passés sous silence, et suivis d'assez terribles conséquences pour qu'on ne les laisse point sans un examen rigoureux.

Il est bien certain que, si les directeurs n'avaient pas trouvé toutes prêtes des dispositions insurrectionnelles, leurs efforts auraient été vains. Ceci soit dit à la décharge de qui de droit ; et je viens aux faits.

La révolution de février, si rapide et si peu disputée, remit Paris en la puissance des socialistes, ou, si l'on veut, d'une façon plus générale, des ouvriers. Un gouvernement provisoire fut établi, qui, pour la première fois, appela le suffrage universel au scrutin. En cet état, on attendit; mais il survint un incident singulier qui mit en lumière où résidait en ce moment la puissance effective. Une manifestation de la part des adversaires provoqua, le lendemain, une contre-manifestation; et, le 18 mars, plus de cent mille ouvriers défilèrent sur les boulevards. Aucune force publique n'existait capable de s'opposer à celle qu'ils venaient de déployer; le gouvernement n'était que provisoire, sans autre sanction qu'une proclamation insurrectionnelle; ils pouvaient l'écarter, sans violer aucune légalité et y substituer leurs chefs. Ils ne le firent pas; à la vérité, ils ne tardèrent guère à s'en repentir, et les journées d'avril, de mai et de juin en témoignèrent; mais l'occasion perdue se retrouve bien difficilement. En tout cas, l'insurrection fut vaincue, une répression terrible suivit, et le malheur s'appesantit sur des milliers de familles ouvrières.

Leurs successeurs crurent voir renaître l'occasion dans les circonstances qui permirent l'émeute d'octobre 1870 et la Commune de 1871. Mais rien ne succéda selon les espérances qui avaient suscité ces mouvements; et, derechef, les plus grandes souffrances assaillirent le populaire : batailles meurtrières, condamnations, transportations, emprisonnements, pendant que, comme d'habitude, les chefs, contraints de se disperser, allaient, sans abandonner leurs plans, se reformer en pays étranger.

Ainsi, la direction des chefs révolutionnaires n'a pas été plus heureuse pour le populaire, que la direction des chefs des classes supérieures pour le pays entier. Des deux côtés, insuccès et catastrophes.

J'ajoute que la comparaison se poursuit dans les doctrines. Tandis que la classe dirigeante supérieure a pour mot d'ordre le trône et l'autel, la classe dirigeante révolutionnaire prend le sien dans les pensées de 93 et dans les formules de 1848. Tout cela est, en la situation présente, aussi vide que sonore; et à ce mode de penser évoqué à tort, mais qui eut sa signification et sa réalité, on est tenté de dire comme Juvénal à Annibal :

> I nunc. . .
> Ut *turbis* placeas et declamatio fias.

Ce parallèle montre que les deux classes dirigeantes doivent disparaître, je veux dire doivent se transformer.

Quel est le terrain sur lequel cette double transformation peut s'effectuer? Il est bien difficile de trouver un terrain autre que la république, où il y ait moyen de faire rencontrer des conservateurs et des révolutionnaires, décidés les uns et les autres à fonder, non à détruire.

Nulle de nos monarchies n'est capable, je crois, de procurer un aussi nécessaire résultat. Sans entrer dans le détail, il n'est pas une des tendances dangereuses des classes dirigeantes qui ne trouve un appui et un encouragement dans l'une ou l'autre de nos monarchies. Ce qui forme le fond des préjugés inhérents à l'une des classes dirigeantes, est trop en accord avec les instincts dynastiques pour qu'aucune réformation y soit possible; elles demanderont toujours à renforcer le trône et l'autel, et le trône et l'autel s'y prêteront complaisamment. Quant à l'autre classe dirigeante, elle a, dans le césarisme impérial, un flatteur des instincts démagogiques, qui sont le pire des côtés du parti révolutionnaire.

Bien différente est la situation de la république. Elle n'est ni réactionnaire, ni révolutionnaire. Aussi offre-t-elle un point de réunion à tous les hommes de bonne volonté, et promet la formation d'une nouvelle classe dirigeante plus éclairée et plus bienfaisante.

Grâce à cette impulsion, nous voyons déjà plusieurs partisans sincères de la monarchie accepter non moins sincèrement la constitution républicaine. Ce sont là des prévoyants et des sages. Leur honorable désertion est à la fois l'indice de la pression exercée par la situation sur des esprits droits, et l'annonce de modifications futures.

Une semblable évolution se fera dans le sein de la classe qui dirige les socialistes et les ouvriers. Au moment même où j'écris ceci, un document, émané d'eux, me fournit une excellente expression des idées qui me préoccupent, et des changements que j'augure. Je lis dans plusieurs journaux (1) : « Il est nécessaire de s'entendre et de bien préciser ce que signifient, à l'heure actuelle, les mots *socialisme* et *socialiste*.

» Le parti socialiste a accompli, depuis quelques années, une évolution analogue à celle que l'on a vue se produire chez le parti républicain, dont il est une fraction. Il est sorti, lui aussi, de la période purement théorique ; pourquoi ne dirait-on pas le

---

(1) Entre autres, dans le *Journal des Débats* du 6 février 1876.

mot? utopique. Il croit que le moment est venu d'appliquer la méthode scientifique à l'organisation sociale et à ses modifications. Il ne réclame plus, comme autrefois, une refonte complète et immédiate de l'organisation sociale ; il se borne à demander que la loi accorde aux citoyens, en tant que travailleurs, les garanties dont elle les entoure en tant qu'individus ou propriétaires.

» Le parti socialiste a, d'autre part, appris par l'expérience que les sociétés humaines ne se transforment point du soir au lendemain, que les progrès s'accomplissent successivement, et que le temps ne respecte pas ce qui s'est fait sans lui.

» Le parti socialiste est composé d'honnêtes gens ; et tout homme honnête doit reculer devant l'application de projets de transformation brusque de la société, lorsqu'il en vient à comprendre que cette application pourrait provoquer d'incalculables désastres et des maux sans nombre, si l'on s'était trompé. Et il faut toujours craindre de se tromper.

» Le parti socialiste, enfin, répudiant toute idée de recours à la force, veut réclamer une à une les réformes qui doivent amener l'amélioration du sort des classes les plus pauvres et les plus nombreuses. Il veut obtenir pour ces réformes l'assentiment de l'opinion publique, puis leur réalisation par les mandataires du peuple. Quoi de plus juste ? quoi de plus régulier ? quoi de plus légal (1) ? »

Revenons. Le thème présent de la politique est : nécessité de la république, acceptation des conditions modernes de la société comme point de départ,

---

(1) C'est la partie sage du socialisme qui parle ainsi, mais elle n'y fait qu'une bien petite minorité ; le reste demeure en proie aux utopies subversives.

et réformation générale des classes dirigeantes. C'est à ce thème que M. Dubost a consacré son ouvrage. Il s'agit véritablement d'opérer une éducation progressive, mais profonde, du suffrage universel. Essayez donc de la faire avec une de nos monarchies, je dis une de nos monarchies et j'insiste de nouveau avec force sur cette distinction. La monarchie en général je la mets hors de cause ; là où elle convient, et de grands pays s'en accommodent fort bien, elle satisfait les nations. Mais, dans la France de 1789, de 1830 et de 1848, la monarchie en général n'a plus ni tradition, ni doctrine, ni, par conséquent, efficacité.

M. Dubost dit : « Aux yeux des républicains, la république représente une conception particulière des intérêts sociaux (p. 416). » Particulière, comment ? Il nous l'explique avec précision : Chez nous, les partis se divisent entre deux tendances générales, l'une rétrograde, théologico-monarchique, l'autre progressive, scientifico-républicaine (p. 205). Qu'entend-on par scientifique dans la doctrine sociologique de la philosophie positive, dont il est un des disciples ? On entend le soin de consulter exactement les antécédents historiques d'un peuple, de prendre pour point d'appui sa situation actuelle, et de la développer dans tous les cas particuliers en se conformant aux règles générales du développement de l'humanité. Le développement de l'humanité est, à son tour, déterminé par la conception du monde de plus en plus positive et étendue.

Par une conséquence naturelle de la subordination de la sociologie à la biologie, le caractère de l'évolution humaine gît dans une tendance constante à faire prévaloir les attributs qui distinguent de la simple animalité la nature humaine (p. 282). Il en résulte, dans les sociétés modernes, une propension invincible à faire concourir l'ensemble des hommes à la gestion sociale, et à procurer ainsi l'élévation morale et matérielle de tous en résultat des progrès scientifiques et industriels (p. 276).

Le développement à poursuivre, le but à atteindre sont d'intérêt commun. Ils se lient à l'ensemble de la civilisation par l'affranchissement et l'élévation des classes laborieuses et par l'essor d'un système intellectuel et moral supérieur (p. 223). La nouvelle philosophie sociale fait du développement moral la condition essentielle de la réorganisation pratique, comme elle fait d'une commune éducation la condition fondamentale de tout classement hiérarchique (p. 277).

Au fond, ce n'est pas contre l'idée de hiérarchie qu'on proteste, mais contre la composition actuelle de toute hiérarchie (p. 284). « Je sais, dit-il, des riches qui ne sont que des égoïstes, n'ont de souci que pour la conservation de leur fortune et tremblent au seul mot de gouvernement de la nation par elle-même. Je sais des savants célèbres qui, cantonnés dans leur spécialité, ignorent absolument tout ce qui ne s'y rapporte pas étroitement. C'est même à cela qu'il faut attribuer le peu de soin qu'ils ont de leur dignité sociale, et leur versatilité politique. Mais, en revanche, je connais de petits bourgeois, même de modestes artisans, que leur manque de grades universitaires ou leur pauvreté éloigneraient de toute classe dirigeante, et qui pourtant, au point de vue social, en remontreraient à bien des ducs, des astronomes, des académiciens, ou des poètes. C'est qu'en effet, pour acquérir la capacité politique, il faut plonger dans la masse sociale, scruter ses désirs et ses besoins, pour ensuite trouver les combinaisons les plus propres à les satisfaire (p. 222). »

Voici encore une salutaire indication touchant la direction de nos affaires communes : « Contrairement, dit-il, à ce que pensent tant d'esprits superficiels, à mesure que la civilisation grandit, que le progrès général augmente, qu'enfin l'état social se développe, c'est toujours de plus en plus sur les prédominances intellectuelles, morales et pratiques que repose l'ascendant gouvernemental (p. 403). » Eh bien ! en regard de ces légitimes exigences, mettez et jugez la gent qui nous gouverna pendant le second empire. Je me rappelle que le *Times*, dans un sévère article, qualifia de cour vicieuse la cour de Louis Bonaparte après le coup d'État et avant son mariage. L'arrivée d'une femme légitime y apporta sans doute plus de décence; mais une incurable frivolité y pénétra. A mesure qu'on s'éloigna du moment où l'on s'était criminellement emparé d'une France puissante, on s'éloigna aussi des conditions qui faisaient sa force. Tout dégénéra et se pervertit. La politique devint une aventure où des aveugles travaillèrent pour des habiles. Les finances se gaspillèrent. Enfin, pour comble et pour suprême caractère de l'ineptie césarienne, l'armée tomba au-dessous des armées rivales, en dépit de tous les avertissements ; et un mois de campagne suffit aux Allemands pour l'emmener captive et humiliée sur la terre allemande.

M. Dubost ne conçoit le gouvernement des sociétés modernes que sous la forme représentative. De quelque façon qu'on se figure leur avenir politique, il y existera toujours des intérêts généraux, et les intérêts généraux ne peuvent se passer de la représentation et de son annexe nécessaire, la discussion publique; car discussion et publicité, voilà le grand office des représentations. Quand un peuple possède ces deux puissants instruments de gouvernement progressif et sait quelque peu s'en servir, il a une garantie considérable contre les extrêmes malheurs.

Tous les peuples ne les possèdent pas, ou, les possédant, ne sauraient en user. Ainsi, sous nos yeux, la Russie a été longtemps incapable d'y mettre la main; mais elle s'approche rapidement du moment où son empereur ne pourra lui refuser ni la publicité ni la discussion. Plus loin est un pays immense contenant 80 millions d'habitants, il est régi, en dehors de toute représentation nationale, par un gouvernement étranger; mais, sans conteste, le développement indien est inférieur à ce que comporte le régime représentatif. Et, pour prendre un exemple dans notre propre histoire, il eût beaucoup mieux valu pour les nègres eux-mêmes que la France gardât la haute main sur Saint-Domingue affranchie; mais l'homme le plus réactionnaire des temps modernes, Napoléon Ier, ne l'entendit pas ainsi; préludant par la perfidie envers Toussaint-Louverture à la grande perfidie envers la nation espagnole et ses rois, il tenta le rétablissement de l'esclavage, perdit une armée et Saint-Domingue, et ôta ainsi aux populations de cette île la chance de poursuivre leur éducation sociale sous une administration plus éclairée que la leur.

M. Dubost ne veut point du gouvernement direct par le peuple; et il a parfaitement raison. Outre la difficulté matérielle d'un pareil gouvernement dans un grand pays, l'incapacité ne s'y oppose pas moins. Les foules ne sont pas aptes à prendre des décisions pour les cas difficiles et compliqués de la politique ou de l'administration. Ce qui est leur office propre, c'est de faire prévaloir leurs tendances, leurs besoins, leurs désirs, en un mot ce que l'on comprend sous le terme général d'opinion publique. Il n'est point d'autre programme impératif que celui-là ; tout le reste est d'autant plus faux et illusoire qu'on descend davantage dans le détail.

M. Dubost ne veut pas non plus d'appel au peuple ni de plébiscite ; et il a encore pleinement raison. Dans un pays profondément divisé par les partis comme est le nôtre, la prudence commande qu'on remette la décision de la forme du gouvernement et du choix du premier magistrat aux élus du suffrage universel. C'est un vote au deuxième degré, le seul qui permette la réflexion, la considération des nécessités actuelles, les transactions obligées, et qui oppose un obstacle salutaire aux entraînements irréfléchis et dangereux des foules. Le triste résultat de l'élection directe au mois de décembre 1848 est une suffisante leçon. Qu'a-t-il choisi, le peuple, à ce moment ? Un nom au lieu d'un homme. Qu'a-t-il produit, ce vote en faveur d'un nom ? L'indigne crime de décembre, la sotte infatuation de 1870.

Et le pouvoir spirituel, quelle place lui chercher dans le milieu français que M. Dubost considère particulièrement ? On nomme, en sociologie, pouvoir spirituel celui qui tient la direction intellectuelle et morale, préside à l'éducation et enseigne la règle de ce qui doit être cru et de ce qui doit être fait. Ce pouvoir appartint longtemps au catholicisme, qui n'a pu le garder intégral tel qu'il fut, M. Comte a pensé qu'il serait remplacé par une corporation hiérarchique analogue au clergé catholique, mais inspirée et mue par la doctrine positive. M. J. Stuart Mill a contesté cette prévision; à son avis, une corporation ne se refera pas, mais le pouvoir spirituel (car lui aussi en admet un) sera entre les mains des savants, des philosophes, des penseurs, en un mot, de ceux qui procurent l'avancement du savoir et des idées. Je n'entre point dans cette controverse, et je me borne à constater avec M. Dubost que, pour le moment, nul pouvoir spirituel ne peut être institué ni chez nous, ni chez aucun des autres États européens. Le pouvoir spirituel est, en effet, le nœud essentiel du débat qui se poursuit au sein des sociétés modernes. La tradition les a pourvues d'un ancien pouvoir spirituel qui, suffisant jadis, est devenu insuffisant, et qui, incontesté autrefois, est maintenant contesté par beaucoup. Aux yeux de la sociologie, l'issue n'est pas douteuse, les mêmes causes qui ont produit l'ébranlement du christianisme continuant à agir, et avec une intensité croissante. Mais elle l'est tout à fait aux yeux du pouvoir traditionnel, qui, non seulement cherche à se maintenir, mais encore voudrait reprendre les positions perdues. Elle l'est aussi (et cela est la grande cause de la présente hésitation) aux yeux d'une masse considérable d'esprits plus ou moins attachés au dogme antique, plus ou moins indifférents, plus ou moins émancipés, qui flottent entre des tendances diverses.

Tant que la masse des demi-croyants, soit à la théologie, soit à la science positive, n'aura pas pris son parti, la place ne sera pas faite pour un pouvoir spirituel. « La mission du gouvernement, dit M. Dubost, est de faciliter le grand débat entre le passé qui retient et l'avenir qui transforme (p. vii). » Ils le faciliteront d'autant mieux qu'ils s'en désintéresseront davantage. C'est, au reste, s'en désintéresser convenablement que de laisser pleine liberté à la discussion religieuse et philosophique. Cela et un maintien vigilant de l'ordre suffit, outre la politique et l'administration, à la tâche des gouvernements dans l'heure présente. Ils s'égarent quand ils se font militants pour ou contre une religion ou une doctrine. Il faut, à leur usage, dédoubler la formule des économistes : en politique, ils ne doivent pas toujours *laisser faire;* en doctrine, ils doivent toujours *laisser passer.*

Le côté temporel de la situation offre surtout à considérer le socialisme, ou, sous un autre terme, la condition et la réclamation des classes laborieuses. Ces classes, si prépondérantes par le nombre, seraient maîtresses à peu près sans partage, surtout dans les pays à suffrage universel, si elles ne se divisaient pas en deux grandes fractions : les ouvriers de l'industrie et les cultivateurs des champs. Ces deux portions, chez nous, ont des habitudes mentales bien distinctes et des intérêts différents.

Je me rappelle avoir lu, pendant l'insurrection de Paris en 1871, une proclamation adressée par les chefs de la Commune aux paysans. Il importait, en effet, beaucoup de les attirer à la cause du soulèvement parisien. Elle commençait par ces mots : « Frère paysan... » J'étais sûr à l'avance que frère paysan ne prêterait pas l'oreille aux invitations qu'on lui adressait. Les paysans possèdent une partie considérable du sol de la France, ont pour passion de devenir propriétaires quand ils ne le sont pas, de s'arrondir quand ils le sont ; et, à ce titre, ils appartiennent en majorité au parti, je ne dirai pas réactionnaire, mais conservateur.

Au contraire, qu'on les inquiète de ce côté-là par quelque souvenir éveillé de l'ancien régime ; et alors les passions qui les animèrent en 92, renaissent. En plein second empire, la nouvelle fort extraordinaire arriva que, dans la Charente, quelques villages, s'ameutant, se portaient sur les presbytères et menaçaient les curés. Cela était vrai, bien qu'étrange. La gendarmerie eut bientôt rétabli l'ordre ; mais un bruit venu on ne sait d'où avait parlé de dîme ; et cela avait suffi pour ressusciter les vieilles passions qui rattachent si fortement les classes rurales à la révolution et à ses résultats.

C'est la république, et la république seule, qui peut offrir un terrain commun aux classes rurales et aux classes ouvrières. Dans une de nos trois monarchies, les classes rurales continueront à être conservatrices, et les classes ouvrières à être révolutionnaires ; mais, dans la république, elles transigeront au profit d'un ordre social développable, qui n'offense les sentiments ni des unes ni des autres. La nouvelle constitution républicaine, par une heureuse coïncidence, se trouve éminemment favorable à une transaction de ce genre, en donnant aux campagnes une influence prépondérante dans la nomination du sénat, qui, de la sorte, sera assez conservateur pour préserver la république de toute tendance perturbatrice ou anarchique.

Je l'ai écrit bien des fois, mais je ne me lasse pas de le répéter à cause de l'importance du fait, que les partis sont trop disposés à mettre de côté. Il fut un temps où la France pouvait changer ses gouvernements, soit par des coups d'État venus d'en haut, soit par des révolutions venues d'en bas, sans courir un grand danger de la part de l'extérieur. Aujourd'hui il n'en est plus ainsi : le péril extérieur nous enveloppe et nous menace ; il s'accroîtrait immensément par la moindre commotion intérieure, en quelque sens qu'elle s'opérât. Cela posé, voyons les conséquences de cette situation en fait de politique extérieure.

« Ce n'est pas moi, dit M. Dubost, qui, par une fausse philanthropie, proposerai jamais à mon pays l'abstention en matière militaire, tant que l'état de l'Europe et du monde rendra les armées nécessaires. Je ne protesterai pas contre l'idée de défense nationale, tant qu'il y aura des peuples prêts à nous attaquer. Je pense qu'un peuple qui reculerait devant l'étranger serait incapable de former un État et deviendrait bientôt la proie des autres nations (p. 525). »

Un des plus funestes résultats de la guerre de 1870 méditée par l'Allemagne, sottement déclarée par Napoléon III, est que les armées européennes ont pris une extension prodigieuse. Ces vastes armements ne présagent rien de bon pour la paix. Comment rentreront-ils dans des proportions pacifiques ? Nul ne peut le dire. Mais, avec de dangereuses éventualités en perspective, la France doit porter aussi promptement que possible son état militaire au plus haut point en fait de nombre et de préparatifs. En même temps, notre politique doit être vigilamment pacifique : ne rien provoquer, et, dans la mesure laissée à des vaincus, aider pourtant à la paix. C'est en cette attitude qu'il nous importe d'attendre les événements, soit de paix, soit de guerre.

Notre politique extérieure et notre politique intérieure sont étroitement liées. La république étant légalement fondée, toute illégalité contre elle, dangereuse au dedans, le serait aussi au dehors. Par là, comme je l'ai dit un peu plus haut, les républicains, défendant la république contre les monarchies, sont dans une situation analogue à celle où étaient les constitutionnels défendant la charte contre les arrière-pensées de la restauration. La restauration serait encore debout, si elle avait écouté les conseils des constitutionnels. La France, plus sage, écoutera les conseils des républicains.

Ce pays est très habile en industrie, en commerce, en lettres, en beaux-arts, en science ; il faut qu'il le devienne en politique. Pour cela, qu'il refonde ses classes dirigeantes. Cette refonte, déjà commencée par la république, ne peut être achevée que par elle ; car elle implique que la nouvelle classe dirigeante provienne non seulement de celle qui est à la tête des classes supérieures, mais encore de celle qui est à la tête des classes ouvrières. Une pareille fusion, nécessaire aux uns et aux autres, et exclusive chez nous de toute monarchie, sera l'œuvre progressive de la république.

ÉDUCATION POLITIQUE (1)

[Je ne me lasse pas d'appeler l'attention sur le besoin que nous avons de faire notre éducation politique, et de la faire surtout par la judicieuse appréciation des traverses que nous avons subies.]

Le parti républicain s'est laissé enseigner par l'expérience, par l'examen des situations et par certaines notions positives qui commencent à se faire jour. C'est un événement considérable.

Ce parti, à travers les révolutions de 1830 et de 1848, provient de la grande commotion qui éclata à la fin du dix-huitième siècle. Alors ce qui prévalait surtout, c'étaient des idées métaphysiques sur l'état social, c'étaient des inspirations anarchiques de J. J. Rousseau et des souvenirs gréco-romains. Il s'en forma un enseignement fort hétérogène, discordant en lui-même et incapable de donner des bases solides au nouvel édifice, qui dura peu. La république, instable comme l'avait été, pour des raisons d'ordre théologique, mais analogues, son aînée, la république d'Angleterre, pouvait avoir la chance d'être supplantée par un Cromwell, grand politique et promoteur de la grandeur de son pays ; elle eut le malheur de l'être par un Bonaparte, qui l'impliqua en des guerres sans fin, perdit la France et fut la plus mauvaise des solutions.

Les révolutions de 1830 et de 1848 remirent la république en mesure de disputer le terrain aux monarchies. Mais des révolutions ne sont pas une bonne école ; celles-là développèrent les impulsions

---

(1) *Revue de la Philosophie positive*, numéro de novembre-décembre 1876.

mal informées, donnèrent issue aux conceptions subjectives, et ne tinrent compte ni de l'histoire ni de l'expérience. La république disparut sous la main d'un autre Bonaparte, qui, lui, acheva l'œuvre pernicieuse du premier et précipita la France dans un abîme pire que celui de 1814 et de 1815.

Pour la troisième fois, la république a reparu, mais en des conditions qui ont fait réfléchir : un désastre qui a failli entraîner l'anéantissement de la France, à réparer ; des charges budgétaires énormes qui ont obligé à considérer de près la fortune publique ; un peuple meurtri qui avait besoin de repos et de recueillement ; trois monarchies, qui, s'alliant pour nuire et ne pouvant s'entendre pour servir, encombraient le terrain ; enfin un parti clérical qui, bruyamment, menaçait l'Italie comme si nous n'avions pas assez de dangers extérieurs, et qui, non moins bruyamment, attaquait la société moderne et ses plus chères institutions.

Dans une pareille situation, sous peine de périr de nouveau, il importait, de chercher un compromis qui fût républicain, et auquel on n'avait aucunement songé en 1793 et en 1848, époques où l'on se crut maître des choses politiques et sociales au point de remanier la société. La France est un vieux pays monarchique secoué pendant quatre-vingts ans par la révolution, éprouvé par les revers les plus rudes, régi par le suffrage universel, attaché au drapeau tricolore comme symbole, catholique en majorité, mais d'un catholicisme anti-clérical, sans compter la tiédeur théologique et la libre pensée qui se sont emparées de très nombreuses intelligences et de masses populaires.

Voilà le terrain sur lequel il a fallu fonder la république. Si, au milieu d'éléments si disparates et si prêts à se dissocier, le parti républicain avait recouru aux violences de 1793, aux turbulences de 1830, aux motions socialistes de 1848 (c'était là sa tradition), il eût suscité de périlleuses inquiétudes parmi ceux (et c'est la masse) qui ne veulent pas être entraînés brusquement vers l'avenir. La monarchie aurait bénéficié de la faute commise. Laquelle des trois monarchies, et comment? Je ne sais ; et cette incertitude même fait toucher du doigt à quels périls une fausse manœuvre du parti républicain eût laissé la France exposée.

Sans se perdre dans le chaos des vues, des conceptions, des aspirations disparates que suscite l'effervescence politique en temps de mutations, le parti républicain d'aujourd'hui accepta la république que d'autres que des républicains lui offrirent de continuer. Continuer, notez bien cette circonstance : elle est capitale, car par là il coupa court aux tentatives monarchiques, qui, elles, n'acceptant point ce qui est, songent non à le continuer, mais à le bouleverser.

Ce qui est, c'est la forme républicaine, le ferme maintien de l'ordre, la stabilité du gouvernement, les avantages qui en proviennent, et une grande liberté, gage du mouvement progressif, sans lequel l'ordre lui-même deviendrait un danger.

Ce *statu quo*, car c'en est un, est satisfaisant. Le parti républicain n'est point homogène ; s'il avait demandé plus, il se serait divisé sur ce plus, envisagé diversement selon les esprits. Le parti républicain n'est pas toute la nation ; et avec ce plus il aurait risqué de se séparer de cette masse énorme qui n'est attachée à aucune monarchie, qui veut la stabilité et une certaine somme de liberté, et qui vient à lui avec une confiance croissante. Dans un pays de suffrage universel, cela est de bien grande importance.

S'il avait été assez infatué de ses traditions, de ses passions, de ses propres conceptions, pour rejeter loin de lui l'occasion qui se présenta et les offres qu'on lui fit, il aurait exposé la France à la chance la plus dangereuse. Trois hypothèses, trois possibilités étaient en présence : la restauration de M. le comte de Chambord, celle des Bonapartes, le triomphe du cléricalisme, égal allié, suivant son intérêt, de la légitimité et du césarisme. Dans chacune de ces hypothèses, que de menaces de conflits intérieurs et extérieurs ! Le gros du pays est content d'y avoir échappé, et sait gré au parti républicain de sa sagesse et de sa décision.

En cette occurrence, le parti républicain a été comparable à un homme d'État qui juge une situation, agit au moment décisif et détermine la marche des choses vers un but voulu. C'est une transaction ; qui le nie ? Mais, s'il est vrai que, dans la vie privée, une transaction médiocre vaut mieux que le meilleur procès, à combien plus forte raison doit-on le dire d'une transaction politique qui met fin au fatigant procès des compétitions monarchiques entre elles et contre la république, et qui, cela n'est pas médiocre, assure le présent !

Les royalistes ont eu l'aperception d'une conduite analogue, quand, en 1873, ils firent la fusion. La combinaison ne manquait ni d'habileté, ni de chances. On offrait à la France un gouvernement défini, son antique royauté qui renouait l'histoire, et le drapeau tricolore symbole des choses nouvelles.

J'ignore ce qui serait advenu si cet établissement monarchique avait pu être mis à exécution comme l'a été un peu plus tard l'établissement républicain. Toujours est-il qu'il a été empêché de se produire, justement parce que le parti légitimiste, dans la personne de M. le comte de Chambord, s'est montré intraitable, et n'a pas voulu accepter la transaction offerte. Les républicains n'auraient pas mieux réussi s'ils avaient aussi peu transigé.

La philosophie positive, je le pense du moins, n'a pas été sans influence sur ce mode de solution. Elle a recommandé instamment depuis plusieurs années de prendre en considération l'histoire d'un peuple et de ses antécédents, la lenteur des modifications de l'esprit public, le danger des conceptions métaphysiques et absolues dans les questions sociales, la nature relative de ces questions toujours subordonnées aux temps et aux lieux, la nécessité de s'attacher à ce qui comporte une solution prochaine, en un mot un ensemble de doctrines qui montrent qu'il est plus sûr et partant plus habile de se fier au mouvement spontané d'une société en le dirigeant, que de suivre des vues rationnelles, quelque plausibles qu'elles paraissent. Ces notions, qui émanent de la sociologie, ont peut-être fait impression sur quelques esprits et les ont aidés à se soumettre aux circonstances, pour tirer des circonstances un résultat qui satisfît à la situation.

Et l'avenir? L'avenir n'est à personne. Alors que la France était intacte et puissante, les craintes provenaient du dedans et de la révolution. Aujourd'hui que la France est faible et mutilée, ce dire se retourne avec non moins de vérité : le dedans est peu à craindre, le dehors l'est beaucoup. Je ne me lasse pas de rappeler cette situation, parce que les partis sont disposés à l'oublier. Au reste, la préoccupation extérieure n'est pas particulière à la France; elle est ressentie dans tout le continent. L'Allemagne songe à tant de Germains qu'elle n'a pu encore rassembler en son giron, la Russie aux Slaves disséminés dans l'Orient de l'Europe, l'Italie à des Italiens qui appartiennent à l'Autriche et à la France, et pour lesquels, disent les journaux autrichiens, mauvaises langues, elle fait la cour à l'Allemagne et à la Russie. Pour nous, c'est en vaincus que nous songeons au dehors et à ses complications. Aussi l'avènement de la république, qui aurait été un grave événement si la France avait gardé son intégrité et son prestige, a passé comme une mutation indifférente au milieu des nouveaux intérêts et des nouvelles ambitions. Tant mieux pour nous, et profitons-en.

Je ne me hasarderai pas à rien exprimer sur la crise orientale qui inquiète si vivement l'Europe (1). La paix nous étant particulièrement salutaire, nous souhaitons que cette crise se termine pacifiquement et nous y contribuerons autant qu'il est en nous, par le plus complet et le plus désintéressé bon vouloir; mais nous ne devons y risquer ni un sou ni un homme. Sans doute, si l'orage devait éclater, on ne saurait dire jusqu'où il porterait ses ravages. En attendant il est loin de nous; d'autres que nous sont impliqués dans les compétitions qui s'élèveraient, si l'on ouvrait de vive force et avant décès constaté la succession de l'empire turc; et nous devons toujours nous souvenir qu'avoir perdu deux provinces

---

(1) Il s'agit des menaces de la guerre qui ne tarda pas à éclater entre la Russie et la Turquie.

et cinq milliards est beaucoup trop, et que recommencer serait une ruine définitive et, comme celle de la Pologne, sans espoir.

Du dehors périlleux et incertain je reviens au dedans plus rassurant et dont la bonne tenue est capable de conjurer bien des périls extérieurs, je reviens à notre avenir. La première condition pour avoir un bon avenir est d'avoir un bon présent; et cette condition, la république la remplit suffisamment au gré du pays, qui en témoigne par les élections, par la sécurité de son travail, par le taux élevé de la fortune publique et par la puissance de son épargne.

La préparation de cet avenir comporte un travail négatif et un travail positif.

J'appelle travail négatif celui qui a pour but de s'opposer aux monarchies et au parti clérical. C'est une besogne, improductive sans doute, mais fort nécessaire pourtant.

Dans notre défense contre les monarchies, nous sommes secondés par une circonstance fortuite mais éminemment favorable : elles sont trois, ne s'accordant que pour attaquer la république, du reste se jalousant et se combattant avec acharnement ; car le triomphe de l'une serait le désespoir des autres. En cet état, il faudrait que la république commît de bien grosses fautes pour donner ouverture au succès de l'une des trois compétitions, succès qui serait une révolution ou légitimiste ou césarienne. Que dites-vous, gens qui travaillez, que dites-vous de la perspective d'une révolution en notre situation ?

La lutte avec le parti clérical est sérieuse, non seulement parce qu'il a pour lui le clergé, l'autorité pontificale et, grâce à une hiérarchie disciplinée, beaucoup d'argent qu'il obtient des fidèles, mais aussi parce qu'il est l'allié de tous les partis politiques qui cherchent à renverser la république, leur empruntant et leur donnant des forces. Je l'ai déjà dit et je le répète, il faut bien distinguer en France les catholiques et les cléricaux. Qu'y a-t-il qui établisse mieux cette distinction que le suffrage universel, qui, composé en majorité de catholiques, n'accorde qu'une infime minorité à ce parti si bruyant? Le suffrage universel est notre grand défenseur contre le parti clérical.

Aux catholiques comme aux autres citoyens, au grand nombre comme au petit nombre, le gouvernement doit la sécurité et la liberté de leurs croyances religieuses et de leurs opinions philosophiques. Cela va sans dire ; mais sur un corps puissant, salarié par l'État et animé de la plus violente hostilité contre l'esprit même et l'essence de nos institutions, il est besoin d'exercer une surveillance vigilante. La vigilance suffira ; car le cléricalisme, qui, dans ses entreprises contre la société moderne, a plusieurs côtés faibles, en a un qui l'est particulièrement : il fait des miracles. Le miracle est le signe manifeste de l'infériorité présente et future. Voyez plutôt. Pendant qu'à Lourdes et ailleurs pullulent les visions et les miraculés, à un autre bout du monde, à Médine, le fondateur de l'islamisme, Mahomet, est apparu en plein jour devant les yeux du gardien de son tombeau. Pour les cléricaux, le miracle de Médine ne vaut rien ; pour les musulmans, celui de Lourdes ne vaut pas mieux ; et, pour la raison moderne, les miracles des uns valent les miracles des autres.

Le travail positif, plus important et plus utile, est tracé pour longtemps.

Réorganiser les finances, l'armée et l'éducation, voilà la tâche du gouvernement et des chambres. Ce n'est pas l'œuvre d'un jour.

Les politiques, les publicistes, la presse ont à travailler sans limite, pour améliorer graduellement notre régime issu de tant de régimes différents ou contradictoires.

Quant à nous, disciples de la philosophie positive, notre rôle est tracé : insister sans relâche sur l'influence sociale de la science généralisée. C'est par elle qu'on peut le plus efficacement augmenter la puissance et les convictions de cet esprit moderne qui, aimant la tolérance, la justice et la liberté, se persuade de plus en plus qu'il faut demander à de tout autres sources que la théologie et la métaphysique, les forces qui secondent les sociétés dans leur évolution.

Voilà de la grande et utile besogne pour l'avenir immédiat de la république. La guerre seule empêcherait qu'on ne s'y consacrât et qu'on ne la menât à bien. Aussi la paix est à la fois le premier de nos biens et le premier de nos désirs.

DU PRINCIPE DE LA SÉPARATION
DE L'ÉGLISE ET DE L'ÉTAT (1)

[La séparation de l'Église et de l'État n'est point un principe ; c'est un fait d'opportunité selon les lieux et les temps.]

Le mot de principe a, par soi-même, une vertu, et il est bon de s'appuyer sur des principes ; mais il ne faut pas les prendre de confiance, surtout quand il s'agit de la sociologie et de la politique ; car c'est là, vu la complexité des phénomènes, qu'il est le plus facile d'admettre comme principes toute sorte de propositions qui n'ont qu'une valeur transitoire et relative.

Examinez le principe de la séparation de l'Eglise et de l'État, et vous verrez que ce n'en est pas un, au sens scientifique du mot.

Il suffit pour cela de rappeler l'histoire. Au moyen âge, la séparation de l'Église et de l'État n'existait point ; et c'était le principe contraire, si principe y a, qui prévalait. Par la foi, toutes les intelligences se soumettaient sans murmures à l'autorité spirituelle ; et la laïcité, pour me servir, par anticipation, de ce mot si moderne, subordonnait tous ses arrangements à la direction supérieure qui était donnée par la théologie.

Aux temps plus anciens, la confusion était encore plus complète ; et, dans les cités de Rome et de la Grèce, on ne distinguait pas le pouvoir spirituel du

(1) *Revue de la Philosophie positive*, numéro de janvier février 1877.

pouvoir temporel. On doit au christianisme d'avoir doté le moyen âge et l'Occident de cette distinction capitale en sociologie. Peu de services dans l'évolution de la civilisation commune égalent celui-là ; et c'est cette distinction qui permet aujourd'hui d'agiter la question de la séparation de l'Église et de l'État.

En effet le principe de la non-séparation, vrai un moment, s'est montré faux dans les moments suivants, à mesure que la théologie a subi plus de pertes sur le terrain scientifique.

La séparation de l'Église et de l'État, n'étant point un principe, demeure une mesure politique, toujours subordonnée aux circonstances de temps et de lieu. Plus avancée ici, elle l'est beaucoup moins ailleurs ; et chaque cas, c'est-à-dire chaque pays, comporte une solution différente. Les nécessités historiques et sociales ont forcé les hommes d'État et les assemblées législatives à s'accommoder de transactions ; et, dans ce domaine, le plus et le moins est largement pratiqué en Europe.

Ce que l'on entend le plus ordinairement par séparation de l'Église et de l'État, est une situation où aucun prêtre, de quelque culte qu'il soit, n'est payé par l'État, et où les intérêts de chaque Église ne sont affaire que des fidèles. De cette manière d'être religieuse on a un type complet aux États-Unis. Un pareil type n'est pas transportable en France ; les traditions et les habitudes s'y opposent ; et certainement aucune assemblée n'assumera la responsabilité d'une innovation très difficile au milieu de tant d'autres difficultés internes et externes qui nous environnent. Je n'ai pas besoin d'insister là-dessus.

Allons au fond des choses. Je laisse de côté certains protestants qui réclament la séparation et la liberté dans un intérêt religieux ; mais ceux qui, adversaires des idées théologiques, la demandent aussi, espèrent que la théologie en éprouvera une diminution. Eh bien, c'est là une illusion. Les États-Unis, que je viens de citer, en sont la meilleure preuve : l'Église et l'État y sont séparés, et pourtant l'esprit théologique y est plus puissant et plus dominateur qu'en France ; et, à tout prendre, je préfère, à cet égard, notre état social au leur.

C'est au progrès de la science et à l'agrandissement de l'esprit positif qu'il faut demander le changement intellectuel et moral que l'on poursuit. A mesure qu'il se fera des modifications en ce sens-là, il s'en fera aussi dans le sens de la séparation.

Ceci me mène directement à la crise ministérielle et au ministère de droite qui viennent de passer sur nous ; car, sous des formes politiques, la théologie y a joué un rôle.

Ç'a été une faute de n'avoir pas procuré au premier ministère républicain la plus longue durée possible (1) ; il importe d'accoutumer la France à la stabilité républicaine.

Ç'a été une faute de n'avoir pas supporté ce qui était supportable, et, par impatience de torts auxquels le temps remédiait, de s'être donné le tort d'inquiéter la situation par une crise.

Ç'a été une faute d'avoir risqué d'amener un ministère de droite ; avénement dont il ne pouvait sortir que des conflits pleins de dangers.

Ç'a été enfin une faute d'avoir ouvert la porte aux

---

(1) Il s'agit du ministère Dufauré produit par les élections républicaines pour la chambre des députés.

éventualités périlleuses en un moment où il faut tant nous garder que les flammèches de l'incendie oriental, s'il s'allume, ne soient poussées jusque chez nous.

J'en étais là et j'écrivais ces lignes, quand le bruit se répandit qu'un ministère de droite se préparait, avec une forte mixture bonapartiste. Rien n'était plus menaçant; toutes les possibilités mauvaises se dressaient à la fois : le conflit, la dissolution, une chambre ou irritée ou subjuguée, des troubles, des coups de violence, et finalement les Allemands venant mettre l'ordre chez des gens qui ne savent pas le garder.

Heureusement, le lendemain, les bonnes résolutions avaient prévalu, un ministère républicain arrivait au pouvoir, et un grand appaisement s'opérait. Ce ministère est une transaction qui, comme la plupart des transactions, est suffisante et qui conserve l'essentiel.

Le péril couru doit rendre prudent à l'égard du péril à venir. Le nouveau ministère, qu'il a été difficile de former, mérite que le parti républicain ait pour lui les plus grands ménagements. Sa position est difficile devant le Sénat souvent hostile ; il ne satisfera pas tout le monde ; il commettra des fautes ; qui n'en commet ? Mais qu'aucune diminution de sa solidité ne vienne de la majorité républicaine. Qu'en particulier on l'avertisse, on le conseille, on le gourmande, et qu'en public on le soutienne. C'est la loi de la situation.

Ce qui rend la prudence en nos circonstances une vertu de première nécessité, c'est que passer d'un ministère de gauche à un ministère de droite n'est pas du tout aller de whigs à torys ; c'est passer à une entreprise contre l'existence même de la république. Soyons assurés que, dans la lutte longue et acharnée qui nous attend, nos adversaires, qui dorénavant peuvent peu par eux-mêmes, pourraient beaucoup par nos fautes.

Il nous vient, de l'autre côté du Rhin, certains avertissements qui ne manquent pas de gravité. Les Allemands se disent inquiets de la prépondérance qu'ils attribuent chez nous au parti clérical, tout disposé, selon eux, à s'engager plus ou moins tôt dans une campagne contre l'Allemagne. Comme ils ont entamé ce qu'ils nomment triomphalement le *Kulturkampf* (1), c'est-à-dire le combat contre le catholicisme, ils craignent que le catholicisme, maître de la France, ne s'arme contre le *Kulturkampf*. Mais tout ceci, réel ou affecté, repose sur une fausse appréciation de notre état théologique. Quoi qu'ils soutiennent, la théologie a moins d'empire chez nous que chez eux. Ils n'ont point fait la révolution de 1789; et cette révolution nous a donné, à cet égard, l'avance sur les pays protestants.

Ce qui est vrai dans le cléricalisme qu'on nous impute, c'est que, depuis un certain intervalle de temps, la noblesse légitimiste et la haute bourgeoisie se sont jetées avec éclat dans le parti clérical. En revanche, les répugnances pour le cléricalisme ont crû considérablement parmi les classes populaires. Beaucoup de signes s'en font voir : je cite volontiers comme très frappant le refus que fait le suffrage universel de nommer des députés cléricaux. La compensation est donc suffisante et au delà. D'autant plus que cette dissidence théologique

(1) Le combat de la civilisation.

entre le petit nombre et le grand nombre est la cause pour laquelle les classes hautes, malgré la position et la richesse, ont perdu leur influence sur les classes populaires.

Pendant qu'on nous soupçonne véhémentement parmi le public allemand d'être capables, entre autres folies, d'une croisade en faveur du *Syllabus*, M. de Bismarck (et sa parole est, sans conteste, la parole de l'Allemagne) a dit : « Nous n'avons en Europe qu'un ennemi. » Si un commentaire était nécessaire, tous les journaux l'ont donné, et cet ennemi c'est la France. Une telle parole nous oblige à travailler sans relâche à la réorganisation de notre état militaire; et, à ce point de vue, changeons le moins qu'il est possible nos ministres de la guerre; car tout changement de ministre est un retard, et tout retard nous est dommageable.

Ce n'est pas seulement au point de vue de notre réorganisation militaire que le temps nous est nécessaire. Il nous l'est aussi pour laisser sortir des veines du corps social cette lie impériale qu'un régime démoralisateur y accumulait incessamment. Je disais, en 1870, avant les événements et en examinant à un point de vue autre que la politique le coup d'État de 1851 : « Les événements moraux ne laissent pas apercevoir tout de suite leurs conséquences, et il faut du temps et de l'espace pour les apprécier. Une violation de serment politique au plus haut degré de la hiérarchie est un événement moral; voyez-le donc dans l'espace et dans le temps. » Vu dans l'espace et dans le temps, celui-là a produit cette ruine morale d'un grand et puissant pays, ruine dont la suprême expression a été, dans l'ordre militaire, Sedan et Metz. Par cet échantillon, jugez du reste. Présentement, chaque année emporte un flot de cette lie par la mort, par la vieillesse, par tout ce qui renouvelle sous de meilleures influences une nation. Usons soigneusement de ce bénéfice inappréciable du temps.

La France est un pays anciennement monarchique, nouvellement républicain. L'atavisme est une force avec laquelle il faut compter aussi bien chez les nations que chez les familles. Le moyen essentiel pour le parti républicain de ne point réveiller les tendances assoupies et les antiques habitudes, c'est d'entretenir vigilamment l'esprit de stabilité, en se subordonnant patiemment aux circonstances. Avec cette considération et cette prudence, le reste lui sera donné par surérogation.

La France est un pays anciennement catholique, mais dans lequel la libre pensée a, de toutes parts, poussé d'innombrables racines. Toutefois la libre pensée, puissant agent négatif, ne suffit pas ; il y faut ajouter l'esprit positif. Celui-là ne peut s'affermir que par une éducation mise en conformité avec le monde tel que les hommes modernes le conçoivent. Dans cette œuvre, qui est ouverte à tous, la philosophie positive réclame une part considérable.

CHAPITRE VI

Tentative du 16 mai 1877, ou le maréchal de Mac-Mahon s'efforce de rendre le pouvoir a la coalition monarchique et cléricale

[En 1829, le roi Charles X, par un coup d'autorité royale, renvoya le ministère Martignac, qui avait la confiance de la chambre des députés, et appela le ministère Polignac, qui ne l'avait pas. De même, le maréchal de Mac-Mahon, par un coup d'autorité présidentielle, congédia le ministère Jules Simon, le remplaça par un ministère de Broglie, et bouleversa la politique. La similitude des événements remit alors de circonstance la douloureuse exclamation du *Journal des Débats*.]

MALHEUREUX ROI, MALHEUREUSE FRANCE (1)

Il y a quarante-neuf ans que ce cri fut poussé par le *Journal des Débats* à propos d'un coup d'autorité semblable à notre 16 mai. Jamais cri ne fut plus prophétique. Malheureux roi : le roi perdit sa couronne, partit en exil, et son petit-fils vit en pays étranger. Malheureuse France : sans parler des pertes multiples qu'infligea la révolution de Juillet comme font les événements de ce genre, on s'achemina vers la commotion de 1848, si désastreuse et si mal préparée qu'elle eut l'empire pour successeur; et l'empire amena le démembrement de la patrie.

(1) *Revue de la Philosophie positive*, numéro de septembre-octobre 1877.

Disons donc historiquement avec les *Débats* de ce temps : malheureux roi, malheureuse France ! Nous savons comment s'est terminé l'ancien coup d'autorité. L'histoire du second n'est pas encore complète ; il a, comme l'autre, dissous la chambre des députés, et, comme l'autre, il aura le retour des 221 (1). Là je m'arrête ; pour le moment tout est concentré dans le combat électoral qui s'apprête.

Ne nous laissons pas tenter à pousser la ressemblance trop loin. Sans parler de la différence des temps, des antécédents, de la situation tant intérieure qu'extérieure, une première dissemblance frappe le regard, c'est celle que présentent les deux grands personnages qui prirent sur eux d'intervenir dans le jeu jusque-là régulier de la politique. Le premier était un roi appartenant à la plus ancienne famille royale de l'Europe et dont les aïeux ont gouverné la France pendant près de mille ans. Il jetait le poids de son nom dans une entreprise douteuse (l'événement l'a bien prouvé) et politiquement détestable (car alors comme aujourd'hui il importait d'habituer la France à suivre sans coups violents son développement) ; mais enfin ce nom était celui de Bourbon, dont la majesté ne pouvait alors être contestée par personne. C'était un prestige.

Un pareil prestige manque à M. le maréchal de Mac-Mahon. Mais, à défaut, les grands services créent un prestige qui a aussi sa valeur et qui est capable de dominer les foules et de leur faire suivre en aveugles une direction donnée. Voyons donc si celui-là appartient à M. le maréchal de Mac-Mahon.

(1) Deux cent vingt et un députés, qui formaient la majorité dans la chambre, votèrent dès la présentation de l'adresse et avant toute discussion contre le ministère Polignac.

La suprême épreuve de tous les généraux de l'empire et en particulier de M. le maréchal de Mac-Mahon a été la campagne de 1870. Là, mis en face des généraux allemands, sur un étroit théâtre qui va seulement de la frontière à Sedan et à Metz, dans un espace de temps plus étroit encore puisqu'il comporte à peine un mois, qu'ont-ils montré? hélas! la plus incroyable, la plus inattendue infériorité à l'égard de leurs adversaires.

Dernièrement il a été question des lauriers de Reichsoffen. Les lauriers de Reichsoffen! L'histoire raconte que M. le duc de Berry, petit-fils de Louis XIV et frère du duc de Bourgogne, ne pouvait pas prendre sur lui de porter la parole en public; chargé un jour de dire quelques mots, il ne s'en tira pas; et, à son retour à Versailles, une dame qui l'attendait lui fit, malgré tous les signes, compliment de son éloquence. On n'a guère été moins mal inspiré en parlant de lauriers à propos de Reichsoffen. Non seulement M. le maréchal de Mac-Mahon a perdu cette bataille si importante, mais encore il ne put assurer à son armée une retraite. Ce fut une débandade, et ses braves, mais malheureuses troupes, ne commencèrent à se rallier qu'au delà des Vosges. C'est le pendant de l'histoire du général Benedeck à Sadowa : le général fut vaillant autant que possible ainsi que M. le maréchal de Mac-Mahon ; l'armée autrichienne se comporta admirablement ainsi que l'armée française, mais le chef ne fut pas capable de se mesurer avec ses adversaires. J'ignore comment M. le feld-maréchal Benedeck envisage les causes de sa défaite, et quelle part de responsabilité il s'attribue dans le désastre; mais personne n'a le mauvais goût de lui parler des lauriers de Sadowa.

Et Sedan ? je ne dirai rien des péripéties de cette déplorable journée où une bienheureuse blessure épargna à M. le maréchal de Mac-Mahon la poignante douleur de présider aux derniers moments de l'armée. Seulement, moi qui, sans espoir d'être entendu, disais au moment de l'expédition que notre unique armée devait être conservée comme la prunelle de l'œil, j'ai la volonté de le redire ici après l'événement. Celui qui aurait résisté aux ordres insensés des Tuileries et ramené à Paris l'armée de Châlons, comme le voulaient d'ailleurs l'empereur et son conseil, comme le voulait M. Thiers dans le sein du comité de défense, aurait rendu un suprême service à la France. Pour une pareille expédition, en présence d'un ennemi nombreux et habile, il n'aurait fallu rien de moins que la rapidité et la solidité des armées d'Austerlitz et d'Iéna. Et encore ! Avec l'armée de Châlons, le succès était le hasard d'un quine à la loterie ; on joua ce quine contre le salut de la France ; le maréchal de Mac-Mahon obéit et devint le chef de cette désastreuse expédition. Au lieu de cela, ramenez à Paris l'armée de Châlons forte de cent mille hommes, et voyez quelle ressource elle offrait, soit à la défense de Paris, soit à l'organisation des armées de la Loire. Le champ de bataille était tout autre ; mais le quine fut joué, perdu, et la France resta sans un soldat, sans un officier, sans une arme.

Voilà le côté militaire. Et la politique, qu'en dirai-je ? Inconnue du public, qui, depuis 1873, époque de l'élévation de M. le maréchal de Mac-Mahon à la présidence de la république, a pu s'y tromper plus d'une fois, elle est apparue soudainement dans l'acte du 16 mai et la lettre à M. Jules

Simon. Tous les suffrages lui ont été acquis aussitôt chez les bonapartistes, chez les légitimistes et chez les orléanistes. Mais une politique qui réunit indivis les suffrages de trois partis aussi discordants et tout prêts à entrer dans les plus violentes luttes quand il s'agira d'arriver à une solution, n'est vraiment pas une politique Tout le monde le sent, même ceux qui en profitent en ce moment pour s'assurer des positions au moment de l'échéance. Le suffrage universel n'est pas le dernier à s'en apercevoir.

Nul prestige ne s'attache donc à ce qui a été fait ou dit en 1870 et depuis; et, s'il en reste, comme cela doit être, une certaine part appartenant aux hautes dignités, il n'est aucun paysan, ouvrier ou bourgeois qui, sans outrecuidance, ne la soupèse au poids de sa différence d'opinion avec M. le maréchal de Mac-Mahon, et n'y trouve une insuffisante compensation en si grave matière.

Les partis monarchiques, qui ont pris à leur compte l'exploitation du 16 mai, considérons-les l'un après l'autre par rapport à la crise actuelle.

A tout seigneur tout honneur. Le premier rang appartient incontestablement au parti bonapartiste. Les bonapartistes ont mis impérieusement la main sur le gouvernement. Ils se sont adjugé la meilleure part du ministère, la meilleure part des préfectures, la meilleure part des sous-préfectures, la meilleure part des candidatures officielles. N'ayant pas oublié un mot qui fut fort répandu lorsqu'il s'agit du rétablissement du drapeau blanc : que les chassepots partiraient tout seuls, ils en usent avec audace contre les légitimistes. Du reste ils ne biaisent pas : obtenir une quatrième restauration de l'empire est leur objet ; ils comptent y parvenir en proposant au pays, soit légalement par une chambre où ils auraient la majorité, soit illégalement à l'aide d'un coup d'Etat, un plébiscite où il ne figurait qu'un nom, celui du prince impérial. Tout est précis chez eux, but et moyens.

Les légitimistes ont commencé par être dupes de leur puissant allié, sans en convenir ; aujourd'hui ils continuent à être dupes, mais ils en conviennent. Voilà la seule différence dans leur attitude. Et, en effet, quelle attitude prendraient-ils? J'ai beau le chercher, je ne puis le trouver. J'ai dit plus d'une fois et je le répète ici qu'entre la légitimité et l'empire, je préfère la légitimité (1). Mais cette disposition ne m'ouvre pas les yeux sur leurs plans et sur leurs chances. Comment comptent-ils remettre la France aux mains de M. le comte de Chambord ? je ne le vois pas. Par une chambre disposée à faire ce que la dernière assemblée nationale n'a pas fait? Nul ne peut nourrir un espoir aussi chimérique, et il y aura toujours assez de bonapartistes dans une chambre pour couper court aux desseins de ce genre. Par une résipiscence de la France, qui, lassée de ses agitations, chercherait le repos à l'ombre de la légitimité? Les bonapartistes ne s'inquiètent pas de ces chimères, et ils savent fort bien que, si l'on retourne à la monarchie, ce sera à leur monarchie. Ils sont en mesure d'exclure leurs deux autres compétiteurs. C'est ce dénuement en voies et moyens

---

(1) Tout récemment, dans un arrondissement de la Loire-Inférieure, les républicains ont voté pour les légitimistes, afin d'exclure les bonapartistes. Ils ont eu raison. Les légitimistes préfèrent les bonapartistes aux républicains ; nous, nous préférons les légitimistes aux détestables auteurs du démembrement de la France.

qui inflige aux légitimistes ce rôle de dupes gémissantes, curieux à considérer.

Les orléanistes, au 16 mai, ont saisi affectueusement la main des bonapartistes. Le vieil homme (c'est de moi que je parle) ne peut jamais se dépouiller complètement. J'avais pris la plus humble des parts à la révolution de 1830; j'étais devenu, avec la réflexion, reconnaissant à Louis-Philippe de sa fermeté à maintenir la paix européenne, et j'avais retenu dans ma mémoire le testament libéral du prince, le duc d'Orléans, qu'un accident déplorable enleva à ses destinées. J'avais donc de faciles accointances avec le parti orléaniste; mais, quand je l'ai vu ne pas craindre de s'allier avec les bonapartistes, mes anciens sentiments n'ont pu résister à une pareille épreuve, à laquelle l'alliance faite sous les auspices du 16 mai est venue mettre le comble. Les orléanistes et les bonapartistes ensemble! Soit; et, sous cette impression, je me prends à dire d'eux (non des bonapartistes) ce que Dante dit d'une certaine catégorie de gens qu'il rencontre dans son voyage: *Non ragioniam di lor, ma guarda e passa.*

Les trois coalisés monarchiques ont déclaré à diverses reprises qu'ils n'étaient pour rien dans le 16 mai, qu'ils ne l'avaient pas suggéré, qu'ils en profitaient le plus qu'ils pouvaient, et qu'à cela se bornait leur participation. Je ne fais aucune difficulté de le croire. Le coup part d'une influence beaucoup plus générale que n'est ou l'empire qu'on veut rétablir ou la légitimité qu'on veut restaurer. L'empire et la légitimité ne concernent que la France; le parti inspirateur vise l'Europe tout entière et particulièrement l'Italie, à laquelle il prétend bien arracher Rome et une séditieuse unité.

Pour cela il faut un point d'appui. La catholique Espagne elle-même ne risquerait ni un sou, ni un homme pour briser l'Italie ; l'Autriche pas davantage. Quant aux puissances non catholiques, l'Allemagne, l'Angleterre, la Russie, elles ne se croiseront certainement pas. Mais la France est vacante, du moins on le dit et on le croit; s'emparer d'elle en en chassant les républicains serait un coup de partie. Et le coup de partie est tenté. L'opinion ne s'y est pas trompée, et ce qui se faisait a été appelé populairement œuvre des curés. Je sais fort bien qu'à Bourges, M. le maréchal de Mac-Mahon a repoussé loin de lui toute pensée de pression religieuse ; et sa parole doit être crue. Je sais aussi qu'un des ministres actuels a bégayé 89 et ses conquêtes. Tout cela est vrai; mais il est vrai aussi que les partis monarchiques n'ont pas suggéré le 16 mai (ils le disent hautement), et qu'il a été annoncé par le parti clérical au dehors et au dedans avant que l'on soupçonnât seulement qu'un pareil péril menaçait la situation. Il est vrai encore que le radicalisme noir, qui était si patent et si bruyant peu auparavant, s'est tu à l'instant même et est devenu latent. Il prend patience ; car il lui suffit d'avoir en perspective la vacance provisoire de la France, pour espérer que le moment viendra où il pourra traiter le 89 du ministre et ses conquêtes aussi radicalement qu'il l'annonce tous les jours.

J'ai dit maintes fois en des occasions diverses que, depuis que la science positive a enlevé au surnaturel la direction de l'humanité, la morale laïque est supérieure à la morale cléricale et le devient chaque jour davantage. La crise actuelle offre une de ces occasions. Il n'est pas de violences que ne conseille le parti clérical ; il n'est pas d'insultes qu'il ne prodigue à ses adversaires. Il provoque les coups de force ; il appelle la violation des lois ; il frémit d'impatience devant les scrupules ; il s'indigne que la France ne soit pas déjà livrée aux tentatives périlleuses ; il pousse, il presse, il excite, et ce n'est pas sa faute si la tragédie n'a pas encore commencé. Voilà le spectacle de morale, de douceur, de patience, de charité que des prêtres donnent aux laïques ! Maintenant, prenons un groupe de laïques occupant dans leur milieu la même fonction que les ecclésiastiques occupent dans le leur, c'est-à-dire ayant charge d'âmes et distribuant la nourriture morale et intellectuelle, soit par une action directe d'enseignement, soit par la seule vertu de leur parole et de leur conduite. En est-il un seul qui voulût prendre ce rôle de boute-feux et d'incendiaires ? Ah ! leur main tremblerait, leur cœur se révolterait, leur responsabilité les écraserait, en lançant leurs compatriotes avec fureur dans des aventures dont la gravité et l'issue sont inconnues.

C'est du côté de cette moralité laïque que s'est placé M. le maréchal de Mac-Mahon quand, à Bourges, il a répudié toute intolérance religieuse. En revanche, lui et son gouvernement poussent aux dernières limites l'intolérance politique. Aucun quartier n'est fait à ceux qui ne pensent pas comme le 16 mai. Les services, la modération, l'honorabilité, la haute position, les titres les plus recommandables, rien ne met à l'abri. Frapper une élite n'a coûté ni une hésitation, ni un regret. Heureux hommes d'État ! Ils se sont donné la satisfaction de fouler aux pieds leurs adversaires ; mais ils ont singulièrement indigné tous ceux qui s'étaient fait un honneur d'aimer et de respecter les gens respectables. Dans nos difficultés politiques, depuis 1871, j'ai été constamment partisan des transactions, estimant qu'en un pays aussi divisé que le nôtre les transactions sont un procédé toujours utile et souvent nécessaire. Mais j'avoue qu'aujourd'hui mon système de conduite n'a pas de place. On nous a déclaré une guerre d'extermination ; et il faut bien que, nous aussi, nous allions jusqu'au bout.

Pendant que le gouvernement présidentiel déclare une guerre acharnée aux hommes considérables du pays, son acharnement n'est pas moindre contre les petits et les humbles. C'est un abatis universel, par toute la France, de vendeurs de journaux, de teneuses de kiosques, de colporteurs, de cabaretiers, de cafetiers. On n'enlève pas avec plus d'entrain à M. Feray, le puissant fabricant, la mairie d'Essonne, qu'à un pauvre diable ou à une pauvre diablesse son chétif gagne-pain. Dans une note haineuse à propos de la réunion qui se tint à Stors et où M. Thiers, M. Senard et beaucoup d'électeurs vinrent s'asseoir, un journal a remarqué que ces gens si riches n'avaient point invité à partager le luxe de leur table les modestes assistants qui appuyaient de leur présence la candidature républicaine, et il rappelait aux paysans et aux ouvriers que ces richards républicains étaient toujours des richards qui insultaient à la pauvreté. L'intention est d'une politique habile ; car quel succès, si l'on pouvait dans le parti républicain mettre aux prises les riches et les pauvres! Toutefois en ceci l'intention ne suffit pas. Aujourd'hui, le parti républicain se compose d'ouvriers qui sont dégoûtés des rois et que leur instinct démocratique attache à la république, de paysans éminemment conservateurs qui comprennent que la tranquillité, terriblement menacée par la compétition des trois monarchies, tient au maintien de la république, et d'une foule riche, active et puissante, gens de la classe moyenne, propriétaires, commerçants, industriels, qui se sont adonnés à la solution républicaine en voyant l'incapacité, l'impossibilité monarchiques. La raison, le patriotisme, l'instinct, la clairvoyance, forment de tout cela un faisceau que ne rompra pas l'argument tiré du luxe de Stors. Notre but est commun, l'affermissement de la république; voilà pourquoi notre union est assurée. Le but des coalisés est divergent entre trois monarchies; voilà pourquoi leur discorde est éclatante. Quand la république aura triomphé de ses ennemis, alors il sera temps de nous diviser en torys et en whigs; il n'y a aucun mal à se diviser en whigs et en torys; loin de là, il y a grand avantage.

Tout le monde a remarqué l'inégal traitement fait aux feuilles officieuses et aux feuilles républicaines. Celles-ci sont l'objet de poursuites incessantes; on ne leur passe rien; celles-là peuvent insulter la constitution et la république, en demander la suppression violente, conseiller les plus criminelles illégalités; elles se permettent tout et on leur permet tout. Cette partialité satisfait des passions, mais, j'espère, ne sert pas la cause des coalisés. L'iniquité plaît sans doute beaucoup à celui qui la pratique, pour son intérêt, mais déplaît beaucoup aussi à celui qui en est le témoin désintéressé. Or, ici, ce témoin désintéressé, c'est le suffrage universel; c'est lui à qui il faudra faire croire tout à l'heure qu'il est honnête d'avoir deux poids, deux mesures, et sage de tenir pour amis ceux qui demandent frénétiquement le renversement du régime existant et le champ ouvert à la bataille des trois monarchies. L'honnête homme déposant son bulletin de vote exprimera ses répugnances et son dégoût.

Tout d'abord, à la crise du 16 mai, les républicains ont pris pied dans la légalité. Ils n'en sortiront à aucun prix et par aucune provocation. La légalité est une grande force honnête et progressive. C'est à elle que sous George III, dont le règne fut si menaçant pour la liberté anglaise, la liberté anglaise dut son triomphe définitif. En 1871, j'entendais des personnes qui appartenaient aux partis monarchiques déclarer qu'il fallait absolument rompre avec la détestable habitude des coups de force partant d'en haut ou d'en bas, et que le salut de la France dépendait de cette rupture salutaire avec un mauvais passé. Je suis, en effet, convaincu que le salut de la France en dépend. Depuis, ces personnes parlent moins du danger des coups de force. A la bonne heure; mais nous, nous restons persuadés que la légalité est la sauvegarde puissante de la société française, et nous en appelons au suffrage universel, qui prononcera le verdict souverain.

Il me répugne de mentionner les coups de force; mais il le faut. Plusieurs des journaux officieux, de ceux qui ont particulièrement la faveur du gouvernement présidentiel, ne se lassent pas de conseiller la destruction de la constitution et de la république *per fas et nefas*. Ils ne sont pas poursuivis, ils ne sont pas même démentis. Leur officiosité ne permet pas qu'on les néglige; et, malgré toute répugnance et toute incrédulité, nous avons le devoir de déclarer ce que nous opposerions à leurs tentatives subversives. Ils ont parlé de l'état de siège et d'un coup semblable à celui-du 2 décembre. L'état de siège, nous le combattrions légalement comme il a été combattu en 1832, alors que la Cour de cassation infirmait le décret qui l'avait établi à Paris. Au coup d'État, nous nous opposerions par toutes les résistances légales : refus d'impôt, refus d'obéissance aux autorités illégales, recours à la loi Tréveneuc qui, en cas de danger, appelle les conseils généraux à prendre en main la cause de la constitution. Que dire, sinon que nous nous défendrons par la légalité, aux violents qui, sans être réprimandés et dans la pleine et imposante tranquillité du pays, nous menacent de leurs illégalités?

Mais, je le répète, je crois aux journaux officiels qui déclarent que la constitution sera respectée, et non à ceux des journaux officieux qui déclarent qu'elle sera violée. D'ailleurs un coup d'État en blanc, je veux dire dont le bénéficiaire (sera-ce le prince impérial, M. le comte de Chambord, un des princes d'Orléans?) est inconnu, serait un coup d'État manqué d'avance. Au deux-décembre, le bénéficiaire était parfaitement connu.

Au point de vue sociologique, le 16 mai est un de ces efforts occasionnels que le parti rétrograde tente contre l'évolution libérale et laïque des sociétés. Le parti clérical ne manque jamais de donner sa consécration à de telles tentatives. Toutes ces tentatives échouent, parce que les rétrogrades eux-mêmes sont imprégnés de principes modernes qui condamnent même leurs succès à l'incohérence. N'a-t-on pas vu le troisième empire entamer fortement le patrimoine de Saint-Pierre et préparer de ses mains l'unité de l'Italie, et, aujourd'hui même, ne voit-on pas la partie bonapartiste du ministère s'escrimer à telle fin que de raison contre le parti clérical? La restauration elle-même que serait-elle qu'un imbroglio malvenu, avec la légitimité d'une part, et de l'autre les principes modernes de vote d'impôt, de liberté de discussion et de tolérance? Quant au parti clérical, c'est autre chose ; il a son système qu'on peut exprimer en deux mots : la soumission de l'homme moderne au surnaturel. Mais toute l'évolution historique montre que l'homme moderne se dégage du surnaturel et n'y rentre jamais.

Résumons-nous. Légalité et obéissance au verdict souverain du suffrage universel, voilà notre mot d'ordre. Paysans, ouvriers, bourgeois, allons au scrutin pour secourir la république, que dis-je? pour secourir la France menacée de convulsions si l'on permet aux trois monarchies de s'en disputer la possession. « L'Angleterre espère que chaque homme fera son devoir », disait Nelson le jour de la bataille de Trafalgar. Disons comme lui : « La France espère qu'au jour des élections chaque citoyen fera son devoir. » Cette journée électorale comptera parmi les journées décisives de notre histoire.

LES DEUX ISSUES DE LA CRISE DU 16 MAI (1).

[Les deux issues sont le triomphe des républicains ou celui des coalisés monarchiques. Le triomphe des républicains, continuant et affermissant ce qui est, entretient l'ordre et la sécurité ; celui des coalisés, bouleversant ce qui est, n'a d'issue immédiate qu'un conflit acharné entre eux pour savoir à qui restera la proie poursuivie en commun.]

Dans une aventure téméraire où il s'agit du salut non pas seulement de la république, mais de la France, il faut que chacun paye de sa personne. Ceux qui ne peuvent agir doivent écrire. J'écris donc.

Je dis qu'il s'agit de la France même. Nous sommes des vaincus d'hier, sans frontières, avec une armée qui commence seulement à se réorganiser et en face de redoutables voisins. En cette situation, M. le maréchal de Mac-Mahon a jugé opportun de commencer, sans aucune exception même pour les plus modérés, une guerre à outrance contre le parti républicain, qui, en tous cas, est puissant par le nombre, par la fortune, par les lumières, par la position sociale. C'est un déchirement qu'il provoque spontanément, de son chef, et ce déchirement, je l'appelle un péril pour la France en l'état où nous sommes, en l'état où est l'Europe.

Le dilemme est posé. Ce sera la politique des républicains qui triomphera devant le suffrage universel, ou la politique de M. le maréchal de Mac-Mahon. Examinons l'une après l'autre les deux

---

(1) Le journal *le Temps*, 4 octobre 1877.

solutions de l'alternative où l'acte du 16 mai nous enferme.

Je commence par celle qui me paraît de beaucoup la plus probable, celle qui donnera la victoire à la saine et loyale interprétation de tout gouvernement parlementaire.

Parmi les assertions mal fondées dont fourmille le manifeste de M. le maréchal de Mac-Mahon, il en est une où il déclare que les élections faites selon sa volonté établiront pour un long terme la sécurité. Toutefois l'intérêt qu'il trouve à nous persuader qu'il en serait ainsi est vraiment très secondaire, car il termine son document, en nous affirmant hautainement que, si le suffrage universel vote contre sa politique, il ne tiendra aucun compte de la décision de la majorité. Aussi n'a-t-il que médiocrement cherché à démontrer sa douteuse thèse. Mais à nous, qui n'avons pas à notre service une fin de non-recevoir de ce genre, il importe, au suprême degré, de faire voir aux électeurs que ce qui est certain, c'est le contraire de l'assertion du manifeste, et que le triomphe de la politique des républicains est un gage de conservation, et le triomphe de la politique de M. le maréchal de Mac-Mahon un gage de malaise illimité et de solutions violentes.

Le suffrage universel, se prononçant en faveur des républicains, leur remettra pour une longue durée la possession d'un des trois grands pouvoirs de l'État. Ainsi établis dans cette forteresse, ils tiendront fermement tête aux partis monarchiques et au parti clérical; et, s'ils ne font pas tout le bien qui serait requis dans notre situation, ils empêcheront du moins tout le mal qu'on veut faire.

Indépendamment du mal de détail et de chaque

jour auquel ils s'opposeront, il y a le grand mal qui, s'ils n'étaient pas là, se produirait en 1880 lors de la revision de la Constitution et de la nomination d'un nouveau président. Toute revision qui conduirait à la monarchie, ils la feront avorter ; et quant à la présidence, ils se garderont de la confier à des mains dédaigneuses du suffrage universel.

On nous menace des élections sénatoriales de 1878, que le gouvernement actuel, demeurant au pouvoir, compte tourner au profit des monarchies et du cléricalisme. Soit; mais le hasard a fait que le renouvellement dont on parle porte en très grande majorité sur la droite; et, quand bien même nous n'obtiendrions aucun siège dans ce renouvellement, ce qui assurément ne sera pas, nous n'en resterions pas moins, avec la majorité prépondérante de la Chambre des députés et la nombreuse minorité du Sénat, maîtres du dernier nœud de la situation.

A chaque jour suffit sa peine; et aujourd'hui on ne peut, on ne doit s'occuper que d'élections. Je n'entre donc point dans l'examen du conflit que M. le président de la république se propose de soulever contre la future majorité républicaine de la Chambre des députés. Quand la crise du 16 mai en sera venue là, ce sera aux trois gauches de délibérer avec fermeté et prudence sur la conduite à tenir pour garder la position que le suffrage universel nous aura confiée, et pour déjouer les projets de tous ces amis de M. le maréchal de Mac-Mahon qui incessamment travaillent et annoncent qu'ils travailleront incessamment à la ruine de la république.

M. Thiers, qui a été un oracle si véridique sous l'empire et après l'empire, nous a dit que la France appartiendrait au plus sage et au plus modéré. Être sage, c'est se tenir scrupuleusement dans le calme et la légalité, sans se laisser entraîner à en sortir ni par les indignes provocations, ni par les mauvais exemples. Être modéré, c'est traiter les adversaires avec équité, de manière à leur montrer qu'on observe à leur égard le jeu loyal, le *fair play*, que les Anglais respectent toujours dans leurs luttes, mais que les réactionnaires français ne respectent jamais. Peut-être cela est-il moins habile qu'ils ne croient. En tout cas, le jeu loyal, le *fair play* a été violé sans scrupule par le gouvernement et l'administration de M. le maréchal de Mac-Mahon. Laissons les orgueilleuses tricheries s'étaler au grand jour, et tenter de réaliser le régime qui nous divise le plus ; mais soyons persuadés qu'avec le jeu loyal se réalisera le régime qui nous divise le moins.

M. le maréchal de Mac-Mahon nous flétrit du vilain mot de démagogie. C'est un langage peu courtois à l'égard de tant d'honnêtes paysans qui ont voté pour les 363 (1), de tant d'ouvriers laborieux qui en ont fait autant, de tant d'industriels considérables, de commerçants haut placés, de grands propriétaires, de lettrés et de savants renommés qui soutiennent le régime républicain ; mais c'est surtout un langage étrange dans la bouche d'un chef d'État, car, d'ordinaire, les hautes positions, quels que soient les sentiments personnels, inspirent une certaine impartialité. Heureusement, de gros mots ne sont pas de grosses raisons, et ils ne nous feront manquer ni à la modération qui est une force, ni à la convenance qui est la leçon des inconvenances.

Si la politique de M. le maréchal de Mac-Mahon

(1) Ce fut le nombre des députés fidèles à la république.

est condamnée par le suffrage universel, cela veut dire que cinq ou six millions de voix seront contre lui. C'est avoir une grande confiance en soi-même et en ses propres lumières que de traiter avec un altier dédain, et sans réserver aucune transaction, l'opinion de tant de citoyens, et de n'y voir qu'un cas d'aberration épidémique. Un seul homme peut avoir raison contre beaucoup, cela est vrai; mais cette grande confiance étonne dans le vaincu de Reichshoffen et de Sedan.

M. Gambetta, en prévision de la victoire électorale des républicains, a dit que M. le maréchal de Mac-Mahon aurait à se soumettre au verdict du suffrage universel, ou à se démettre ; il a un procès pour cela. Le manifeste pose autrement une alternative analogue : ou le suffrage universel se soumettra, ou l'on se passera de lui. Le conflit annoncé, il faut l'accepter, puisqu'on nous en menace d'un cœur si léger, et nous y résigner comme à un moindre mal; car le plus grand de tous serait la remise, entre les mains d'une majorité hostile à la république, du véritable rempart de la république.

Une majorité républicaine dans la Chambre des députés garantira la France contre ce qui est impliqué et latent dans l'acte du 16 mai. Elle réduira cette crise improvoquée, non pas à être inoffensive (elle a déjà fait bien du mal, et elle en fera encore), mais à ne pas compromettre les solutions définitives. Sans doute ce sera une situation laborieuse et imposant une forte et longue patience. Mais le succès qui couronnera ce labeur et cette patience est assez important pour rendre les républicains inébranlables dans leurs résolutions de rester sages jusqu'au bout.

Tout autre est l'avenir que nous ouvrirait la politique de M. le maréchal de Mac-Mahon, si un triste abandon de nous-mêmes permettait qu'elle l'emportât. Tandis que les perspectives, dans le cas de sa défaite, sont le maintien, aujourd'hui, demain et après 1881, de ce qui est, les perspectives de son triomphe sont l'assaut à ce qui est, assaut livré aujourd'hui, demain, et jusqu'en 1881.

Dès aujourd'hui, lors même que le renversement de la république serait ajourné à 1881, les monarchistes auront à prendre leurs positions pour l'échéance qui doit couronner M. de Chambord et exiler le prince impérial, ou couronner le prince impérial et exiler M. de Chambord. Ces positions de suprême importance seront disputées avec acharnement entre légitimistes et bonapartistes. Le macmahonat républicain, tel qu'il se produit en tête du manifeste, a un appui temporaire, mais aucun appui permanent ni parmi les légitimistes, ni parmi les bonapartistes, ni parmi les cléricaux. Tous sont décidés à en finir, à la première occasion favorable, avec la république, bonne ou mauvaise, macmahonienne ou autre. Depuis le 16 mai, M. le maréchal de Mac-Mahon est peu de chose sans eux (car quel ne serait pas son isolement ?) ; au lieu qu'eux sont beaucoup sans lui, car ils représentent qui la monarchie légitime, qui la monarchie césarienne, qui la monarchie cléricale.

Les monarchistes se sont saisis avidement de l'occasion qu'on leur offrait de combattre la république sous le couvert du gouvernement républicain. Entrés dans la place, ils la tiendront jusqu'au bout, si la politique de M. le maréchal de Mac-Mahon a le dessus. Cette politique mettra, sans beaucoup de retard, en conflit le roi Henri V et l'empereur Napoléon IV. Comme elle ne comporte pour son service que des légitimistes ou des bonapartistes (on le voit par toutes les nominations et par toutes les destitutions), ces princes se disputeront par leurs dévoués partisans la couronne de France, et, selon les péripéties d'une lutte à outrance, s'approcheront ou s'éloigneront du but de leurs efforts, jusqu'à ce que, par force ou par adresse, le roi l'emporte sur l'empereur, ou l'empereur sur le roi.

Un déchirement chronique ou aigu, voilà le résultat prochain du triomphe de la politique de M. le maréchal de Mac-Mahon ! Voilà ce qu'on nous propose comme garantie d'ordre, de paix et de concorde ! Ce n'est pas tout. A mon jugement et à mon regret, toutes les chances seraient pour que ce déchirement se terminât par le succès des bonapartistes et le rétablissement de l'empire. J'ai été témoin de 1814, de l'invasion, de l'occupation de Paris et du démembrement de la France. J'ai été témoin de 1815, de l'invasion, de l'occupation de Paris et du démembrement de la France. J'ai été témoin de 1870-1871, de l'invasion, de l'occupation de Paris et du démembrement de la France. C'est assez dans la vie d'un homme. Je ne veux pas être témoin d'une quatrième catastrophe bonapartiste ; et, pour finir une vieillesse si avancée, j'irai demander à la terre étrangère un asile qui ne me serait pas refusé.

J'ai omis, ou, pour parler plus exactement, je n'ai mentionné qu'en passant, parmi les plus chauds amis de la politique de M. le maréchal de Mac-Mahon et les plus chauds ennemis de la politique républicaine, le parti clérical, agent principal de la crise du 16 mai. Satisfait de ce qu'il a obtenu immédiatement, et encore plus de ce qu'il entrevoit pour un prochain avenir, il a mis la sourdine à sa bruyante polémique. Il s'est contenté de quelques broutilles, comme fermetures de loges maçonniques et interdictions de livres dans les gares de chemins de fer, bien sûr que la récompense de sa retenue, si ceci dure grâce à l'élection d'une chambre à majorité mac-mahonienne, viendra nécessairement à point. Aussi la connexité entre le gouvernement et les cléricaux a été, sans retard et sans hésitation, pressentie, reconnue dans les campagnes, où l'immixtion politique de ces gens d'Église est particulièrement redoutée, et c'est dans un milieu rural qu'est née la dénomination de ministère des curés.

Les cléricaux travaillent ardemment, persévéramment à transformer la France en un engin d'hostilité permanente contre les faits accomplis en Italie. Ce travail, sous une administration dont la politique de M. de Mac-Mahon les a faits une si importante partie, suffit pour inquiéter la paix. Rendre Rome au pape n'est pas une entreprise facile; en tout cas, ce n'est pas une entreprise rassurante pour notre sécurité extérieure. Il est fâcheux que la politique de M. de Mac-Mahon compte comme siens les cléricaux. Aucune dénégation officielle ou officieuse ne peut annuler le mauvais effet de cette intimité.

Le rappel de la liaison étroite entre le 16 mai et le parti clérical est, à soi seul, un résumé de la situation. Avec le triomphe de la politique de M. le maréchal de Mac-Mahon, insécurité au dedans, inquiétude au dehors; avec le triomphe de la politique républicaine, lutte légale qui n'implique ni menace ni déchirement, et qui s'achemine invariablement aux consolidations nécessaires. La république est conservatrice de la tranquillité intérieure et extérieure. Certes, cette conservation, même avec son attache républicaine, tient au cœur à M. le maréchal de Mac-Mahon ; mais, si nous ne doutons pas de ses intentions, nous ne doutons pas non plus de celles de ses amis et soutiens, légitimistes, bonapartistes et cléricaux. Là, les intentions sont au grand jour : faire disparaître la république, rétablir le roi ou l'empereur. Au prix de quels déchirements, nous ne le savons pas ; ils ne le savent pas non plus. Maintenant, que les électeurs jugent entre les deux politiques.

L'INTÉRÊT EUROPÉEN DANS NOTRE DERNIÈRE CRISE (1).

[L'Europe aurait vu non sans déplaisir et sans inquiétude la France devenir une citadelle du parti clérical. C'est pour cela qu'elle nous soutint de son appui moral dans la crise du 16 mai.]

La presse européenne, sans exception, s'est occupée, avec vivacité, quelquefois même avec passion, de la lutte soulevée par l'acte du 16 mai entre les républicains d'une part, et la coalition des bonapartistes, des légitimistes et des cléricaux d'autre part. Cette lutte a duré près de sept mois, qui nous

(1) *Revue de la Philosophie positive*, numéro de janvier-février 1878.

ont paru bien longs; et en aucun moment l'appui moral qu'on nous a donné de tous les points de l'Europe, n'a faibli. On a encouragé notre résistance, on a applaudi à nos sages et fermes efforts, on s'est effrayé, aux moments les plus critiques, des dangers que nous courions, on s'est irrité contre nos adversaires, et, quand le triomphe légal a enfin été obtenu, les félicitations ont éclaté de toutes parts.

Une telle et si grande manifestation, je ne prétends certes pas la faire valoir pour la France, comme si c'était un hommage rendu à sa puissance et à sa grandeur, comme si, au delà de ses frontières, on s'inquiétait de ses mouvements et de ses intentions, ainsi qu'on ferait pour l'Allemagne, la Russie ou l'Angleterre. Non, je n'ai, et il n'y a lieu d'avoir aucun sentiment de ce genre; et, à notre propos, la presse européenne a été émue par de tout autres considérations que celles qui émeuvent d'ordinaire la politique internationale.

Il serait puéril de se faire là-dessus la moindre illusion. La chute militaire de la France en 1870 a été trop profonde pour qu'il reste rien de l'ancien prestige. La force est ailleurs, le prestige aussi. Les malheureux Turcs, qui vont, ce semble, éprouver le même sort que nous, perdre leur Alsace et leur Lorraine et payer en territoire les cinq milliards qu'ils n'ont pas, ont du moins honoré leur défaite; ils ont prolongé la lutte pendant plusieurs mois, ils ont infligé aux Russes de sérieux échecs. Mais nous! nous du moins de la France impériale (car j'excepte le siège de Paris et les armées improvisées)! Du commencement d'août jusqu'à l'investissement de Metz et à la capitulation de Sedan, c'est-à-dire en trente jours à peu près, nous avons laissé prendre tout ce que nous avions de soldats avec leurs canons et leurs fusils; et, pendant qu'Osman-Pacha et sa petite armée tentaient courageusement de se frayer un passage à travers l'ennemi, M. le maréchal Bazaine rendait au général allemand ses 150 000 hommes sans un dernier et suprême effort que ses malheureuses troupes auraient embrassé avec tant de dévouement et de détermination. En trente jours 250 000 hommes pris! Quel prestige résisterait à de pareilles incapacités?

Je n'ai tenu à réveiller ces souvenirs, que pour montrer à quel point de vue j'envisage la participation de l'opinion européenne à notre crise individuelle.

S'il ne s'y était agi que de la restauration de M. le comte de Chambord ou de celle du prince impérial, il n'est pas probable que la presse européenne eût montré tant de souci et d'unanimité à notre égard. M. le comte de Chambord eût eu ses partisans; le prince impérial, les siens. Le retour de la légitimité n'aurait guère plu à l'Allemagne et à l'Italie; le retour de l'impérialisme n'eût pas excité des craintes de même genre, mais la paix en eût paru inquiétée. En tout cas, et les réserves que je viens d'indiquer étant posées, on n'aurait vu dans l'un ou l'autre de ces événements que des faits surtout intérieurs, et qui méritaient seulement d'être surveillés.

Mais, dès le premier moment, on fut persuadé en France et hors de France, qu'il s'agissait de plus qu'une restauration de l'un de ces deux princes, et que le parti clérical trempait dans l'entreprise. Je n'ignore pas les dénégations officielles qui furent opposées à cette opinion générale; toutefois une incrédulité obstinée les accueillit, incrédulité à laquelle rien dans la suite ne vint faire brèche. Le clergé français, qui est entièrement clérical, s'adonna avec un énergique dévouement à la cause du 16 mai ; la chaire, les prières publiques, les congrégations, les femmes, à qui l'on recommandait d'obtenir de leurs maris ou de leurs enfants d'être entre les mains de M. le maréchal de Mac-Mahon comme un fils est entre les mains de son père (je cite textuellement), tout fut mis au service des candidats que le ministère Fourtout-de Broglie patronait.

En même temps, hors de France, la presse cléricale européenne prit unanimement la même attitude. Pas plus que notre presse cléricale, elle ne s'effaroucha des professions de foi où l'on se déclarait champion des principes de 89. Nulle mauvaise humeur n'était témoignée, et tout se bornait à douter discrètement de l'efficacité de ces principes à sauver une société qui en était si grièvement malade. Ces symptômes ne furent pas perdus auprès du parti adverse : plus les cléricaux se montraient indulgents pour ces incartades ministérielles et ardents à soutenir sans relâche et sans réserve les candidats officiels, plus la conviction s'enfonçait dans l'esprit des masses que le parti clérical en savait plus qu'il n'en disait, en voulait plus qu'il n'en montrait, et conduisait bien plus qu'il n'était conduit. Cette conviction a pesé d'un poids considérable sur le suffrage universel et sur le verdict qu'il a rendu.

Pour bien comprendre l'importance de la campagne que ce parti a tentée, il faut se représenter exactement sa situation en Europe. L'Allemagne et l'Italie lui sont hostiles, l'une violemment, l'autre plus posément, mais toutes deux d'une manière déclarée. Il faut en dire autant de la Suisse. Parmi les États catholiques, l'Autriche et le Portugal lui imposent des freins qu'il voudrait secouer; l'Espagne, elle-même, ne lui laisse pas le champ suffisamment libre. Bien entendu, auprès des petits États protestants du Nord, il n'a aucun crédit. L'Angleterre et la Russie le voient sans colère, mais aussi sans faveur. Seule, la Belgique lui appartient; mais, évidemment, cela ne suffit pas.

Il lui fallait une autre citadelle, à la fois plus grande et dans une situation géographique plus offensive. A ces deux titres, la France lui convenait parfaitement. L'importance de la France, même déchue, est supérieure à celle de la Belgique ; puis elle occupe un versant des Alpes et possède une grande étendue de côtes qui sont en face de l'Italie. Toutes ces conditions sont excellentes pour troubler dans la possession de Rome un voisin qu'on n'aimerait pas.

Peut-être y a-t-il en ces projets une certaine part d'illusion. La France d'à présent n'est pas la France d'avant les revers que l'empire lui a infligés. On le voit bien quand on considère le jeu des graves événements qui se passent en Orient. Que la crise du 16 mai, longue et dure crise de bien des mois, ait porté une atteinte à son influence, je le veux ; mais il ne faut pas se méprendre : même sans cette crise, l'influence demeurait fort limitée. La France, telle que la paix de 1871 l'a faite, est déclassée ; elle n'est plus ni parmi les grandes puissances ni parmi les petites. On se rendra compte de cette singulière situation quand on se représentera qu'elle a perdu ses frontières, et que la puissance qui possède le plus formidable état militaire de l'Europe, a ses armées à peu de journées de Paris. Il est donc possible que le parti clérical, s'il s'était installé dans notre gouvernement, n'eût pas commencé les hostilités aussitôt que l'annonçait la presse cléricale belge ; mais il est patient, et, dans ce fort conquis par son habileté, il eût attendu que de graves complications eussent' éclaté en Europe, complications qu'il espère avec un vif désir, et dont il attend de grandes guerres et tout l'imprévu des grandes guerres.

On se demandera sans doute comment il se fait qu'il se soit cru plus en mesure de mettre la main sur la France que sur toute autre nation. Cela s'explique facilement par une particularité de notre classification politique. Chez nous, les nobles, les gentilshommes, une notable portion de la haute bourgeoisie, en un mot, les classes dirigeantes, appartiennent pleinement à la réaction, et, par elle, au cléricalisme. Il était dès lors permis d'espérer que, grâce à l'appui de ces classes, on aurait une voix prépondérante dans le gouvernement. Cet état mental des hautes classes est particulier à la France. Partout ailleurs, il s'en faut qu'elles travaillent en majorité à l'œuvre de la réaction. Ni en Allemagne, ni en Autriche, ni en Italie, elles ne jouent le même rôle que chez nous.

Dès lors, il s'agissait uniquement d'obtenir une chambre des députés telle qu'on la voulait, et l'on se mit énergiquement à l'œuvre. Chose singulière ! il est maintenant avéré que jamais, dans le cours des préparatifs électoraux, parmi nos adversaires, on ne douta du succès, tellement qu'aucun plan n'avait été formé à l'avance en prévision de la défaite. J'avais confiance que nous l'emporterions, mais j'étais loin de faire abstraction de l'hypothèse où le suffrage universel nous laisserait en minorité. Notre plan à nous était tout prêt en ce cas : nous acceptions notre rôle de minorité, et avec cette minorité nous empêchions alternativement les légitimistes de faire la royauté, et les bonapartistes de faire l'empire, démontrant ainsi que le succès de la coalition n'était pas une solution. La chose était évidente de soi avant expérience, si bien que le suffrage universel se refusa énergiquement à priver la république, qui était une solution, de son concours. Avant l'issue, ce qui m'effrayait, c'était la puissance d'une administration sans scrupule, qui n'épargnait rien pour réussir ; ce qui me rassurait, c'était ce que je voyais parmi les paysans de mon voisinage. Là, point d'hésitation : les uns étaient pour l'empire, les autres pour la république, et ceux-ci l'emportaient de beaucoup en nombre. Ni le préfet, ni le sous-préfet, ni les hauts bourgeois, n'avaient prise sur les résolutions ; tout se passait dans le milieu paysan. Je pensais et j'avais raison de penser que, dans la pluralité des lieux de France, il en allait un peu plus, un peu moins, comme chez nous.

Nos classes dirigeantes, affaiblies d'ailleurs par la défection d'une sage et généreuse minorité qui s'est rangée du côté de la république, ne dirigent plus grand'chose. Le suffrage universel le leur fit bien voir. Il faut que les paysans et les ouvriers interviennent pour que se forment des millions de voix ; eux seuls constituent de pareilles masses numériques. Ces masses sont en effet intervenues. L'intimidation, les promesses, l'abus de toutes les influences administratives, les persécutions grandes et petites, le spectacle des innombrables destitutions, les maires chassés, les conseils municipaux dissous, les illégalités de tout genre, les affiches blanches, les odieux mensonges d'un bulletin placardé sur les murs des communes, tout cela n'a pu empêcher le grand nombre de suivre sa voie.

Là s'est montré un des nœuds de la situation telle qu'elle était engagée. La réaction ne comprenait pas seulement les bonapartistes et les légitimistes. Elle comprenait aussi, par un sous-entendu qui ne faisait illusion ni aux amis, ni aux ennemis, le parti clérical. Il a donc été battu non moins que ses alliés; et il l'a été par ce qui fait le fond de la nation française. Et remarquez-le, ce fond est catholique, nul ne peut le nier, mais il n'est pas clérical. Il refuse, malgré évêques, curés et couvents, de suivre la papauté dans ses nouvelles décisions. Cette scission, en France, entre les masses catholiques qui votent contre le cléricalisme et le clergé clérical qui ne domine qu'une minorité, est un symptôme social bien digne d'être enregistré.

Je ne songe nullement à soutenir que le suffrage universel, le nombre en d'autres termes, soit un juge impeccable, et que toutes ses décisions portent le caractère de la sagesse et de l'opportunité. Pour ne pas entretenir une telle manière de voir, il me suffirait de me rappeler que ce même suffrage universel, le 10 décembre 1848, préféra, en une considérable majorité, le prince Louis Bonaparte au général Cavaignac. A la vérité, il ne prévoyait pas que le prince trahirait la république, ce dont bien des gens qui le nommèrent se souciaient peut-être alors assez peu, et finirait par trahir la France, ce dont aujourd'hui les masses se souviennent beaucoup. Le suffrage universel commet donc parfois des erreurs et des fautes. Mais, dans tous les pays libres, ce sont les majorités qui décident, et, dans les pays démocratiques, le suffrage universel. Le correctif est dans la liberté de discussion qui permet de plaider devant lui les causes perdues et de le faire changer d'avis. C'est ainsi qu'à la lumière des événements désastreux de 1870, le suffrage universel a changé d'avis au sujet des Bonapartes. Il faut donc que le parti clérical, qui comptait avoir triomphé avec le 16 mai et être débarrassé du soin de gagner le suffrage universel, recommence auprès de lui les prédications. Si le passé permet de prévoir l'avenir, ce sera en vain; les masses populaires, en France, tournent le dos au cléricalisme.

Les côtés généraux du 16 mai étant ainsi mis en lumière, on comprend comment, de tous les points de l'Europe, la presse vint à notre secours. Cette aide fut considérable, il serait fort injuste de ne pas l'estimer à sa valeur et de n'en pas être reconnaissant. Mais aussi, on doit nous remercier, nous Français, d'avoir, à force de fermeté et de sagesse, étouffé dans leur germe les complications que la prise de possession de notre pays par le cléricalisme aurait amenées.

La philosophie positive, qui, la première, a établi en axiome sociologique que le mouvement moderne d'évolution des sociétés diminue progressivement l'autorité intellectuelle et morale des conceptions théologiques, ne peut se désintéresser du spectacle des incidents actuels. L'opération de diminution ne s'est point arrêtée de nos jours; constatez les faits et remarquez que naguère encore l'Église subordonnait l'État en Italie, en Espagne, en Portugal, et qu'aujourd'hui cette prédominance n'y existe plus. Aussi a-t-elle resserré davantage les liens de son dogmatisme. Si nous remontons à quelques années en arrière, nous trouvons qu'elle n'excluait pas de son sein ce que l'on appelait alors le catholicisme libéral, et dont chez nous M. de Montalembert était le plus illustre représentant. Un grand changement s'est produit à cet égard; la papauté, devenue infaillible, a retranché d'une main résolue ce genre de libéralisme, et, dans un acte solennel, elle a condamné sans réserve tout ce que, sans réserve aussi, les sociétés modernes instituent comme leur garantie de bon gouvernement. Je n'ai pas le droit, étant en dehors de l'Église catholique, de blâmer ou d'approuver les résolutions qu'elle prend pour maintenir ou regagner sa prépondérance, et dont en définitive elle est le meilleur juge; mais je constate que ces résolutions ont été sans vertu devant notre suffrage universel, qui, par ses votes, a opposé réprobation à réprobation, autorité à autorité. Je me sers expressément du mot autorité; car en ceci, à la longue, les masses populaires donnent la loi. Ce sont elles qui firent le triomphe du christianisme et qui ont fait celui du protestantisme là où il a triomphé; ce sont elles qui aujourd'hui sont en voie d'instituer l'État laïque.

D'UNE
INFLUENCE DE LA PHILOSOPHIE POSITIVE
EN NOS AFFAIRES (1).

[Grâce à la prédication de la philosophie positive, la sociologie commence à être comptée pour quelque chose par l'opinion ; et la sociologie frappe de réprobation le système révolutionnaire qui se perpétuerait en France sans terme et sans raison.]

Le système de mesure et d'opportunité que notre république actuelle offre en spectacle à ses amis et à ses ennemis mérite d'être considéré avec attention. Il frappe tous les regards; et, dernièrement, le prince de Galles exprimant à M. Gambetta qu'il entendait faire bien des prédictions sur le peu de durée de notre sagesse, celui-ci répondait que nos malheurs et l'exemple même de la nation anglaise habituée à réaliser peu à peu tous les progrès avaient pour toujours modifié notre caractère et nos habitudes politiques. Le contraste est en effet manifeste avec nos antécédents. La mesure et l'opportunité étaient tenues en grand dédain; et l'on croyait n'avoir rien si l'on n'avait tout; sans compter que ce tout lui-même glissait entre les mains quand on croyait le saisir; car, de sa nature, il n'était pas le même pour l'ensemble de ceux qui cherchaient une réalisation. On se divisait au moment décisif et sur le point suprême, ce qui ne pouvait être autrement, tandis qu'il est toujours possible de créer un accord

(1) *Revue de la philosophie positive*, numéro de juillet-août 1878.

suffisant sur des objets tangibles, sur des tendances prochaines, sur des opportunités apparentes, le reste, l'ultérieur étant expressément réservé. Réserver l'ultérieur, ce qui implique la libre discussion, s'entendre sur les modifications que le présent comporte à fur et à mesure, est le véritable procédé politique pour assurer l'ordre et le progrès.

Ce changement dans *notre caractère et nos habitudes politiques* est un phénomène complexe dû à des causes très diverses, parmi lesquelles je compte les enseignements de la philosophie positive. La part de ces enseignements est petite sans doute, mais je la crois réelle, et il n'est pas sans intérêt pour la durée même de notre sagesse de montrer que, parmi les causes temporaires et contingentes, il en est de permanentes et de doctrinales qui travaillent à maintenir la direction.

La première impulsion vers la mesure et l'opportunité fut donnée par M. Thiers. Grâce à un sage empirisme politique, il conçut tout d'abord qu'il devait, en sa qualité de chef du pouvoir exécutif, satisfaire à deux nécessités : maintenir la république et la faire conservatrice. Les monarchistes ne voulaient pas entendre parler de république ; et à beaucoup de républicains il répugnait de devenir conservateurs. Cependant on marcha ; la paix se fit ; les énormes emprunts furent contractés ; le territoire fut délivré. A ce moment, les monarchistes, grâce à une faible majorité, renversèrent M. Thiers ; mais il était dès lors difficile de défaire ce qui était fait ; en tout cas on y échoua. Je ne sais quel membre de la droite qualifia M. Thiers de sinistre vieillard. Il est certain que son influence, son exemple et sa politique ont été particulièrement nuisibles au rétablissement d'une monarchie ; et, en ce sens, sinistre ne fut pas mal appliqué, mais c'était une singulière aberration d'accoler une pareille épithète au nom de celui qui avait tiré la France de l'abîme.

L'initiative de M. Thiers continua à tourner vers la république les hommes du centre gauche, qui appartenaient soit par leurs antécédents soit par leurs opinions à la monarchie. Cette accession fut très importante; elle rassura le pays contre les entraînements; mais elle imposa la nécessité des ménagements. Il fallut ne pas se brouiller avec ces nouveaux alliés, leur tenir compte de leur ferme adhésion à la république; et la politique devint nécessairement mitoyenne entre celle de la gauche et celle du centre gauche. Ce fut une leçon constante de prudence et de concession.

On était, dans l'Assemblée nationale, qui avait le pouvoir constituant, en présence d'une majorité monarchique, petite il est vrai, mais dangereuse à la république. On était perdu si l'on se désunissait. On ne se désunit pas. Les coalitions sont sujettes à se dissoudre, et la perspective même de leur succès n'est pas encourageante, parce qu'on ne sait comment il se transformera en succès positif. Il était donc essentiel que l'union de la gauche et du centre gauche ne fût pas une coalition, et qu'elle poursuivît non un but négatif mais un but manifeste et prochain, l'établissement d'une république qui fût à la fois celle des vieux et celle des nouveaux républicains, en un mot la république du pays. Cela se fit, mais non sans un esprit constant de prudence et de transaction.

La chute de M. Thiers en 1873 fut aussi une leçon de ne pas ébranler, sous prétexte de les avertir, les chefs qui remplissaient suffisamment leurs difficiles fonctions. Un député était à élire à Paris. L'un des candidats était M. de Rémusat, ami de M. Thiers et ministre des affaires étrangères. Il importait de donner une marque de confiance à M. Thiers en ce moment plus que jamais. Le parti radical ne le voulut pas et fit passer son candidat. Cet échec fut vivement ressenti. Les amis du gouvernement furent déconcertés par cette manifestation radicale de la grande ville ; les ennemis furent enhardis. Je ne veux pas dire que cet événement ait été la seule cause du 24 mai. On songeait depuis quelque temps à renverser à tout prix M. Thiers ; seulement on cherchait un moment favorable, un ébranlement qui facilitât quelques défections. Et quand on se rappelle que la majorité qui passa par-dessus le corps de M. Thiers pour tenter d'arriver à la monarchie fut petite, il est impossible de contester au triomphe radical une part dans le vote qui enleva des mains du réparateur de nos désastres la direction des affaires publiques. A peine le coup eut-il été porté par la coalition monarchique que les républicains reconnurent l'étendue de la perte qu'ils venaient de faire. Mais il en naquit une impression, c'est qu'il ne fallait pas recommencer, que la politique était, comme la guerre, une partie dangereuse à jouer, et que les caprices particuliers, même d'une grande ville, ne devaient pas prévaloir sur la discipline générale.

En 1871, à Bordeaux, je me rappelle que, dans les premiers jours de l'assemblée, des rassemblements se formèrent qui apostrophaient, à leur entrée dans la salle des séances, en les qualifiant de ruraux les députés monarchistes, qui alors formaient, à beaucoup près, la majorité. Cela était fort grave. Les paysans avaient voté généralement pour des hommes décidés à faire la paix, lesquels se trouvaient, pour la plupart, légitimistes ou orléanistes ; mais, si les campagnes persistaient dans leur vote, une fois la paix faite, la république n'avait guère d'avenir, et le suffrage universel aurait fini, malgré les grandes villes, par la mettre en minorité. Ce fut M. Thiers qui commença leur conversion. Les paysans, qui sont propriétaires en grand nombre, ont des tendances conservatrices. On leur montra une république qui ne contrarierait en rien ces tendances, tandis que la monarchie ne leur apparaissait que sous la forme d'une coalition à trois têtes, dont chacune se réservait de dévorer les deux autres. Les suffrages ruraux ne se refusèrent plus à la république ; mais, si une certaine politique les a gagnés, il est clair qu'une certaine politique les aliénerait.

Est-ce à dire que pour garder l'aile droite il faille perdre l'aile gauche ? Non, sans doute ; telle est l'heureuse propriété de la république actuelle qu'elle donne des garanties aux deux ailes. Sans doute il est de l'un et de l'autre côté des intransigeants qui ne se rallieront pas à elle ; car elle ne poussera jamais la conservation jusqu'à rétablir la monarchie, ni elle ne s'engagera jamais assez dans les conceptions radicales pour ébranler la confiance du maintien de l'ordre. Mais entre ces deux intransigeances est une latitude considérable qui, au fur et à mesure des exigences sociales et des mouvements de l'opinion, lui permettra de donner satisfaction aux deux tendances essentielles de toute société moderne, l'ordre et le progrès. Ainsi voilà une autre face des choses, et justement la face opposée, où la république doit faire droit aux transactions et aux opportunités ; car il n'y a pas seulement des opportunités conservatrices, il y en aussi de radicales. Les radicaux sont un grand parti, non seulement en France, mais en Angleterre, qui, pris ainsi dans son ensemble, n'affecte à l'égard de ses adversaires, ni ne trouve chez eux l'intransigeance.

L'Église catholique est, en France, dans une position particulière qui permet à la république tout à la fois de donner une complète satisfaction aux besoins religieux de la population et de réprimer, avec une juste sévérité, les excès auxquels la hiérarchie catholique est sujette à se laisser entraîner. Le catholicisme comprend la grande majorité du peuple français ; et cette majorité, à son tour, se partage en catholiques proprement dits et en cléricaux. Non que les cléricaux ne soient pas catholiques, mais ces deux fractions de notre catholicisme se divisent sur la politique. Les catholiques proprement dits, formant le gros du suffrage universel, votent pour la république, assurent son triomphe sur la monarchie, ne demandent pas mieux que de vivre en paix avec l'Italie, même l'Italie maîtresse de Rome, et sont acquis en pleine connaissance et en pleine affection à toutes les conquêtes de la révolution sur le clergé, sur la noblesse et sur la royauté légitime. Les cléricaux, au contraire, sont animés d'une passion furieuse contre la république ; dès qu'ils voient poindre un 24 mai ou un 16 mai qui leur promettent une monarchie quelconque, impériale ou royale, ils s'y portent en auxiliaires ardents. Leurs mandements, leurs prônes, leurs journaux éclatent, comme par une seule bouche, en anathèmes, en paroles de haine, en conseils de violence ; et eux aussi, pour me servir d'une expression célèbre, ils *écrasent l'infâme*. La république est placée au-dessus de ces fureurs ; aux catholiques proprement dits elle doit et elle donne la pleine sécurité de la conscience religieuse ; à la turbulente hiérarchie ecclésiastique elle impose sans colère, mais avec fermeté, la subordination devant le droit commun, qui est ce que cette hiérarchie déteste le plus.

Les Lacédémoniens montraient un ilote ivre à leurs jeunes gens pour les dégoûter de l'ivresse. Un pareil effet de repoussoir a été produit sur le gros de la France par la commune de Paris, en 1871. Le spectacle de cette insurrection effrénée, alors qu'il fallait le moins s'insurger, montra les coups de violence sous leur plus mauvais jour, froissa l'universel besoin de la paix, et, sorte de morale en action, signala par un terrible exemple ce qu'il fallait ne plus faire.

Les Allemands occupaient toute la rive droite de la Seine, quand Paris, se soulevant, déclara la guerre à Versailles. Plus tard ils s'éloignèrent et quittèrent complètement notre territoire. Mais, même quand ils furent de l'autre côté de la frontière, on les voyait voisins et menaçants. Les sourds périls sont des conseillers de prudence, non pour tous, nous le savons de reste, mais pour beaucoup. Beaucoup veut dire ici surtout le parti républicain.

J'ai tout énuméré, tâchant de ne rien oublier. Sans doute, l'empirisme, à lui seul, a pu diriger la conduite des chefs républicains dans les conjonctures que nous traversons ; mais l'empirisme lui-même n'est point insensible à l'influence des notions qui prennent définitivement rang dans le savoir positif. Bien des points sont contestés en la philosophie que M. Comte a fondée ; mais ce qui ne l'est plus, c'est qu'il existe une sociologie, autrement dit une science des sociétés considérées comme un phénomène naturel, et soumises à des lois régulières dans leur existence et leur évolution. Il est curieux de voir la sociologie, qui est une partie du tout philosophique, prendre les devants sur ce tout; ainsi le veut sans doute une moindre complexité relative. Quoi qu'il en soit, il n'est pas indifférent que la notion de bornes à l'arbitraire, aux passions politiques, aux conceptions rationnelles, à l'utopie pénètre en un certain nombre d'esprits avancés, et qu'au contraire la notion inverse, celle des opportunités, devienne une conseillère habituelle. On s'étudie à être ménager des transitions, quand on sait que, sociologiquement, il est à la fois impossible de ramener une société trop en arrière, et de la porter trop en avant. Les réacteurs échouent dans le premier cas, témoin Napoléon Ier ; les progressistes échouent dans le second, témoin Joseph II.

Il s'est trouvé que les principales conditions qui ont donné à la république son caractère de ménagement et de prudence, tout en gardant les ouvertures nécessaires vers la liberté et le développement, ont été d'accord avec les conseils dictés par la sociologie. Il ne faut pas violenter le présent, si l'on veut qu'il se prête à l'établissement d'un ordre progressif; et le présent n'a pas été violenté.

Dans le cours des pénibles années que nous venons de traverser, je n'ai pas manqué de prendre souvent la plume et de retracer les nécessités sociologiques de notre situation. Notre passé pèse de tout son poids sur notre présent. Notre monarchisme est, à la vérité, usé par les révolutions ; mais il n'en demeure pas moins un en-cas menaçant pour toutes les fausses manœuvres de la république. Notre républicanisme est de trop fraîche date et a été trop interrompu par les retours offensifs de la monarchie pour n'avoir pas besoin, avant tout, de faire preuve de stabilité. Maintenir en république une nation anciennement monarchique, voilà le problème. On le résout dès à présent et on continuera à le résoudre en laissant aux intérêts leur sécurité, aux opinions leur liberté.

Ma plume a donc agi dans le même sens que les événements eux-mêmes. Mon âge, mon républicanisme d'ancienne date, mon crédit scientifique et moral l'ont appuyée. C'est ainsi que la philosophie positive est intervenue dans la situation, apportant son modeste appoint à l'esprit général qui anime la république actuelle.

LA PAIX PROBABLE (1)

[La paix probable, c'est l'arrangement provisoire qui prolonge l'existence de l'empire turc. Ce sera plus qu'une prolongation, si cet empire est capable de renouveler son vieux mode d'existence ; mais ce ne sera qu'une prolongation, si l'esprit de réforme n'entre pas de façon ou d'autre en ses veines.]

Les angoisses ont été grandes en Europe. A un certain moment tout paraissait fini ; le Turc était

(1) *Revue de la philosophie positive*, numéro de juillet-août 1878.

abattu ; l'armée russe campait aux portes de Constantinople, et des préliminaires de paix se signaient entre les belligérants. Mais tout à coup, secouant sa longue apathie, le gouvernement anglais déclara qu'il n'acceptait pas le traité, envoya sa flotte dans la mer de Marmara, mit ses troupes d'Europe sur le pied de guerre, appela des divisions de l'armée indienne, et se montra prêt à soutenir sa politique par la force des armes. Qu'allait-il advenir? Les deux formidables puissances se heurteraient-elles? Le conflit demeurerait-il confiné entre elles? ou bien, dépassant les limites de l'empire turc, amènerait-il des complications sur le continent? Qui alors pourrait se flatter d'être à l'abri des dangers et des contre-coups? Et, sans parler de ces éventualités, quelle malfaisance un choc pareil n'aurait-il pas même pour les plus neutres! Quelle perturbation dans le commerce et l'industrie! Ces sombres prévisions s'éclaircissent, et on a lieu d'espérer que la paix sera rétablie. Je me rappelle quelle joie j'éprouvai en juillet 1870, quand j'appris que le roi de Prusse avait obtenu le désistement du prince de Hohenzollern, ce qui était la paix, et quelle fut l'angoisse de mon chagrin le soir de ce même jour, alors que cette paix si nécessaire fut foulée aux pieds par une camarilla téméraire et un empereur incapable. Le congrès de Berlin sera plus sage, et nous épargnera, on l'espère en Europe, une aussi cruelle surprise.

Dans la politique, comme dans la vie des individus, il n'est qu'heur et malheur. Si M. Gladstone était resté premier ministre d'Angleterre jusqu'en 1878, le traité russe de San-Stefano passait sans difficulté aucune ; et aujourd'hui les clauses qui sont les plus favorables à la Russie et les plus funestes à l'empire turc seraient en voie d'exécution. L'Angleterre, qui, cela se voit maintenant, était capable, à elle seule, de le mettre en échec, n'aurait élevé aucune objection, s'isolant de tout intérêt européen ou asiatique, laissant la Russie régler à son gré le sort de la Turquie, le régime des détroits, et abandonnant à leur sort les traités qu'elle avait signés. L'Allemagne, dont le veto eût été aussi efficace que celui de l'Angleterre, avait des liens trop étroits avec la cour de Saint-Pétersbourg pour le prononcer. Sans doute, l'Autriche aurait ressenti profondément les dangers qu'elle courait par la prépondérance russe; mais qu'eût-elle pu faire sinon se résigner, quand l'Angleterre et l'Allemagne l'abandonnaient? L'Italie suit l'Allemagne, et la France n'a rien à dire quand ce n'est pas de paix européenne qu'il s'agit. C'est ainsi que le revirement d'opinion qui ôta le pouvoir au ministère Gladstone a changé le cours des événements en Orient et l'issue apparente de la guerre turco-russe.

Il y a maintenant un peu plus de vingt ans que la guerre est rentrée dans les habitudes européennes. C'est un grand malheur. De la chute du premier empire à l'avènement du second on avait eu un intervalle de trente-cinq ans de paix. Mais à peine Louis Bonaparte eut-il conquis un trône par un parjure et de sanglantes violences que l'ère pacifique disparut. Nous eûmes la guerre de Crimée. Puis le gouvernement français déclara la guerre à l'Autriche, de concert avec le Piémont, qui est devenu l'Italie. La Prusse suivit l'exemple qui lui était donné, et par la victoire de Sadowa se débarrassa de l'Autriche en Allemagne. Quatre ans après, le gouvernement français, cherchant la revanche de ses sottises diplomatiques, ne trouva que sa propre ruine et celle de la France. Avec ces précédents, la Russie n'a pas hésité, l'année dernière, à entrer en campagne contre la Turquie ; et, aujourd'hui même, l'Angleterre est prête à tirer l'épée si on ne lui donne pas satisfaction sur les dangers qui menacent ses intérêts. Cinq grandes guerres en moins de vingt-cinq ans ; cela fait une guerre par cinq années. Si la mauvaise destinée de l'Europe voulait que les intervalles se rapprochassent encore davantage, nous tomberions dans une période aussi détestable que fut celle de Napoléon Ier.

Pourtant, ne médisons point de notre époque outre mesure. Comparons en effet. Après les prodigieux succès de 1870, qui dépassent ceux d'Iéna, M. de Bismarck, s'il eût eu le *génie* (je souligne) de Napoléon Ier, aurait, en 1872, attaqué l'empire d'Autriche, lui enlevant ses provinces allemandes, qu'il aurait incorporées à l'Allemagne. En 1874, il se serait tourné vers la Hollande et en aurait fait un royaume avec un de ses frères pour roi, non sans se réserver de chasser ce frère un jour ou l'autre, et de faire de ce petit, mais noble pays, une annexe de l'Allemagne. Un peu plus tard, le Portugal étant trop loin, il aurait envoyé un Junot quelconque avec une armée en Danemarck, et mis dans le *Moniteur* que la dynastie danoise avait cessé de régner. Ne s'arrêtant pas pour si peu et considérant d'un œil de convoitise le débat entre le pape et le roi d'Italie, il aurait, sous prétexte de les concilier, attiré l'un et l'autre à Laybach, saisi le pape et le roi, envoyé l'un captif à Spandau, l'autre en un Valençay d'Allemagne, et mis la main sur le royaume d'Italie pour un autre de ses frères, toujours disponibles. Puis, si les Italiens mécontents de ce procédé sommaire s'étaient soulevés contre l'envahisseur, il aurait livré leur pays pendant six ans au pillage et à l'incendie. Mais quoi ! rien ne remplit, dit La Fontaine, les vastes appétits d'un faiseur de conquêtes. Pendant qu'il aurait guerroyé sans succès contre les Italiens, soutenus par les Anglais (car notons que tout cela n'est qu'épisodes de la guerre continue contre l'Angleterre), il serait allé avec des centaines de mille hommes s'enfoncer dans les profondeurs de la Russie. Et finalement..... finalement on l'aurait mis à l'île d'Elbe d'abord, à Sainte-Hélène ensuite.

M. de Bismark, bien que peut-être en 1875 quelque vision de ce genre ait passé devant son esprit en nous causant de bien vives inquiétudes, n'a fait aucune de ces belles choses. L'Europe n'a pas été troublée par les éclats d'une odieuse et frénétique ambition, et c'est d'un autre côté qu'est venue la prise d'armes.

Le congrès de Berlin est réuni et s'occupe sérieusement d'un arrangement. Comme il prend pour base des négociations à intervenir le traité de Paris, il est certain que l'empire turc sera maintenu en Europe. A quelles conditions, avec quelles restrictions, là est le litige, dans lequel je n'ai aucune qualité pour entrer ; des sympathies ne suffisent pas pour indiquer des solutions acceptables. Mais je me tourne vers un terrain qui m'est davantage accessible, celui de la sociologie. Elle est à consulter sur les combinaisons qui vont sortir du présent congrès, combinaisons nécessairement provisoires ; car tout dépendra de la manière dont useront du répit procuré aussi bien l'empire turc que les divers christianismes dont il est mélangé.

C'était au quinzième siècle qu'il fallait empêcher l'implantation des Ottomans dans les pays situés du côté européen du Bosphore. On ne le fit pas. Jamais croisade n'aurait été plus légitime et plus salutaire que celle qui aurait eu pour but de sauver Constantinople. Malheureusement, les Grecs étaient schismatiques; à la vérité, dans leur détresse, les infortunés essayèrent de s'affubler du manteau de l'orthodoxie; mais, si les princes font quelquefois de pareilles concessions, les peuples n'en font pas, et la politique ne prévaut pas sur leur foi. Le populaire grec demeura schismatique; et l'Occident catholique laissa périr des schismatiques invétérés. Toutefois, la marche des événements subséquents ne permit pas que le catholicisme orthodoxe gagnât rien au malheur de son rival. La chrétienté, considérée en bloc, fut dépouillée d'une grande cité renommée dans l'histoire et de territoires importants; mais le schisme n'en éprouva aucun dommage essentiel, et ses pertes sur le Bosphore furent compensées, et au delà, quand Moscou, Saint-Pétersbourg et l'empire des tzars, aussi schismatiques que les Grecs, parurent sur la scène européenne.

Conduits par leur impulsion victorieuse, les Ottomans pénétrèrent fort avant dans l'Europe orientale. Ils épouvantèrent la chrétienté, et mirent deux fois le siège devant Vienne. Ce fut le terme de leurs progrès. Depuis, tout a été revers, diminution et décadence. Non seulement ils n'ont plus fait de nouvelles conquêtes, mais encore plusieurs des provinces qu'ils avaient acquises par les armes et où ils s'étaient établis en plus ou moins grand nombre, leur furent enlevées, tantôt pour aller se fondre avec les empires voisins, tantôt pour se constituer en principautés indépendantes ou vassales. Ce démembrement successif en est venu au point que Stamboul n'est pas en sûreté contre une résurrection de Constantinople, et que des politiques décisifs ont agité la question de l'expulsion totale des Turcs hors des terres européennes.

Cette question, le congrès de Berlin ne l'agitera pas, et les Turcs ont encore quelque temps devant eux. C'est de l'emploi de ce délai que dépendra leur sort futur, à savoir : s'ils se maintiendront en possession, ou si les petites nationalités chrétiennes qui vivent avec eux les supplanteront. Quelle est en effet la cause de cette série obstinée de revers? On doit certainement mettre en ligne de compte la malechance d'avoir pour voisine la puissante Russie, qui a continuellement tendu à s'agrandir de leur côté et à leurs dépens. Pourtant la cause essentielle, permanente, est dans leur infériorité croissante à l'égard de l'Europe, qui perfectionne tous les jours son savoir théorique, et, à l'aide de ce savoir, son industrie, sa richesse, son administration et son état social. C'est la reproduction, sous une autre forme et à un échelon plus élevé, de la lutte inégale des peuplades sauvages contre les Européens en Amérique et en Polynésie. Le plus civilisé, même sans le vouloir, exerce une influence destructive sur le moins civilisé; notez cela qui est une notion capitale en sociologie. Ce qui ajoute au danger, pour la Turquie, de cette infériorité relative, c'est que les populations chrétiennes qui sont soumises à son sceptre ou qui viennent de s'en affranchir puisent à pleines mains dans le trésor du savoir européen. Grecs, Bulgares,

Roumains, Serbes, tous s'efforcent de s'approprier les enseignements de la grande école ouverte à tout le monde. Ils persisteront dans la voie où ils sont engagés, nul ne peut en douter ; et, si les Turcs leur laissent prendre de l'avance, la domination ottomane se dissipera sans remède et sans retour.

J'en reviens à mon dire : les Turcs ont un délai. Le gaspiller, comme tous les délais précédents, serait dangereux pour la puissance ottomane. Elle continuerait à languir, à s'amoindrir, à se détériorer à côté d'ennemis intimes qui ne languissent, ni ne s'amoindrissent, ni ne se détériorent. Les hommes d'État ottomans doivent se persuader désormais qu'il n'est de salut pour leur pays que dans la détermination d'abandonner les anciens moyens de gouvernement qui ne valent plus rien, pas plus que ne vaudrait l'arquebuse à mèche contre le fusil à tir rapide, de chercher dans le savoir européen ce qui est immédiatement applicable à la Turquie, et d'assurer fermement cette politique à longue portée contre les retours offensifs du despotisme, du fanatisme et de la routine. Cela fait, rien ne pourra empêcher les Turcs de subsister ; cela négligé, rien ne pourra empêcher qu'ils ne soient évincés.

Mais, dira-t-on, et cette objection a été, de notre temps, articulée plus d'une fois, ils sont, de race, incapables de recevoir la civilisation européenne ; là est un obstacle anthropologique que personne ne surmontera. La sociologie n'admet pas cette fin de non-recevoir. Les Turcs se sont approprié la civilisation des Arabes, qui jeta un vif éclat durant le moyen âge. Pourquoi ne seraient-ils pas capables d'une éducation plus haute et d'une civilisation plus avancée ? L'épreuve répondra. Toutes les populations arriérées qui appartiennent à des races très diverses, Turcs, Arabes, Persans, Indiens, Tartares, Chinois, Japonais, sont présentement soumises à une influence déterminée qui ne s'était encore jamais présentée avec cette universalité. Le savoir européen les aborde par bien des côtés, s'infiltre peu à peu, et y sollicite des modifications graduelles, mais considérables. C'est une immense expérience qui commence sous nos yeux. Une première impression est déjà faite; d'autres suivront immanquablement. La sociologie n'hésite pas à déclarer que le savoir européen demeurera vainqueur, et qu'il finira, quelles que soient les races et les nationalités, par introduire chez elles les éléments qui lui sont propres, c'est-à-dire qu'il pourra, ce que n'ont pu les religions les plus universalistes, établir des modes de penser universels, qui auront d'importantes conséquences pour l'harmonie future des peuples entre eux.

Ceci, qui est déjà besogne entamée, sera aussi besogne lointaine. Pour le moment, il s'agit de pacifier l'Orient le moins mal qu'il est possible. La France, signataire du traité de Paris, avait le droit et le devoir d'assister au congrès de Berlin. Elle sera du côté de la paix, du respect des traités, de l'intérêt européen. Les déclarations de notre ministre des affaires étrangères ne laissent sur notre politique aucun nuage; et cette politique, qui a eu la ratification de la chambre, est ratifiée aussi par le pays tout entier, qui ne veut d'expansion au dehors que celle qui lui offerte dans les conjonctures actuelles.

Sa tâche est essentiellement intérieure. Trois grands objets que je ne cesse de signaler dans cette Revue l'occupent à cette heure et l'occuperont encore longtemps : rétablir ses finances (sans argent on ne fait rien), réorganiser son armée (sans une nombreuse et bonne armée point de sécurité aujourd'hui), et promouvoir l'éducation (sans éducation une démocratie est à la merci tantôt des ambitieux, tantôt des instincts aveugles). Pour ces trois choses il faut la paix et une longue paix. La paix ne dépend pas uniquement de nous ; mais, en tout ce qui dépend de nous, aucune atteinte n'y sera portée. On nous a dit assez rudement qu'il ne fallait pas nous laisser prendre à quelques paroles aimables de princes, ni, là-dessus, nous mettre en quête d'alliances. Nous pourrions, sans difficulté, retourner le compliment, et dire que peut-être ces paroles aimables étaient des avances en vue d'éventualités plus ou moins possibles. Mais non, laissons aux choses leur caractère ; ces paroles ont été aimables et désintéressées ; et c'est avec un désintéressement complet que cette marque de courtoisie et d'amitié nous a sensiblement touchés.

J'ai dit dans le cours de cet article que la décadence continue qui affectait les Ottomans tenait à leur infériorité dans toutes les branches du savoir et de la civilisation. Eh bien ! nous aussi nous sommes en amoindrissement continu et victimes de démembrements successifs ; pourtant aucune infériorité du genre de celles qui frappent les Turcs, ne nous atteint. Nous sommes en un rang excellent pour la science, pour les lettres, pour les arts, pour l'industrie, pour la richesse ; ce qui n'empêche pas que, dans la lutte pour l'existence entre les nations, nous ne perdions depuis soixante ans de considérables éléments de force et de défense. D'où vient cette anomalie désastreuse, d'où vient cette malédiction qui pèse sur nous ? Il n'y a point là de mystère, et l'histoire se charge de la réponse. Cet amoindrissement continu est marqué par trois dates néfastes, 1814, 1815 et 1870; et à chacune de ces dates le Bonaparte qui menait nos affaires attache son nom. Les Bonapartes sont pour nous l'équivalent de l'infériorité turque en fait de civilisation.

Nos hiboux politiques ont eu les yeux blessés par le succès de l'Exposition universelle et par la présence de nos représentants au congrès de Berlin, présence bien accueillie. De ce mal qu'ils ressentaient, ils ont songé à se dédommager en essayant de mettre à la charge de la république française les deux assassinats tentés sur l'empereur d'Allemagne ; ingénieuse mais inutile invention. Évidemment le socialisme allemand est en proie au même fanatisme sanguinaire que celui qui animait le catholicisme quand il assassinait Henri III, Henri IV, la reine Elisabeth et le prince d'Orange. C'est prononcer un juste jugement contre les assassins socialistes que de les mettre sur le même rang que Jacques Clément, Ravaillac et Balthasar Gérard. En tout cas, la république française n'est pas plus responsable des uns que des autres.

Sa responsabilité à elle est d'être pacifique au dehors et au dedans : au dehors, quand elle concourt sans arrière-pensée et avec un entier désintéressement au maintien de la paix européenne ; au dedans, quand elle fait respecter la loi par tous les partis, laissant au bienfait de la tranquillité publique le soin de consolider nos institutions, et au bienfait de la liberté le soin de les améliorer progressivement.

COMPARAISON DE LA CHAMBRE DE 1871
ET DE LA CHAMBRE DE 1877 (1).

[Ce qui autorise la comparaison entre la chambre de 1871 et celle de 1877, c'est qu'elles émanent toutes deux, à six ans de distance, d'un même suffrage universel. Il vaut la peine d'examiner d'où proviennent, en notre pays si tourmenté, les brusques revirements d'opinion dans le corps qui a autorité pour sanctionner.]

Qu'ont de semblable et, partant, de comparable, m'objectera-t-on, les deux assemblées qui figurent dans ce titre, et à quoi bon mettre en parallèle des termes qui n'ont entre eux que des différences? L'une a été, tant qu'elle a pu, dévouée à la monarchie, et s'est efforcée, à chaque péripétie qui semblait propice, de la rétablir; l'autre est dévouée à la république et s'efforce de consolider cette forme de gouvernement qu'elle a trouvée établie. L'esprit de l'une est la négation de l'esprit de l'autre; revenir à l'ancien gouvernement de la France sous un monarque fut l'aspiration de la chambre de 1871; ouvrir définitivement l'ère nouvelle de la république, vainement essayée en 1792 et en 1848, est l'aspiration de la chambre de 1877. Laissons l'une s'enfoncer en ce passé auquel elle prétendait nous ramener, et dans l'autre saluons l'avenir auquel nous espérons.

Tout cela est parfaitement vrai; un abîme sépare ou semble séparer les deux assemblées. Pourtant,

(1) *Revue de la philosophie positive*, numéro de mai-juin 1879.

malgré les profondes dissemblances, un lien essentiel les unit : toutes deux sont le produit des votes du même suffrage universel ; votes se prononçant à peu de distance l'un de l'autre. Cette distance est de six ans. Quoi de plus effectif que d'avoir même origine et de sortir d'une même paternité ? Les deux assemblées sont sœurs ; celle de 1871 est l'aînée, celle de 1877 est la cadette. Il importe de reconnaître comment elles peuvent être alliées de si près par le sang, et néanmoins différer si radicalement par leur caractère et leurs inclinations.

En 1871, vu la lassitude générale qu'avaient engendrée les malheurs d'une infructueuse défense, et vu le mouvement d'opinion qui s'en était suivi, il était manifeste que les élections seraient conservatrices et réactionnaires. Et, à dire vrai, les choses allèrent en ce sens même au delà de ce qui était attendu ; les légitimistes vinrent dans la nouvelle chambre en une proportion bien supérieure à ce qu'ils sont dans le pays. Les orléanistes aussi y furent envoyés en grand nombre. Les républicains y étaient en une minorité fort restreinte. Les bonapartistes n'y figuraient, à vrai dire, que pour mémoire ; ils y étaient imperceptibles, cinq, je crois. A ce moment, le suffrage universel voulait la cessation de la guerre, la paix ; il ne s'enquit de rien autre. Les républicains lui étaient suspects comme trop peu pacifiques ; un profond discrédit frappait les bonapartistes comme auteurs de cette funeste guerre. Dès lors, il se rejeta en masse à tort ou à droit sur les légitimistes et les orléanistes, qui lui offraient les garanties désirées.

Six ans après, je me trompe, cinq ans après (car la chambre de 1877 est la reproduction de celle de

1876), le même suffrage universel, appelé à se prononcer sur la république que l'Assemblée nationale venait de voter à une voix, donne une majorité considérable aux républicains, met en minorité les légitimistes et les orléanistes, et fait une portion moins congrue aux bonapartistes. Ces brusques revirements méritent une étude toute particulière de la part du politique et, à mon point de vue, du sociologiste. Permettent-ils à tout parti, quelque vaincu qu'il soit, quelque funeste qu'il ait été, d'espérer des retours de fortune et des restaurations tantôt monarchiques, tantôt impérialistes, tantôt révolutionnaires? Ou ne sont-ils possibles que grâce à des fautes graves, à des manquements aveugles de la part des gouvernements ou des partis? Et, en ce cas, qui est le vrai, que faut-il faire pour se garantir de pareils soubresauts, et pour maintenir le suffrage universel en des sentiments de conciliation, de modération, de discussion, qui le gardent des effarements?

Sa versatilité, chez nous, ne date pas d'hier. Le lendemain de son intronisation, en 1848, il vote en masse pour la république ; le surlendemain, en 1849, il se porte avec non moins de puissance du côté de la réaction. En 1851 et 1852, le coup d'État et l'empire sont les bienvenus, grâce à une compression résolument conduite et aussi à la faveur dont le nom de Napoléon jouissait auprès du populaire. Ceci dura dix-huit ans, et le suffrage universel ne parut pas trop s'apercevoir des vices inhérents à l'empire et des dangers qui s'amoncelaient. Le plébiscite de 1870 témoigna que le régime inauguré par Napoléon III gardait son autorité. Mais un an après, en 1871, la scène avait pris une autre face, et le suffrage universel, à en juger par ce qu'il envoya de bonapartistes à l'Assemblée nationale, sembla ne plus se souvenir qu'il y eût eu jamais un empire.

Quoi d'étonnant, me dira-t-on, voyez-vous en ces revirements? Les circonstances changeaient et le suffrage universel changeait avec elles; il se dédisait parce que les choses se dédisaient elles-mêmes. Oui, sans doute, et c'est justement à cela que je voulais en venir, justement cela que je voulais faire toucher du doigt. Il suffit d'altérer les circonstances au milieu desquelles il fonctionne pour que son verdict devienne différent, tellement qu'il peut, sans transition, passer d'un extrême à l'autre. Le suffrage universel n'a pas encore parmi nous de points définitivement acquis et desquels il soit impossible de le détacher. Il oscille sans grande difficulté de la monarchie à la république et de la république à la monarchie. En ce moment, sous l'impulsion de mobiles qui sont apparents pour tous, il donne à la république une adhésion résolue, et il a résisté, sans broncher, à la dangereuse pression exercée par le ministère du 16 mai. Mais à quoi bon se faire des illusions volontaires? Le passé entier prouve que cette adhésion est conditionnelle, qu'il n'est point attaché à la république par une foi comparable à la foi religieuse ou à la *loyauté* (c'est le mot) des Anglais pour leur monarchie, et qu'on jouerait gros jeu à croire qu'il pourrait la vouloir malgré les fautes des républicains. Je le répète, tout dépend des circonstances. Prenons donc garde à ces circonstances qui influent si gravement sur ses déterminations.

Est-ce donc qu'en montrant à nu les variations du suffrage universel je prétende infirmer l'autorité qui lui est attribuée en dernier ressort par notre pays? Nullement; je conviens qu'en France les conditions qui assuraient l'assiette de la monarchie et mettaient hors de conteste son droit héréditaire, sont rompues, qu'elles ne peuvent revenir à leur antique fonction pas plus qu'un mort ne peut revenir à la vie, et qu'il a été naturel et bon de remplacer leur office essentiel par la volonté, régulièrement constatée, de la majorité des citoyens de l'Etat. Non pas que j'attache une valeur absolue et métaphysique à cette souveraineté populaire : je fais tout autant de cas du droit historique, et je le crois même plus fixe, plus stable et, par conséquent, plus expédient. Jetez en effet le regard sur notre voisine d'outre-Manche, l'Angleterre. Personne n'y sait plus l'origine des pouvoirs de la reine, des lords, des communes; ils se perdent dans une antiquité respectée; mais personne ne les conteste, et l'histoire fournit la base assurée de l'autorité suprême et du gouvernement. Au reste, toutes les fois qu'une révolution coupe l'histoire, la majorité populaire intervient et prend un droit.

Je lis souvent, pour m'instruire de la situation, les journaux radicaux intransigeants, révolutionnaires, socialistes. Invariablement, c'est au nom du peuple que chacun y énonce ses éloges et ses blâmes, ses apothéoses et ses damnations. A Bordeaux, en février 1871, un député de Paris, qui, peu après, devint membre de la Commune, prononça d'une voix éclatante un discours véhément où il somma, au nom du peuple, l'Assemblée nationale de se séparer et de se dissoudre. Comment se pouvait-il que ce député, ou, pour user de sa langue, ce citoyen se sût si pertinemment chargé de parler au nom du peuple? Ce sont là mystères et arcanes du dogme révolutionnaire. Mais, allant au fond des choses et ne voulant rien rapetisser, je me suis demandé de quel peuple il pouvait être question en ces assertions tranchantes; et voici ce que j'ai trouvé. Tantôt ce peuple du journal est un groupe ou parti plus ou moins étendu, par exemple les révolutionnaires; tantôt c'est une classe, par exemple les ouvriers; tantôt ce sont des villes, par exemple Paris, Lyon, Marseille, Bordeaux. Je comprends jusqu'à un certain point qu'en se voyant ainsi flanqué, on parvienne à se faire illusion ; mais pour celui qui est en dehors du cénacle, il est manifeste que l'on prend des parties pour le tout; et ces groupes au nom desquels on parle à tort ou à raison sont non la population générale, mais des fractions de la population générale. Pour moi, qui veux rester dans la réalité, je ne connais pas d'autre peuple que la majorité du suffrage universel. Là je suis sûr de rencontrer vraiment tout le monde, ouvriers, paysans, bourgeois, gentilshommes, ruraux et urbains, riches et pauvres, catholiques, protestants, libres penseurs, et, à chaque émission d'un vote, je saurai vraiment ce que le peuple veut.

J'ai rappelé qu'il ne se pique en aucune façon d'être conséquent avec lui-même. Mais qu'y faire, sinon le mieux informer et discipliner, en entretenant attentivement chez lui les dispositions à la conséquence et à la stabilité? Du moins ce n'est pas en s'insurgeant violemment contre ses arrêts qu'on le corrigera. En 1871, la ville de Paris refusa de se soumettre au verdict qu'il venait de rendre en nommant l'Assemblée nationale, et essaya de substituer par la force des armes son autorité particulière à l'autorité générale qui venait de se prononcer. Il est vrai que le verdict rendu n'était pas satisfaisant, et que ces députés monarchiques, qui sortaient de tous les coins des pays, étaient faits pour inspirer de vives inquiétudes. Aussi Paris donna raison à ceux qui n'hésitèrent pas à exploiter les craintes et les colères; et, selon la phraséologie banale, on se souleva au nom du peuple. Au nom du peuple de Paris, la chose ne fait aucun doute ; mais était-ce suffisant? Le résultat, aussi funeste à Paris qu'à la France tout entière, a montré que l'on s'était cruellement mépris, et que cela ne suffisait pas.

Il a montré aussi (ce qui serait la cause d'amers regrets, si les fanatiques étaient capables de regrets) que le maintien de la république, qui était le but apparent de l'insurrection parisienne, pouvait être obtenu par de tout autres moyens que ceux de la révolte à main armée. Voyons en effet ce qui, en fin de compte, est sorti de cette assemblée que des haines aussi furieuses assaillirent dès son origine. J'en ai été membre, ayant été élu représentant par Paris même, et j'ai assisté à toutes les péripéties de son existence. Tout d'abord elle élut pour son président M. Grévy et conféra la fonction de chef du pouvoir exécutif à M. Thiers. Un débat s'étant élevé pour savoir si l'on dirait chef du pouvoir exécutif tout court, ou chef du pouvoir exécutif de la république française, cette dernière formule fut adoptée. Cela fut fait avant l'insurrection parisienne. Il est vrai que plus tard, les grandes difficultés de la situation ayant été surmontées par le chef du pouvoir exécutif, le naturel monarchique de l'assemblée reprit le dessus. Elle renversa M. Thiers, et fit une tentative explicite de restauration de la royauté légitime. Le succès ne répondit pas à son attente. Dès lors elle se traîna dans l'impuissance, et, de guerre lasse, établit, elle si monarchique, la république.

C'était vraiment bien la peine d'engager une affreuse guerre civile, de causer la mort de milliers d'hommes des deux côtés, d'incendier Paris, *proh nefas!* de donner à l'Allemand campé sur la rive droite de la Seine le spectacle de cette furieuse folie, de coûter un milliard à la France en sus des milliards exigés par le vainqueur, et d'avoir pour conséquences inévitables les condamnations, les exécutions, les transportations de beaucoup d'hommes et la misère d'innombrables familles! Voilà ce qu'avec un peu de patience on aurait pu éviter. Il a suffi, en effet, de manœuvrer avec prudence entre les compétitions des trois monarchies, de se servir de l'obstacle insurmontable qu'elles se faisaient l'une à l'autre, de rendre manifeste au suffrage universel la crise redoutable d'insécurité à laquelle elles conduisaient infailliblement, d'user, en un mot, de toutes les ressources de l'opportunisme (le mot n'était pas créé encore), pour obtenir sans secousse l'infiniment désirable résultat qui nous a donné un gouvernement stable, la république. On me dira : « L'issue a été longtemps incertaine ; nul ne pouvait garantir qu'elle serait favorable, et il a été naturel de vouloir la brusquer par un coup de main. » Il est véritable, l'issue a été incertaine ; mais est-ce que celle d'un conflit à main armée l'était moins? Si la lutte pacifique a ses défaites, est-ce que la lutte sanglante n'a pas les siennes? Depuis l'expulsion des Stuarts, l'Angleterre préfère la lutte pacifique; depuis la révolution de 1789, la France préfère la lutte sanglante. Comparons les résultats, et choisissons ce qui coûte le moins cher.

Plusieurs grandes villes s'associèrent au mouvement insurrectionnel dont Paris donnait l'exemple, Marseille, Saint-Etienne, Limoges. Lyon, vivement sollicité d'y prendre part, refusa, à la condition qu'il ne serait pas touché à la république. M. Thiers promit qu'autant qu'il dépendrait de lui le gouvernement républicain serait maintenu. Il tint sa promesse, et Lyon tint la sienne. Heureuse, cent fois heureuse la France, si Paris avait été aussi prudent et aussi humain !

En cet accord entre Paris et quelques villes considérables, une part d'influence doit être certainement attribuée à une hostilité commune contre la nouvelle assemblée. Mais c'en est la moindre ; l'impulsion qui prédomina fut celle du radicalisme, qui animait ces cités. Elles se trouvèrent spontanément d'intelligence. Qu'était cette chambre qui venait à peine de se réunir à Bordeaux? Qu'était ce petit bourgeois, chef du pouvoir exécutif, ancien ministre de Louis-Philippe, et stigmatisé réactionnaire par tous les vrais démocrates? On vit tout de ce point de vue. Les ruraux, c'était le nom qu'on donnait à la majorité du suffrage universel qui avait élu l'assemblée, furent dénoncés au mépris public; et l'on crut tenir les éléments d'une hégémonie de grandes communes urbaines et radicales.

Cela me remet en mémoire qu'en 1848, juste après la défaite de juin des prolétaires, M. Comte, par un hors de propos singulier, conseilla une forme de gouvernement où trois prolétaires (c'était le nombre des membres de ce directoire), élus uniquement par les grandes villes, auraient le pouvoir exécutif.

J'acceptai ces idées (1). Il est vrai que M. Comte et moi à sa suite, par la plus étrange des illusions, nous faisions de ces prolétaires des quasi-positivistes. Or, dans le fait, ils étaient radicaux et socialistes. L'esprit radical et l'esprit socialiste, soit séparés, soit combinés, diffèrent prodigieusement de la philosophie positive et de ses doctrines.

La physiologie psychique connaît et décrit un état cérébral où les idées prédominent sur les faits et déterminent les actions sans égard pour les réalités. L'esprit absolu, de quelque doctrine qu'il relève, appartient à un tel régime mental. Or, l'esprit radical est un esprit absolu. Il a donc pour condition nécessaire l'intransigeance sur les conjonctures et l'aveuglement sur les choses.

Il est manifeste que plusieurs grandes villes, Paris en tête, appartiennent au radicalisme. Leurs conseils municipaux, l'appui donné à l'attaque contre le ministère Dufaure, l'enthousiasme dont l'amnistie pleine et entière y a été l'objet, l'hostilité sourde qu'y rencontre le ministère actuel, la faveur dont on y entoure les noms des révolutionnaires les plus fameux du 31 octobre 1870 et du 18 mars 1871, en témoignent d'une façon éclatante. Je le regrette, mais je le constate ; car il serait puéril de fermer volontairement les yeux à l'état réel des choses et des esprits. Avec un pareil fonds, le radicalisme est une force considérable. Il importe de le surveiller vigilamment, car cette force est dangereuse, et voici pourquoi elle l'est.

M. Thiers a dit dans un apophthegme célèbre,

---

(1) Voy. *Conservation, Révolution et Positivisme*, 2ᵉ édition, 1879, p. 242 et p. 246 et suivantes. J'y explique mon adhésion d'alors et ma rétractation d'aujourd'hui.

inspiré par l'expérience politique et confirmé, on le verra tout à l'heure, par la science sociologique : « La république sera conservatrice ou ne sera pas. »- Les radicaux répondent : « La république conservatrice et libérâtre ne sera pas, car elle est incompatible avec la république radicale, la seule que nous voulions, la seule qui soit conforme aux principes.» Et là-dessus ils vont résolûment à l'assaut de ces institutions fausses et misérables que les derniers compromis entre la gauche et le centre gauche, en présence des menaces toujours dangereuses d'une restauration royale ou impériale, ont imposées à la France. A l'assaut légal et régulier, j'en conviens, et c'est le seul que les circonstances comportent; mais, en dépit de toute cette légalité, le jour, si ce jour doit arriver, où la république conservatrice aurait fait place à sa rivale, sera un jour de périlleuses aventures pour la France.

Qui jugera ce grand et menaçant débat entre M. Thiers et les radicaux? Le juge sera la nature même, la nature intime de l'une et de l'autre république. Celle de M. Thiers a pour principe vivificateur l'ordre, et c'est sur l'ordre qu'elle se fonde pour produire tous les développements, plus ou moins lents, plus ou moins graduels, mais assurés. Celle des radicaux a pour principe vivificateur la révolution, et la révolution commence par remuer et déplacer toutes choses, au risque de les disloquer; puis elle court après l'ordre et le rattrappe comme elle peut. Or, cela, les nations ne le supportent jamais; et, sans aller bien loin, nous en trouvons chez nous un déplorable exemple. En 1848, nous eûmes une rechute dans le bonapartisme, une rétrogradation vers le despotisme césarien. Ce fut une honte pour le populaire, qui se jeta en masse du côté de l'impérialisme. Pourtant il faut dire à sa décharge, en partie du moins, qu'il ne fut pas seul dans ce méfait, et que le désordre, déchaîné par les journées de février 1848, avait excité un désir universel d'un pouvoir fort. A peine cette révolution était accomplie que les socialistes avaient sauté à la gorge des républicains. Qu'attendre de pareilles prémisses, sinon un Bonaparte qui impose silence aux uns et aux autres?

Tout à l'heure j'ai annoncé que l'apophthegme d'expérience politique exprimé par M. Thiers au sujet de la république conservatrice rencontrait un appui dans la sociologie. La sociologie, qu'est cela? dira le radicalisme. Il est vrai qu'elle n'est pas bien vieille, émanant de l'œuvre philosophique de M. Comte; mais elle est en voie de faire une grande fortune. Accueillie de tous côtés, même par des hommes qui n'appartiennent pas à l'école positiviste, elle est cultivée avec ardeur et prend rang parmi les hautes connaissances en attendant qu'elle prenne rang dans le haut enseignement. Or, étant essentiellement historique et expérimentale, elle se trouve l'adversaire née du radicalisme, qui n'est rien de tout cela. Ses principes, à lui, ne sont pas pris, comme le sont aujourd'hui tous sans exception les principes scientifiques, à l'expérience et, dans le cas particulier de la sociologie, à l'histoire, qui représente une autre forme de l'expérience; ils le sont à la raison subjective et révolutionnaire. Aussi est-il toujours prêt à compromettre le présent et l'ordre en vue de l'avenir, très variable d'ailleurs et très indéterminé, qui miroite devant ses yeux. Si la fortune du radicalisme est liée à celle de la politique métaphysique et absolue, celle de la sociologie est liée au progrès de la méthode expérimentale dans les choses sociales. Les deux plateaux de la balance ne sont pas chargés de poids égaux ; chaque jour le plateau de la sociologie deviendra prépondérant, ainsi le veut le développement scientifique général. Malheur aux peuples chez qui, momentanément, le radicalisme prévaudra !

Je n'écris point ceci pour les radicaux, pas plus que je n'écrivais pour les monarchistes, quand je défendais contre eux la cause de la république. Je suis sûr que je n'ai pas modifié l'opinion d'un seul des monarchistes ; et je suis sûr que je ne modifierai pas l'opinion d'un seul des radicaux. J'écris pour ce qui forme la majorité présente du suffrage universel, afin qu'elle ne se laisse pas disloquer par des attaques contre la république conservatrice. Là, je parle à qui peut m'écouter.

Quelque purement particulier et national que semble le débat entre les deux républiques, l'extérieur ne doit pas y être négligé. La république radicale travaille, et c'est son droit, à s'emparer de toutes les positions politiques et à pousser ses hommes même les plus notoires par leur implacable hostilité contre tout ordre établi (1). Si elle réussit, il n'est pas douteux que des oscillations dangereuses se

---

(1) Témoin l'élection de M. Blanqui à Bordeaux. Si la Chambre des députés ratifiait cette élection, rien n'empêcherait un des collèges électoraux dont les bonapartistes diposent de nommer M. le maréchal Bazaine. L'inégibilité de l'un n'est pas plus grande que celle de l'autre. M. Blanqui et M. le maréchal Bazaine devenus membres de la Chambre des députés au mépris de la loi, quelle vigoureuse mise en train de l'anarchie tant prédite et tant souhaitée à la république par le parti monarchique !

produiront au sein du pays. Il n'est pas douteux non plus qu'au gré de quelques-uns de nos voisins, nous nous sommes rétablis de nos désastres bien vite, trop vite même. Peut-être ne déplairait-il pas à ces observateurs attentifs d'avoir occasion d'essayer de nouveau ce que nous pouvons payer de milliards et perdre de provinces.

Je reviens à mon dire du commencement: prenons garde aux circonstances, et songeons que la république conservatrice les a pour elle.

Elle les a, parce qu'elle met au premier rang de ses devoirs la défense et le maintien de l'ordre, convaincue que rien n'est plus pernicieux aux plus chers intérêts moraux et matériels que les perturbations politiques.

Elle les a, parce qu'elle est libérale : car, de notre temps, sans la liberté, sans la discussion, sans les transactions opportunes, l'ordre est exposé à des périls renaissants.

Elle les a, parce qu'elle est soucieuse de ménager les consciences des hommes très divers d'éducation et de traditions qui lui sont confiés, et de garantir les intérêts spirituels, sans s'associer ni aux préjugés, ni à l'intolérance, ni à l'esprit de domination qui souvent animent ces intérêts, et en sauvant toujours l'équité de la civilisation et la nature laïque de l'État moderne.

Elle les a, parce qu'elle fait pénétrer de plus en plus dans l'éducation la science et son esprit, pour que l'évolution sociale ne subisse ni opposition ni arrêt.

Enfin, elle les a, parce qu'elle s'applique résolument le mot d'un des empereurs les plus actifs que Rome ait eus, mot qui est conforme à tous les be-

soins, à toutes les aspirations du suffrage universel :
laboremus.

EXPÉRIENCE RÉTROSPECTIVE

AU SUJET DE NOTRE PLUS RÉCENTE HISTOIRE (1).

[*Et nunc erudimini qui judicatis terram.* Instruisez-vous, vous qui n'aimez pas les révolutions et qui en souffrez ; prenez pour guides l'expérience et l'histoire, et ne laissez pas l'utopie démocratique et sociale se jouer de vous et de vos plus précieux intérêts.]

I

Une vie qui se prolonge beaucoup, au milieu de la souffrance permanente il est vrai, mais avec un esprit qui garde, ce me semble, la lucidité, me ramène par une pente naturelle aux vues rétrospectives et aux jugements du passé par le présent, n'étant, à la différence du vieillard d'Horace, ni prôneur du temps passé (*laudator temporis acti*), ni censeur et châtieur du temps présent (*censor castigatorque minorum*). Je trouve singulièrement instructif, pour moi du moins, de me reporter à quarante ou cinquante ans en arrière, et de voir ce que les événements ont fait de ce que nous avions cru, redouté, espéré. Il me paraît, malgré la croyance contraire et en général fondée, qu'un vieillard qui n'est pas

(1) *Revue de la philosophie positive*, numéro de juillet-août 1879.

entêté de lui-même, est aussi redressable qu'un homme plus jeune, et qu'il peut ne plus garder de préjugé pour ce qui jadis l'avait passionné et obsédé. Je me remets ici au point de vue de la philosophie telle que M. Comte l'enseignait alors et telle que je l'adoptais sans réserve. La réserve, les événements me l'ont apprise. Y a-t-il beaucoup de vieux révolutionnaires, de vieux conservateurs qui se résignent, comme le vieux positiviste que je suis, à mettre une part de leurs déceptions sur eux-mêmes, au lieu de la mettre toute sur les événements? Les jeunes sont sous l'influence du milieu et du moment; mais, si quelqu'un d'entre eux est induit par ces pages à songer sous quel jour peut lui apparaître son présent devenu du passé, elles n'auront pas été sans utilité.

M. Comte professait que le régime parlementaire était un produit anglais inhabile à être transplanté. Suivant lui, des circonstances purement locales en avaient causé la production; et, comme ces circonstances manquaient sur le continent et particulièrement en France, ce régime ne pouvait y espérer qu'une durée éphémère. En vain des admirateurs mal avisés essayaient-ils de l'acclimater, et lui demandaient les fruits qu'il donne en son sol natal. L'influence de la nouvelle atmosphère à laquelle on le soumettait, le ramenait, quoi qu'on fît, à la misérable existence d'un végétal rabougri et sans vertu. On se trompait donc en cherchant dans l'imitation du type anglais un remède aux maux sociaux; les insuccès avaient coûté et continueraient à coûter fort cher, ils étaient irréparables.

Peut-être, au moment où M. Comte élaborait ses théories sociologiques, les expériences continentales du régime parlementaire n'étaient-elles pas suffisantes pour écarter l'objection péremptoire soulevée par M. Comte. Mais toujours est-il que cette objection provenait surtout d'une conception dogmatique qui se trouvait en pleine contradiction avec les essais politiques pour renouveler sur le modèle anglais les vieux gouvernements menacés. La solution de la crise révolutionnaire universelle, il la plaçait bien plus haut que dans un vain palliatif. A l'imitation de ce que le catholicisme avait établi, et désormais sur les bases non de la théologie, mais du savoir positif coordonné en philosophie, deux pouvoirs devaient se former, l'un spirituel qui donnerait l'éducation et présiderait à l'entretien et au développement de la morale sociale, et l'autre temporel qui aurait entre les mains toutes les ressources à la charge d'assurer, sous la règle du pouvoir spirituel, le sort matériel de tous les salariés. Dans une pareille organisation il n'est évidemment aucune place pour rien qui ressemble au régime parlementaire.

Mon objet, ici, n'est pas d'examiner cette solution, me contentant de remarquer qu'elle est une hypothèse sociologique en dehors des faits, soit contemporains, soit prochains, et que l'avenir seul dira si c'est vers elle que marchent les sociétés, qui actuellement n'y marchent en aucune façon. Il est de rechercher comment les événements des cinquante dernières années ont procédé à l'égard du régime parlementaire, s'ils lui ont été favorables ou défavorables, et s'il a plus de chances de se consolider là où il a été implanté, et de se propager là où il n'est pas encore admis, qu'il n'en avait au moment que j'ai considéré. Une expérience sociale de cinquante ans n'est certainement pas décisive, et elle laisse la place à des retours. Pourtant c'est déjà une durée qui mérite de n'être pas dédaignée; et, au point de vue expérimental qui doit dominer tant qu'on ne se prend pas aux conceptions des philosophes ou à celles des socialistes, on aurait le plus grand tort de ne pas attacher beaucoup de prix aux résultats ainsi manifestés.

Le régime parlementaire a deux formes sous lesquelles il fonctionne également bien, la forme monarchique et la forme républicaine. Dans la première, sa tâche est de lutter contre la prérogative royale, qui menace de restreindre ses privilèges et même de l'étouffer; dans la seconde, elle est de contenir la démocratie, dont la tendance est d'annuler toute représentation et de prendre en main la gestion directe des choses grandes et petites de la société.

A tout seigneur tout honneur. Il est impossible de nommer le régime parlementaire sans évoquer d'abord l'image de l'Angleterre. C'est de là qu'il a exercé sa fascination sur le continent. De fait, ses qualités et ses services y ont été grands. Il ne faut pas mettre au moindre rang des unes et des autres sa longue durée; pendant deux siècles il a garanti l'Angleterre des graves et dangereuses commotions qui ont secoué de fond en comble bien d'autres États, et leur ont infligé des pertes sans nombre de vies humaines et de richesse nationale. A l'intérieur, il a lutté patiemment mais sûrement contre la prérogative royale, et a fini par lui ôter ce qu'elle a de propriétés malfaisantes, tout en laissant à la royauté la part d'utilité qu'elle comporte dans les sociétés modernes. A l'extérieur, sous son influence, l'Angleterre a joui d'une bonne fortune que peu de revers, et des revers sans désastres définitifs, sont venus entraver; son empire a englobé d'immenses contrées, et sa colonisation est encore plus étendue que son empire.

Toutefois ne laissons pas s'introduire une erreur historique, et ne permettons pas de croire que le régime parlementaire ait été exclusif à l'Angleterre, et qu'il n'ait pas eu sur le continent droit à l'existence et à la durée. La Hollande l'a possédé d'abord sous la forme républicaine, aujourd'hui elle le possède sous la forme monarchique; et, quand on se rappelle quelle place ce pays si restreint a tenue dans les destinées de l'Europe au seizième et au dix-septième siècle, et combien, aujourd'hui même où la prépondérance des grands États jette les petits dans l'ombre, sa situation est honorable et prospère, on reconnaît là aussi au régime parlementaire une vertu politique bien favorable aux nations modernes à l'issue du moyen âge. Ce que je dis de la Hollande doit être appliqué de point en point à la Suisse; elle aussi a depuis longtemps le régime parlementaire, et en a retiré les mêmes bienfaits: sa puissance a été grande, alors que les petits pouvaient être puissants, et sa situation actuelle demeure honorable et prospère. Enfin, tout à fait au nord de l'Europe, la Suède est en possession d'un régime parlementaire qui a eu ses vicissitudes, mais qui préside désormais sans conteste et avec un plein succès au gouvernement de cette vaillante nation. Ces faits montrent que le régime parlementaire n'est pas attaché autant qu'on l'a prétendu aux particularités de l'histoire anglaise. Cela peut d'autant moins être soutenu que le régime parlementaire n'est pas autre chose qu'une issue, un perfectionnement, une adaptation moderne du système inauguré dans le courant des quatorze et quinzième siècles sous les noms d'états généraux, de parlements, de cortès, etc.; système qui a appartenu à toute l'Europe en qualité de transformation de la féodalité.

La Belgique, devenue indépendante, n'hésita pas: elle prit un roi et le régime parlementaire. Depuis cinquante ans, elle s'y tient fermement, malgré les exemples qui auraient pu être contagieux des pays voisins, et malgré les conflits passionnés entre le cléricalisme et la laïcité. Aussi en pleine prospérité elle jouit du fruit de sa sagesse.

En France, le régime parlementaire a sombré sous sa forme monarchique. C'est cette double chute, imputable à la royauté légitime de Charles X et à la royauté quasi-légitime de Louis-Philippe, qui a surtout frappé M. Comte et lui a fait prononcer son arrêt. Mais, même en ce pays, il a survécu sous la forme républicaine, et rien ne fait prévoir qu'il y puisse être remplacé par une autre combinaison politique.

Le gouvernement piémontais, longtemps rebelle, avait fini par établir chez lui deux chambres, peu avant que commençassent les événements décisifs qui ont amené l'indépendance de l'Italie. Cette indépendance a eu pour effet immédiat l'extension du régime parlementaire à toute la Péninsule, à Florence, à Naples, à Rome même. Assez loin de là, chez un autre peuple latin, le Portugal, après des luttes fort âpres, s'est installé ce régime. Il fonctionne très régulièrement dans l'un et l'autre pays : mais il y est récent ; et plus de durée est nécessaire pour qu'on puisse affirmer que ses racines y sont suffisamment profondes.

En Allemagne, en Autriche, il est récent aussi ; mais, dans les transformations et les épreuves que ces pays ont subies, c'est à lui et à rien autre qu'on s'est adressé pour amener un compromis entre les anciennes choses et les nouvelles.

L'Espagne, arrivée un peu plus tard que la France dans l'ère des révolutions, n'a pas été moins troublée qu'elle. Sortie, après la trahison ourdie à Bayonne par Napoléon Ier, du gouvernement du *rey netto*, elle aussi s'est adressée au régime parlementaire comme à la panacée recommandée par les médecins modernes des maux politiques. L'essai fut éphémère ; le roi absolu reprit son autorité, puis la reperdit ; et la guerre civile, suscitée par la réaction, la désola ; l'insurrection républicaine, tentée par la révolution, lui infligea des désastres plus courts mais fort regrettables. Enfin, pour se remettre de tant de catastrophes, elle s'abrite, depuis quelques années à peine, sous le régime parlementaire monarchique. Ses amis doivent lui souhaiter qu'elle s'attache, malgré toutes les excitations, à conserver jalousement cet établissement, comme les amis de la France doivent lui souhaiter qu'elle se tienne tranquille au port républicain que les événements lui ont ouvert.

Ainsi le régime parlementaire, bien loin d'être en déchéance depuis cinquante ans, est en croissance régulière sur le continent. N'étant pas tout d'une pièce et comportant des gradations, il est ici plus puissant, et là plus faible ; mais partout il conserve sa propriété caractéristique, qui est d'assurer la publicité et la discussion, et de garantir aux citoyens une part dans la gestion des affaires publiques.

Et la monarchie que M. Comte éliminait simultanément de l'ordre social futur, qu'est-elle devenue dans l'intervalle de temps que je considère et sous l'épreuve des expériences subies ? Réorganiser sans roi la société était un de ses axiomes. Elle a péri en France. Ce n'est pas que les partisans de la légitimité et de l'impérialisme ne prétendent qu'elle n'est qu'éclipsée et qu'elle reparaîtra soit sous l'auspice des fleurs de lis, soit sous celui de l'aigle impérial. Nul ne peut répondre de l'avenir ; mais ce dont on peut répondre, c'est que le sort de la république est désormais entre les mains des républicains ; ce sont eux qui, sages ou violents, la maintiendront ou la renverseront. Partout d'ailleurs la royauté persiste, et même elle a fait deux acquisitions nouvelles, la Belgique et l'Italie. Cette institution ne semble donc pas sur le point de s'éteindre. Outre qu'elle possède une faculté d'accommodation suffisante au régime parlementaire qui est en ascendant, elle a l'avantage d'être historique et traditionnelle ; ce qui facilite grandement la tâche supérieure qui incombe à tout gouvernement de garantir l'ordre.

Le nouveau monde, peuplé de gens issus de l'ancien, n'a pas admis la monarchie, sauf le Brésil. Au nord, au sud, tout y est en république, aussi bien les Espagnols que les Anglais. Qu'adviendra-t-il de tant d'établissements dont aucun n'est bien vieux ? Est-il vrai qu'aux États-Unis même il commence à se former une opinion sourde qui aspire à avoir un monarque ? Est-il sûr que les républiques d'origine espagnole échapperont aux conséquences qui suivent d'ordinaire les révolutions fréquentes et l'anarchie qui en résulte ? L'union des États-Unis eux-mêmes se maintiendra-t-elle, ou cet immense État se fractionnera-t-il en États moindres ? Le Canada restera-t-il toujours colonie ? Toutes questions auxquelles je charge mon successeur de répondre dans cinquante ans. Mais ce qui semble acquis, c'est que, dût-il y avoir des transformations et des séparations, le principe du régime parlementaire gardera là aussi sa prépondérance.

II

Le second chapitre de mon expérience rétrospective a pour objet, parmi les crimes politiques, celui qui, par voie d'insurrection ou de coup d'État, renverse ou tente de renverser un pouvoir établi, afin de remettre aux mains d'un homme, d'un parti, d'un régime, la gestion de la chose publique. Ce genre de crime est le plus considérable de tous, du moins dans nos sociétés modernes ; les contre-coups en sont ressentis non seulement par les particuliers que l'on frappe pour vaincre leur résistance et faire place nette, mais aussi par la fortune publique, par la situation internationale, par les relations intérieures des citoyens entre eux, par la moralité commune. Ce qui ajoute à leur gravité, c'est qu'il faut une assez longue durée pour que les effets s'en amortissent complètement. Depuis 1814, ce genre de crime pèse sans interruption sur la France ; il nous donne en spectacle, quelquefois en terreur, à nos voisins, n'a rien de réjouissant pour le cœur des patriotes, et nous coûte gros au dedans et au dehors par ses conséquences directes et indirectes. Aussi mérite-t-il d'être étudié par les sociologistes comme un cas fâcheux de pathologie sociale.

Je commence ma revue par le crime politique de ce genre le plus rapproché de nous. En 1871, au mois de mars, les Allemands victorieux et regardant, il convint pour des raisons que l'esprit insurrectionnel fera aussi plausibles qu'il voudra, au populaire parisien et à ses chefs de refuser l'obéissance qu'il devait à la France ; et il somma le gouvernement légal d'abdiquer et l'Assemblée nationale de se dissoudre. C'était une déclaration de guerre à laquelle il était impossible qu'il ne fût pas répondu. Aucun gouvernement ne peut supporter la rébellion à l'autorité qu'il possède en vertu de droits légaux. Même les États-Unis (bien qu'ils soient une confédération d'États, ce qui comporte une certaine élasticité indépendante) n'ont pas permis au Sud de faire sécession ; et la force légale y a détruit ce que la force illégale tentait de constituer.

La guerre éclata donc, terrible et féconde en pertes, en meurtres, en ruines, en incendies. Parmi les griefs allégués par le populaire parisien pour justifier sa prise d'armes, était son indignation contre la misérable défense que les commandants militaires du siége et M. le général Trochu en tête avaient opposée à l'armée allemande. Certes, je n'ai point qualité pour toucher une aussi grave question; il est certain que le commandement ne fit preuve d'aucune qualité exceptionnelle. Sans doute il ne disposait que d'éléments fort peu solides militairement, et je ne sais ce qu'un Bonaparte, un Turenne, un Wellington auraient pu tirer de troupes qui n'avaient pas eu le temps de s'exercer et de prendre de la cohésion. Mais les événements de l'insurrection ne tardèrent pas à montrer si les militaires de la Commune, devenus les maîtres des opérations, valaient mieux que le général Trochu et ses officiers. Au 19 mars M. Thiers s'était retiré à Versailles avec vingt-deux mille hommes, et quelles troupes ! démoralisées, sans cohésion, et mal sûres contre Paris. Jusqu'au 3 avril, il reçut quelques renforts, mais non encore les prisonniers que M. de Bismark lui rendait d'Allemagne. Qu'était cela en regard de l'armée allemande assiégeante, nombreuse, disciplinée, solide? Eh bien, les militaires de la Commune, avec leur sortie de cent mille hommes, ne furent pas plus heureux contre les quelques milliers d'hommes de M. Thiers que le général Trochu ne l'avait été contre les deux cent mille ennemis qui bloquaient Paris (1).

L'insurrection fut donc vaincue ; mais, eût-elle été victorieuse, son titre n'en aurait pas mieux valu. Elle se serait saisie de la France, comme s'en sont saisis tous les coups de violence, elle en eût fait je ne sais quoi ; mais elle serait toujours restée une illégalité sanglante et un mauvais exemple. La doctrine de la force est au service de tous les ambitieux et de tous les perturbateurs. *Hodie mihi, cras tibi*, disent-ils en modifiant à leur usage le dicton tumulaire ; et jusqu'ici l'événement leur a donné raison.

(1) Je lis, en une histoire de la Commune, à propos des combats obstinés que les fédérés livrèrent dans Paris, la dernière semaine de l'insurrection, aux Versaillais : « Des hauteurs de Romainville, de Montmorency, d'Andilly, de Saint-Prix, d'Orgemont, où ils suivaient, en faisant éclater une joie sauvage, les péripéties de la canonnade et des incendies, les officiers prussiens et allemands avaient pu comprendre ce qu'eût été la guerre sous Paris conduite par d'autres hommes que les incapables de Septembre. » Je le répète, je ne fais pas l'apologie des *incapables* de Septembre ; mais, en ce passage, on confond ce que peuvent des hommes résolus, bien qu'indisciplinés, derrière des barricades et dans des rues, avec ce qu'ils peuvent en rase campagne, en ligne et en manœuvres. L'histoire militaire est assez faite pour qu'il soit temps de ne pas tomber en de pareilles confusions et de ne pas prendre une incohérente levée en masse pour une armée effective.

La Némésis vengeresse qui, semblable à la Fortune chez Dante (1), fait changer chez nous les choses politiques de mains en autres sans répit, poussa l'empire au suicide ; car, comment qualifier autrement cette fabuleuse incapacité de l'empereur, de ses ministres et de ses généraux, où l'on vit en un mois toutes les forces de la France perdues et anéanties? L'empire s'effondra ; et le 4 septembre ne foula aux pieds que ce qui n'était plus debout. Vous êtes bien indulgent, diront les bonapartistes, casuistes experts en pareils cas, pour l'émeute qui mit en fuite la chambre des députés, le sénat, l'impératrice et le ministère ; si nous sommes un crime politique comme vous le prétendez, elle l'est aussi. Soit ; cela ne touche point à ma thèse ; et je n'ai point envie de discuter sur des appréciations de partis. L'émeute fut courte sans doute ; mais ce fut une émeute, et le gouvernement qui en naquit ne fut, non plus, qu'un gouvernement de fait, comme eût été la Commune victorieuse, comme fut l'empire victorieux.

En effet, vingt ans avant le coup d'État frappé par les fédérés parisiens et manqué, et dix-neuf ans avant le 4 septembre, le prince Louis Bonaparte mit le sien à exécution. Lui fut plus habile que ses imitateurs de 1871 ; il réussit pleinement. Il dispersa la chambre, emprisonna ses adversaires, s'empara de la toute-puissance, et obtint d'un plébiscite fort nombreux, je ne puis le nier, l'entière ratification de son crime politique. M. Fould, qui était alors un de ses ministres, rendant compte des opérations qui avaient comprimé les divers et infructueux

---

(1) *Enfer*, VII, 79.

essais de résistance, déclarait dans son rapport, avec un orgueil satisfait, que cette révolution, la plus salutaire de toutes (c'était l'opinion des bonapartistes, comme ce fut l'opinion des communalistes, que la leur était la meilleure), avait à peine coûté cinq cent mille francs. C'est vrai ; mais tournons le feuillet et voyons le revers. Cette révolution qui, suivant le calcul des entrepreneurs, revenait si bon marché, avait jonché de morts les boulevards et les rues de Paris, frappé d'exil, d'internements, de transportations plusieurs milliers de citoyens, ruiné une multitude de familles, et exercé sur les vaincus la plus dure des compressions. Il faut, cela est évident, beaucoup renchérir sur l'évaluation de M. Fould.

Vaincus, les faiseurs du coup d'État de 1851, les auteurs de ce crime politique, auraient été, le prince Louis Bonaparte en tête, sévèrement frappés par la justice du gouvernement établi. Quelques-uns eussent certainement payé de leur vie leur attentat ; beaucoup eussent été envoyés à Lambessa et à Cayenne ; c'est là que, vainqueurs, ils envoyèrent leurs adversaires. Puis du temps se serait passé, les colères auraient diminué ; eussent-ils profité de cette accalmie pour demander des grâces, et, leurs prétentions se haussant, pour réclamer une amnistie pleine et entière ? Je doute que les radicaux les eussent trouvés aussi amnistiables qu'ils trouvent les condamnés de la Commune ; les radicaux ne se piquent pas d'une grande équité ; ce qu'ils aiment, ils l'amnistient ; ce qu'ils haïssent, ils le damnent aussi énergiquement que des catholiques peuvent damner des hérétiques. Moi qui n'ai pas deux poids et deux mesures, je mets dans la même balance tous les crimes politiques de l'ordre que je considère ; c'est mon terme pour les insurrections illégales et les coups de force depuis 1814.

A propos des attentats de violence illégale et des hommes qu'ils élèvent au pinacle, M. Comte disait que même les plus mauvais d'entre ces hommes, une fois que la responsabilité du pouvoir leur est dévolue, s'améliorent, et que leur administration n'emporte pas tous les fâcheux effets que le début ferait craindre. Cela est vrai jusqu'à un certain point, et se vérifia sous l'empire, dont les détestables commencements cédèrent la place à plus de modération et de régularité. Nécessairement, cet apprentissage des gouvernants improvisés par la force coûte cher à ceux aux dépens de qui il se pratique. Néanmoins, il manqua toujours à l'empire quelques-uns des éléments essentiels à tout bon gouvernement en une société moderne ; et ses efforts furent vains, soit pour échapper aux conditions de son origine, soit pour remédier aux vices intimes de sa propre constitution.

La chronologie ascendante que je suis me mène au coup qui porta par terre la royauté de Louis-Philippe. Celui-ci vint non d'en haut mais d'en bas, et il fut asséné par des bandes populaires que la passion républicaine et socialiste animait ; avec un sûr instinct, elles mirent à profit les fautes commises par le gouvernement du roi, dressèrent leurs barricades, et, divers hasards aidant, elles se rendirent maîtresses de Paris que Louis-Philippe ne leur disputa pas, et de la France qu'on ne leur disputa pas davantage.

Ce fut un acte de violence et d'illégalité. L'établissement de juillet était légal, d'une légalité étroite si l'on veut, mais que rien n'empêchait d'élargir pacifiquement sous l'impulsion de l'opinion. Après la chute de Charles X, la chambre des Députés, seul pouvoir qui restât debout, déféra la couronne au duc d'Orléans, et la consécration était suffisante. Que l'acte de violence qui cassa cette consécration ait eu pour objet la république, et qu'il provienne de mains populaires, cela ne change rien à sa nature, et il est un crime politique comme le guet-apens du 2 décembre 1851 et le soulèvement des fédérés parisiens en mars 1871. Tout est pareil; dans les trois cas, suivant les moyens qu'offre la circonstance, on emploie illégalement la force contre un ordre de choses établi et régulier, et l'on prétend lui substituer ce qui agrée politiquement aux promoteurs du mouvement.

Eh quoi! diront les républicains, peut-on mettre en parallèle le détestable empire avec son absolutisme, avec sa compression, avec ses guerres, et la généreuse et bienfaisante république, qui consacre tous les droits et toutes les libertés? Eh quoi! diront les impérialistes, peut-on mettre en parallèle l'anarchique république avec ses désordres, avec ses guerres civiles, avec ses ruines de la fortune publique, et l'ordre plein de prospérité que l'empire assure au pays pour beaucoup d'années? Qui croire et à qui entendre? Tout juge équitable leur reconnaîtra une même et mauvaise origine; le reste est affaire de parti et d'opinion.

Les hommes de 1848 argueront-ils que leur illégalité et leur violence furent aussitôt amnistiées et légalisées par le verdict du suffrage universel, qui, consulté, envoya une chambre républicaine? L'argument se retourne contre eux, ou du moins est sans valeur; car le même suffrage universel, quatre ans plus tard, amnistia et légalisa l'illégalité et la violence commises par les bonapartistes. Que l'on argumente tant qu'on voudra, le fait accompli demeure le maître aussi bien pour l'empire que pour la république.

Faut-il donc s'abstenir de tout ce qui émane de la malencontreuse origine, et moi-même me suis-je imposé une pareille réserve? Non, sans doute; une fois qu'un renversement a fait table rase, chacun obéit à ses instincts, à ses opinions, à son jugement, à ses intérêts, et prend sa place dans les groupes politiques. La mienne a été contre l'empire et pour la république. Mon antipathie historique est profonde pour le régime que le premier Napoléon fit peser sur la France; elle n'a pas été atténuée par les faits et gestes du second. Je lui ai été résolument et constamment adverse, mais mon aversion est devenue de l'horreur quand il eut amené le déchirement de l'Alsace et de la Lorraine d'avec la France; c'est son crime irrémissible, comme le crime irrémissible de la Commune parisienne de 1871 a été d'incendier Paris. Je me suis donc rangé dans les rangs républicains. La république est un régime libéral, et je suis acquis d'avance à tout régime libéral. J'ai servi avec dévouement la république de 1848, et j'ai été cruellement affligé quand elle fut égorgée par le prince Louis Bonaparte. Je conviens de la sorte que le fait accompli a été mon maître; mais j'aimerais mieux appartenir à un pays où les coups d'État princiers ou populaires viendraient échouer contre des impossibilités historiques et sociales.

En ai-je fini avec l'illégalité violente? non, pas

encore. La Restauration était issue d'une origine singulière et complexe, mais qui n'en était pas moins très forte. Elle avait pour elle l'assentiment de l'Europe, qui se montra favorable au rétablissement des Bourbons. Elle rendait le trône à la vieille lignée des rois de France, et le titre de légitimité ne lui messeyait pas. Enfin elle ne revenait pas les mains vides, apportant la paix qui était le souhait de tous, et une charte qui inaugurait le régime parlementaire aboli par Bonaparte. Son droit fut reconnu au dehors et au dedans, et elle apparut avec un caractère régulier et légal, contre lequel les révolutionnaires et les impérialistes n'avaient d'autre ressource que de se coaliser et de s'insurger.

Elle fut d'abord un très mauvais gouvernement; une réaction effrénée l'emporta, et le parti royaliste se livra aux fureurs et aux vengeances. Mais peu à peu les passions déchaînées s'amortirent, l'esprit modéré de Louis XVIII prévalut, et les bienfaits que contenait en lui le régime parlementaire se développèrent graduellement. La prospérité matérielle marcha de pair avec le progrès d'une liberté régulière.

Les lettres et les sciences fleurirent, et le malaise qui existait entre la France et la dynastie tendait à se perdre dans la conciliation légitimiste et libérale.

C'est de cette situation belle et forte qu'il plut à un vieux roi, tout imprégné des préjugés de l'émigration et dominé par des prêtres, de précipiter la royauté dans une périlleuse aventure. Il porta une main violente sur la charte, et se prépara à soutenir par la force l'interprétation qu'il croyait devoir donner au fameux article 14 (1). Les ordonnances parurent : aussitôt le sol trembla, Paris et plusieurs grandes villes refusèrent de se soumettre à la violation du contrat synallagmatique qui liait la dynastie et la nation. Des régiments et des insurgés, des canons et des barricades remplacèrent les paisibles discussions. Mais l'illégalité se trouva la plus faible, et force resta à la loi.

La lutte fut courte et ne produisit pas directement de grands dommages ; toutefois les dommages indirects furent énormes. La fortune publique éprouva une baisse considérable. L'industrie et le commerce, saisis dans l'étau de fer d'une catastrophe imprévue, ne purent satisfaire à leurs obligations ; et il fallut recourir à divers expédients pour atténuer leurs souffrances. Le mal moral ne fut pas moindre que le mal matériel. L'esprit de révolution et de désordre sentit qu'un grand poids venait d'être ôté aux obstacles qui le gênaient, et sans retard il profita des nouvelles facilités. Les émeutes succédèrent aux émeutes ; non point des émeutes où l'on crie et où l'on s'agite, mais des émeutes sanglantes, à barricades, à coups de fusil, jusqu'à ce qu'enfin une dernière emporta la monarchie de Louis-Philippe et ouvrit la porte à la monarchie de Napoléon III.

On ne sait jusqu'à quel point le ministère Polignac, victorieux, eût poussé la punition et la compression. Sa défaite coupa court à ce qui pouvait être médité de ce côté ; mais elle ne changea rien au caractère de la tentative, et le roi Charles X resta

---

(1) L'article 14 de la charte de 1814 autorisait le roi à prendre des mesures extraordinaires en cas de dangers publics.

chargé du même crime politique que les auteurs anonymes de la révolution de 1848, que le prince Louis Bonaparte, restaurateur de l'empire, que M. Delécluze et ses amis appelant les fédérés parisiens à la révolte. Crime politique, ai-je dit ; chacun a pu voir par les cinq exemples que j'en ai rapportés que, vainqueur, il devient gouvernement, que, vaincu, il passe devant les tribunaux, et, que, dans l'une ou l'autre éventualité, il garde des adhérents qui le prônent comme un acte de patriotisme et d'héroïsme, et continuent à tenter de le remettre à flot et de lui rendre de nouvelles chances. Là-dessus je me contente de noter que M. Comte prétendait que le crime politique était le plus grand de tous, vu que la portée en dépassait beaucoup celle des crimes d'ordre commun.

III

Ce résumé rétrospectif est navrant. La culpabilité politique l'emplit tout entier ; roi, empereur, populaire y trempent à l'envi, et elle se paye chèrement au tribunal sociologique, qui inflige rigoureusement aux prémisses leurs conséquences.

Les peuples sages se contentent de ce qu'ils ont. Je m'explique : ils se contentent de ce qu'ils ont comme une assise qui leur garantit l'ordre, et, délivrés du souci du désordre en ce qu'il a de plus aigu, ils ne se refusent pas à entendre l'appel aux améliorations. Les améliorations ont pour cause le progrès des sciences, l'activité croissante de l'industrie et de la production, la diffusion du savoir et une justice sociale plus efficace. De cette façon, toute une classe de malheurs intérieurs et extérieurs est écartée ; on ne consume point les forces de la patrie en conflits civils, en batailles meurtrières, en condamnations, transportations et exils de citoyens utiles, et destructions de l'avoir public et privé ; voilà pour le dedans. Quant au dehors, on ne perd ni l'Alsace ni la Lorraine, et on ne paye pas cinq milliards d'indemnité au vainqueur.

Dans le pêle-mêle d'illégalités et de violences que nous offre notre histoire depuis 1814, tous, légitimistes, républicains et impérialistes, sont passibles d'une seule et même condamnation. Je me mépriserais, si, parce que je suis républicain, je faisais en ceci une exception pour le parti de la république, et louais chez lui les coups que je blâme ailleurs. Je n'admets ni que ce qui est mal chez les uns soit bien chez les autres, ni que la fin justifie les moyens. Je suis d'avance du côté de ceux qui résolument renoncent aux voies violentes ; mais, parmi ceux qui n'y renoncent pas, mon impartialité est complète : impartialité qui n'est point de l'indifférence ; car c'est le cœur déchiré que j'ai assisté à mainte péripétie de notre récente histoire. Vanter comme un héros ou un martyr tout homme qui s'insurge contre un roi ou une assemblée n'est pas mon fait ; bénir comme tutélaire toute autorité royale ou impériale qui, la baïonnette au bout du fusil, supprime les chambres électives, ne l'est pas davantage.

La république actuelle, la troisième république, a l'incomparable avantage, rare en nos commotions, d'être pleinement légale et de ne rien devoir à la violence. L'Assemblée nationale, élue par le suffrage universel duquel, sous notre régime, provient tout pouvoir, la consacra à Bordeaux comme fait, et plus tard à Versailles comme droit. Elle a été débattue, mise en parallèle de la monarchie légitime, reconnue seule faisable, et faite par une assemblée qui ne semblait pas destinée à cet office (1). La légalité, nous ne l'avons que trop vu, ne met pas à l'abri des tentatives violentes; mais, entre les mains d'un gouvernement prudent et ferme, elle est une force de grande valeur.

Le nom, la définition qui lui appartient, est conservatrice libérale, c'est-à-dire qu'elle assure l'ordre et la liberté à la fois et avec un égal souci ; car, dans nos sociétés modernes, que faire de l'ordre sans la liberté et de la liberté sans l'ordre? C'est bien, mais est-ce assez? Quelle place y reste-t-il en vue des réformes sociales que l'avenir espère, des constructions systématiques de Saint-Simon, d'Auguste Comte, de Fourier, des projets rénovateurs des socialistes, et, pour ne pas nous omettre, nous positivistes, de la conception positive du monde à laquelle nous prétendons que se conformeront l'éducation, les opinions, les lois, les mœurs? Ne nous hâtons pas trop ; car la sociologie nous arrête et nous avertit que tout cela est du domaine d'un avenir plus ou moins éloigné, plus ou moins incertain, qu'elle ne connaît que l'expérience et les déductions prochaines, et que rien, dans son ressort, ne procède que par élaboration lente et développement graduel. Or, la république conservatrice libérale étant un régime de liberté et de discussion, l'expérience, l'élaboration lente, le développement

(1) Si le trône eût été rétabli en 1874, comme cela parut probable un moment, ce relèvement eût été légal. Ainsi le fut plus tard l'établissement de la république.

graduel lui reviennent de droit. De cette façon, il n'est aucune réforme sociale, quelque grande qu'elle soit, pourvu qu'on la discute et qu'on la fasse triompher devant l'opinion, à qui elle ferme la voie.

La république conservatrice a deux sortes d'ennemis, les réactionnaires et les révolutionnaires. Les réactionnaires se composent des deux partis monarchiques, les royalistes et les bonapartistes, et du parti clérical. Je ne parle point de cette coalition à la légère, elle est puissante, et a été fort dangereuse durant toute la durée de l'Assemblée nationale. Aujourd'hui elle est privée de ses moyens directs d'aggression, elle se tient sur l'expectative et attend nos fautes. Tout autre est la position des révolutionnaires : ils sont, si je puis ainsi parler, dans la place, car ils appartiennent au parti républicain, et se vantent non sans raison d'avoir été les ardents et les déterminés de ce parti, alors qu'il conspirait ou s'insurgeait. Ils sont donc bien placés pour créer de sérieux embarras ; et, encore que le temps ait été très court depuis que la réaction et le 15 mai ont été écartés, ils se sont mis à la besogne avec une vigueur et une activité qui n'ont laissé aucun moment sans le remplir.

On m'a reproché, quand j'ai opposé le radicalisme à la république conservatrice, de n'avoir pas défini ce que j'entendais par radicaux. Il y a du vrai dans ce reproche ; et mon expression, qui se trouve exacte quand on l'applique à la France, se trouve fausse quand, la généralisant, on l'applique à d'autres pays. Aussi vais-je m'expliquer. La doctrine politique des radicaux est de faire prévaloir partout la démocratie et les institutions qu'elle comporte. C'est un parti considérable en Angleterre ; là, il se classe à son rang parmi les partis, essaye de gagner la majorité devant les électeurs et au parlement, et n'a pas d'autres voies que celle que lui offre la constitution. Ce n'est point là la condition de leurs congénères les radicaux français. Chez nous, ils forment la tête de l'intransigeance depuis les révolutionnaires jusqu'aux socialistes; et, vu qu'ils tiennent à ne pas s'en séparer, et, comme on dit, à ne pas couper leur queue, ils assument une responsabilité qui ne pèse en aucune façon sur les radicaux anglais.

Aussi est-ce par eux que l'intransigeance, qui n'est troublée par aucun scrupule d'ordre et de légalité, amène sur le tapis les propositions qu'elle croit les plus propres à ébranler le gouvernement établi et le respect des lois. L'élection d'un inéligible, tout ce qui s'est fait en ce genre, tout ce qui se prépare, qu'est-ce autre que des tentatives pour emporter d'une façon éclatante et de haute lutte de grandes illégalités? Cela obtenu, elle ne doute pas qu'elle ne force successivement les barrières, jusqu'au moment où elle deviendra maîtresse absolue. En attendant, faire beaucoup de politique et peu d'affaires est le mot d'ordre de la république intransigeante, tandis que celui de la république conservatrice libérale est de faire beaucoup d'affaires et peu de politique.

Contre des assauts qui se renouvelleront sous tant de formes, il importe de défendre avec une ténacité invincible la position légale de la république conservatrice. C'est un ralliement tout préparé, et le meilleur des ralliements. Que demande le gros du pays? une tranquillité ferme qui lui assure une suffisante perspective du développement de ses intérêts matériels et moraux. Il la trouve, et ne la trouvera pas ailleurs, dans le droit légal de la république.

En présence des périls réactionnaires et des périls révolutionnaires la partie n'est pas tellement gagnée qu'il soit loisible de se départir de la tactique qui a donné le succès. Les groupes des gauches doivent conserver l'attitude qu'ils ont eue contre le 16 mai, c'est-à-dire obéir à la majorité qui s'y formera et ne point se scinder sur les questions politiques malgré la contrariété des vues et la déplaisance de céder. Il n'y a qu'honneur à obéir à la discipline, et à s'en remettre à la libre discussion pour faire prévaloir ce que chacun de nous estime le meilleur. Telle est la conduite qui me paraît sage, utile, calculée et, dans nos circonstances, vraiment républicaine.

Que si l'on m'objecte que je m'ingère là où je ne suis pas appelé, et que je donne des avis à qui ne m'en demande point, mon excuse et ma réponse est la parole de l'auteur latin : *extrema senectute liber*.

CHAPITRE VII

TRIOMPHE DÉFINITIF DU RÉGIME RÉPUBLICAIN

[Voilà les pages qui surprirent amis et ennemis, et qui me rangèrent parmi les adversaires de l'article 7 de la loi sur l'instruction publique proposée par M. le ministre Ferry. J'y repousse toute dérogation au droit commun, et j'y exprime que ce droit commun suffit pour mettre en sûreté l'ordre laïque contre les entreprises de l'ordre théologique, ces entreprises fussent-elles dirigées par les habiles jésuites.

LE CATHOLICISME

SELON LE SUFFRAGE UNIVERSEL EN FRANCE (1)

Il est en France un catholicisme selon le suffrage universel. Peut-être, au premier abord, ne voudra-t-on pas accepter une pareille distinction ; mais, quand je me serai complètement expliqué, je pense qu'on reconnaîtra la réalité du fait que mon expression a pour but de mettre en lumière. Le catholicisme selon le suffrage universel n'a rien de commun avec le gallicanisme ni avec les doctrines de ceux qui, sous le nom de vieux catholiques, tentent de fonder une Église particulière. Sa date est récente, étant né après le triomphe de la grande révolution. Sans caractère ni dogmatique ni théologique, il est

---

(1) *Revue de la philosophie positive*, numéro de septembre-octobre 1879.

essentiellement politique, et a comme tel des idées arrêtées dont il ne veut pas que ses prêtres, qu'il respecte pour tout le reste, soient les arbitres.

Le catholicisme est la religion du plus grand nombre des Français, cela ne fait aucun doute. Quand on a déduit d'une part les protestants et les juifs, et d'autre part, défalcation encore plus grande, les indifférents et les libres penseurs, il reste une masse considérable qui emplit les églises, reçoit les sacrements depuis le baptême jusqu'à l'extrême-onction, et serait sérieusement offensée si on la gênait dans l'exercice de son culte. Ne pas reconnaître cette condition fondamentale, c'est se préparer, si on est philosophe spéculant sur la marche des sociétés, de graves mécomptes théoriques, et, si on est homme d'État prenant part au gouvernement, de non moins graves mécomptes politiques.

Cela étant ainsi, où donc cette nuance de catholicisme que je nomme le catholicisme selon le suffrage universel se manifeste-t-elle? Sans entrer dans le détail des signes qui la caractérisent, je me borne à un seul, parce qu'il a une grande portée et qu'il possède une complète notoriété. Je veux parler des élections qui nomment les membres de la chambre des députés, les conseillers généraux et les municipalités. Sur ce terrain, le catholicisme selon le suffrage universel met de côté les distinctions de religion et de doctrine entre les candidats, et il ne se souvient que de leurs opinions politiques. Il se porte indifféremment sur des catholiques, sur des protestants, sur des juifs, sur des libres penseurs, pourvu qu'ils satisfassent à un certain programme qui varie sans doute selon les circonstances, mais qui pourtant a toujours un fond identique, celui de respecter les conditions essentielles de la société moderne telle que l'a faite la révolution. En revanche, il exclut presque absolument tout ce qui est clérical, ultramontain, jésuite, en d'autres termes tout ce qui professe une hostilité implacable contre l'établissement du régime laïque au sein de l'État. D'où vient ce double courant dans une même masse homogène ? c'est que, tandis qu'elle a un credo religieux dont elle entend bien ne pas se départir, elle a aussi un credo politique auquel elle tient avec une non moindre détermination. Dans un vieux pays comme le nôtre que la grande tourmente du seizième siècle ne réussit pas à faire protestant, les choses tournèrent de telle façon, sous la double influence du passé héréditaire et des nouveautés de la révolution, que le gros, tout en restant catholique, s'attacha invinciblement à l'ordre social qui supplanta l'ancien régime. Quelle contradiction, s'écriera-t-on et du côté qui assure que le catholicisme est incompatible avec aucune liberté moderne, et du côté qui soutient qu'il n'est aucune liberté moderne qui ne soit hétérodoxe! Contradiction, soit; mais elle existe, elle vit, elle se meut, elle agit et a des résultats très importants. Ce n'est pas d'ailleurs le seul cas où des contradictions se rencontrent sans se détruire, et ont, dans le milieu qui les comporte, des effets qui ne sont pas toujours malfaisants.

Ici je ne puis m'empêcher d'ouvrir une parenthèse qui, je pense, ne sera pas dénuée d'intérêt pour mon lecteur. Par ce que je viens de dire on voit que le catholicisme selon le suffrage universel est en même temps fidèle à sa foi et exerce d'une façon exemplaire la tolérance. Dans l'église, devant la chaire, au confessionnal, à la première communion, au sacrement du mariage, à l'extrême-onction du lit de mort, il accepte chrétiennement l'autorité de ceux qui lui distribuent la parole de Dieu. Hors de là, il n'a plus aucun préjugé contre les dissidents, contre les hérétiques, contre les incrédules ; et il leur confie, s'il les juge d'ailleurs dignes de confiance, ses plus chers intérêts temporels. Je livre ce cas remarquable à la méditation des intolérants de toutes les catégories.

Le catholicisme selon le suffrage universel a deux sortes d'ennemis, les radicaux et les cléricaux.

Les radicaux ne veulent pas qu'on soit catholique. Ils en sont au cri de haine et de guerre du dix-huitième siècle : écrasons l'infâme. Je ne sais jusqu'à quel point ils porteraient la persécution ; car ils entendent bien se servir de l'autorité civile pour soutenir leur propagande anti-religieuse. Au *compelle intrare* de l'Église, ils substituent volontiers le *compelle exire*, et ils s'évertuent à forcer les gens de sortir de leur croyance. De ce qu'ils entreprennent en ce genre, nous avons en témoignage les mesures vexatoires prises par le gouvernement de Genève, tant qu'il fut aux mains des radicaux. Ils ne désespèrent pas de détruire le catholicisme ; et, comme ce philosophe du dix-huitième siècle qui répondait : nous verrons, au ministre qui lui représentait que l'entreprise anti religieuse ne réussirait pas, ils ont leur *nous verrons*. J'examinerai plus loin dans le cours de cet article quelle est la chance sociologique de cette propagande ; pour le moment, je me contente de constater qu'il existe un fort parti, comprenant les radicaux et la plupart des socialistes, qui est animé d'une persévérante hostilité contre le catholicisme, et qui l'effacerait d'un trait de plume, si la plume la plus puissante y pouvait quelque chose.

L'autre ennemi du catholicisme selon le suffrage universel est le cléricalisme. Celui-là y voit une révolte séditieuse qu'il hait non moins que le gallicanisme et dont il espère bien triompher également. Pas plus que le radicalisme, il n'hésiterait à employer l'autorité temporelle, le bras séculier pour donner force à ses commandements. Mais, comme la situation ne comporte pas l'usage de pareils moyens et que le bras séculier n'est plus à sa disposition, il se sert des armes spirituelles dont l'arsenal est entre ses mains. Ces armes sont bien affilées, et il les manie avec une grande dextérité. La principale (je laisse de côté la propagande individuelle, le confessionnal, la chaire, l'influence des femmes) est l'éducation, par laquelle il espère changer l'esprit des masses et les rendre soumises aux doctrines du Syllabus. Les jésuites sont les grands directeurs et agents de cette campagne, qui a pour but de triompher de toutes les institutions que l'esprit moderne a fondées. Les radicaux n'espèrent pas avec plus d'ardeur et de confiance extirper à fond le catholicisme, que les jésuites ne comptent effacer la trace des conquêtes de la révolution.

Le gouvernement de la république est laïque, c'est-à-dire qu'il n'est ni catholique, ni protestant, ni juif, ni radical, ni clérical, ni libre penseur. Il assure la sécurité des citoyens appartenant à ces différentes doctrines, sans distinction ni partialité, et gère les affaires de la France. Il a reçu du passé un héritage d'institutions et de lois qu'il peut modifier avec le concours des chambres, mais qu'il n'est pas libre de répudier. Plus il est républicain, plus il doit tenir à leur stricte exécution. C'est un terrain solide où sa responsabilité est le plus à couvert, et qui, étant le mieux connu de chacun, est le moins livré à l'arbitraire. Sans doute ce n'est pas le dernier mot de la situation, mais c'en est le premier.

Dans ce legs fait à la république actuelle par tous les régimes politiques qui l'ont précédée, est le Concordat, traité passé il y a près de quatre-vingts ans entre le gouvernement français et le saint-siège. Il assure le libre exercice de la religion catholique et salarie le clergé; en récompense, l'Église se soumet à certaines obligations qui résultent en France de la laïcité des institutions et de la tolérance pour les doctrines. Le Concordat exécuté en son esprit et en son texte suffit à défendre contre les radicaux le catholicisme selon le suffrage universel. J'ai souvent dans ma jeunesse entendu des hommes de la révolution regretter que la situation religieuse telle qu'elle était avant le Concordat n'eût pas été conservée, alors que l'État ne reconnaissait aucun culte, et alors que par exemple, je cite ce fait particulier parce qu'il a été souvent cité devant moi, l'église de Saint-Sulpice à Paris servait au culte catholique et à celui des théophilanthropes. Il est inutile de spéculer sur une hypothèse à laquelle la tournure prise par la révolution entre les mains de Bonaparte donna le démenti. Seulement, je remarque que le catholicisme, qui semblait alors au plus bas, vint rapidement au plus haut; ce qui prouve qu'il possédait encore une vitalité qui n'était pas près de s'éteindre. Tout traité peut être rompu par la volonté des parties contractantes. Aussi, depuis la chute de la Restauration, a-t-on à diverses reprises proposé de rompre celui du Concordat, surtout avec la vue de supprimer le budget des cultes. Cette proposition était et est encore suggérée par des motifs différents. M. Comte, qui la joignait avec la suppression de l'Université, y voyait un moyen de disloquer à la fois l'enseignement théologique et l'enseignement métaphysique, et d'avancer ainsi l'avènement des doctrines positives; en quoi il se trompait. D'autres sont séduits par l'exemple des États-Unis; mais le peuple des États-Unis est protestant en majorité, tandis que le nôtre est en majorité catholique. Enfin les radicaux demandent qu'on cesse de payer le clergé, dans l'espérance que cette mesure portera un coup fatal au catholicisme. Il est possible qu'un avenir plus ou moins prochain mette la discussion de cette question à l'ordre du jour; mais, pour le moment, elle n'est guère que du domaine du radicalisme, dans les chambres et hors des chambres; et la république commettrait une faute grave, si elle troublait la paix actuelle des catholiques français et si elle prenait à sa charge, au milieu de toutes ses difficultés, la grande difficulté d'une innovation qui semblerait une déclaration de guerre. De ce côté donc, le catholicisme selon le suffrage universel est en sûreté sous le régime républicain actuel.

Son second ennemi, qui est, comme je l'ai dit, l'ultramontanisme, n'est pas moins dangereux. Combattre ses entreprise est un des principaux soucis de la politique présente; car, si les doctrines que les jésuites s'efforcent d'inculquer prévalaient au sein du catholicisme selon le suffrage universel, elles en changeraient l'esprit; bientôt les votes électoraux amèneraient dans les pouvoirs publics des hommes profondément hostiles à nos institutions; les plus graves complications naîtraient; et les 16 mai se renouvelleraient avec des chances croissantes de succès. La plus grande vigilance est commandée au gouvernement de la république, pour que les tendances du gros de la population demeurent dans la voie où elles sont si heureusement engagées.

Afin d'obtenir le résultat désiré, deux systèmes sont en présence dans les conseils des pouvoirs publics : l'un, le système préventif, procède par des lois d'exception qui frappent d'interdit telles ou telles associations, tel ou tel enseignement ; l'autre, le système répressif, n'ayant recours à aucune arme particulière, réprime quand il y a lieu, mais s'en rapporte pour la défense des plus chers intérêts nationaux à l'ensemble des institutions laïques vigoureusement soutenu et développé.

Avant d'entrer dans l'examen de ces deux systèmes, en leur rapport avec la situation, je veux résumer brièvement les intentions des cléricaux, et faire toucher au doigt la nature et la gravité du péril dont ils nous menacent. Au premier rang est la destruction de la république ; ils en ont été les constants adversaires ; ils ont donné tout leur appui aux entreprises tentées soit pour restaurer une monarchie, soit pour empêcher l'établissement du régime républicain ; et, s'il ne tenait qu'à eux et à leur influence, ce régime disparaîtrait sans retard. Non pas qu'ils aient une haine aveugle et un préjugé invincible contre la forme républicaine ; ils l'accepteraient s'ils pouvaient en devenir les maîtres ; mais, chez nous, cette forme est liée à la plus complète expression de l'État laïque, et cette impardonnable offense suscite incessamment leur animadversion. Donc, ils travaillent avec la persévérance et l'habileté qui les caractérisent, à détruire, coûte que coûte, les idées et les sentiments qui font la république ; cette république qui nous donne l'ordre et une profonde tranquillité, qui dégrève graduellement notre lourd budget, et où les prévisions du ministère des finances sont constamment dépassées par la plus-value du rendement des impôts ; ce qui témoigne irréfragablement que, de haut en bas, le gros ne s'impose pas de privations et que l'épargne continue à se faire, au grand profit de l'État et des particuliers.

A vrai dire, l'entreprise des jésuites a une portée plus générale encore que la simple élimination de la forme républicaine en France ; elle vise la destruction des diverses institutions qui, issues directement ou indirectement de la révolution, affranchissent l'État et les individus des liens de l'Église en qualité de maîtresse absolue des doctrines et des esprits. Tout ce qui est liberté de parole, de presse, d'opinion et de science, doit être soumis à la censure préalable de cette suprême autorité, et ne recevoir l'exequatur qu'après avoir été expurgé de ce qui pourrait inquiéter l'orthodoxie. L'effort de restauration théologique n'est pas borné aux pays catholiques ; il embrasse aussi les pays protestants, et là on se propose de détruire l'hérésie, comme ailleurs de détruire la révolution.

De pareilles prémisses ont de terribles conséquences, se résumant en une intolérance fanatique, d'autant plus dangereuse et implacable qu'elle croit accomplir un devoir de conscience. Le passé en témoigne amplement, surtout depuis le moment où la philosophie et la science commencèrent à irriter l'orthodoxie. L'avenir n'en témoignerait pas moins, si notre malheur voulait que l'ordre des jésuites, institué pour éteindre le protestantisme et renouvelé pour éteindre la révolution, réussit à triompher. Aucun quartier ne serait fait aux idées ni aux hommes qui ne se soumettraient pas.

Je n'ai atténué ni les projets ni les périls ; maintenant je puis procéder avec plus de sécurité à la comparaison entre le système préventif et le système répressif.

Je déclare tout d'abord qu'en temps tranquille (et celui-ci, grâce à la république, est éminemment tranquille), je suis l'adversaire du système préventif et des mesures d'exception. Dans le cas particulier qui se présente et qui est relatif à la liberté d'enseignement, je le juge inutile et nuisible. Les jésuites, car c'est d'eux qu'il s'agit surtout, ont été bannis par des lois qui n'ont pas été rapportées, mais qui sont tombées en désuétude. Cette désuétude, je n'y contredis pas. On laisse donc les jésuites parmi nous, mais on prétend empêcher leur enseignement. Or qu'enseignent-ils ? les doctrines du Syllabus. Et bien ! a-t-on raison d'entreprendre quoi que ce soit qui ressemble à une croisade contre le Syllabus ou catholicisme ultramontain ? C'est la religion d'une multitude d'hommes en France et hors de France, c'est le catholicisme officiel, c'est le dogme du pape à qui obéissent tous les clergés, y compris le clergé français. Les jésuites sont sa milice privilégiée. On leur fermera des maisons, on mettra en interdit leurs professeurs. Qu'est cela ? En place surgira une action morale et, partant, occulte, qui sera conduite par le clergé, par des familles ultramontaines, par des femmes vigilantes et dévouées, et qui trouvera des connivences toutes préparées. Je n'ai aucun moyen d'évaluer cette action, puisqu'elle est morale et occulte, mais elle compensera certainement les fermetures et les interdictions qu'on a en vue. On ne gagnera rien, et d'un autre côté on perdra; car on suscitera un mécontentement plus étendu que n'est le groupe jésuitique et ultramontain. On gênera des familles qui, quelquefois peu jésuitiques, mettent, grâce à la mère surtout, leurs enfants chez les jésuites, sans que ces enfants deviennent jésuites pour cela. Surtout on aura le tort de troubler gratuitement une situation paisible qui est bien digne d'être ménagée.

Après ce que je viens de dire, il est évident que je suis pour la voie répressive, c'est-à-dire pour le régime de la liberté. A mon sens, ce régime est je ne dirai pas seulement plus efficace que l'autre, mais le seul efficace, avec de la constance, de la modération et de l'habileté. En outre, il ne comporte aucune des nuisances que j'ai indiquées dans la conduite contraire.

J'entends les objurgations s'élever de bien des côtés; car à la plupart il paraît impossible de ne pas user, à l'égard des jésuites, de représailles qui seraient juste si nous n'étions pas au-dessus des représailles. Eh quoi! faut-il accorder la tolérance à qui ne tolère pas? Depuis longtemps je répète que, nous laïques, nous sectateurs des idées et des institutions modernes, nous l'emportons en moralité sur les fauteurs des doctrines théologiques, qui pourtant se prétendent seuls gardiens et garants de la vie morale des sociétés; et le principal témoignage de cette supériorité, la plus précieuse de toutes, est justement la tolérance, que nous pratiquons malgré eux et sur eux, et qui est notre *labarum*, portant comme l'ancien: *In hoc signo vinces*.

Faut-il accorder imprudemment la liberté à qui la refuse à autrui? Je n'hésite pas à soutenir l'affirmative. Nos adversaires, avec un étrange cynisme, nous disent : « Votre principe est la liberté ; le nôtre est l'autorité ; nous profitons de la liberté que vous nous accordez quand vous êtes au pouvoir ; quand nous y serons, nous ne commettrons pas la duperie de vous octroyer la réciprocité. » Nous le savions d'avance grâce à votre passé, et vous n'aviez pas besoin de nous le dire. Mais, à notre tour, nous comptons sur le dégoût moral excité par un pareil langage chez tous ceux qui sont en dehors du fanatisme théologique. Et ce dégoût est une puissance : car c'est par millions qu'aujourd'hui se comptent les amis d'une équité que la théologie foule scandaleusement aux pieds.

Faut-il continuer la pleine franchise à un enseignement qui falsifie l'histoire, défigure la morale et pervertit la politique? Sans doute, ces falsifications, ces perversions, apparaissent très dignes de blâme, surtout si on les considère en tant qu'éléments d'instruction pour la jeunesse. Mais, en revanche, la doctrine théologique dont, ici, les jésuites sont les porte-parole, regarde comme détestable en son origine et en ses conséquences le principe laïque qui anime la société ; et à cette lumière, trompeuse suivant nous, vraie suivant eux, une histoire, une morale, une politique apparaissent, qui présentent d'étranges différences avec notre histoire, avec notre morale, avec notre politique. Qui jugera ? non pas nous qui sommes partie intéressée, mais le temps qui fait prévaloir le savoir positif sur les savoirs arriérés et théologiques, et modifie en ce sens l'opinion générale des hommes. Voulez-vous un autre exemple de l'intervalle qui sépare l'état mental de deux parties d'une même population? Considérez Lourdes et son histoire. Là sont des apparitions qui montrent visiblement quelqu'une des personnes divines du catholicisme ; là sont des miracles sans nombre, des foules pieuses et émues, des pèlerins venus de loin pour croire et adorer, en un mot tout ce qui se voit en Asie dans les fêtes religieuses du brahmanisme et du bouddhisme. Nous n'avons aucune intention d'empêcher les croyants en Lourdes ; mais nous n'avons non plus aucun moyen de les détromper. Aussi ai-je pris Lourdes comme symbole de l'enseignement des jésuites, insaisissable comme foi, inutile à gêner comme manifestation.

Faut-il enfin permettre aux jésuites de former, au sein de la nation, une nation ennemie toujours disposée à ruiner de façon ou d'autre tout l'établissement laïque? Cette nation ennemie, qui existe, continuera d'exister, soit qu'on interdise ou non l'enseignement aux jésuites. Les convictions religieuses qui l'entretiennent défient les mesures temporelles. Ce sont des convictions contraires qu'il convient de lui opposer ; et ces convictions contraires ne manquent pas, car elles ont fait la France ce qu'elle est. D'ailleurs est-ce la seule nation ennemie que la république porte dans son sein? n'avons-nous pas les partis monarchiques qui attendent de mettre à bas un régime haï, et chez qui on tenterait vainement de désarmer les volontés? Prenons-en donc notre parti ; et que ce danger bien connu, ni surfait, ni atténué, soit toujours présent à l'esprit de la majorité républicaine et de son gouvernement. Rien n'est plus salutaire, quand on sait s'élever au-dessus des infatuations, qu'une menace toujours présente et le frein auquel la vigilance redoutable d'un ennemi acharné nous soumet. M. l'archevêque de Paris, dans sa Lettre aux Sénateurs, frappé lui aussi de nos divisions, dit qu'il ne conçoit que deux manières d'y obvier : ou bien revenir tous dans le giron de l'Église, ce qui produirait l'unité parfaite ; ou bien, si cette réunion est impossible, procurer à tous la jouissance commune des mêmes libertés. En un autre esprit que M. l'archevêque de Paris (car il est soumis au Syllabus), je conclus comme lui en m'en rapportant à la liberté pour la solution de la difficulté pendante.

De tout ce que je viens de dire, personne, j'espère, ne voudra inférer qu'à mon avis il faut se croiser les bras, et qu'en détournant la célèbre formule économique *laisser faire, laisser passer*, il n'y a qu'à laisser faire et à laisser passer les jésuites et leurs intentions. Non certes, et je demande que la défensive soit organisée avec vigueur, et suivie avec persévérance. D'abord il est un point fort simple, et sur lequel aucun dissentiment, ce semble, ne peut exister, c'est celui des faveurs que les gouvernements prédécesseurs de la république octroyaient à l'Église catholique, à son clergé et à ses jésuites. Ils avaient un faible pour elle, et étaient disposés à payer cher son appui ; cela se pensait parmi les bonapartistes, cela se pensait bien davantage encore parmi les légitimistes ; là l'alliance entre l'autel et le trône était intime. Notre 16 mai, qui combinait en lui le bonapartisme et le légitimisme, n'eut garde de manquer à la propension qui a entraîné nos gouvernements monarchiques ou quasi-monarchiques. Les connivences de ce genre ont cessé et ne doivent plus renaître. Une égalité parfaite de toutes les opinions devant le gouvernement, voilà le programme ; nul ne peut équitablement s'en plaindre. Et pourtant, avec nos antécédents, cela suffit pour changer grandement les attitudes et les influences. Un régime constant d'égalité est à la longue un avocat persuasif auprès des opinions individuelles.

C'est le côté négatif de notre défensive et le moindre. Le côté positif et le plus fort est dans l'esprit de la société moderne, dans ses institutions, dans le bien qu'elles ont procuré, dans l'attachement qu'elles inspirent. Aux forces morales de l'adversaire nous opposons des forces morales qui, depuis un siècle, sont en croissance et qui atteignent aujourd'hui un plein déploiement ; à son organisation temporelle, qui a souffert tant de pertes non réparées, nous opposons une organisation temporelle qui, chaque jour, s'étend et se perfectionne. La laïcité dorénavant est un vaste front que les entreprises cléricales essayent de forcer. Nous l'avons acquise par la science et la liberté ; nous la garderons par la liberté et la science. L'État laïque a pris la place de l'État théologique. L'État théologique, ayant dominé si longtemps, a laissé maintes traces de sa grande existence. Le droit et le devoir de l'État laïque est d'en occuper partout la place et de se mettre en possession suivant la proportion du progrès de l'un et du recul de l'autre.

Là est la garantie de la société moderne. De cette garantie, un instrument important se trouve être, d'après la tournure que prend le débat, l'Université. Son rôle devient bien autrement considérable qu'il n'a jamais été quand elle n'était pas soumise à la concurrence, comme elle l'est désormais (1). L'avantage qu'elle a sur les Universités catholiques, et cet avantage est capital dans ce moment où le savoir a tant de prix, est de pouvoir s'occuper de l'histoire, de la science, de la morale, de la sociologie, avec une complète indépendance de tout préjugé dogmatique. Grâce à une mesure proposée par le ministre, adoptée par la chambre des députés, et à laquelle le sénat fera certainement bon accueil, le Conseil supérieur de l'instruction publique va cesser de compter dans son sein des membres qui n'ont pas de tendresse particulière pour l'Université, et qui surtout prétendent la confiner dans les étroites limites de l'orthodoxie. Ce n'est pas que je lui

(1) Les lecteurs de la Revue s'étonneront peut-être que je me range si décidément du côté de l'Université. En effet, ceux qui sont au courant des choses positivistes savent que, parmi les réformes préliminaires que M. Comte réclamait, était la suppression de l'enseignement universitaire, et que, dans le petit volume intitulé : *Conservation, Révolution et Positivisme*, j'avais soutenu l'opinion du maître que je suivais alors implicitement. Mais, depuis, dans la deuxième édition que je viens de donner de ce livre, j'ai changé de manière de voir, et je dis, page 28 : « Il est certain, d'après les dispositions mentales de la majorité des républicains, que les particuliers qui prendraient l'enseignement à leur compte n'innoveraient pas grand'chose sur le programme de l'Université ; ils feraient ce qu'elle fait ; la seule différence, c'est qu'ils le feraient peut-être moins bien. » Et plus loin, page 271 : « Quel était le but de la suppression de l'enseignement universitaire ? faire place à l'enseignement positiviste en déblayant le terrain. Mais ici prédomine l'illusion qui nous persuadait que nous étions dans la transition, cloison peu épaisse qui seule nous séparait d'un avènement décisif. La cloison est bien plus épaisse que nous ne le rêvions alors ; et le déblaiement, qui, d'ailleurs, n'a jamais pu être opéré, aurait nui à l'enseignement général, sans servir en rien la doctrine que nous avions en vue. » Ces considérations gagnent en force quand on réfléchit d'où vient aujourd'hui le péril et où est la défense. L'opinion de M. Comte a reçu la seule satisfaction qu'elle comportât et qui est dans la liberté de la concurrence et dans la suppression du monopole universitaire

recommande l'hétérodoxie. Non, selon l'heureuse formule de M. Ferry, s'il n'y a pas dans la république de religion d'État, il n'y a non plus d'irréligion d'État. Mais, en dehors de l'orthodoxie et de l'hétérodoxie, les grandes acquisitions de la recherche moderne en astronomie, en physique, en chimie, en biologie et en histoire doivent pénétrer l'enseignement universitaire ; et tout, depuis les écoles primaires jusqu'aux hautes études, sous les formes élémentaires comme sous les plus relevées, attend une réforme qui mette l'Université en avance de ses rivales. Les obstacles sont écartés ; l'opinion publique est favorable ; et l'éminent ministre qui est à la tête de l'instruction publique, ne manquant pas aux circonstances, dirigera graduellement l'Université dans une voie où elle n'a pas à craindre de concurrence.

Tel est, selon moi, le système général dont il faut de proche en proche poursuivre l'application. Les mesures immédiates sont : la collation des grades rendue à l'État, le refus d'accepter désormais les lettres d'obédience comme équivalent des examens subis par les instituteurs et institutrices laïques, et la liberté donnée sous une forme ou sous une autre aux cours privés.

Maintenant, je quitte l'enceinte particulière de la France, je jette le regard sur les autres nations, et je trouve que les sociétés les plus civilisées sont, à l'égard des traditions religieuses, dans une situation foncièrement identique à la nôtre. Partout, chez elles, on se dégage de l'ancienne organisation théologique, partout on emploie des procédés analogues pour y parvenir, partout la laïcité devient prépondérante. Nous avons, là, en voie de s'accomplir, un phénomène sociologique dont il n'est plus possible de méconnaître ni la puissance ni la portée. Il est le produit de causes profondes qui, étant liées à l'ensemble d'une évolution antérieure, sont soustraites à la fortune ambulatoire des volontés et des incidents. Voyons-les donc agir, et comptons sur leur action finale, comme dans l'ordre scientifique nous comptons sur l'accomplissement de toutes les lois naturelles.

J'ai dit que, dans notre pays, l'opinion, quant aux choses religieuses, est partagée en trois masses principales : le catholicisme selon le suffrage universel, le radicalisme et le cléricalisme. Une semblable division en ses linéaments généraux est commune à tous les peuples de même civilisation que nous. On y aperçoit un large fonds populaire, catholique ou protestant selon les contrées, un radicalisme préoccupé du soin d'éteindre les croyances religieuses parmi les masses, et un cléricalisme, lui aussi catholique ou protestant, qui travaille à replacer sur ses antiques fondements l'autorité ecclésiastique. Quel sera le succès de ce triple antagonisme ? Il n'est pas impossible de le préjuger ; car les trois acteurs de ce drame sociologique nous sont connus, et ont été, si je puis ainsi parler, déjà expérimentés. Le catholicisme ou le protestantisme populaires ont une trop large surface et forment une couche trop profonde pour que les attaques dont ils sont l'objet en viennent à bout ; même le terrible assaut que la révolution française livra à notre catholicisme n'a pas réussi contre lui ; il plia et se releva. Ils subissent, catholicisme et protestantisme, cela est certain, des dégradations ; mais elles sont lentes, et leur laissent une durée que, dans l'état actuel, il faut dire indéterminée. Le radicalisme, né de ces dégradations mêmes, continuera à en profiter, pour une part au moins ; mais elles ne lui promettent pas un accroissement plus rapide que la décroissance de son ennemi. Enfin, le cléricalisme, qui s'est laissé déchoir de sa position culminante, travaille à y remonter ; le sociologiste, qui le contemple, juge que l'effort n'aboutira pas, vu que les pensées publiques sont comme les pensées individuelles le résultat d'un état psychique essentiellement prédéterminé par les antécédents. Ainsi, de quelque côté qu'on examine le problème, on infère, à première vue, une sorte d'équilibre oscillant entre des limites qui ne s'écartent pas assez pour le détruire.

Toutefois le *statu quo* sociologique y est plus apparent que réel. A la vérité, les croyances, dans leur lutte réciproque, ne feront guère de progrès l'une sur l'autre ; mais ce qui continuera d'en faire de notables, c'est le régime laïque sur le régime théologique. Du moins telle doit être l'œuvre permanente du gouvernement républicain ; il est spécialement chargé d'assurer le travail de cette émancipation, comme tout gouvernement réactionnaire est spécialement chargé de l'entraver. Depuis longtemps j'assigne pour terme le point où les croyances seront seulement l'affaire des individus ou des groupes d'individus, sans aucune immixtion ni de ces croyances dans le gouvernement, ni du gouvernement dans ces croyances. Les doctrines religieuses sont discordantes et, par conséquent, incapables d'imposer un type universel ; leur suprême effort en ce genre a été le catholicisme du moyen âge. Au contraire, l'État laïque, quelles qu'en soient les formes monarchiques ou républicaines, tend à se rapprocher partout d'un type uniforme, celui où le régime social sera soumis aux lois sociologiques, étudiées, appliquées et utilisées comme le sont les autres lois naturelles. Cette élaboration sera favorisée et dirigée par une classe d'hommes qui commence à se former; des hommes que M. l'archevêque de Cantorbery signalait quand il disait, en une assemblée de prélats anglais, qu'un flot de scepticisme s'élève et que des doutes suggérés par la plus haute culture intellectuelle s'infiltrent à travers les couches sociales; des hommes qui ne sont ni révolutionnaires ni ennemis des religions, mais qui, rejetant la conception théologique du monde en tant qu'inconciliable avec le savoir positif, cherchent à se faire une foi qui soit en rapport avec les conditions réelles de l'humanité.

CHAPITRE VIII

DES CONDITIONS ACTUELLES DU RÉGIME RÉPUBLICAIN EN FRANCE

DE LA DURÉE DE LA RÉPUBLIQUE (1).

[Prétendre à la durée a été l'infatuation de tous les gouvernements qui se sont succédé sur le sol tourmenté de la France. Je voudrais bien ôter aux républicains l'infatuation à cet égard ; et, si j'y réussissais, je croirais avoir rendu un signalé service à la république. La clairvoyance sur soi-même est, pour les gouvernements comme pour les individus, une garantie de bonne conduite et de sécurité.]

Les divers gouvernements qui, depuis l'effondrement de l'ancienne monarchie, ont donné, dès leur premier établissement, des garanties d'ordre, ont eu, par le seul fait de cet établissement et de cette garantie, une durée de quinze à dix-huit ans. On peut donc affirmer, sans crainte de se tromper, que la république actuelle, qui est dans la plénitude de son établissement et sous laquelle l'ordre se maintient admirablement, a devant elle une durée qui ne sera pas moindre, et qui, par conséquent, comprendra, et au delà, le temps de la présidence de M. Grévy. Voilà ce qu'un empirisme chèrement acheté nous porte à augurer. Fions-nous-y tant que

(1) *Revue de la philosophie positive*, numéro de novembre-décembre 1879.

nous n'aurons rien de mieux à mettre à la place. Les journaux réactionnaires, qui annoncent tous les jours que la république est sur le penchant de sa ruine et qu'elle va s'écrouler la semaine prochaine ou le mois prochain, crédules eux et leurs adhérents aux moindres apparences, n'écoutent que le désir passionné qui les travaille, et, qu'on me passe le dicton vulgaire, se chatouillent pour se faire rire. Nous avons beaucoup plus de temps qu'ils ne nous en octroient, pour étudier notre position, l'allure des événements, les changements de l'opinion, et pour nous préparer à démentir l'empirisme et à allonger notablement, par une heureuse infraction, la durée moyenne de nos établissements de gouvernement.

Par des causes fort complexes, l'année, depuis la quinzième jusqu'à la dix-huitième, a été pour ces gouvernements une année climatérique. Elle a vu les conditions qui les avaient portés au pinacle se modifier si gravement qu'ils n'ont pas tardé à perdre l'équilibre. Un tel phénomène appelle toute notre attention, et, sans avoir la superstition des nombres, il paraît qu'un intervalle que les événements se sont chargés de déterminer suffit pour user ce qu'il y avait de solide en ces gouvernements de rencontre. Il n'y restait plus que ce qu'il y avait d'instable ; et la série des catastrophes ne s'interrompit pas.

Ces gouvernements ont tous aimé à s'aveugler ; ne nous aveuglons pas à leur exemple. Avoir duré quinze à dix-huit ans n'est pas une garantie pour en durer quinze à dix-huit autres. Loin de là, c'est une épreuve ; et il s'en faut que le bail soit renouvelable de soi. Les gouvernements précédents n'ont pas eu l'art de le renouveler. Il importe que la république se prépare à ce passage ; préparation qui doit commencer dès aujourd'hui, se continuer sans relâche et redoubler de vigilance à mesure qu'on approchera davantage du terme. Point de confiance outrecuidante, point d'infatuation ; l'outrecuidance et l'infatuation sont mortelles quand on navigue en des parages semés d'écueils.

Les quatre gouvernements qui ont succombé dans la période climatérique sont le premier empire, la royauté des Bourbons aînés, celle de Louis-Philippe et le second empire. Quelque différentes qu'aient été l'origine et la nature de ces établissements, ils ont eu un sort commun. Ils s'étaient vainement promis de longs jours ; vainement ils avaient préparé un lit commode à leurs dynasties. Ils sont tombés parce que c'étaient des monarchies, dira quelque républicain engoué. Hé ! non ! ce n'est pas pour cela ; car nous verrons tout à l'heure que les républiques sont tombées aussi, et même, à juger par le résultat, elles auraient moins valu, car elles ont moins duré. Ailleurs est la cause qui les a fait trébucher.

Le premier empire fut possédé de l'horreur de la paix ; sanglante manie qui conjura l'Europe contre lui et le conduisit à sa perte. Il ne nous fut pas donné d'avoir un Cromwell, nous eûmes un Bonaparte ; ce qui n'est pas du tout la même chose, le faiseur anglais de coup d'Etat ayant laissé son pays plus prospère et plus puissant qu'il ne l'avait pris, tandis que le faiseur français laissa la France vaincue, ravagée et amoindrie. Ce n'est pas contre les entraînements de la guerre et de la conquête qu'il est besoin de prémunir la république actuelle : elle est aussi profondément pacifique que le premier empire était turbulent ; et je n'ajouterais pas un mot si, par un côté honorable d'ailleurs, elle ne restait accessible à des impulsions irréfléchies. Je veux parler du désir d'arracher nos anciens compatriotes d'Alsace et de Lorraine au joug que la conquête leur a imposé. A cette impulsion ne manquent pas des suggestions imprudentes et des reproches de ne pas profiter des troubles présents de l'Europe pour nouer des alliances et préparer des revanches. La république est sourde à une pareille politique. La paix cruelle à laquelle l'inimaginable incapacité du gouvernement de Napoléon III l'a contrainte, elle l'accepte sans réticence ; et elle en profite pour refaire, d'année en année, sa fortune compromise et sa force brisée.

Le mal dont la Restauration fut victime est différent ; ce mal était sa tendance d'ancien régime et son cléricalisme. Un moment on put croire à une transaction entre la monarchie légitime et la monarchie parlementaire ; cela nous eût épargné une révolution, économie toujours fort désirable. Il n'en fut rien. Un vieux roi, léger et ignorant, se laissa endoctriner par ses gentilshommes et par ses prêtres, et perdit tout. Je ne réveille pas ces souvenirs pour conseiller à la république de ne pas s'engager en de pareils errements. Le 16 mai s'y est engagé ; et elle l'a combattu ardemment et vaincu. Pourtant ils suggèrent une précaution, mais une précaution en sens inverse. Le légitimisme et le cléricalisme sont en hostilité flagrante contre elle. Rendre constamment leur mauvais vouloir inoffensif est sa tâche ; les faire jouir du droit commun, tant qu'ils ne troubleront pas l'ordre, est son devoir et sa vertu.

Le second empire, produit d'un coup d'Etat et

d'un parjure, se fit ratifier par le suffrage universel, qui ne lui refusa rien. Ainsi consacré, il régla l'ordre de sa dynastie, se crut solide et le fut en effet pendant quelques années. Mais une politique étrangère mal conçue, à soubresauts et à intermittences, le compromit en Europe. Au dedans, le réveil des libertés nécessaires le troubla. Il devint irritable, le sentit, et, croyant qu'une guerre le délivrerait de ce malaise, il provoqua l'Allemagne, qui, justement, cherchait une provocation. La république, née et nourrie dans l'aversion pour le second empire, ne renouvellera ni son despotisme à l'intérieur, ni son inconsistance à l'extérieur. Le bonapartisme est un bâtard qu'elle laissera flotter entre la démagogie dont quelques-uns des impérialistes flattent les instincts, et le cléricalisme dont quelques autres recherchent l'appui. La légende impériale a été longtemps redoutable; elle a beaucoup perdu; pourtant elle l'est plus que le légitimisme, peut-être plus que l'orléanisme; et il ne faudrait pas que des menaces d'anarchie tournassent l'opinion vers le désir d'un sauveur et d'un maître.

Du besoin de sauveur et de maître nous avons le témoignage dans la destinée identique des deux républiques. La première, celle de 1792, a duré près de huit années. Après une violente tourmente et de grandes choses, après avoir vaincu les coalitions, agrandi la France et fondé le nouveau régime, elle fut inhabile à rétablir l'ordre à l'intérieur; le gouvernement à cinq, le Directoire n'eut ni assez de capacité politique pour discerner le point essentiel de la situation, ni assez de vigueur pour triompher des diverses anarchies qui s'étaient emparées de toutes choses. Un soldat renommé eut coup d'œil et force ; il chassa le Directoire, et aussitôt l'opinion, sentant que l'ordre allait renaître, l'assura de son concours. Que dirai-je de la seconde république, de celle de 1848 ? Elle commença par porter dans les intérêts matériels une perturbation peut-être sans exemple ; puis, un beau jour, l'Assemblée nationale fut tumultuairement chassée et tumultuairement rétablie ; bientôt après, la guerre civile ensanglanta les rues de Paris. Le pays s'effraya, se dégoûta (1) et chercha du regard un dompteur d'anarchie. Ainsi appelé, un Bonaparte, qui se tenait aux aguets, put contre la république ce que par deux fois il n'avait pu contre Louis-Philippe.

Malgré l'ordre chronologique, j'ai réservé pour le dernier lieu la chute des Bourbons cadets. C'est que leur cas est celui qui doit donner le plus à penser aux républicains d'aujourd'hui, la monarchie parlementaire ressemblant par plusieurs côtés (témoin l'Angleterre) à la république parlementaire. Cette chute a prouvé que le régime parlementaire, qui pourtant donne satisfaction aux intérêts modernes, ne suffit pas dans notre pays pour parer à tous les dangers, et qu'il doit être conduit avec une clairvoyance vigilante qui en redresse à chaque instant la marche. L'établissement de 1830 succomba devant une émeute insignifiante au début, que la colère d'un groupe de libéraux contre le ministère Guizot cou-

---

(1) De ce dégoût j'eus alors un témoignage particulier mais décisif. En 1848, le journal *le National*, auquel je travaillais de temps en temps, était un journal républicain qui se soutenait avec 4 ou 5000 abonnés. Aussitôt après la révolution de février, quand on crut que sa politique et ses amis triomphaient, le nombre de ses abonnés s'accrut énormément. Il monta à plus de 24 000 ; mais, après les journées de juin, il tomba rapidement bien audsssous de ce qu'il était même avant le 24 février.

vrit d'abord de sa protection, et dont les révolutionnaires et les socialistes s'emparèrent résolument. Certes, la violence des partis démolisseurs n'a jamais été plus grande contre Louis-Philippe et son gouvernement que contre M. Grévy et le sien. Notre situation, comparable parce qu'elle est parlementaire, diffère beaucoup pourtant parce qu'elle s'appuie sur le suffrage universel et non sur un suffrage très restreint qu'il fut possible mais imprudent à Louis-Philippe et à ses ministres de fermer à toute réforme. Le suffrage universel est une immensité. Il a toutes les variétés que porte notre pays; clérical en très peu d'endroits, légitimiste un peu davantage, bonapartiste un peu plus encore, radical en maintes circonscriptions. Mais, en somme, il est soucieux particulièrement de l'ordre, attaché aux conquêtes de la révolution et foncièrement libéral. De telles dispositions sont la vie même de la république, qui n'a qu'à les entretenir, à les diriger, à les développer.

Certaines alliances, inévitables par la liaison des événements politiques, sont pourtant suspectes, éminemment compromettantes et doivent être tenues dans une subordination rigoureuse. Témoin la Restauration et le cléricalisme. Le cléricalisme l'appuyait de tout son pouvoir et en désirait ardemment la conservation et le triomphe. Néanmoins il aurait fallu que la Restauration le contînt énergiquement, dût-elle se brouiller avec lui. Elle ne le contint pas, et il fut une des principales causes de sa chute. Semblablement le radicalisme, qui est républicain et qui a travaillé et souffert pour la république, est pourtant incapable de la conduire comme il l'entend, sans susciter des appréhensions générales d'instabilité et de désordre. On tombe du côté où l'on penche; et tout le temps de la présidence de M. Grévy doit être employé à empêcher qu'on ne penche du côté du radicalisme, comme tout le temps de Charles X aurait dû être employé à ne pas pencher du côté du cléricalisme.

Pour ne pas sortir de l'ordre des faits réels et pour exclure les suppositions arbitraires, il est possible que, comme la monarchie parlementaire, la république parlementaire, dans le laps de temps qui lui est désormais alloué ainsi qu'il le fut aux autres gouvernements, suscite, par la lenteur de ses perfectionnements, toujours discutés, les seuls d'ailleurs que la sociologie reconnaisse comme réguliers, des impatiences qui ne se laisseraient pas toutes contenir. Depuis nos désastres dus au détestable empire et surtout depuis la criminelle insurrection de la Commune de Paris, une idée est entrée dans le gros du pays, idée que l'expérience montre avoir été bien difficile à concevoir parmi nous, c'est que, décidément, il valait mieux discuter et modifier que renverser, tuer et incendier. Elle constitue une notable part de notre sécurité présente; et, pour le moment du moins, elle a une évidence contre laquelle ne peuvent prévaloir ni la question de l'amnistie, ni l'élection Blanqui, ni toutes les illégalités prônées et impérieusement demandées au nom du peuple (c'est le terme consacré), y compris l'insurrection (1).

---

(1) Un journal socialiste ne nous laisse pas ignorer qu'on ne redoute pas ce pis-aller. Le *Socialdemokrat*, qui se publie en Suisse (numéro du 28 septembre 1879), dit, à propos des ovations que les amnistiés reçoivent à leur rentrée, que le parti qui domine présentement en France ne pourra pas longtemps résister au flot mon-

J. Stuart Mill, notre contemporain, homme éminent entre tous, qui avait étudié profondément la philosophie et l'économie politique, et qui était animé d'une vraie sympathie pour les classes populaires et souffrantes, a dit : Toute démocratie sage doit favoriser chez elle les institutions aristocratiques ; car c'est par là qu'elle résistera le mieux aux dangers de sa propre nature, qui sont les tendances à une égalité mauvaise, à la jalousie des supériorités réelles, à la médiocrité générale, à l'abaissement des esprits, à l'inhabile gestion des affaires. Jamais axiome politique plus important n'a été formulé au sein de nos sociétés modernes, si manifestement démocratiques ; mais c'est justement le contre-pied de la république démocratique et sociale, telle qu'on nous en offre le programme.

Donc il importe que l'aristocratie tienne une part considérable dans les démocraties. A ce mot, j'entends frémir toutes les colères révolutionnaires, et je n'oublie pas le sanglant refrain de la chanson jacobine : *Les aristocrates à la lanterne*. Certes, en le rappelant, je n'accuse personne de vouloir pendre les aristocrates. Mais les passions qui le suggérèrent dans un temps de violences sans nom ne sont pas éteintes ; voyez la Commune de 1871, son grossier

---

tant de l'opinion, et que c'est seulement sa sagesse qui décidera si l'évolution vers les idées démocratiques et sociales sera graduelle et pacifique. Remarquez l'alternative. Remarquez aussi dans ces ovations la glorification de l'insurrection, sans aucun regret ni pour les vies sacrifiées, ni pour le milliard perdu, ni pour les égorgements, ni pour les incendies, ni pour le dégoûtant spectacle donné à l'Allemand vainqueur, ni non plus pour l'assassinat de ce malheureux Chaudey dont l'ombre sanglante vient d'être si déplorablement évoquée. Les grands coupables ne disent point de *mea culpa* ; jamais les bonapartistes n'en ont dit pour la guerre de 1870, Reichshoffen, Sedan et Metz.

langage et ses actes sanguinaires. L'aristocratie reste, aux yeux de beaucoup, l'ennemie implacable de la démocratie, et entre elles deux c'est, pense-t-on, à qui s'éloignera le plus d'une conciliation et à qui écrasera sa rivale. Il y a là méprise et préjugé. Aussi je maintiens mon dire ; car il m'est dicté non point par des préventions pour ou contre, mais par les suggestions désintéressées de la sociologie.

L'ambiguïté actuelle des choses et des mots demande que je m'explique sur les aristocraties dans les démocraties. Personne ne s'imaginera, j'en suis certain, que par là j'entende raviver les débris des anciennes castes et essayer ce qu'elles peuvent encore pour la direction des sociétés. Le cours de l'histoire les a dépossédées ; et contre cette dépossession rien n'est à réclamer ni en fait ni en droit. Mais l'office qu'elles remplissaient n'en subsiste pas moins ; et c'est pour cela qu'il est besoin d'une aristocratie, mais une aristocratie d'une tout autre nature que celle qui prévalut jadis. On a eu beau proclamer métaphysiquement l'égalité des hommes et pousser au nivellement démocratique, les choses sont plus fortes que les métaphysiques, et les hommes restent profondément inégaux. De ces inégalités la sociologie nous dit qu'il est temps de profiter pour régler les institutions de manière que les plus capables aient la gestion des intérêts sociaux. L'aristocratie dans la démocratie se compose de tout ce qui a lumière, habileté, autorité, les grands propriétaires, les grands industriels, les hommes formés dans les services militaires et administratifs, les savants, les avocats, les médecins, les notaires, les ouvriers éminents. La sagesse démocratique se confie à eux ; la jalousie démagogique les suspecte et les écarte. Il dépend du biais qui est donné à l'organisation politique pour qu'ils soient ou appelés ou écartés.

La république actuelle, telle qu'elle est constituée, est dans le biais qui les appelle ; la république démocratique et sociale, telle qu'on nous la propose, dans le biais qui les écarte.

La république démocratique et sociale démolit de fond en comble la république actuelle. Elle déclare que le sénat est un péril, armé comme il est du droit de dissoudre la chambre des députés avec le concours du président de la république. Elle assure que la longueur du mandat des députés (quatre ans) est un péril aussi ; il faut empêcher que les serviteurs ne deviennent des maîtres et pour cela réduire la durée du mandat parlementaire. Elle proclame que la présidence de la république est un péril encore plus grand, n'étant qu'un déguisement de la royauté ; on la remplacera par un conseil à plusieurs têtes. Enfin elle pose en principe qu'il y a un péril, ajouté aux autres, en l'inamovibilité des magistrats, et que la justice doit être sous la main du peuple, qui les élira et qui ne leur conférera qu'à temps leurs fonctions.

En bloc, la république démocratique et sociale estime que la constitution qui nous régit, ayant été faite (ce qui est vrai) par des réactionnaires, prépare à la vraie république de cruelles déceptions et des catastrophes finales. Il me souvient à ce propos qu'en 1871, l'Assemblée nationale, où la réaction avait une considérable majorité (c'était avant les élections de juillet de la même année), fit la loi sur les conseils généraux. Beaucoup parmi la minorité républicaine jetèrent les hauts cris en voyant une loi de cette importance sortir d'une officine aussi suspecte. Mais les hommes sages attendirent; et, à l'épreuve, il se trouva que la loi sur les conseils généraux était une bonne loi, même pour la république. Semblablement, à l'épreuve, il se trouve que la constitution républicaine que les réactionnaires nous ont faite est bonne, sauf les imperfections inévitables et d'ailleurs revisables, et qu'elle nous accommode pleinement ; car le pays jouit d'un calme profond ; les impôts donnent des excédents sur les prévisions, et on dégrève petit à petit les budgets. Qu'aurions-nous de mieux, quand même cette constitution eût été édifiée par les mains des plus purs radicaux ?

Nonobstant cette petite digression, qui en est moins une qu'il ne paraît, je ne perds pas de vue mon thème, qui est que la république démocratique et sociale tend à rapprocher de la gestion des affaires publiques l'action du suffrage universel. Or, tout ce qui est savoir spécial, technique, administratif, législatif, juridique, militaire, échappe absolument à sa compétence. Il est impropre à cette besogne. Plus il s'empare des fonctions particulières par l'impulsion des politiciens ou par les vices de la constitution, plus il fait de pas vers la démagogie, qui a mauvais renom et qui ne vaut pas mieux que son renom.

Le suffrage universel (c'est la conclusion de tout ceci) a deux voies, la voie directe et la voie indirecte : la voie directe est malfaisante, elle le mène aux imprévoyances, aux inhabiletés, aux injustes nivellements, et, dans la compétition pour l'existence entre les nations, expose le peuple qui s'y abandonne aux catastrophes; la voie indirecte est bienfaisante, elle a le plus de chances de mettre, comme disent les Anglais, l'homme qu'il faut en la place qu'il faut (*the right man in the right place*), et soutient le mieux la concurrence entre les États.

Au suffrage universel appartient sans conteste de prononcer en dernier ressort sur les questions, mais par la voie indirecte qui est la sienne, c'est-à-dire par la chambre des députés, par le sénat, par le président de la République. Est-il donc impeccable? Non, sans doute; mais, depuis la déchéance des opinions qui placent dans le ciel l'origine de la souveraineté, il est le seul pouvoir qui ait force et légitimité. Selon les républicains, il pécha gravement, quand, après la révolution de février 1848, il remit la toute-puissance aux mains de Louis-Napoléon; l'événement leur a donné cruellement raison. Selon les réactionnaires, il vient de pécher gravement, en préférant la république à la monarchie; la suite dira si c'est eux ou nous qui nous trompons. Selon les radicaux, il pèche, en ce moment même, plus gravement que jamais en soutenant la république parlementaire et libérale contre la république démocratique et sociale; et on le somme ardemment de se rétracter.

Si nous en croyons les promoteurs de ces sommations, tout le temps de la présidence de M. Grévy doit être employé à obtenir la révision de la constitution, de façon que l'on détruise le sénat et la présidence, amoindrisse la chambre des députés, et dépossède la magistrature de l'inamovibilité et le gouvernement du droit de la nommer. Quel triste programme de politique tumultuaire et d'agitation stérile, quand on songe aux désastres que vient d'éprouver la France, aux nécessités de tranquillité qu'ils lui imposent, et aux réparations dont l'urgence subsiste toujours! La république parlementaire et libérale est exempte de tant de tribulations malfaisantes. Elle poursuit, sous la sanction du suffrage universel, ce qui a été commencé, et avance toutes nos besognes. C'est là un immense avantage qu'elle doit à la solidité de sa base, à la justesse de son accommodation, aux garanties dont elle fait jouir les intérêts moraux et matériels, à la régularité du développement qu'elle dirige par la discussion en la liberté et la paix en l'ordre.

Encore n'ai-je jusqu'ici touché que la moitié de la république démocratique et sociale, la moitié démocratique ; et il reste encore la moitié sociale qui n'est pas la moindre en innovations douteuses et en obscurités profondes. Le programme n'en est pas aussi net que celui de son aînée, ou, pour mieux dire, elle jette à la tête une foule de programmes qui sont les représentants d'autant de systèmes sur la reconstitution de la société. Je me garderai bien de les énumérer, c'est de la pure métaphysique ; car ils ne tiennent compte ni de l'histoire, ni de la sociologie, ni même du peuple au nom duquel ils prétendent parler, et dont ils ne sont pourtant qu'une partie ; le peuple dont ils ont fait une nouvelle idole aussi fausse et aussi mystique que les anciennes. Ces systèmes, je le déclare sans hésitation, n'ont aucune valeur sociologique; mais ils sont la voix qui appelle le respect et la méditation sur des souffrances trop réelles. John Stuart Mill a dit que l'économie politique serait une étude désespérante, si elle n'offrait pas quelques perspectives de les soulager. La sociologie est plus affirmative, et elle maintient que le progrès général, qui a déjà amélioré les conditions ouvrières, continuera à leur égard son action favorable. Mais, quoi que prétendent aujourd'hui les systèmes socialistes, rien ne se fera dans cette direction sans le concours du capital et des patrons ; et par ce côté encore l'aristocratie intervient, comme élément nécessaire, aussi bien du reste en monarchie qu'en république.

Au milieu de la tranquillité générale du pays poursuivant ses affaires et du calme impartial de l'État, gérant et surveillant universel, s'élève en ce moment même un tumulte discordant et confus. Ici les légitimistes, fêtant l'anniversaire de la naissance de M. le comte de Chambord, se réunissent en des banquets où ils proclament leurs prochaines espérances ; l'enfant du miracle sera roi par le miracle ; un miracle le fera monter sur le trône comme il l'a appelé à la vie ; le jour des résolutions viriles est arrivé ; et le roi veut sauver la France, la sauvera, et mettra fin à la république. Ailleurs une prose sacrée, qui, pour être sacrée, n'en est pas moins menaçante, dénonce la persécution infligée au catholicisme ; le gémissement de l'Église est sans fin ; elle appelle tous les fidèles à une résistance énergique ; et, comme elle est, dans toutes les crises, l'alliée permanente du légitimisme et du bonapartisme, elle invoque leur aide, qui ne lui est pas refusée ; le ciel même devient partie contre les pouvoirs qui régissent la France : tous les persécuteurs n'ont-ils pas mal fini ? La république, sous le poids de la réprobation de la conscience religieuse, finira mal, elle aussi, et finira bientôt. En face, le radicalisme, pour un autre but et avec d'autres doctrines, prêche déterminément une même consommation finale, non moins certaine que celle que la légitimité et l'Église voient si clairement ; ses paroles ardentes signalent à l'animadversion publique la fausseté et l'iniquité des institutions présentes comparées à l'idéal que tout vrai républicain porte en lui ; il n'est pas trop tôt dès aujourd'hui de se mettre à l'œuvre d'une complète rénovation ; la révision est là, et il faut, sans tarder, l'employer à ce qu'elle ne laisse pas debout une seule pièce du fantôme malfaisant qui porte le nom de république. Dans le même quartier, les révolutionnaires convoquent leur peuple pour lui remémorer l'évangile qui est son salut ; ils sont les fauteurs, ou, mieux, les entrepreneurs de toutes les illégalités ; celle qu'ils ont prise sous leur tutelle en ce moment, c'est de soutenir qu'une circonscription électorale quelconque a le droit de choisir qui elle veut pour député, quelque inéligible qu'il soit, et qu'elle est au-dessus de la loi pour cela, comme si, dans un pays libre, quelqu'un ou quelques-uns étaient au-dessus de la loi ; la malédiction est prononcée sur les pouvoirs qui ont refusé de sanctionner le droit à l'illégalité ; et bientôt il sera fait justice populaire de cet assemblage de machiavélismes, d'impudences et de trahisons qu'on a le front de nommer aujourd'hui république. Enfin sur un plan plus reculé paraissent les partisans de la Commune de Paris et de l'insurrection de 1871 ; de chaudes ovations sont faites à ceux qui reviennent de la Nouvelle-Calédonie ; là aussi on souhaite et on pronostique à courte échéance la chute de la république et son remplacement par quelque chose de plus authentique.

Le gouvernement n'a pas empêché, et il a eu raison, ces bruyantes manifestations, décidé à ne paraître que si l'ordre était menacé, et bien sûr de le maintenir. Il s'est laissé dire, sans s'émouvoir, par tout ce monde qu'il n'avait plus que bien peu de jours à durer, parce qu'il n'était pas assez royaliste, parce qu'il n'était pas assez clérical, parce qu'il n'était pas assez radical, parce qu'il n'était pas assez révolutionnaire parce qu'il n'était pas assez socialiste. La Babel est complète, et cela sans qu'il y ait là-dedans un seul accent qui soit en unisson avec les urgences du moment, avec l'impérieux besoin du calme intérieur, avec le ménagement de l'extérieur, avec le souci des grandes affaires, en un mot avec le respect de ce qui est afin de promouvoir ce qui va être. Il n'est rien qu'on ne sacrifie à une politique creuse et turbulente. Et y vient-on, du moins, de plain-pied, à cette politique dont on fait la multiple panacée de nos maux? En aucune façon. Personne ne se dissimule ni ne dissimule que le passage sera plein d'agitation, de danger intérieur et extérieur, de troubles menaçants. Mais aussi quel éclat, quand les fleurs de lis rayonneront sur la France ! Quel éclat, quand la foi courbera toutes les têtes sous la doctrine du Syllabus! Quel éclat, quand le radicalisme aura effacé ces mensonges de république qu'on appelle sénat et présidence ! Quel éclat, quand la révolution aura fait justice des ignominies et des méfaits du régime qui nous opprime ! Quel éclat, quand le socialisme trônera sur les débris de la vieille société ! Le bruit qui se fait est en vérité bien grand, inoffensif sans doute quant au gouvernement qu'il n'ébranle pas, digne cependant d'être surveillé, comme témoignant de l'existence, au sein de la nation, de prédispositions morbides, héritées aussi bien des temps monarchiques et catholiques que des temps révolutionnaires.

Ceci me ramène directement à mon sujet, qui est la durée de la république. Je l'ai déjà dit, elle a devant elle toute la présidence de M. Grévy. Puis les ans climatériques viendront; les prédispositions morbides prendront de l'acuité; les signes des changements se montreront. Un orage prévu est à moitié paré. La république, résolument laïque, car cela comprend tout l'essentiel de la lutte contre le passé et la réaction, résolument libérale, car cela résume l'ensemble des libertés nécessairse à l'homme moderne, résolument appliquée aux grandes réparations, car cela désigne l'indispensable trépied des finances, de l'armée et de l'éducation; la république, dis-je, sera le mieux préparée à commencer avec un renouveau de sécurité une quatrième présidence, et, suivant la modeste mais suffisante expression de M. Thiers, à devenir durable.

LA RÉPUBLIQUE FRANÇAISE

ET L'EXTÉRIEUR (1)

[La république française peut et doit se créer une politique extérieure qui, dirigée avec persévérance par les pouvoirs publics, présidence, sénat et chambre des députés, échappe aux fluctuations incohérentes de la démocratie et aux impulsions anarchiques du socialisme. La principale visée du développement que lui offre sa situation est dans ses possessions extérieures, Cochinchine et Algérie.]

(1) *Revue de la philosophie positive*, numéro de janvier-février 1880.

I

Pour la troisième fois la république française prend place dans les conseils de l'Europe à côté des monarchies. La république de 92 n'obtint d'être reconnue qu'après de longues guerres et de grandes victoires ; toutes les royautés s'arrangèrent avec elle ; et l'Angleterre, la dernière, acquiesça par le traité d'Amiens à l'admission de la nouvelle venue. La république de 1848 n'eut qu'un moment ; mais pendant ce moment nul ne s'avisa de lui contester ses droits ; elle tint pendant quelques semaines entre ses mains les destinées du continent ; l'Allemagne, l'Italie, l'Autriche, la Pologne étaient en proie à des convulsions ; et, si nos chefs provisoires, Lamartine entre autres, avaient été animés de sentiments guerriers au lieu de l'être de sentiments pacifiques, s'ils avaient été disposés, pour rendre à la France la frontière du Rhin, à se jeter sans scrupule dans une politique de fer et de sang, ils remaniaient, à l'aide de l'armée héritée de Louis-Philippe, qui était bonne et prête, et à l'aide de la désorganisation générale, ils remaniaient, dis-je, violemment la carte, comme a fait l'Allemagne en 1870. La troisième république n'a de commun avec celles qui l'ont précédée que d'être reconnue par l'Europe. Ce n'est pas le gage unique de durée, mais c'en est un gage indispensable. Chose singulière, Louis-Philippe et la monarchie ont eu plus de peine à se faire accepter que n'en a eu la troisième république.

Et cependant les circonstances étaient profondément tristes et ne permettaient aux plus optimistes que bien peu d'espoir, quand elle prit, avec la sanction de l'Assemblée nationale de Bordeaux à qui aucune de nos trois monarchies ne s'offrait, la direction des lamentables destinées de la France, dont elle devint dès lors responsable. Toute la responsabilité du reste, et quel reste ! la défaite irrémédiable, le démembrement, l'énorme rançon, la perte du rang de grande puissance, appartient à l'empire.

Dès le début de la guerre, l'attitude de l'Europe commença de se caractériser. La Russie, cherchant sa revanche de l'expédition de Crimée et de la prise de Sébastopol, assura l'Allemagne contre les diverses éventualités, si bien que le roi de Prusse put dire qu'après Dieu c'était à elle qu'il devait sa définitive et immense victoire. En Angleterre, les principales sympathies furent pour l'Allemagne, la reine à cause de ses alliances avec la maison des Hohenzollern, le premier ministre Gladstone à cause de son zèle ardent pour le protestantisme à l'encontre d'une nation catholique, et aussi, car il ne faut pas être injuste, à cause de son étroit attachement à l'école de Manchester, qui, décidée à la paix quand même, refusait de se mêler jamais des affaires du continent. Ces deux puissances prépondérantes paralysèrent le bon vouloir de l'Autriche et de l'Italie, disposées à organiser une ligue des neutres qui aurait empêché l'Allemagne d'user sans contrôle de son triomphe. Aussi, quand les négociations s'ouvrirent, le vainqueur et le vaincu furent laissés seul à seul, et la France fut écrasée territorialement et financièrement. Pertes d'argent ne sont pas mortelles, dit le proverbe, qui s'est vérifié en notre cas. Nous avons réparé notre désastre financier, autant du moins que le permet l'accroissement de dix milliards infligé à notre dette publique ; mais les pertes de territoire sont irrémédiables.

Après la paix, pendant que M. Thiers proposait, faisait accepter et mettait à exécution les habiles et décisives mesures qui payèrent notre rançon et libérèrent notre territoire, et pendant que la république n'avait d'autre titre que le fait d'une reconnaissance implicite de la part de l'assemblée de Bordeaux, qui se réservait toujours, en qualité d'Assemblée nationale, le droit de prononcer sur la forme de gouvernement, et pendant que de la sorte plusieurs combinaisons restaient ouvertes, les puissances européennes gardèrent l'expectative, non sans cependant avoir leurs préférences. L'Angleterre, à cause de la guerre de Crimée et des traités de commerce, l'Allemagne, à cause de son désir de conserver sur le trône de France celui qui avait été entre ses mains un jouet si parfait, l'Italie par reconnaissance de la guerre faite à l'Autriche, l'Espagne en souvenir des liaisons de l'empire avec la reine Isabelle, penchaient pour Napoléon III. La Russie et l'Autriche étaient pour M. le comte de Chambord. Aucune n'était ni pour un prince d'Orléans ni pour la république. Mais, en somme, leur attitude demeura indifférente, et elles crurent n'avoir à telle ou telle solution aucun intérêt qui valût la peine de s'émouvoir. Probablement la France parut tellement annulée et mise pour si longtemps hors d'état de nuire ou de servir, que les hommes d'État laissèrent les choses françaises suivre le cours que les circonstances traceraient.

Je ne relaterai pas les péripéties consécutives qui firent, de la république de fait, la république de droit, et qui procurèrent ce résultat par les mains de ses ennemis déclarés. Elles ne touchèrent pas assez l'Europe pour qu'elle quittât son rôle de simple spectatrice. Même les entreprises du 23 mai et du 16 mai n'eurent d'elle qu'une sympathie absolument inactive. Elle les laissa tomber sans beaucoup s'en soucier. L'alliance des trois empereurs la préoccupait alors, et avec raison, bien plus que le triomphe de la monarchie ou de la république au sein de la misérable France.

Ainsi passèrent les temps d'épreuve ; ainsi se décida la lutte pour l'existence, car c'était bien une lutte suprême pour l'existence où notre pays était engagé. Quelques fautes de plus, et la France finissait comme la Pologne. Ces fautes ne furent pas commises. A mesure que la situation républicaine se consolida au dedans, elle se consolida au dehors. Aussi, depuis lors, à l'indifférence du premier moment ne succéda aucune hostilité systématique. De bons rapports sont établis avec toutes les puissances. La république française est acceptée dans les congrès ; elle est d'accord avec l'une des plus considérables d'entre elles pour garantir des intérêts communs que toutes deux ont en Égypte. Quand on réfléchit au coup qui fut porté à la France en 1870 et qui semblait si définitif, on est en droit de s'étonner, sans le surfaire, d'un tel et si prompt relèvement ; et le moins qu'on puisse dire, c'est que le régime républicain n'a rien empêché, rien contrarié dans les dispositions européennes qui accueillent notre pays.

Ces bonnes dispositions ne sont pas, on le pense bien, sans condition. Elles supposent que la république continuera d'être ce qu'elle a été, un gouvernement parlementaire et régulier où le lendemain ne fait pas un brusque contraste avec la veille, et duquel on n'a point à craindre de voir sortir des appels forcenés aux éléments de désorganisation que l'Europe comprime mais qui l'inquiètent. S'il en était autrement, et si une catastrophe démocratique et sociale éclatait en notre pays, c'en serait fait de l'édifice encore récent et peu solide de nos rapports extérieurs.

Cette perspective n'arrête pas dans leurs attaques désordonnées contre la république parlementaire nos révolutionnaires et nos socialistes, alliés pour l'assaut qu'ils lui livrent. Ils se flattent, dans leur aveugle méconnaissance des changements que l'intervalle d'une trentaine d'années apporte dans la situation politique et sociale, qu'une commotion qu'ils produiraient en France aurait les mêmes effets d'expansion que celle de 1848, et qu'elle ébranlerait assez les trônes et les gouvernements pour les mettre à la merci de la révolution. En 1848, grâce à l'esprit de résistance qui prévalait surtout en Allemagne et en Italie, l'explosion se communiqua rapidement, et le sol européen trembla. Mais bientôt l'anarchie inhérente aux aspirations révolutionnaires et socialistes ramena sous le giron de l'autorité les masses effrayées. Aujourd'hui une commotion en France serait sans écho ; le régime parlementaire établi partout a satisfait chez les peuples du continent les besoins de liberté. Les gouvernements possèdent chez eux une grande autorité, surtout pour maintenir l'ordre ; tâche pour laquelle l'immense majorité des gouvernés se porterait de leur côté. L'Allemagne est devenue prépondérante sur le continent. Des intérêts fort graves d'ambition s'agitent autour de la Turquie entre la Russie, l'Autriche et l'Angleterre. Rien donc de ce qui s'est passé en 1848 ne se reproduirait. La France en serait pour sa nouvelle révolution et pour ce que coûte toute révolution ; trop heureuse si son puissant voisin, qui lui a pris de grandes provinces et beaucoup de milliards, ne lui demandait pas d'autres milliards et d'autres provinces.

Quoi donc! est-ce que tout mouvement intérieur, tout développement de nous-mêmes sur nous-mêmes nous est interdit? Est-ce qu'une immobilité méticuleuse doit nous paralyser misérablement, de peur que nos efforts de relèvement n'excitent contre nous des ombrages dont nous aurions à nous repentir? Pas le moins du monde. La seule chose qui nous soit défendue sous de graves peines, c'est une commotion intestine, c'est une révolution démocratique et sociale. Et les révolutions sont si dispendieuses en vies humaines et en argent, qu'il faudrait entretenir avec une vigilance infatigable cette défense, quand même des dangers extérieurs ne seraient pas joints aux maux intérieurs. On a beaucoup parlé, on parle encore de la conjonction des centres, qui d'ailleurs ne s'est pas opérée. Mais il vient de se faire sous nos yeux une conjonction bien autrement singulière et significative, c'est surtout depuis le retour des amnistiés et les ovations dont ils sont l'objet, la conjonction bénévole du radicalisme avec la Commune de Paris, de laquelle il reçoit des hommes à soutenir, des questions à traiter. Je n'ai point de parti pris contre le radicalisme, qui est une politique ayant droit à se faire entendre ; mais j'ai un parti pris contre la Commune, dont je repousse, à l'égal de ses actes les tendances insurrectionnelles et subversives. Donc développons-nous en liberté, nous le pouvons ; mais exercer des violences contre nos institutions, nous ne le pouvons pas. Ces ovations où l'on célèbre les hauts faits de la Commune et où l'on déteste l'armée et la répression, ont sensiblement blessé le militaire. En 1848, l'insurrection révolutionnaire et socialiste chassa de Paris ignominieusement, et la crosse en l'air, les régiments qui y tenaient garnison, et en défendit l'entrée au reste de l'armée. Ceux qui, comme moi, ont vu le 2 décembre 1851, ont pu se convaincre que la troupe, en suivant les ordres de Louis-Bonaparte, satisfaisait aussi ses propres ressentiments et vengeait ses injures. Certes, rien de pareil n'est à craindre aujourd'hui ; car les pouvoirs publics, en maniant l'amnistie partielle ou plénière, ont réparé le mal fait par des manifestations intempestives qui ont trouvé de l'écho là où elles n'auraient pas dû en trouver.

C'est en marchant que le philosophe ancien prouvait le mouvement ; c'est en poussant son développement dans toutes les voies que la république française prouve et prouvera qu'aucune entrave extérieure ne l'arrête. Je rappelle ce que je viens de dire, que son établissement s'est effectué en Europe sans aucun *veto* ; car c'est le point de départ de tout le reste. A compter de ce grand fait, elle travaille à reconstituer ses finances, que l'empire, qu'on ne peut assez maudire, avait livrées aux immenses dépenses d'une guerre désastreuse et aux convoitises allemandes ; et elle y réussit si bien, que ses budgets se soldent en excédants, et que son crédit est entre les plus solides. Elle refait son armée, et cette armée est déjà bien supérieure à l'armée impériale en nombre, en armement et en organisation. Elle porte l'esprit de réforme dans l'éducation nationale, et là, comme dans l'armée, la voie est ouverte à tous les amendements. Enfin, quant à ce qu'on nomme improprement la question sociale, et qui serait mieux nommé la question ouvrière, sans se laisser décourager ni effrayer par les discordances des systèmes, par les folles impossibilités qui se font écouter dans les congrès ouvriers, et par les passions subversives qui y reçoivent trop d'accueil, elle s'efforce d'y séparer le bon grain du mauvais, et est toute disposée à favoriser activement les mesures que la discussion et l'expérience montreront propres à mettre les travailleurs salariés dans une meilleure position matérielle, intellectuelle et morale.

II

La sagesse qui a procuré l'établissement de la république à l'intérieur est aussi celle qui l'a fait accepter par l'Europe et lui a permis de prendre place dans le haut aréopage qui dirige les destinées de cette partie du monde. Notons qu'elle n'y a pour compagne qu'une petite république, la Suisse, et encore la Suisse est-elle neutralisée, et qu'il faut sortir de l'Europe pour rencontrer la puissante république des États-Unis et ces républiques espagnoles de l'Amérique, qui sont encore faibles, mais qui grandiront beaucoup, *si qua fata aspera rumpant*, c'est-à-dire si elles triomphent, et elles en triompheront, des diverses anarchies qui ont entravé leur développement. La sagesse à laquelle je fais allusion est celle qui ne révolutionne rien, qui prend les choses telles que les donne la situation présente, et qui les dirige dans la voie de la situation à venir. M. Thiers est l'homme d'État qui nous a le plus mis dans le chemin de cette sagesse ; et par là il a, je ne crains pas de le dire, autant mérité de la France qu'en relevant notre crédit et libérant notre sol.

Dans les temps douloureux qui suivirent le traité avec l'Allemagne, aucune alternative ne nous fut laissée; la paix nous avait coûté assez cher pour qu'on la conservât comme notre dernière ressource. La France était semblable à un blessé qui gît immobile en son lit et qui est incapable de lever la main et de prendre la parole. La période de libération se passa ainsi : la libération, qui était le premier pansement des plaies larges et béantes, et qui, heureusement accomplie, permit au blessé de se dresser sur ses jambes et de regarder autour de lui.

La force des choses durait encore. Quels que fussent les sentiments qui s'agitèrent au fond des cœurs, quoi que pensassent de notre situation les monarchistes qui tentaient de rétablir une de nos trois monarchies, ou les républicains qui s'efforçaient de maintenir la république, c'eût été une folie manifeste que de songer à sortir de l'abstention que nous imposait notre laborieuse convalescence. On le voyait bien, mais on le sentit d'une façon poignante, quand, en 1875, un bruit sourd annonça que l'Allemagne exigeait de nous de nouveaux sacrifices, ou recommençait la guerre. On s'examina avec anxiété, rien n'était encore suffisamment prêt pour repousser une attaque sans motif, sinon que nous nous relevions trop vite et que nous pourrions être dangereux un jour. Heureusement, l'orage fut détourné ; mais aux plus récalcitrants contre la nécessité il avait appris ce que la paix valait pour nous.

Les circonstances (et je conviens qu'il est de l'habileté de profiter des circonstances) permirent à un ministre de nos affaires étrangères d'entrevoir une autre politique que celle de la paix. C'était la politique d'alliance avec une grande puissance qui nous donnât de la force en Europe et, au besoin, concourût assez avec nous pour assurer nos revendications, si un remaniement survenait entre les États européens (1). Il est fort inutile de spéculer sur les avantages possibles d'une combinaison qui n'a pas abouti. En tout cas, c'était ouvrir l'entrée à des éventualités hasardeuses pour lesquelles nous étions mal préparés. Il est des situations, et telle est la nôtre, où rien n'est à risquer, quand même les perspectives seraient encourageantes; et les perspectives d'une alliance russe n'étaient ni claires ni sûres. Entre temps, les mouvements de la politique intérieure ôtèrent le pouvoir au parti réactionnaire et monarchique, et le remirent aux mains des républicains. Ceux-ci reprirent incontinent la tradition de M. Thiers et détournèrent la France de toute combinaison qui n'aurait pas la paix pour but.

Grâce à cette conduite aussi ferme et loyale qu'appropriée aux circonstances, nous avons tenu au congrès de Berlin une place honorable et trouvé de tout côté bon accueil. Certes, je n'entends rien surfaire. Nous n'y avons eu ni les hautes visées de la Russie, qui y arrivait toute pleine des triomphes du traité de San Stefano, ni le déploiement de la puissance britannique se faisant fort de sauver l'empire ottoman et mettant la main sur l'île de Chypre, ni la

---

(1) Il s'agit de M. Decazes, ministre des affaires étrangères, et de ses velléités de contracter alliance avec la Russie.

calme confiance de l'Autriche à qui ses alliances assurèrent une dépouille dans les provinces turques limitrophes, ni la prépondérance encore plus sentie qu'exprimée de l'Allemagne sûre d'elle-même au milieu de ces conflits. Notre rôle a été modeste et secondaire ; mais notre voix a été écoutée, nos intérêts n'ont pas été entamés, et de cette épreuve délicate pour les vaincus de Sedan et de Metz nous ne sommes pas sortis amoindris. En appréciant une situation, il faut toujours considérer le point de départ et le point d'arrivée : le point de départ est le lendemain du traité de paix de Francfort, l'enlèvement de l'Alsace et de la Lorraine, une amende de cinq milliards et l'occupation provisoire de notre territoire ; le point d'arrivée est notre présence au congrès de Berlin du consentement de tous avec voix délibérative dans les graves et dangereuses questions qui s'y débattaient.

On a dit quelquefois que la France, en gardant ainsi l'immobilité et la paix, se recueillait. Je ne me servirai pas de cette expression, parce que, ici, elle serait à double entente. La Russie s'est recueillie, comme elle l'a dit elle-même, après la guerre de Crimée ; mais ce n'était pas un recueillement pacifique, c'était un recueillement de revanche. En effet, elle en sortit aux premiers éclats de la guerre de 1870, garantit les derrières de l'Allemagne, empêcha la ligue des neutres, et assura la défaite irrémédiable de la France. Non pas qu'elle eût contre notre pays une haine systématique et profonde, comme celle qu'entretenaient les Allemands ; mais elle voulait rompre les nœuds du traité de Paris, et elle les rompit. Elle en sortit encore, lorsque, plus tard, des insurrections slaves dans les domaines ottomans surexcitèrent les espérances du panslavisme; et elle mit l'empire turc à deux doigts de sa perte. Voilà quel fut le recueillement russe; et j'ajoute qu'il ne pouvait guère être autre chez une grande puissance sûre de sa force et comptant sur sa destinée.

Notre recueillement n'a rien de commun avec celui-là. Il est absolument pacifique et sans aucune visée sur les complications qui surviennent dans les affaires européennes. Peut-être, si nous n'avions pas plus souffert dans la guerre de 1870 que la Russie n'avait souffert dans la guerre de Crimée, si nous avions gardé notre territoire intact, et que tout se fût borné à des conditions plus ou moins onéreuses, aurions-nous, comme elle, guetté les occasions. Mais notre ruine a été trop complète pour qu'on puisse imaginer, dans l'état présent de l'Europe, des occasions que nous ne fussions pas obligés de laisser passer. Donc notre recueillement signifie reconnaître sans illusion notre situation, nous y soumettre sans arrière-pensée, et, acceptant le bien avec le mal, en user pour tourner sur nous-mêmes toute notre activité et tout notre génie. Il semble que ce champ soit étendu et fécond; car notre réparation marche avec force et rapidité.

Eh quoi! est-ce que, si les conflits entre les grandes puissances, desquelles n'oublions jamais que nous ne sommes plus, amenaient de sérieuses possibilités de reprendre l'Alsace et la Lorraine, la république française ne devrait pas, même au prix de quelque puissant effort, s'immiscer dans les péripéties qui s'ouvriraient? Oui, sans doute, et il y aurait hypocrisie à dire qu'un tel cas la trouverait inerte et indifférente. Ainsi le voudrait non seulement le devoir envers la France, mais surtout le devoir envers nos anciens compatriotes, que la violence seule a séparés de nous et que la violence seule retient sous le joug. Mais il ne s'agit pas de spéculer sur des hasards qui échappent à toutes les prévisions ; il s'agit de deux politiques, l'une de revanche, l'autre d'acceptation. Celle de revanche combinerait tout, au dedans et au dehors, pour donner à la France la plus grande force d'agression ; celle d'acceptation, en pourvoyant amplement à la sûreté nationale, ne détournerait jamais ni nos pensées, ni nos ressources vers autre chose que l'amélioration de nos conditions économiques et morales. Je ne parle pas d'une politique incertaine d'elle-même, qui tantôt songerait à la revanche, et tantôt se résignerait à l'acceptation ; ce serait la pire de toutes. La république française n'aura pas de ces inconséquences et de ces va-et-vient ; acceptant la paix qui lui a été faite, elle se l'impose délibérément comme le plus sage et le meilleur emploi des forces de la France, et elle y aide partout où ses conseils et ses influences ont quelque action. J'exprimerai le mieux ma pensée en disant qu'elle se neutralisera autant qu'il lui sera possible, de son plein gré, de la même façon que certains petits États sont neutralisés par les traités.

III

Il importe que la république française se fasse une politique extérieure dont les linéaments généraux soient toujours présents à l'esprit de ses hommes d'État et de ses diplomates.

L'ancienne monarchie eut sa politique persévérante, suivie avec plus ou moins d'habileté et de succès, mais bien entendue en somme ; ce fut d'éloigner progressivement de la capitale les frontières et de les étendre vers le Nord et le Rhin. C'est ainsi que l'Alsace, la Lorraine, Metz, la Flandre française furent successivement annexées. Telle était la situation territoriale au moment où la révolution de 1789 éclata. Cette révolution se déclara d'abord pacifique et ennemie des conquêtes; puis, dès 1792, la Prusse et l'Autriche l'ayant attaquée, la Convention, se livrant à l'emportement révolutionnaire, généralisa les hostilités et ameuta l'Europe contre elle. Dans cette lutte, l'Europe n'eut pas le dessus. Les armes françaises arrivèrent jusqu'au Rhin ; et à la fin du siècle se trouva accompli dans toute son étendue le programme que l'ancienne monarchie avait poursuivi avec opiniâtreté.

Napoléon Ier et Napoléon III, ces deux fléaux de la France, défirent non seulement l'œuvre de la révolution, mais aussi celle de l'ancienne monarchie. Je ne parlerai que pour mémoire de la royauté des Bourbons aînés, de celle des Bourbons cadets et de la république de 1848 ; elles et leurs projets furent emportés par des commotions intestines ; et je mets immédiatement en face des ruines laissées par les deux Bonaparte la république actuelle. C'est elle qui a la tâche de refaire une politique extérieure suivie et permanente. Certes, sa position est encore plus mauvaise que celle des Bourbons aînés, laquelle pourtant n'était pas bonne, mais où l'Alsace et la Lorraine nous étaient restées. Elle est surtout plus mauvaise que celle de Louis-Philippe, dont la situation fut longtemps délicate à l'égard du dehors, mais qui en triompha par son ferme attachement à la paix, et particulièrement plus mauvaise que celle de la république de 1848, qui avait hérité du régime précédent une excellente armée et que les troubles de l'Europe mettaient largement à son aise. Il serait téméraire à elle et dangereux de prendre le rang que tinrent la monarchie de la restauration et celle de la quasi-légitimité. Des événements foudroyants et tels qu'il a fallu pour les effectuer l'incroyable et fortuit concours de toutes les imbécillités en un même moment, en un même point et en un même gouvernement, nous en ont précipités. Je l'ai déjà dit, mais on ne peut trop le répéter, afin de l'inculquer dans les esprits qui y répugnent le plus, nous ne sommes pas désormais ce que nous étions tout à l'heure, une grande puissance. Il n'y en a aujourd'hui que trois, la Russie, l'Angleterre et l'Allemagne. Notre orbite est devenue secondaire. Nous y soumettre modestement et en tirer courageusement tout le parti qu'elle comporte, est l'œuvre dévolue à la république française. Les responsabilités suprêmes des destinées européennes sont écartées d'elle, car elle ne peut rien dans l'orbite supérieure où se meuvent de plus puissants qu'elle ; mais il lui reste assez de force, si elle sait, et elle le saura, en user, pour mettre sa sûreté à couvert et pour offrir, en cas d'urgence, un concours qui ne serait pas à dédaigner.

Pour se placer exactement à notre point, il suffit de considérer l'agrandissement tel qu'il se présente pour les trois grandes puissances que tout à l'heure j'ai rangées en tête des autres. La Russie est sans limites dans l'Asie centrale ; les expéditions succèdent aux expéditions, et les annexions aux annexions : toutes les peuplades turbulentes qui occupent ces contrées subissent sa domination ou son influence qui prépare sa domination ; elle ne renonce pas pour cela à se faire sa part dans les dépouilles de l'empire turc, soit en Arménie, soit en Europe. Le mouvement de l'Angleterre n'est pas moindre : elle est en train d'assurer, du côté de l'ouest, à son empire de l'Inde la frontière de l'Afghanistan ; à l'est, elle a avec les Birmans des démêlés qui leur coûteront quelques districts ; et l'on vient d'être informé, à propos de la mort inattendue du fils de Napoléon III, de ses énormes progrès dans l'Afrique australe. Enfin, l'Allemagne, dont les coudées sont moins franches, et qui n'a pas, comme les deux que je viens de nommer, les espaces ouverts devant elle, poursuit néanmoins des visées qui, en raison de sa grande puissance et de l'équilibre instable où elle a mis l'Europe, n'ont rien de chimérique : elle pousse l'Autriche vers l'Orient, afin de réclamer pour elle la partie allemande de cet empire; car elle a aussi son Allemagne irrachetée, où elle range la Hollande, lui demandant d'abdiquer de gré ou de force son indépendance, pour devenir terre germanique, elle et ses colonies indiennes.

Il est évident de soi qu'à la différence de l'Allemagne, nous n'avons ni ne pouvons avoir aucune prétention sur quoi que ce soit en Europe. Nous sommes bordés de petits États auxquels nous ne voulons certes rien enlever. Quant au grand État qui, dans le reste, nous est limitrophe, il n'est nullement disposé à favoriser des projets, si nous les avions, qui nous rendraient notre ancienne position en Europe, et l'Alsace et la Lorraine ne nous ont pas été enlevées pour cela. Mais, chose singulière et pourtant réelle, c'est à imiter la Russie et l'Angleterre, sur une petite échelle, bien entendu, je veux dire à chercher notre extension hors de l'Europe, que nous sommes conduits par la force des choses, par le pressant souci de ne pas laisser chômer et dépérir ce que nous possédons, et par le besoin de mettre en équilibre le dedans qui est si actif, avec le dehors qui, si l'on veut, nous payera de nos peines.

Je ne mentionnerai que pour mémoire la Réunion, la Guadeloupe, la Martinique, où il n'y a qu'à entretenir, ni même la Nouvelle-Calédonie, dont le champ est en préparation, mais très limité. En revanche, j'insisterai sur la Guyane, qui est, à vrai dire, une honte pour nous. Voilà plus de cent ans que nous possédons là un vaste territoire, et nous n'avons su en rien faire, rien qui équivaille du moins à ce qu'ont fait de leurs Guyanes les Hollandais et les Anglais. Il appartient à la république de se mettre à la besogne et de réparer, à l'égard de notre possession américaine, l'inerte somnolence de l'ancienne monarchie, qui la reçut en place du Canada, perdu grâce à elle, et n'en tira aucun parti, du premier empire, qui fit prendre par l'ennemi toutes nos colonies, y compris celle-ci, de la restauration, de la royauté des Orléans et du second empire, qui passèrent inutiles à cette grande contrée. La Guyane est pour la république un digne objet d'émulation. Mieux faire qu'on n'a fait importe à son renom, à son honneur.

Après la Guyane, la Cochinchine, champ non de population, mais d'exploitation, et champ très étendu et pour ainsi dire sans limites, ouvre des perspectives de grande et fructueuse activité. On a la main sur le Tonkin. Le passage de ce pays sous le protectorat français est mûr et désiré par les indigènes. Ainsi, dans ces contrées longtemps inexplorées, notre établissement s'affermit et s'agrandit. Le pays est fertile, la population laborieuse. Le commerce et l'industrie ont là de grands débouchés, qui croîtront à mesure qu'une administration vigilante et entendue améliorera nos rapports avec les indigènes, connaîtra mieux le sol et ses produits, et portera de plus en plus vers les sources des grands fleuves et vers la Chine les relations de la France et son ascendant.

La Cochinchine est beaucoup ; mais l'Algérie est bien davantage. Elle est à la fois une colonie de population et d'exploitation. Il y eut d'abord des doutes sur la question de savoir si les Européens s'acclimateraient en cette terre africaine. Aujourd'hui, ces doutes sont dissipés. Près de cinquante ans de possession ont fait justice des craintes du premier moment. Une population européenne s'y établit, y dure et se reproduit. Ce n'est donc plus qu'une affaire de temps pour avoir là, à côté des Arabes et des Kabyles, des millions de bras français ou devenus français, qui mettront en valeur ces terres déjà si productives. Un tel résultat serait à lui seul bien digne d'être poursuivi avec un zèle infatigable et une étude incessante des moyens d'appropriation ; mais il est loin d'être tout. Au delà du Tell est le Sahara, le Soudan, l'intérieur de l'Afrique, qu'il s'agit de rattacher à la Méditerranée par notre intermédiaire. Nul n'est mieux placé que nous pour accomplir cette grande opération ; aussi parle-t-on d'un chemin de fer transsaharien. Les États-Unis, qui ont fait leur transcontinental, n'hésiteraient pas à l'entreprendre ; il faut espérer que nous n'hésiterons pas plus qu'ils ne feraient. Une récompense est au bout de ces judicieux travaux : c'est de rejoindre par cette voie inattendue nos établissements du Sénégal et de la côte atlantique de l'Afrique. Ils ont déjà une notable importance, que ce raccordement augmentera beaucoup.

On ne concevra pas, je l'espère, à mon égard, la désobligeante pensée que j'aie, de mon chef, imaginé un système de politique extérieure pour la république française. Ce serait de l'outrecuidance de ma part, car rien ne me qualifie pour une pareille initiative ; je n'ai jamais gouverné, administré, négocié; les hautes fonctions de cet ordre m'ont toujours été étrangères ; et, pour rien au monde, je ne voudrais y affecter une autorité qui ne m'appartient pas. Mais je suis, par beaucoup d'études, un critique et un historien, c'est-à-dire que, pour remédier à mon insuffisance pratique, j'ai recours à la méthode sociologique. Donc, ici encore, je l'ai consultée, et elle m'a mis sous la main les faits préexistants qui ont guidé mon chemin. Je n'ai rien inventé, ni imaginé ; j'ai consulté soigneusement les antécédents, et ils m'ont fourni des linéaments qui ont l'avantage d'appartenir à un premier tracé, ce qui n'est pas peu, et d'en indiquer un second qui s'en déduit, ce qui n'est pas moindre.

Le même procédé me donne, au sujet des alliances, les conseils dont j'ai besoin. Des rapports naturels de voisinage, d'échanges commerciaux, d'habitudes libérales, ont renoué l'alliance anglaise, que Louis-Philippe eut le grand mérite de fonder. Nous n'avons qu'à nous féliciter d'un pareil résultat et à le maintenir. C'est un très bon commencement ;

je le constate pour hier, pour aujourd'hui, et je le recommande pour demain. Voilà toute la tâche, en ceci et dans le reste, que j'ai prétendu m'attribuer en écrivant cet article. Aussi je la dépasserais si je me hasardais à donner des avis à notre diplomatie sur ce qu'elle doit faire en face de l'alliance des deux empereurs d'Allemagne et d'Autriche, et en face des efforts que tente la Russie pour revenir dans le giron de l'alliance des trois empereurs, qui, en son temps, fut jugée à bon droit si considérable. A plus forte raison ne discuterais-je pas, car la question appartient non au présent, mais à l'avenir, une combinaison dont on parle quelquefois et qui formerait une union entre les trois peuples latins, Italie, Espagne et France. C'est le droit et peut-être le devoir des journalistes et des spéculatifs de s'en occuper à l'occasion; mais la république française est, pour le présent, sourde et muette sur cette question.

IV

Il ne suffit pas qu'un gouvernement qui vient de s'établir, mais qui se fonde, c'est-à-dire qui aspire à diriger les destinées d'un pays, voie devant lui une bonne ligne de politique extérieure ; il faut encore qu'il se persuade qu'elle ne vaudra que si elle est suivie avec conséquence, de manière que la journée d'aujourd'hui ne démente pas la journée d'hier, et que l'on jette les fondements d'une tradition. Sans tradition, un État est à la merci des impulsions du moment et des lueurs trompeuses des incidents. Pierre qui roule n'amasse pas de mousse, dit le proverbe. Cela est aussi vrai des États que des particuliers. La France en est un triste exemple, elle qui, changeant de politique en changeant de régime et de maître, en est venue où nous la voyons, déchue de son rang en Europe et démembrée du côté où il importait le plus qu'elle ne le fût pas.

Commencer une tradition ! Y pensez-vous ? En une république qui vient à peine de naître ! Au milieu de partis frémissants, les monarchistes qui veulent rétablir la monarchie, les cléricaux qui veulent rendre au pape sa suprématie, les révolutionnaires et les socialistes qui font litière d'un régime de légalité régulière et de développement progressif ! Ajoutez l'indiscipline soupçonneuse du parti républicain, plus habitué à défaire qu'à être un gouvernement. Votre tradition s'en ira avec votre république, qui tombera à gauche si elle ne tombe pas à droite, qui tombera à droite si elle ne tombe pas à gauche, et que toutes les instabilités menacent, sans intérêt dynastique qui la soutienne, sans grandes maisons qui lui donnent leur appui, sans alliances de familles au dehors, sans, en un mot, ces attaches multiples que les établissements monarchiques, royaux ou impériaux, ont toutes faites d'avance en Europe.

Certes, ce n'est pas moi qui voudrai atténuer les difficultés, voire les dangers qui entourent la république française. Je me suis suffisamment expliqué, en traitant naguère de ses chances de durée, sur la part que la clairvoyance politique fait aux mauvaises chances. Mais, tout déduit avec une impartialité dont je me crois capable, je reste persuadé que les bonnes chances l'emportent de beaucoup et que, si l'on sait les ménager, on fera prévaloir sur le temps qui affaiblit et qui ruine, le temps qui fortifie et qui consacre.

Ma persuasion se fonde sur les faits considérables qui se sont passés depuis la réunion de l'Assemblée nationale à Bordeaux, et dont l'enchaînement n'a rien de fortuit, sauf peut-être la résolution de M. de Chambord de se refuser à tout compromis qui reconnaîtrait les principaux résultats de la révolution française. Dès Bordeaux, dès que l'on connut le résultat des élections, dès avant la réunion de l'assemblée, il m'apparut que la république, qui avait été établie en fait seulement, mais en fait nécessaire après la chute de l'empire à Sedan, pouvait être conservée, épargnant ainsi, au milieu de tant de désastres, les épreuves toujours périlleuses de l'inauguration d'un régime nouveau. Ce qui était fait bien ou mal, était fait, incomparable avantage sur ce qui pouvait être fait. Je fus singulièrement confirmé en mes espérances par la lettre de M. Thiers que j'ai rapportée dans mon livre de *Conservation, Révolution et Positivisme*, 2ᵉ édition, p. 77. C'était un point capital que le premier chef du pouvoir exécutif après l'effondrement impérial, se déclarât, non par sympathie antérieure ou préjugé pour la république, mais par le froid jugement de la raison et de la nécessité politique, pour l'abandon de toute idée de restauration monarchique, soit légitimiste avec M. de Chambord, soit parlementaire avec M. le comte de Paris, soit césarienne avec Napoléon III rétabli. A lui qui avait, à ce moment, toutes les responsabilités du dedans et du dehors, l'urgence des faits parlait impérieuse. Il sut, suprême savoir, s'y conformer, et accepter avec la décision de l'homme d'État la solution qui lui parut la seule sûre, la seule possible. Depuis lors, il ne varia pas ; et il mérita que nous tous qui, dans l'Assemblée nationale, approuvions le point général, lui fissions le sacrifice complet de nos dissidences avec lui sur tel ou tel point particulier.

Je ne m'arrêterai pas à montrer qu'entre toutes les affaires qu'il faut préserver de l'action directe de la démocratie, les affaires étrangères tiennent sans contredit le premier rang. Cela est évident ; il n'y a que la mauvaise démocratie qui s'en mêle. Tandis que dans les monarchies elles appartiennent aux cabinets des princes et des ministres, dans la république française elles appartiennent aux trois pouvoirs qui la régissent. Le président et son ministre des relations extérieures ont l'initiative, les deux chambres ont le contrôle. Ces pouvoirs, quelque soumis qu'ils soient aux rénovations électorales, n'en sont pas moins aptes à devenir les conservateurs de la suite et de la continuité, à garder les lignes générales et à entretenir les desseins à longue portée. Seulement il est nécessaire, mais il suffit, qu'ils se pénètrent de l'importance capitale de ces qualités dans les relations extérieures, et qu'ils se fassent un devoir étroit, explicite, de leur assurer la prévalence en théorie et en pratique.

La présidence, avec sa septennalité, est en bonne position pour l'office que je réclame. Le temps ne lui est pas mesuré chichement ; elle voit devant elle de l'avenir, et n'a point hâte de dévorer une puissance d'un moment. Sa propre durée lui donnera souci de ce qui a été fait avant elle, augmentera la force des vues générales, et diminuera l'impulsion des vues particulières. Rien de plus n'est à demander dans le maniement des grandes affaires.

La chambre des députés est plus mobile. Mais, dans sa commission des affaires étrangères, il se formera des hommes qui, non contents de faire droit aux urgences du présent, se convaincront qu'il importe de ne pas le livrer aveuglément à sa seule direction, et qui voudront en voir la connexion avec le passé et, jusqu'à un certain point, la subordination.

Le sénat, par le mode d'élection qui le recrute, est moins mobile. De plus, il a un noyau inamovible qu'il faut bien se garder d'entamer, et que ceux qui l'instituèrent ne conçurent certes pas comme devant servir au fonctionnement de la république. Il lui sert pourtant, car il renforce la propension qu'a cette assemblée à suivre les voies de la tradition. Recommander au sénat le soin de la continuité est assurément lui recommander ce qui est tout à fait conforme à sa nature.

Imaginé-je donc un État bienheureux où les hommes soumettront leurs passions à la raison, où les froissements ne se produiront pas, où les ambitions particulières n'auront pas leurs échappées? Non sans doute; à un optimisme chimérique s'oppose la condition de l'humanité, aussi bien en monarchie qu'en république. Mais, contrairement à des opinions très accréditées qui ne voient de suite que dans une dynastie héréditaire, et qui la dénient à tout régime électif, j'ai tenu à montrer que la république française, telle qu'elle est instituée, est en pleine possession des organes nécessaires au traitement des affaires étrangères et à la continuité d'une politique. Le caractère des hommes d'État et les circonstances extérieures exerceront sans doute des influences considérables sur les déterminations ; mais elles ne prévaudront pas sur la pondération des pouvoirs, quand ces pouvoirs se seront bien pénétrés que veiller à la continuité dans les affaires du dehors est aussi essentiel que coordonner le budget futur avec le budget passé. La nouveauté de mon article n'est pas dans ce que je dis sur la conséquence et la continuité, mais elle est dans mon effort d'en faire en notre république un point de doctrine et un élément de conduite pour les pouvoirs publics qui ont la direction, et aussi pour l'opinion et la presse qui ont le contrôle.

D'UNE INFIRMITÉ SOCIOLOGIQUE
DU PARTI RÉPUBLICAIN EN FRANCE (1)

[La république, depuis qu'elle est devenue un gouvernement, ne doit plus être un parti.]

Je nomme infirmité sociologique du parti républicain l'impulsion acquise grâce à son passé de lutte, d'opposition, de conspiration, impulsion qui l'empêche, depuis que la république a triomphé, de se mettre au niveau du rôle général qui lui est échu et de sentir qu'il ne restera maître de la France telle qu'elle est en ses conditions sociales qu'autant qu'il sera maître de lui-même. Non pas qu'il se montre

(1) *Revue de la Philosophie positive*, numéro de mars-avril 1880.

impropre à fournir et à constituer des ministères; chaque groupe a des hommes très aptes au pouvoir, et les groupes sont nombreux. Non pas qu'il soit inhabile, quand les portefeuilles sont entre ses mains, à gérer les affaires et à conduire la politique; le soutenir, serait aller contre l'évidence des faits, témoin la prospérité générale, les plus-values d'impôts et le calme profond. Là ne gît pas l'infirmité qu'en médecin vigilant je lui signale quand je lui tâte le pouls; elle gît dans ses antécédents, dans ses habitudes, en un mot dans son caractère qui ne s'est pas autant amendé que sa fortune. Il a de grandes qualités; mais ces qualités conviennent plus à la situation qu'il vient de traverser qu'à la situation où les fautes de ses adversaires lui ont permis de s'élever. Je ne crois pas que les majorités soient plus incorrigibles que les individus; mais, pour se corriger il faut faire son examen de conscience, ne pas se flatter sur le côté faible, et s'efforcer résolument de gagner ce qui manque. Le parti républicain a bien pu imposer silence à ses dissentiments, pour présenter un front unique de résistance contre les monarchistes; pourquoi n'exercerait-il pas un semblable contrôle sur lui-même, afin de transformer une discipline négative et de résistance en une discipline positive et de gouvernement?

Peut-être, à la lecture de ce début, se méprend-on sur l'intention qui en ceci conduit ma plume, et pense-t-on que je vais, me portant champion du défunt ministère, attaquer le nouveau. Pas le moins du monde. Je déclare que je continue à être ministériel. Non seulement je ne fais ni ne ferai aucune opposition au ministère qui vient d'être constitué, mais encore je le soutiendrai autant qu'il sera en moi, et conseillerai à ceux qui m'écoutent de le soutenir.

Est-ce donc que je n'ai pas, moi aussi, des préférences ministérielles, des visées qui me sont propres, et des sujets de dissidence et de scission? J'ai de tout cela; et en témoignage, je n'hésite pas à exprimer que j'aimais mieux le ministère Waddington que le ministère Freycinet, et mieux le ministère Dufaure que le ministère Waddington. Mais qu'importe? Le ministère Freycinet suivra, pour les affaires des finances, de l'armée et de l'instruction publique, une ligne analogue à celle que ses deux prédécesseurs ont suivie avec tant de succès pour la prospérité générale. De ce côté ma sécurité est complète. Elle l'est moins du côté des questions de pure politique; il est plus faible là contre, que n'était le ministère Waddington, qui, lui-même, l'était plus que le ministère Dufaure. Mais, de même qu'il fait des concessions aux groupes qui le pressent, de même je lui fais les concessions nécessaires, ne lui demandant pas plus qu'il ne peut donner. Et je n'ai pas à m'inquiéter de ce qu'est au juste cette limite que je ne franchirais pas. Si le malheur veut qu'il ne dure point jusqu'aux élections de 1881, nous serons suffisamment avertis par la nature des exigences qui, tout en le couvrant de votes de confiance, l'auront ébranlé sourdement, sans le faire exprès pour ainsi dire, et par une malice invétérée de nature.

Il me paraît que, jusqu'au renouvellement de la chambre des députés en 1881, tout doit être dominé par un principe bien supérieur à celui des nuances ministérielles et des groupes parlementaires, par celui de la stabilité. Trois ministères depuis la défaite irrémédiable du 16 mai, en 1877, depuis le ferme établissement de la république, c'est trop, beaucoup trop. A quel jeu jouons-nous? et que sont ces capucins de cartes à qui les portefeuilles passent successivement? Est-ce que le spectacle de la fragilité des combinaisons gratifie une majorité indifférente à se former et à se dissoudre? Difficultés, a-t-on dit, dont l'ère commence et qui clôt l'ère des périls. En est-on bien assuré? et, si l'ère des difficultés dure et se complique, ne rouvrira-t-elle pas l'ère des périls? Je les dirais, ces difficultés, regrettables, mais inoffensives, si elles ne tenaient à des causes qui ne sont ni superficielles ni passagères. Pénétrons en effet dans l'intimité des hommes et des choses. Qu'y trouvons-nous? qu'en règle générale un républicain est doublé d'un révolutionnaire. Comment en serait-il autrement? Toute la tradition des républicains, toute leur éducation, tout le mérite de leurs souffrances, toute la gloire de leurs hauts faits est dans leur lutte contre des monarchies. Avec de pareilles dispositions, la tentation est toujours présente et vivante chez celui-ci ou chez celui-là de voir dans un ministère une espèce de roi dont il faut craindre la malfaisance.

Le centre gauche, n'étant pas républicain d'origine et étant venu à la république secondairement et par raison, est, parmi les groupes, le seul où chacun ne soit pas doublé (je renouvelle mon expression) d'un révolutionnaire. Cette qualité le recommanderait, si le parti républicain était plus sage et plus contenu. Loin de là, elle semble le désigner à l'animadversion; non seulement on ne veut plus de lui dans le ministère, mais encore on l'évince partout où il peut être atteint, sans s'inquiéter d'avoir en cette manœuvre l'appui des bonapartistes. Cette éviction

est un mauvais symptôme, non pas tant en soi que
pour ce qu'elle annonce la disposition des groupes
à se manger les uns les autres.

La correction parlementaire serait plus grande, si
le parti républicain se divisait en deux fractions,
l'une ministérielle, l'autre d'opposition, l'une conservatrice, l'autre novatrice, l'une tory, l'autre whig.
Malheureusement, les catégories entre lesquelles il
se classe n'offrent rien de pareil, étant du genre des
nuances dont la totalité constitue la teinte *avancée*.
Dans le parti républicain on est (et cela provient de
sa propre tradition) plus ou moins *avancé*. Celui qui
l'est le moins est poussé par celui qui l'est le plus
après lui, celui-là par le suivant, et ainsi de suite
jusqu'à la queue, avec laquelle personne ne veut
rompre, vu les anciennes relations, et qui par conséquent pousse tout le monde.

Le terme *avancé*, qui tient une si grande place
dans le vocabulaire de nos fluctuations présentes,
est à la fois très vague et très précis, selon qu'on le
regarde du côté de ce qu'il contient ou du côté de
sa direction. Au premier point de vue, il est l'enseigne commune de toutes les réformes aussi bien
que de toutes les révolutions politiques et sociales ;
et là-dessus je n'ai pas besoin de rappeler que ces
réformateurs et révolutionnaires si pressés de nous
remettre à la refonte sont entre eux en dissidence
inconciliable sur la forme et le fond de leurs projets, et qu'en définitive leur triomphe serait le
triomphe de leurs dissensions. Mais, au second point
de vue, nulle ambiguïté ne plane sur le sens du mot
avancé; c'est vers la république démocratique et sociale qu'il marche par étapes ou par groupes, comme
on voudra. Ce qu'elle sera, nul ne le sait, je viens de

dire pourquoi ; mais ce nuage n'en diminue en rien, en accroît peut-être l'effet comme machine de guerre. Plus un groupe est avancé, plus la queue a de puissance sur lui ; et l'on sait, la fable de la Fontaine à la main, que la queue n'a pas d'yeux.

En éliminant les particularités et en cherchant parmi les fluctuations de la majorité celles qui lui rendent si difficile de faire sien un ministère, il apparaît que deux impulsions principales s'y partagent les esprits : l'une est l'impulsion de la politique, l'autre est celle des affaires. Il n'est pas malaisé, vu tous les échantillons qui en passent sous nos yeux, de définir ce qu'est la politique ainsi entendue et circonscrite ; elle a pour objet de remanier les formes de la constitution et même de la société, suivant des types supposés progressifs, du reste fort divergents. Il ne l'est pas davantage, et par la même raison, de définir l'impulsion contraire, celle des affaires ; elle se propose d'appliquer tous les soins et toutes les études à l'amélioration des finances, qui comprend l'économie entière du corps social, au perfectionnement de l'armée, qui empêche des journées de Sedan et des démembrements, et au progrès de l'éducation commune, qui est à la fois le couronnement et la garantie de l'œuvre républicaine tant au dehors qu'au dedans.

Trois fois depuis l'établissement définitif de la république, à l'avènement de son premier, de son second et de son troisième ministère, les deux programmes ont été en présence. D'abord il n'y a dans la chambre des députés qu'une clameur, et elle est presque sans contradiction en faveur des affaires. Son président les lui recommande, lui en signale l'urgence, et la presse d'aboutir. Elle applaudit son président. Qui ne croirait que les hésitations ont disparu et que la marche est désormais assurée? Erreur; bientôt tout ce feu tombe, toute cette ardeur s'allanguit, tout ce contentement se disloque. Les affaires, qui ne renversent pas les ministères, s'oublient; la politique, qui les renverse, reparaît; et il arrive qu'après un vote de confiance (notez, je dis un vote de confiance), un ministère se sent obligé de prendre son chapeau et de s'en aller.

Bien que la situation ait changé à l'égard des personnes, elle n'a pas changé à l'égard des choses. A peine le nouveau ministère est-il installé et a-t-il lu sa déclaration, que l'on voit poindre à l'horizon parlementaire et la question de l'amnistie, et celle de l'inamovibilité des magistrats, et celle des fonctionnaires, sans compter le reste. Et le reste démocratique et social est inépuisable. Le nouveau ministère a pris l'avance sur l'une de ces questions et il a donné aux exigences des députés contre le personnel administratif une large satisfaction. Beaucoup trop large, à mon gré; il a dépassé la mesure, et frappé comme s'il était un 16 mai. Quelle que soit ma désapprobation, l'intérêt de le conserver est, pour moi, dans les circonstances, beaucoup plus pressant que l'intérêt de le redresser. Toutefois ce trop aux yeux de nous qui n'avons point fait le ministère mais qui l'appuyons fermement, sera-t-il assez aux yeux de ceux qui l'ont fait, mais qui n'ont pas pour ce qu'ils font un bien vif attachement?

Qui accusé-je ici, et qui rends-je responsable du malaise d'instabilité dont nous souffrons? Certes, non pas le ministère que je défends autant que je puis, conseillant de le laisser, pour le laps déterminé par les futures élections, s'occuper en paix de nos grandes affaires, au prix, peu regrettable, de l'enterrement de tout ce qui nous en détourne et le compromet; mais bien la majorité de la chambre des députés, que son républicanisme fait d'abord ministérielle, mais que son révolutionnarisme ne tarde pas à faire opposante. Ne parvenant pas à concilier ces deux tendances, contradictoires en effet, je ne dirai pas qu'elle communique son mal au gouvernement, qui ne peut être, comme elle, l'un et l'autre, mais elle lui ôte la sécurité et la solidité.

De même qu'après le ministère Dufaure, de même qu'après le ministère Waddington, de même après le ministère Freycinet, deux voies sont ouvertes : ou bien laisser aller les choses telles qu'elles vont, au hasard des mauvaises humeurs et des indisciplines; ou bien réagir contre l'éparpillement des volontés et la turbulence des intentions.

Le premier parti est le plus facile; il n'exige ni effort sur soi-même, ni contrôle, il procure la satisfaction d'un spectacle toujours varié, et l'illusion d'un *avancement* vers une république devenant ainsi sans cesse plus républicaine (c'est le mot). Le ministère ne tiendrait pas plus que ses prédécesseurs à ce régime. Ce qui est sans garanties n'a pas beaucoup de lendemains.

Le deuxième parti est incomparablement le meilleur, le plus sûr, le plus viril; mais, justement, en raison même des contraintes que cette virilité impose à chacun, il se hérisse de mille petites difficultés plus malfaisantes qu'une grosse. Là la théorie et la pratique n'entretiennent pas une longue société entre elles. En théorie il est accepté, à peine se trouve-t-il quelques voix qui veuillent en contester l'excellence. En pratique, les bonnes résolutions collectives s'évanouissent devant les suggestions individuelles ; et, tandis que le but essentiel assigné à la majorité républicaine devrait étouffer les griefs secondaires, ce sont les griefs secondaires qui prévalent sur le but essentiel.

Je ne me livre point ici à des spéculations qui me soient propres, à des hypothèses que je combine pour ma propre satisfaction. Le mal est devenu si tangible, que justement ceux-là qui s'y sont trop laissés aller le reconnaissent aux mêmes symptômes que j'ai signalés, et cherchent à y opposer les mêmes remèdes dont je recommande l'emploi : c'est-à dire former dans le sein de la majorité un groupe assez nombreux pour dominer les oppositions soit intransigeantes, soit monarchiques, et assez docile à soi-même pour ne pas, à l'improviste, faire faux bond à la conduite voulue.

Donc, en présence du désarroi qui a coûté la vie à deux ministères et auquel il serait imprudent d'octroyer pleine liberté contre un troisième, un groupe considérable de la majorité a conçu le salutaire dessein d'assurer au gouvernement un appui qui cessât d'être mouvant. Je suis si préoccupé de la nécessité de ces mesures, et je crains tellement de trop abonder en mon sens, que je préfère à mes paroles d'autres paroles qui expriment la même pensée de discipline, la même méfiance à l'égard d'un fractionnement indéfini, et le même conseil d'un classement dicté par le véritable esprit parlementaire. « Un premier pas, dit le journal *le XIXe Siècle*, a été fait vers le projet d'union de tous les républicains ministériels en un seul parti. Ce projet se réalisera, parce qu'il répond aux plus urgentes nécessités de la situation. Comment prendra-t-il corps ? C'est ce que nous ne pourrions dire, et il pourra même arriver que l'on se rebute d'abord. Mais, encore un coup, la formation du parti ministériel se fera par la force des choses. Un centre gouvernemental et deux oppositions constitutionnelles, l'une réactionnaire, l'autre radicale, prendront la place de groupes vermoulus qui n'ont plus aucune raison d'être et qui disparaîtront fatalement. »

En 1877, lors des élections qui ont produit la chambre actuelle, le suffrage universel était en proie à une excitation extraordinaire, et avec juste raison ; contre une agression aussi inattendue que dangereuse il lui fallait la victoire. En 1881, débarrassé de ses alarmes, rendu à son sang-froid, éclairé par l'expérience, il prononcera un verdict moins passionné.

Dans les sages décisions projetées contre l'instabilité ministérielle, en tant qu'elle est le fait de la chambre, il a été parlé d'une majorité de gouvernement. Les termes ambigus ne doivent pas passer sans explication. Entendons-nous donc sur celui-ci. Il s'agit de soutenir le ministère, non pas de se substituer à lui. Une majorité ne peut gouverner, ou du moins ne peut gouverner bien. Ce rôle appartient de plein droit au ministère. Il n'est pas douteux que, si une pareille interversion des fonctions survenait, le ministère se lasserait bien vite de sa subordination, et qu'en dépit de tous les votes de confiance, il ferait ce qu'ont fait ses prédécesseurs, il se retirerait.

Ici se place une observation politique qu'on ne fait pas d'ordinaire et que pourtant il faut faire si l'on ne veut aboutir à d'injustes reproches et à des mécomptes réciproques. Les ministres pris à des groupes plus *avancés* que n'est le centre gauche auront sans doute, et surtout leurs amis y comptent, des sentiments en rapport avec leur origine. Cela est vrai, mais seulement dans une certaine mesure. En effet, à peine un homme de parti entre-t-il au pouvoir, qu'il envisage tout différemment et son parti et le pouvoir. Ses vues deviennent plus étendues et gagnent en impartialité; il aperçoit les inconvénients de ce qui d'en bas lui semblait faisable et péremptoire; il reconnaît qu'en haut les intérêts généraux engagent les responsabilités plus qu'il n'avait cru; et son monde est tout étonné de la métamorphose qui s'opère. Aussitôt on se récrie contre le renégat qui déserte ses idées et ment à sa propre opposition. Cela est fort injuste. Un homme n'est ni un traître ni un renégat, parce que, changeant d'office et de responsabilité, les nouveaux rapports qui se découvrent à lui l'obligent à modifier ses conceptions et sa conduite. A cette différence entre le point de vue du pouvoir et le point de vue de l'opposition et aux résultats qu'elle entraîne nécessairement, la majorité, qui a bonne intention pour le ministère, doit être toute préparée. Elle le connaît, elle est instruite de son origine et de ses tendances. Cela suffit amplement pour la déterminer à lui être fidèle dans le cours de la carrière qui lui reste à fournir.

Afin de bien mettre à leur point des variations que je juge non seulement légitimes mais louables, je prendrai un exemple en un tout autre domaine que le parlementarisme. En tant que disciple de la doctrine positive, j'appartiens à un parti philosophique, et, là, je suis l'adversaire des théologies; je cherche partout leur côté faible, j'insiste sur leur contradiction effective avec la conception moderne du monde; je mets en lumière les vices qui ont fini par les rendre causes de troubles et de désordres dans la société. Autre est mon langage quand je parle en historien et en sociologiste. Alors je rappelle qu'elles entrent dans la contexture intime du développement de l'humanité; que ce développement ne peut être séparé de leur action, et que, tout compensé, puisqu'on loue le point de civilisation où nous sommes arrivés, on ne doit pas exclure de la louange les instrumentalités diverses, et entre autres l'instrumentalité théologique, qui nous y ont conduits. Celui qui verrait dans cette nouvelle attitude une contradiction ou un démenti de moi-même ferait preuve d'étroitesse d'esprit et de bien lourds préjugés. Je ne me contredirais pas davantage dans la pratique, ni ne me démentirais, si, devenu homme de gouvernement et de pouvoir et ayant à gérer les intérêts matériels et moraux de nos sociétés si complexes, je tenais à obligation politique de faire jouir les théologies de la protection et de l'indépendance que l'État doit à toutes les doctrines.

Il est singulièrement important que ce ministère-ci ne trébuche pas comme ses deux devanciers, étant placé sur la limite au delà de laquelle aucun arrêt ne paraît possible dans les voies vers la république démocratique et sociale. Cette dénomination est une formule qui, dans sa brièveté, caractérise nettement les tendances de chaque groupe à mesure qu'il s'approche davantage de l'intransigeance. Mais ce qui fait l'intérêt des mesures sur lesquelles la majorité délibère et est en suspens, est aussi ce qui en fait la difficulté ; car ceux qui veulent avancer de plus en plus le ministère vers l'extrême gauche n'ont pas envie de se barrer ainsi un passage qu'il leur semble si commode de garder ouvert.

Les dispositions sont favorables, et le ministère est en mesure de s'en prévaloir. Les groupes se tiennent sur la réserve, et ne veulent pas encore se dessaisir d'un nombre de leurs membres assez considérable pour constituer une majorité ministérielle. Soit, mais le ministère, s'il est ferme dans la ligne de conduite résultant des mobiles qui l'ont produit et de l'héritage qu'il a reçu, obtiendra par une attraction inévitable l'appui qui lui est nécessaire. Il fera graduellement une majorité qui le soutienne. Ce sera son office et sa récompense.

J'ai compté sur l'établissement de la république, et je compte sur sa durée. A cet égard, je l'ai dit et je le répète, je suis optimiste. Mais, si j'ai la bonne espérance, je n'ai pas la superstition. J'ose envisager les périls et les en-cas qu'ils comportent. Royer-Collard, qui fut agent secret des Bourbons sous Napoléon Ier, abandonna ce rôle lors du mariage de l'empereur avec une archiduchesse d'Autriche. Il crut l'empire fondé et assuré. C'était une erreur; le terrible en-cas approchait plus que jamais. Grâce, direz-vous, à la folie guerroyante qui perdit le premier empire. Sans doute, mais la folie anarchique ne serait pas moins pernicieuse à la république. M. Comte a dit que, de notre temps, ce qui est le plus menacé et a le plus besoin d'être soutenu, c'est l'ordre. D'éclatants symptômes témoignent combien il a raison. Les révolutionnaires et les socialistes qui firent la Commune de 1871, ne s'épargnent pas, en dépit de son titre républicain, contre le régime établi; et, pour le renverser, il n'est pas de désordres qu'ils n'affrontassent. A l'aide d'accointances qui se graduent et qu'on ne veut pas répudier, ils agissent de proche en proche ; et l'esprit de dissolution pénètre en des groupes qui pensent faire tout autre chose que lui prêter la main. Si bien que M. le Président du conseil des ministres a pu dire, non sans quelque amertume, contre de telles défaillances : « Il y a une singulière contradiction entre la démarche actuelle (motion pour l'amnistie plénière) et la ligne politique de ceux qui la font. Ils nous demandent une initiative qui exige une force morale incontestable, une majorité formidable, et, à côté de cela, ils nous refusent constamment leurs suffrages, en sorte qu'ils sont les premiers à nous retirer cette force sans laquelle rien de grand, rien de hardi ne peut être tenté. »

Que la majorité prenne en gré ces paroles d'un ministre qu'elle aime. Atteignons sans plus d'encombre 1881 et ses élections, et renouvelons-y notre bail républicain. C'est de renouvellements que se fera, par prescription de temps et par désuétude de monarchies et de dynasties, la possession plénière et incontestée.

LA COMPOSITION DE LA SOCIÉTÉ FRANÇAISE

ET LA RÉPUBLIQUE (1)

[En France, un long passé monarchique lie les uns, un passé révolutionnaire moins long lie les autres ; le présent républicain est le meilleur terrain de conciliation et, partant, de stabilité.]

Deux grandes révolutions, suscitées par le besoin moderne des libertés nécessaires, besoin auquel des monarchies devenues rétrogrades refusaient satisfaction, ont eu pour issue une république : la révolution anglaise du dix-septième siècle et la révolution française du dix-huitième. L'Angleterre ne tarda pas à en sortir, et, après une oscillation vers la royauté absolue, sous les derniers Stuarts, elle entra dans la royauté parlementaire, où elle est restée. Comme l'Angleterre, la France ne fit qu'une courte station dans le régime républicain ; mais elle ne le quitta pas pour se ranger à un gouvernement définitif ; elle eut deux Cromwells, Napoléon Ier et et Napoléon III, contre-pieds du vrai Cromwell, de celui qui laissa l'Angleterre si forte et si puissante ; elle eut ses Bourbons aînés, qui, Stuarts mal instruits par l'exemple, suscitèrent une révolution et se firent chasser ; elle eut ses Bourbons cadets, sorte de maison de Hanovre qui valait bien mieux que les premiers Georges, mais qui, provoquant gratuitement une inutile tempête (2), succomba sous

(1) *La Nouvelle Revue*, numéro du 1er février 1880.
(2) Au sujet de l'adjonction, aux listes électorales, des capacités, c'est-à-dire des médecins, avocats et autres professions libérales, adjonction obstinément refusée par M. Guizot.

les impatiences révolutionnaires et socialistes. Par un dernier effort, elle vient de se remettre au giron de la république parlementaire et libérale, après d'affreux désastres où cette république n'a eu aucune responsabilité, puisque, alors qu'ils advinrent, elle n'était pas née.

Dans la transition et après la transition, l'Angleterre garda presque toute son organisation sociale : une dynastie, une noblesse puissante, une chambre aristocratique, des bourgs inféodés.et des communes indépendantes. Aussi, depuis deux cents ans, tout son parlementarisme se donne pour tâche d'accommoder graduellement et sans la briser par violence, cette organisation traditionnelle aux revendications modernes de la liberté et de la démocratie. Dans la transition analogue, la France perdit ses rois, ses nobles, ses parlements, ses bourgeois chefs de corporations ouvrières, ses états généraux, tombés en désuétude, et ses états provinciaux, conservés çà et là. Depuis lors tout son travail est de refaire des institutions qui s'enracinent et qui ne soient pas à la merci d'une conspiration militaire ou d'un tumulte de grande ville.

Cependant ces agitations suivies de calmes et ces calmes suivis d'agitations non seulement n'ont pas entamé les éléments fondamentaux de la société française, qui sont ceux de toutes les sociétés modernes, mais encore ont laissé subsister des échantillons quelquefois fort considérables des organes ayant servi jadis au fonctionnement de ce que nous appelons l'ancien régime. Ces échantillons, ainsi demeurés fermes au lieu même qu'ils avaient autrefois empli de leur prépondérance, contemplent, non sans regret et sans courroux, les dommages qu'ils ont

subis et le sort qui leur est fait. La république, à
son tour, ne sait trop sous quel bénéfice d'inventaire elle doit accepter les legs qui ainsi lui échoient.
En attendant, ni elle ne peut se défaire d'eux, ni
eux ne peuvent se défaire d'elle. Telle est la
force des faits historiques et celle des situations. Le trait essentiel de la politique de la république à leur égard est de compter sur sa propre
durée, dont elle tient les conditions. Les accommodements que sa sagesse rendra de plus en plus possibles ou faciles, le temps s'en chargera, le temps,
ce grand modificateur des choses et des hommes.

Parmi ces échantillons, un des plus singuliers, un
des plus étranges, — aussi est-ce par lui que je
commence, — est, sur le sol de la république, la
coexistence de trois dynasties monarchiques, qui
sont, cela va sans dire, ses rivales, mais qui sont
aussi rivales l'une de l'autre; si bien que, tant
qu'elles sont réduites à la condition privée, elles
habitent la France, dont deux seraient expulsées le
jour du triomphe de l'une d'entre elles. Certes, quoi
de plus antipathique à la république qu'une dynastie, deux dynasties, trois dynasties? Peut-être, si
l'histoire nous en était contée, aurions-nous de la
peine à y ajouter foi. Mais le fait est là sous nos
yeux; et chacun de nous peut coudoyer une de ces
dynasties qui n'ont abdiqué aucune de leurs prétentions, et qui ont leur cour, leurs titres et leur
monde. Continuons notre examen, il nous montrera,
je pense, que, dans ce cas sans précédent, le mieux
est de laisser faire et de laisser passer, pourvu que
ce qui se fait et ce qui passe soit surveillé de près et
rigoureusement contenu dans les limites de la paix
publique et de la légalité commune.

La première république, celle de 1792, fut cruelle à l'égard de la vieille race qui venait d'être précipitée du trône. Elle trancha la tête au roi, et, quelques mois après, elle envoya à l'échafaud la reine, qui avait assez souffert dans l'intervalle pour que sa chevelure en devînt blanche. Sa colère s'étendit jusque sur leur héritier, pauvre enfant qu'elle fit mourir de misère et de mauvais traitements. Je sais ce que comportent de violences la guerre et les révolutions; mais, dans les cas excessifs, la moralité humaine ne perd jamais le droit de crier : C'est trop, c'est affreux! Tous les autres membres de la famille des Bourbons, qui s'étaient mis en sûreté par la fuite, furent bannis à jamais — et cela n'était pas excessif — du territoire de la république. Béranger a, dans son dossier politique, une chanson où, en l'an 2000, le dernier rejeton de cette race illustre apparaît pauvre, scrofuleux et demandant l'aumône dans l'ancien royaume de ses ancêtres. Tout est possible à la poésie et aussi à la réalité, qui quelquefois est la plus terrible des poésies. En attendant, les Bourbons revinrent par deux fois sur le trône de France. Voilà ce que valent les « à jamais » des révolutions, même les plus décisives.

Napoléon Ier ne fut pas moins rigoureux à l'égard de la famille des anciens rois. Non seulement il maintint l'interdiction qui leur fermait l'entrée du territoire, mais encore, s'emparant par un guet-apens du duc d'Enghien, il le fit fusiller sommairement dans les fossés de Vincennes, prit à cœur de tremper ses mains, comme la Convention, en un sang royal, et mit fin par cette odieuse exécution à la ligne des Condés.

Mais bientôt le cadran révolutionnaire de la France

marqua une nouvelle heure. Les frères de Louis XVI le guillotiné rentrèrent aux Tuileries, et, pendant quinze ans, ils gouvernèrent la France, non sans mérite et sans succès. Pendant tout leur règne, il va sans dire que les Bourbons infligèrent aux Bonapartes la peine du talion ; ce fut le tour du fils de Napoléon Ier et de ses frères de résider partout ailleurs qu'en France.

Les Bourbons cadets, par droit non de naissance, mais de révolution, succédèrent aux aînés. Leur trône s'écroula comme les précédents ; mais, durant les dix-huit années où il fut debout, ils eurent une tâche double d'interdiction à l'égard des dynasties déchues. Les Bonapartes continuèrent à être bannis ; mais, quels que fussent les sentiments particuliers des d'Orléans, la politique exigea impérieusement que Charles X et les siens fussent ajoutés à l'exclusion.

La deuxième république, celle de 1848, à qui tout sens politique fut si étonnamment étranger, expulsa les Bourbons aînés et cadets, — cela était naturel, vu les antécédents, — mais laissa rentrer les Bonapartes, ce qui ne l'était pas du tout. Elle obéit en cela à un besoin malsain de courtiser la popularité ; car le populaire des villes et des campagnes haïssait les Bourbons et aimait les Bonapartes. Elle ne gagna rien en popularité, comme on le vit lors du coup d'État, bien reçu par les paysans parce qu'il garantissait l'ordre, bien reçu par les ouvriers parce qu'il les défaisait de cette république qui avait vaincu les socialistes en juin 1848 ; mais elle fut étranglée nuitamment en un guet-apens, auquel elle eût échappé si elle eût su tenir au loin les Bonapartes, et si elle se fût assuré la présidence de la république, en se réservant la nomination du président, au lieu de la laisser au populaire.

L'empereur Napoléon III, assis sur le trône et relevant les destins de la quatrième dynastie, comme Louis XVIII et Charles X avaient relevé ceux de la troisième, ne se fit pas faute d'user des droits régaliens à l'égard de ses compétiteurs dépossédés, aînés ou cadets. L'empire se montra menaçant envers eux ; il fut question de fusiller celui des d'Orléans qui mettrait le pied sur le territoire impérial. La tragédie du duc d'Enghien aurait pu se renouveler. Mais les d'Orléans se tinrent loin, se contentant d'aller bravement guerroyer en volontaires dans l'armée du Piémont, en 1859, et dans celle des États-Unis, lors de la sécession des États du Sud.

Voilà bien des hauts et des bas, tant républicains que monarchiques ; bien des fatigues pour nos dynasties, obligées de déménager si souvent à la hâte ; bien des bannissements rigoureux contre des gens qui, jusqu'à présent, sont toujours revenus. Tout ce remue-ménage, la troisième république, celle de 1870-1871, l'a réduit à un calme inespéré. Trop occupée, dans le commencement, par la grande affaire de la paix et de la rançon, elle ne s'inquiéta pas des trois dynasties, qui d'ailleurs ne se souciaient guère, à ces douloureux moments, de prendre sur soi les dures responsabilités. Elles rentrèrent donc, personne ne leur fermant la porte. M. de Chambord est venu en France quand il l'a voulu, et, s'il réside en pays étranger, c'est que telle est sa volonté. Tous les d'Orléans ont leur domicile en France ; ils y sont riches, ils ont des grades dans l'armée, et ils se tiennent tranquilles. Les Bonapartes jouissent des mêmes franchises ; le prince Jérôme Napoléon a été député, et aujourd'hui, devenu l'héritier du trône bonapartiste par la mort du prince impérial, il a sa résidence à Paris, résidence dont M. de Chambord ne veut pas pour la royauté légitime. La troisième république a-t-elle bien fait, en laissant ainsi aller et venir les rois et les empereurs? Je le crois, pour ma part; car elle neutralise de la sorte, sans appareil et sans intervention, des prétentions triplement réciproques. Quelle police républicaine égalerait la police que ces dynasties exercent l'une sur l'autre? Mais cette situation vraiment singulière vaut la peine d'être examinée de plus près, et je continue.

Envisagées dans leur position sur le sol français et vis-à-vis de la république, ces trois dynasties sont des en-cas, c'est-à-dire qu'elles se tiennent prêtes à s'emparer, la république tombant sous ses propres fautes, de la direction des affaires. Il serait puéril de dissimuler qu'en dehors même des partis monarchiques, un gros de la nation voit sans déplaisir qu'il y ait des offres de service pour le moment, s'il doit arriver, où le salut public serait compromis. Dans ses *Vues sur le gouvernement*, brochure qui fit du bruit sous le deuxième empire, parce que l'autorité la saisissait chez le lithographe qui la lithographiait (elle n'était pas alors destinée à la publicité), feu M. le duc de Broglie a très nettement exposé ce que je nomme ici un en-cas : « S'il arrive, dit-il, que plusieurs prétendants se rencontrent inégaux en titres aux yeux de la raison et de l'histoire, mais égaux ou à peu près en chances de succès, dans ce cas il sera sage de préférer la république à la guerre civile; ce sera, dans ce cas encore, le gouvernement qui divise le moins, et qui permet le mieux à l'esprit public de se former, à l'ascendant légitime de grandir et de triompher en définitive. Il sera donc, au besoin, sage de s'y résigner; mais il sera sage, en même temps, de ne considérer le régime républicain que comme un pis-aller, comme un état de transition, et de ne sacrifier à l'esprit républicain, à sa jalousie, à sa turbulence, rien d'essentiel; de ne sacrifier surtout au maintien, à la perpétuité de la république, aucune des garanties de l'ordre au dedans, aucune des conditions de la sécurité et de la grandeur au dehors. » Pis-aller, transition, résignation, soit; acceptons ces termes d'un adversaire, pourvu qu'ils nous avertissent sérieusement et nous fassent comprendre que la république est condamnée — heureuse condamnation! — à procéder lentement et sûrement, de la France tantôt monarchique tantôt révolutionnaire qui est, à la France républicaine et stable qui se prépare.

La présence des trois dynasties sur un sol républicain donne une physionomie originale à notre république. Suivant les passions de chacun, héritées des régimes précédents ou suggérées par ces régimes, tel se déchaîne contre le comte de Chambord et la légitimité, et c'est là ce qu'il voudrait voir disparaître avant tout; tel n'a d'aversion que pour les d'Orléans, leur juste milieu, leurs victoires dans les rues de Paris sur l'émeute, gardant toutes les rancunes de la révolution de 1848; tel exècre le deuxième empire, le régime césarien et sa responsabilité prépondérante dans nos récents désastres. Tous ces sentiments sont naturels, bien qu'inconciliables entre eux, et je les rappelle pour constater qu'ils sont vivants, présentement indestructibles comme le passé qu'ils représentent. De sorte que, pour le sociologiste, la seule conduite à suivre à l'égard de nos dynasties, qui, à tout prendre, sont moins dangereuses dedans que dehors, est, en les supportant sans faiblesse et sans négligence, d'en tirer les deux utilités qu'elles comportent.

L'une de ces utilités est justement l'en-cas dont j'ai parlé tout d'abord. Je me range parmi les optimistes à l'égard de la durée de la république ; mais mon optimisme n'est ni aveugle ni infatué. M. le duc de Broglie signalait les turbulences des républicains et leurs jalousies, triste héritage de leur long rôle d'opposition. Je signale à mon tour leurs faiblesses pour les éléments révolutionnaires et pour les mauvais éléments socialistes (il y en a de bons), non moins triste héritage d'anciennes liaisons. Tout cela est de nature à troubler les esprits, alarmer les intérêts, ébranler la stabilité et faire chercher le premier abri venu contre les graves perturbations de l'ordre. Alors l'en-cas monarchique se présentera ; et, comme l'effondrement républicain provoquerait une crise dangereuse au dehors, une dynastie pourrait, comme les Bourbons en 1814, nous aider à la traverser moins douloureusement.

La seconde utilité est purement négative. Ces monarques en expectative sont là qui nous disent tous les jours : « Prenez garde à vous ; soyez vigilants ; soyez modérés ; entretenez l'alliance que vous avez formée avec le gros du pays, qui représente une moyenne ; ne croyez pas avoir métamorphosé par un mot le caractère et les mœurs de la vieille France ; comptez avec le temps, qui tue vos adversaires si on le laisse agir, mais qui vous tuera si vous le brusquez. »

Outre nos trois dynasties, et au-dessous d'elles, est une noblesse qui se range parmi les plus illustres de l'Europe. C'est encore un legs que nous a fait notre histoire et dont il serait insensé de songer à se débarrasser. Qui d'ailleurs le pourrait? La hache révolutionnaire de la Convention, l'exil et les confiscations y ont échoué. Prenons derechef conseil de la sociologie, étudions ce legs historique, atténuons le mal et cherchons-y le bien. Une république démocratique, qui n'est pas, comme l'était la royauté, gentilhomme, a toutes les qualités requises pour faire impartialement ce départ, contre lequel frémissent les passions révolutionnaires.

Le point essentiel de la nouvelle organisation sociale en France est que sa noblesse, tout en conservant ses titres, a perdu ses privilèges. Elle n'a plus ni droits féodaux, ni droits de chasse, ni prééminences, ni préséances, ni propriété inaliénable, comme corps distinct. Les places d'officiers ne lui appartiennent plus dans l'armée, et son office militaire est éteint. Dans l'Église, elle n'a pas par préférence, comme autrefois, les évêchés et les abbayes. Enfin, la noblesse parlementaire, qui fut si considérable, a disparu avec les parlements.

Voilà certes des coups puissants; pourtant ils n'ont valu que contre les privilèges. La tradition historique et sociale, plus forte, a conservé la noblesse. Elle est là parmi nous vivante, agissante, recherchée souvent par des bourgeois amateurs de titres, et gardant par sa fortune une très réelle importance locale. On le vit bien quand, dans la guerre de 1870, un si grand nombre de gentilshommes reçurent le commandement de mobiles et de mobilisés. Ils se conduisirent bravement et furent dignes de leurs aïeux. L'empereur Napoléon Ier, ennemi de l'égalité des partages successoraux, en tant que détruisant les grandes existences, écrivait à son frère Joseph, alors roi de Naples, le 5 juin 1806 : « Établissez le Code civil à Naples ; tout ce qui ne vous sera pas attaché va se détruire en peu d'années, et ce que vous voudrez conserver se consolidera. Voilà le grand avantage du Code civil. Il consolide votre puissance, puisque, par lui, tout ce qui n'est pas fidéicommis tombe, et qu'il ne reste plus de grandes maisons que celle que vous érigez en fiefs. C'est ce qui m'a fait prêcher un Code civil et m'a porté à l'établir. » (*Mémoires et correspondance politique et littéraire du roi Joseph*, t. II, p. 275.) N'en déplaise au correspondant du roi Joseph, et sans parler du misérable avortement de ses fiefs et de ses majorats comme institution sociale, les destructions des grandes existences ne vont pas aussi vite qu'il affecte de le croire : témoin notre propre noblesse qui reste riche ; les mariages suffisent, sans le surplus, pour entretenir sa situation.

Nos nobles, sauf, bien entendu, les exceptions et ce qu'on appelait dès 1789 la minorité de la noblesse, minorité qui semble avoir diminué sous l'impression des événements révolutionnaires ; nos nobles, dis-je, sont cléricaux et légitimistes. Aussi, toutes les fois que la réaction regagne du terrain, sont-ils là pour l'aider. Sans sortir du présent, au 23 mai, c'est le spectacle qu'ils nous ont offert pour renverser M. Thiers, et au 16 mai pour s'emparer du suffrage universel et lui arracher une chambre des députés réactionnaire. Je donne le nom générique de réaction, en France du moins, à tout ce qui s'oppose à l'établissement de la république, sans me dissimuler qu'ainsi définie elle comprend un certain nombre d'hommes libéraux, témoin feu M. le duc de Broglie que j'ai cité un peu plus haut et tous les partisans de la monarchie parlementaire.

Il est singulier de rencontrer dans une république démocratique des princes, des ducs, des marquis, des comtes, des barons, se coudoyant avec le reste des citoyens. Mais qu'objecter à l'histoire? car c'est elle qui, le veut ainsi. La Suisse, dont le régime républicain a aujourd'hui une antiquité fort respectable, a sa noblesse héritée du temps où elle était féodale comme tous ses voisins. Hallwill, qui commandait les Suisses à la bataille de Morat contre Charles le Téméraire, était un gentilhomme, et Masson, dans le poème des *Helvétiens*, chant V, a dit de lui :

> Il cultivait en paix le champ de ses ancêtres ;
> Mais son épée antique et son casque d'airain
> S'élevaient en trophée et gardaient l'héritage.

Il est certain que, si toute l'Europe passait au régime républicain, rien ne pourrait empêcher que les nouvelles républiques ne continssent des races royales, des noblesses, des marquis et des comtes. Ce cas, hypothétique pour l'Europe, est le cas réel pour nous.

Rien de pareil ne se voit dans la grande république des États-Unis. C'est que leur histoire, qui date à peine de trois cents ans, est bien différente de la nôtre. Des colons, cherchant surtout la liberté religieuse et tous égaux entre eux, vinrent s'établir sur les côtes. Les populations indigènes furent peu à peu détruites ou refoulées ; les terres furent cultivées, et des villes d'abord bien modestes s'élevèrent sur ces territoires. Puis éclata la rupture avec l'Angleterre; et les treize colonies, se faisant indépendantes, n'eurent plus ni rois, ni pairs, ni chambre haute ou basse, rien enfin de l'organisation historique qui régnait alors et règne encore dans la Grande-Bretagne. C'est ainsi que les États-Unis n'ont ni une caste nobiliaire comme en Angleterre, ni des représentants, comme en France, d'une caste nobiliaire dépossédée de ses privilèges. Est-ce un bien? Est-ce un mal? Il est impossible de le dire dès aujourd'hui. Le seul fait certain, c'est que les Américains des États-Unis n'ont pas encore atteint le degré de culture de leurs aînés d'Europe, qu'ils y travaillent avec énergie et avec succès, et qu'ils y parviendront sans doute. Alors la sociologie pourra comparer fructueusement l'état social des Américains sans passé, et des Européens avec leur long passé.

C'est une observation sociologique faite depuis longtemps, que les corps fermés, tels que les aristocraties, s'épuisent inévitablement, si elles ne se renouvellent par des emprunts au fonds commun de la population. La république française ne créera point de gentilshommes, et par conséquent notre noblesse, d'elle-même, diminuera peu à peu. Mais ce travail de rentrée dans la masse exige du temps; et pour le présent nos institutions, nos mœurs, nos opinions ont à compter avec un élément traditionnel qui subsiste dans l'Europe entière et y garde plus ou moins de vigueur et d'autorité.

Donc, telle est la conclusion inévitable de tout ceci, apprenons en république à vivre sans malaise avec nos nobles. Cela ne suffit pas; apprenons aussi à tirer de ce mélange fait par l'histoire l'utilité qu'il comporte. Notre noblesse, qui se range parmi les grandes noblesses de l'Europe, a des affinités de mœurs, d'opinions et d'alliances avec les aristocraties de tous nos voisins. Il en résulte que notre corps de nobles, par lui-même et par ses connexions étrangères, entretient un certain niveau élevé de société polie, de bonnes manières, de bon langage, d'élégances de vie, de courtoisie chevaleresque, de respect pour les femmes, qui sont autant de qualités très précieuses. J'élève haut l'importance de ces objets. La démocratie n'y est pas favorable avec ses rudesses et ses vulgarités. Il est heureux que nous n'ayons pas à créer, que nous ayons seulement à conserver de petits foyers qui ne laissent pas perdre ce renom de politesse et de goût qui fut jadis l'apanage de la société française. Je prêche toujours la même doctrine qui, comme je l'ai dit, m'a été inculquée par J. Stuart Mill, c'est qu'en démocratie, il importe de reconstituer non une aristocratie fermée, ce qui est impossible, mais une aristocratie ouverte, et de lui emprunter tous les correctifs qu'exige la prédominance démocratique.

Les races royales et la noblesse ne sont plus chez nous que des épaves d'un naufrage historique qui, en même temps qu'il les écartait, laissait prévaloir, avec leur importance politique et sociale, trois groupes essentiels qui forment le corps même de la nation française. Ces groupes sont les paysans, les ouvriers et les bourgeois. A l'ouverture de la révolution, Sieyès, dans un pamphlet célèbre, disait : Qu'a été le tiers état jusqu'à présent? Rien. Qu'est-il? Tout. Si par tiers état il n'entendait pas seulement ce qu'on entendait alors en regard du clergé et de la noblesse, il a prédit notre état actuel. Les paysans, les ouvriers et les bourgeois forment le trépied de notre vie sociale.

Si je commence par les paysans, c'est que, des trois groupes fondamentaux de notre société, ils constituent le plus nombreux. Les statistiques ne laissent aucun doute là-dessus ; les populations rurales, dont les paysans font la plus grande partie, dépassent de beaucoup en nombre les populations urbaines, qui consistent surtout en ouvriers et en bourgeois. Je n'examine pas si c'est un bien ou un mal que la population soit plus disséminée par la résidence dans les campagnes, ou plus concentrée par la résidence dans les villes. Je me contente de noter un fait démographique qu'il ne faut jamais perdre de vue en un pays de suffrage universel.

Je n'examine pas non plus si c'est un bien ou un mal que le sol soit partagé entre beaucoup de mains. C'est encore un fait considérable que je constate. Ces mains, qui tiennent la terre, sont, en majorité, des mains de paysans. Nos populations rurales se distinguent de leurs congénères en Europe par une caractéristique très digne d'être comptée socialement ; elles possèdent une portion notable du sol ; elles le partagent, c'est le moins qu'on puisse dire, avec les bourgeois et les capitalistes ; elles sont largement propriétaires.

L'esprit propriétaire a gagné tous les ruraux. Le fermier qui tient à bail une terre, achète à côté, s'il peut, et, dans tous les cas, son rêve constant est d'avoir un champ à lui. L'ouvrier rural, qui vit de son salaire, a souvent une parcelle qui ne lui suffit pas, et cette insuffisance le force à louer ses bras ; mais, s'il peut faire des épargnes, il sait bien où il les placera. De la sorte, toute la population des campagnes est unanime à l'endroit de la propriété.

Aussi le paysan est-il éminemment conservateur. Cependant, quant à lui, ce terme a besoin d'explications. Il n'est pas conservateur au sens de certains de nos réactionnaires qui souhaitent le triomphe du légitimisme et la prépondérance du clergé catholique. Non, de ce côté-là, le paysan a reçu de la révolution une forte empreinte qui ne s'est point effacée ; mais il n'a aucun goût théorique et abstrait pour la république. Aussi est-il très sensible à ses défauts, dont le principal à ses yeux est qu'elle ne lui paraît pas avoir la main assez ferme. Il accueillit fort mal celle de 1848. Feu M. Bravard, professeur à l'École de droit, un de ces bons amis que j'ai perdus, était, lui, favorable au nouvel établissement. Auvergnat et sollicitant un mandat de député qu'il obtint, il eut des relations avec un gros paysan qui lui objecta, contre la république sans roi, son propre exemple domestique et son autorité, sans laquelle tout irait mal dans l'exploitation de son domaine. C'est cette double disposition qui a tant incliné les populations rurales vers le bonapartisme, les assurant contre le retour du noble et du prêtre et contre l'invasion des systèmes politiques et du désordre révolutionnaire et socialiste. Aujourd'hui il se familiarise grandement avec la république, qui lui garantit ses plus vivaces intérêts. Je n'ai pas besoin d'ajouter que ce récent attachement ne serait pas à l'épreuve des expériences que la république démocratique et sociale se réserve de tenter sur lui et sur ses champs.

La politique de la république à leur égard est clairement tracée : les garantir de toute crainte cléricale et nobiliaire, et les mettre en repos du côté des menaces démagogiques. Cette politique est l'essence même de la république parlementaire et libérale. Aucune brouille ne peut, de ce côté-là, s'élever entre elle et eux. Elle leur rendra le service d'éteindre en leur milieu les derniers restes du bonapartisme. En retour, elle leur devra un appoint de stabilité fort désirable en ces temps d'incertitude politique entre nos partis et d'indiscipline chronique entre nos républicains.

Tout différent est l'esprit qui prévaut parmi les ouvriers, la seconde grande fraction de notre peuple. Là l'ordre et la stabilité ne sont pas les premiers des biens. Les premiers des biens sont des aspirations sociales qui leur font espérer un monde meilleur, sans richesse et sans pauvreté, un monde où l'égalité commune nivellera l'opulence spoliatrice et élèvera la misère spoliée au légitime confort. Donc ils ne sont pas conservateurs ; loin de là, ils sont révolutionnaires, et à ce titre le libéralisme est peu en honneur parmi eux et peu pratiqué. Et, effectivement, ce libéralisme est en opposition directe avec les tendances violentes qui s'irritent des obstacles que la constitution traditionnelle, sociologique, des choses met sur la route des systèmes socialistes. Plusieurs, il est vrai, dans les congrès ouvriers, protestent contre les subversions par vive force ; mais, en face même de ces protestations, le gros, envisageant l'impossibilité pacifique de réformes chères au cœur de tous, se voile la face et passe outre.

Eux sont républicains par nature, par instinct, et la république leur est une sorte de foi pour laquelle ils sont prêts à des sacrifices, comme le témoigne ce mot héroïque des ouvriers parisiens, quand, après la révolution de Février, un chômage général menaça toutes leurs ressources : « Nous avons trois mois de misère au service de la république. » Comment devinrent-ils républicains, ou plutôt comment le redevinrent-ils ? car ils l'avaient été énergiquement sous la Convention ; et le rôle du *faubourg Antoine* est fameux dans ces temps. La république parut bien morte sous le premier empire ; et je me rappelle combien dans notre humble intérieur on craignait de laisser paraître l'ancien attachement qu'on avait eu pour la république, et comment un peu plus tard, moi enfant mal informé, mais répétant les propos de mon jacobin de père, j'excitais la surprise, voire l'indignation de mes camarades, pour qui, d'après leur enseignement domestique, la république était un spectre abominable (1). Sous la restauration, elle ne parut pas se relever de cette longue léthargie ; cependant, vers la fin du règne de Charles X, elle était un peu moins mal *portée* (qu'on me permette cette expression empruntée aux modes) que sous l'empire. La révolution de 1830, commencée par la

---

(1) Ici je ne résiste pas au désir de consigner une curieuse coïncidence qui éclaire l'état des esprits en ces époques troublées. Le régime révolutionnaire de la terrible Convention et le régime despotique du non moins terrible Napoléon Ier avaient laissé dans les âmes une impression de terreur qui se manifestait par le besoin d'effacer ses propres traces dans le passé qui venait de tomber. Les si intéressants *Mémoires* de Mme de Rémusat nous ont appris qu'au moment de la rentrée des Bourbons, en 1814, elle brûla les récits faits par elle jour par jour et sous l'inspiration immédiate de ce qu'elle avait vu de près pendant le consulat et l'empire, craignant que ces documents ne compromissent elle ou les siens. Dans le même temps et sous une semblable impression, mon père détruisit les procès-verbaux et papiers qui, recueillis par ma mère, née Johannot, constataient que son père, M. Johannot, avait été assassiné à Annonay par la réaction royaliste. Certes, ces documents tout privés sont moins regrettables que ceux de Mme de Rémusat, mais ils étaient une pièce authentique dans le grand procès de la réaction après la chute de Robespierre.

jeunesse libérale, mais aussitôt soutenue par le peuple, ne se fit point au nom de la république; le seul emblème qu'elle emprunta aux régimes précédents fut le drapeau tricolore. Toutefois Louis-Philippe était à peine sur le trône que déjà la république venait lui disputer la place. Un groupe de jeunes gens, au nombre desquels étaient Godefroy Cavaignac et Guinard, se déclarèrent républicains; bientôt ils eurent avec eux beaucoup d'adhérents dans les rangs populaires; et c'est ainsi que se déchaînèrent les insurrections de 1832 et de 1834. Mais, à côté d'elle, un nouvel élément ne tarda pas à paraître, l'élément socialiste, qui d'abord tint à séparer sa cause de celle des républicains. J'ai raconté, dans la deuxième édition de *Conservation, Révolution et Positivisme*, page 154, la première manifestation de cette scission, manifestation qui eut lieu sur la tombe même d'Armand Carrel. Mais le républicanisme politique et le républicanisme socialiste n'en restèrent pas moins coalisés contre Louis-Philippe; ensemble ils renversèrent son trône, ensemble ils proclamèrent la république. A peine la commune victoire était-elle obtenue que les deux coalisés se séparèrent et reproduisirent la scène du tombeau de Carrel dans la terrible tragédie de juin 1848. Tels furent les événements, tel fut le mouvement d'idées qui implanta le sentiment républicain parmi les ouvriers.

On se tromperait beaucoup si l'on pensait que l'ancienne scission a disparu. Elle existe plus effective que jamais. La république parlementaire et libérale d'aujourd'hui est la représentante des républicains politiques de 1848; et la république démocratique et sociale, qui lui fait opposition, l'est des socialistes de la même année. Mais, tandis que la république parlementaire et libérale est quelque chose de très déterminé, la république démocratique et sociale est, au contraire, en une indétermination où triomphent des sectes fort diverses. Si ces sectes, qui se coalisent sans peine pour l'assaut et la démolition, l'emportaient, leur triomphe serait la porte ouverte à des dissensions violentes et sans issue. Quand il s'agirait de remplacer l'organisme républicain actuel, qu'on veut mettre à bas tout entier, sans en laisser pièce ni morceau, l'entente entre coalisés s'évanouirait, et les alliés de la veille deviendraient des adversaires acharnés les uns contre les autres. Quelle perspective que celle qui sacrifie à des systèmes sans expérience préalable l'ordre et la stabilité, ces biens inestimables !

Deux grands projets hantent particulièrement le cerveau du socialisme ouvrier : l'un est la suppression de la bourgeoisie, l'autre est l'abolition de la propriété individuelle. De telles visées sont trop loin de la constitution actuelle de la société, pour que la sociologie ait aucun moyen de les discuter autrement que comme des hypothèses en l'air. Elles ne sont pas sans dangers toutefois; car il ne serait pas impossible que des masses ouvrières, qu'elles ont pénétrées, arrivant à un certain pouvoir, comme en février 1848, et, à Paris, en 1871, essayassent de les réaliser. L'effort serait très perturbateur et très malfaisant, mais sans effet; car ces masses ouvrières, que je suppose ainsi maîtresses pour un moment, ne sont en définitive qu'une minorité dans la nation, et iraient se briser contre les impossibilités sociales. Je sais que, quand ils se désignent eux-mêmes, ils se nomment le peuple; mais le peuple est composé d'eux, des paysans et des bourgeois; le groupe paysan est, à lui seul, plus nombreux que le groupe ouvrier; qu'est-ce donc lorsqu'il s'accroît du groupe bourgeois? car tous deux sont résolument contraires aux abolitions que le socialisme ouvrier voudrait entreprendre. Ce qui fait illusion aux ouvriers, c'est leur prépondérance dans de grandes villes. Cette prépondérance leur a permis, en des circonstances d'ailleurs difficiles à reproduire, de frapper quelques rudes coups; mais le résultat final a toujours été la défaite sévère, inexorable.

Sans doute, en conviction que les énormes mutations qu'ils projettent ne peuvent être obtenues par la persuasion, les collectivistes — c'est le nom que se donnent les adversaires de la propriété et de la bourgeoisie — ne dissimulent pas de très fâcheuses tendances à la violence et à l'insurrection. Réformes sociales et violences! Minorité et insurrection! Quels accouplements d'idées et de mots! Mais c'est avec satisfaction que je substitue à mes propres appréciations celles d'un homme bien plus autorisé que moi auprès des masses ouvrières. Le citoyen Rousset, délégué au congrès ouvrier de Marseille par l'union syndicale de Bordeaux, dans le compte rendu de son mandat (voyez le *Temps* du 11 décembre 1879), expose qu'il a repoussé les théories collectivistes, réprouvé les appels au désordre et à la force, recommandé les mesures et les réformes dont la revendication peut être suivie immédiatement de la réalisation, exhorté les prolétaires à faire tous leurs efforts pour envoyer des ouvriers dans les corps élus, et déconseillé énergiquement la formation d'un parti ouvrier, constituant un quatrième État, formation réclamée par les collectivistes comme devant hâter le moment de l'application de leurs théories.

Le citoyen Rousset termine son rapport en déclarant que la république telle que nous l'avons est un terrain où tout ce que les prolétaires peuvent réclamer de progressif et de faisable pour améliorer leur condition est sûr d'être obtenu par la discussion et par l'emploi résolu des volontés ouvrières. « En me retirant, dit-il, du congrès de Marseille, j'ai emporté la ferme conviction que nos revendications devaient et pouvaient se produire pacifiquement, puisque nous possédons le suffrage universel; que ce que nous avions à demander par-dessus tout à nos élus était la liberté et toujours la liberté; que c'était à nous à en user sagement en créant des chambres syndicales pour nous protéger contre le chômage et l'abaissement du prix de main-d'œuvre; en fondant des sociétés de secours pour nous venir en aide dans la maladie et la vieillesse; en organisant les associations coopératives pour arriver à la possession du capital; en établissant des cercles où seraient développées toutes les questions d'ordre social et politique; car, si je désire que la politique soit exclue des chambres syndicales et des associations, je voudrais au contraire que chacun s'y intéressât assez pour faire de bons choix de candidats pour les corps élus, et former des ouvriers capables non seulement d'y défendre nos intérêts purement sociaux, mais encore de fortifier les institutions qui seules peuvent nous assurer dans l'avenir la réalisation de nos vœux. »

De pareilles dispositions aplanissent la voie entre les ouvriers et la république parlementaire et libérale. Ce qu'on réclame, elle l'offre spontanément. On objecte que l'entente n'est qu'avec la minorité.

Il est vrai; mais avoir pour soi une minorité plus ou moins considérable est un utile préliminaire dans l'œuvre de conciliation qu'elle poursuit. Le concert de la république et de la minorité est, de toutes les forces, la plus propre à modifier les sentiments et les idées du gros, qui reste, j'en conviens, intransigeant et socialiste, mais que l'intransigeance et le socialisme ne défendront pas contre l'influence permanente des bonnes intentions et des bonnes mesures.

Les bourgeois, troisième groupe, le moins nombreux des trois, sont composés de ceux qui exercent les professions dites libérales, avocats, médecins, notaires, gens de loi, gens de lettres et artistes; d'employés grands et petits appartenant aux administrations; de banquiers, de commerçants, d'industriels et de patrons; enfin d'une portion fort petite qui vit de ses rentes et sans rien faire. Par le haut, ils tiennent aux classes dirigeantes, par le bas, aux classes populaires. Autrefois la bourgeoisie était fermée aussi bien que la noblesse et le clergé. La révolution a supprimé toutes ces clôtures. Le travail mêle incessamment les groupes. L'homme qui possède un domaine et qui le fait valoir lui-même est un chef paysan. L'homme qui possède une usine et qui en dirige le travail est un chef ouvrier. D'autre part, qui pourrait nombrer les capitalistes, depuis que les valeurs d'États et autres se sont répandues entre tant de mains? Capitalistes grands et petits sans doute, mais diffusion qui porte en tous lieux quelque chose des intérêts et des sentiments du bourgeois.

Bien que, par ses parties les plus riches et les plus hautes, la bourgeoisie ait affecté de *penser bien*, comme on disait sous la restauration, c'est-à-dire d'avoir des opinions conservatrices et catholiques, le gros, à beaucoup près, est resté fidèle au libéralisme. Il est vrai que ce libéralisme est plutôt monarchique que républicain ; et il préfère à la république la monarchie parlementaire ; mais, depuis que les péripéties de 1871 à 1875 ont montré que même une assemblée nationale à majorité royaliste avait été inhabile à rétablir la royauté, la bourgeoisie ne refuse plus son concours au régime républicain. Il la garantit de la contre-révolution qu'elle déteste, et, pour peu qu'il la garantisse aussi contre les désordres anarchiques qu'elle redoute, son adhésion sera sans regrets. Ce déplacement politique s'accomplit sous nos yeux avec régularité et de la façon la plus heureuse pour nos nouvelles institutions.

La tradition, qui a imprimé à tous les groupes leur nature et leurs tendances, les a soumis aussi à l'empire d'une religion qui leur enseigne ce qu'ils doivent croire et ce qu'ils doivent pratiquer. Ici je ne considère que les rapports de cette religion avec l'État, lesquels ne sont plus du tout ce qu'ils étaient jadis. Je veux dire que l'ancienne distinction entre le spirituel et le temporel a changé de caractère. Autrefois, quels que fussent les conflits qui s'élevaient parfois entre eux, la suprématie dogmatique du spirituel sur le temporel était reconnue ; et celui-ci, quant à la doctrine, se soumettait sans conteste. De là résultait qu'il y avait des hérésies officielles, à la répression desquelles le temporel procédait avec rigueur, mettant le bras séculier, comme on disait, au service de l'orthodoxie.

Aujourd'hui le temporel, autrement l'État, ayant conquis sa pleine indépendance, refuse de reconnaître la loi spirituelle de l'Église. Il en résulte deux biens inappréciables. D'abord l'hérésie officielle a disparu de nos lois ; l'Église seule a encore des hérétiques, l'État n'en a plus : à ses yeux, tous les dogmes sont socialement égaux, c'est-à-dire que ceux qui les professent ont un égal droit à sa protection, sous l'unique condition de ne pas troubler la paix publique. Secondement, en soumettant à la règle de la laïcité ce qui relève de lui, il a résolu de la façon la plus heureuse le difficile problème de contenir l'Église sans la persécuter. Le dogme est la propriété des Églises, et il n'y touche pas ; la laïcité est la propriété de l'État, et il empêche que l'Église n'y touche. De la sorte, tout est bien pour les deux parties, quelque clameur que poussent ici l'Église, là le parti anti-catholique. L'Église ne nous ménagerait pas si le pouvoir lui revenait ; mais le parti anti-catholique ne tient pas de moindres violences en réserve, témoin la Commune de Paris, profanant les églises et les sépultures, insultant le culte et égorgeant les prêtres : abominables fureurs dont tout le monde ne répudie pas l'esprit.

En cet état de laïcité indifférente et de cléricalisme hostile, beaucoup pensent qu'il serait urgent de séparer l'Église et l'État, de supprimer le concordat et de retrancher l'allocation que le budget fournit au clergé. La raison la plus apparente qu'ils allèguent est que le régime actuel oblige les incroyants et les dissidents à payer pour un culte qu'ils ne pratiquent pas, et qu'il y a injustice à leur imposer une charge qui leur est étrangère. Dans ma jeunesse, la question était aussi ardemment agitée qu'aujourd'hui ; et mon père, grand partisan de la suppression du budget des cultes, résumait sa pensée sous cette forme axiomatique : « Tant cru, tant payé. » L'argument est loin d'être aussi péremptoire que se l'imaginent ceux qui le mettent en avant ; et, chaque fois qu'il a reparu, on a montré qu'il dépassait les cultes et leur budget, et qu'il n'était pas vrai que le citoyen ne dût payer que ce dont il usait, chacun étant tenu de contribuer à l'ensemble des taxes pour satisfaire à l'ensemble des services.

Allons au fond. La plupart de ceux, non pas tous, qui demandent le plus vivement que l'État cesse de salarier le clergé, songent beaucoup moins à diminuer leur quote-part d'impôt, qu'à infliger à l'Église catholique (car c'est d'elle qu'il s'agit surtout), par cette mesure, un dommage sensible. Sont-ils bien sûrs d'infliger ce dommage ? Pour répondre à la question que je soulève, c'est l'exemple des États-Unis, tant de fois invoqué par eux, que je prendrai comme base de mon argumentation. Là, la séparation de l'Église et de l'État est complète ; et la formule de mon père : Tant cru, tant payé, y est pratiquée en toute sa rigueur. Mais, en revanche, il faut constater que le peuple des États-Unis est un des peuples les plus religieux de la terre, et que, entre autres, il l'est beaucoup plus que le peuple de France. Dans l'Amérique, en certaines occurrences où la volonté du ciel est supposée prendre part, le président de l'Union ordonne un jeûne public. Imaginez chez nous qu'à l'*Officiel* paraisse un décret de M. Grévy, président de la République française, nous ordonnant de jeûner ; l'étonnement sera grand, et c'est à peine si l'on voudra prendre au sérieux une mesure qui en Amérique est reçue avec révérence et recueillement. Ainsi ce n'est pas le pays qui ne paye pas son clergé qui est le plus dégagé des liens théologiques, c'est le pays qui paye le sien. Payer ou ne pas payer est donc sans aucune influence sur le conflit soulevé dans les sociétés modernes entre l'Église et l'État, entre l'esprit laïque et l'esprit théologique.

En France, la suppression du budget des cultes est une question d'opportunité et rien de plus. Non seulement cette opportunité n'est pas venue, mais encore la république se jetterait dans de graves embarras, si elle entreprenait de porter un coup si direct aux traditions, aux habitudes, aux croyances du gros de la nation. Tout récemment, un petit pays, le canton de Genève, a eu à se prononcer sur la séparation de l'Église et de l'État. La question était à l'ordre du jour, et il ne manquait pas d'hommes considérables et de voix fort écoutées pour pousser le suffrage universel à la solution radicale. Au faire et au prendre, il recula devant une pareille responsabilité, et cela sur un terrain très circonscrit et en plein protestantisme. Que ne serait pas cette responsabilité sur le vaste terrain de la France et en plein catholicisme? La circonspection mesurée du suffrage universel génevois vaut mieux comme enseignement que toutes les opportunités que je pourrais rassembler.

Le tableau que j'ai tracé de la composition de la nation française est à deux fins. D'abord il montre que les trois grands groupes qui en font l'essentiel et qui en sont la force ont les meilleures dispositions pour être et pour demeurer républicains. En second lieu, leurs dispositions favorables sont en une certaine dépendance de l'hétérogénéité de cette composition. Elles résisteraient mal à une conduite politique qui, faisant de la république un gouvernement de parti, lui ôterait la justice, l'impartialité, la prudence, les ménagements que le milieu social lui impose.

Ici se termine ce volume de fragments. Et ce sont bien des fragments. Aussi y manque-t-il la clôture des livres réguliers qui indique que le sujet est épuisé. En compensation j'y dépose les dernières pensées qui ont occupé mon extrême vieillesse ; car celui-là touche effectivement à l'extrême vieillesse qui compte tout près de quatre-vingts ans.

FIN.

TABLE DES MATIÈRES

Préface. v

CHAPITRE PREMIER. — Fin du règne de Napoléon III et
de l'empire. 1
    Du génie militaire de l'empereur Napoléon Ier. 4
    Morale publique et serment. 54
    Étude sur la crise de guerre de 1870 et 1871. 62
        I. La Prusse et la France devant l'histoire, essais sur
            les causes de la guerre. 63
        II. Les vaincus de Metz. 88
        III. De la situation que les derniers évènements ont
            faite à l'Europe, au socialisme et à la France. . . . 103
            1. Europe. 103
            2. Socialisme. 113
            3. France. 121

CHAPITRE II. — M. Thiers nommé chef du pouvoir exécutif de
la république française et établissant délibérément le régime républicain 139
    République ou monarchie 141
    Proposition d'une chambre unique. 146
    De la forme républicaine en France. 152
    Politique du jour. 170
    Des rapports de l'Assemblée nationale avec le pays, ou
        suffrage universel. 184
    Le moment actuel. 194
        I. Apprentissage de la République. 194
        II. La république en Espagne. 202
        III. Du conflit où le catholicisme est présentement en-
            gagé. 206
        IV. Conclusion. 212

TABLE DES MATIÈRES.

CHAPITRE III. — Chute de M. Thiers. Règne de la coalition des partis monarchiques. Offre du trône à M. le comte de Chambord, qui le refuse parce qu'il ne veut pas accepter le gouvernement de la France tel que la Révolution de 1789 l'a faite. 217
    Du programme de politique conservatrice ou de restauration de l'ordre moral. 217
    De la coalition en face des doctrines et des remèdes. . 219
    Des trois principales mauvaises doctrines. 222
    De la politique conservatrice. 230
    Restauration de la légitimité et de ses alliés. . . . 234
        I. 1815 et 1873. 238
        II. Constitution politique de la France. 246
        III. Paris vaut bien une messe. 258
    Appendice. 268

CHAPITRE IV. — Impuissance de la coalition monarchique. Fondation légale de la république par un vote de l'Assemblée 286
    Sept ans de prorogation et de république. 286
    Malfaisance finale de nos monarchies depuis soixante-dix ans, à propos du septennat. 302
    De l'encombrement des carrières. 314
    De la liberté de l'enseignement supérieur. 323

CHAPITRE V. — Le gouvernement de l'Assemblée nationale fait place à celui de la république légale ou définitive. Les élections donnent une chambre des députés républicaine en face de la majorité réactionnaire du sénat et en face du président de la république qui appartient à cette majorité. 334
    Passage de la république provisoire à la république définitive. 334
    La France et sa tâche. 347
    Des conditions de gouvernement en France, par Antonin Dubost. 362
    Éducation politique 384
    Du principe de la séparation de l'Église et de l'État. . . 393

CHAPITRE VI. — Tentative du 16 mai 1877, où le maréchal de Mac-Mahon s'efforce de rendre le pouvoir à la coalition monarchique et cléricale. 400
    Malheureux roi, malheureuse France! 400

Les deux issues de la crise du 16 mai. 414
L'intérêt européen dans notre dernière crise. 422
D'une influence de la philosophie positive en nos affaires. 432
La paix probable. 440
Comparaison de la chambre de 1871 et de la chambre
    de 1877. 451
Expérience rétrospective au sujet de notre plus récente
    histoire. 465

CHAPITRE VII. — Triomphe définitif du régime républicain. 489
    Le catholicisme selon le suffrage universel en France. . 489

CHAPITRE VIII. — Des conditions actuelles du régime républicain en France. 509
    De la durée de la république. 509
    La république française et l'extérieur. 526
    D'une infirmité sociologique du parti républicain en
        France. 551
    La composition de la société française et la république. 565

FIN DE LA TABLE DES MATIÈRES

PARIS. — IMPRIMERIE ÉMILE MARTINET, RUE MIGNON, 2.